BEETHOVEN

ベートーヴェン像
再構築
1

大崎滋生

Ohsaki Shigemi

春秋社

ベートーヴェン像 再構築

総 目 次

序 章   *3*

1. ベートーヴェン新時代の到来／4
2. キンスキー＝ハルム・カタログとは何か／8
3. 2つのカタログの大きな違い／10
4. セイヤー＝ダイタース＝リーマン[TDR]／12
5. セイヤー伝記／15
6. 現在の地平／17

第 I 部　　体系的考察

第1章　スケッチ研究の意味するもの ——————————— *23*

1. "原型スケッチ帖" "再編合本スケッチ帖" "図書館再編合本スケッチ帖"／24
2. スケッチ帖使用の概略／27
3. スケッチ帖　最初の行方／28
4. スケッチ類の消失した作品／30
5. スケッチ帖消失と自筆譜現存の比較／31
6. スケッチ帖の機能 —— 楽想の貯蔵庫？／32
7. スケッチ帖に見る実例／37
8. スケッチの3段階、そしてスケッチ帖と文書資料の総合
　　 —— ベートーヴェン新時代の方法／41

第2章　「作品の完成」について ———————————————— *43*

1. 新カタログの構成に見る音楽史研究の広がり／44
2. 作品の完成時期は不明？／46
3. シンフォニー第2番の例／47
4. シンフォニー第2番　幻に終わったコンサート計画から出版まで／49
5. 「作品の完成」ではなく、「作曲の完了」＝「演奏可状態」／52
6. 集中的取り組みと「最終稿」の罠／53
7. 《エロイカ》の場合は？／54

第3章　「作曲の完了」と「創作活動の完了」の間にあるもの
　　 ——シンフォニー第5番を例にして ———————————— *57*

1. 自身と出版社との関わりにおける「創作活動の完了」まで —— 推敲／59
2. 演奏のためのパート譜作成、半年専有権、試演、版下原稿作成／64

3. 出版社に原稿が引き渡されて以後／69
4. 出版公告の問題／71

第4章　ベートーヴェンの創作活動としての楽譜出版 ──────── 75

1. WoO 番号付き作品のうち，出版対象となった作品／77
2. Op. 番号付き作品のうち，出版対象となった作品　出版作品の総計／83
3. 出版活動の協力者たち／84
4. 弟カールの秘書業務／86
5. Op. 番号付き作品と No. 番号付き作品／87
6. 期限付き専有権の貸与のルーツ　Op.29 の版権をめぐる裁判／89
7. 「時間差多発出版」の考え方の発生（第1次）／91
8. 版権侵害の続版を封じ込めるには？／93
9. "ベートーヴェン・オフィス"の問題／95
10. イギリス国歌変奏曲　第2次「時間差多発出版」／101
11. 「時間差多発出版」のその後と「国際出版」／103
12. 出版事務の担当者／105

第5章　各出版社との関係概容 ─────────────── 107

1. ボン時代／108
2. ジムロック社／109
3. アルタリア社に始まる番号付け／110
4. その他のヴィーン社／112
5. ブライトコップ & ヘルテル社／114
6. ビュロー・デ・ザール・エ・ダンデュストゥリー［BAI］社／119
7. 再びブライトコップ & ヘルテル社／121
8. クレメンティ社／125
9. 再びアルタリア社／127
10. シュタイナー社　第1次国際出版／130
11. バーチャル社／138
12. 再びジムロック社／139
13. 三たびアルタリア社　第2次国際出版／143
14. シュレジンガー社　第3次国際出版／145
15. カッピ & ディアベッリ社／147
16. ペータース社／148
17. プロプスト社／150
18. ショット社／151

第6章　作品番号をコントロールしたのは誰か ──────── 153

1. コントロールの実際／155
2. "非真正 Op. 番号"／157
3. 欠番問題が俎上に／161

4. 作品番号は本来、出版物識別番号／168
5. 1801 年、出版活動再開後(Op.15 以降)／169
6. 最初の空白番号　Op.31と"Op.32"／175
7. "Op.46"〜"Op.48"　間に挟まる Op.47 の謎／180
8. Op.49 〜 Op.52 の謎／183
9. BAI 社出版作品の番号付与 —— その謎解き／186
10. BAI 社(Op.62 まで)からブライトコップ & ヘルテル社(Op.67 から)へ転換／191
11. ブライトコップ & ヘルテル社(Op.86 まで)から
　　　シュタイナー社(Op.90 から)へ転換／194
12. ジムロック社の問題／197
13. Op.112 以降の番号大混乱／200
14. ベートーヴェンによる番号指示の復活　その問題点／202
15. 見過ごされてきた問題　Op.127 以後の混乱／205
16. 死後出版／207
17. まとめ／209
18. 余論 1: Op.72 の問題／212
19. 余論 2: Op.113 と Op.114 の問題／214
20. 余論 3: 自身による編曲版の出版と作品番号／217

第 7 章　作品の献呈行為について ———————————— *225*

1. プライヴェートな献呈　自筆譜　生演奏／227
2. 筆写譜に書き付けられた献呈の辞／229
3. 印刷楽譜に書き込まれた献呈の証拠／231
4. 出版譜タイトルページにある「献呈の辞」　その意図 233
5. 出版譜タイトルページに明示される作品の被献呈者　最初期／235
6. Op.6 から Op.18 まで／238
7. Op.19 から Op.28 まで／241
8. Op.30 はなぜロシア皇帝に献呈されたのか　推論の試み／244
9. Op.35 から Op.45 まで／247
10. ブルンスヴィク伯家の面々への献呈／249
11. ルドルフ大公／252
12. Op.60 から Op.86 まで／253
13. Op.90 から Op.107 まで／256
14. Op.108 〜 Op.111、そして Op.120／258
15. シュタイナー社出版およびショット社出版の諸作品／260
16. 《第9》シンフォニーの献呈／261
17. 最後の弦楽四重奏曲群の献呈／263
18. 献呈行為に一貫していたもの／266
19. 余論 1: Op.57 および Op.77 の献呈について空想を膨らませる／268
20. 余論 2: 生涯の思い出　アントーニエ・ブレンターノ／271
21. 余論 3: 《遙かなる恋人に寄せて》Op.98　真の意味は？／273
22. 余論 4: 《ミサ・ソレムニス》Op.123　予約特別頒布筆写譜の販売／275

第II部　歴史的考察

第8章　ボン時代 I　ケルン大司教選帝侯ボン宮廷 ———————— 281
ケルンとボンの関係／権力トライアングル

1. ケルン大司教座の変遷　ヴィーンの風が流れ込むまで／283
2. 選帝侯宮廷楽団の変遷／285
3. 宮廷楽長ルッケージの時代／288
4. ベートーヴェンの務める代理職務／290

第9章　ボン時代 II　最初期（1782~86年）の創作 ———————— 293
年齢問題／"第1回ヴィーン旅行"の全面的見直し／
ライヒャとの交友／宮廷オペラ団上演への参加

1. 最初の作品出版　ネーフェの指導と年齢問題／294
2. それに続く作曲の形跡　1786年まで／298
3. "第1回ヴィーン旅行"の日程・旅程／301
4. 旅行を支えた人々／307
5. ベートーヴェンは初めてのヴィーンで、そしてミュンヒェン、
レーゲンスブルク、アウクスブルクで何をしていたのか／310
6. 5ヵ月近くに及ぶ"ヴィーン・バイエルン旅行"《十字架上の最後の七言》体験／314
7. アウクスブルクのシュタイン工房　年齢2歳違い最初の証言か／318
8. ヴィーンからの新しい空気　ヴィーンへの憧れ／318
9. ヴァルトシュタイン伯　ヴェーゲラーの記憶／320
10. 竹馬の友ライヒャ／322
11. ベートーヴェンが上演に参加したオペラ／324
12. ベートーヴェンはなぜヴィーンへ行ったのか　ライヒャとの対比において／329

第10章　ボン時代 III　ボン時代後期の諸作品 ———————— 331
とくにヨーゼフ2世葬送カンタータ・
レオポルト2世戴冠カンタータ・騎士バレエについて／
ハイドンのボン来訪／ヴィーンへの旅立ち

1. 青年作曲家の活動成果／334
2. 青年の身辺／337
3. 2つの皇帝カンタータ／339
4. その他のオーケストラ作品／347
5. ハイドンのボン滞在／349
6. 「モーツァルトの精神をハイドンの手から」再考／352

第11章　1790年代　ヴィーン音楽界の一般状況 ——————— 355
ベートーヴェン到着当時のヴィーン音楽界の実力者・ライヴァルたち

1. オペラ作曲家たち／357
2. オラトリオ上演／362
3. 公開・非公開のコンサート／365
4. ヴィーン楽壇の先達・好敵手たちの面々　概観／367
5. 結果としてのヴィーン定住／377

第12章　1793～95年　ヴィーンでの再出発 ——————— 379
作品1の作曲・出版はいつか／
ベートーヴェンとハイドンとの関係について／逸話によって創出された対立関係

1. スケッチ帖に見る作品1のスケッチ時期／380
2. ハイドンのヴィーン帰還／382
3. ハイドンの驚愕？／383
4. 契約から出版まで／385
5. 出版過程を細かく分析することで出版時を査定　証言の矛盾を解明する前提として／389
6. ハイドンは出版後になぜ「公刊しない方がいい」と言ったのか／391
7. ベートーヴェン神話・逸話批判／392

第13章　1790年代後半　2つの面(1)　当面の成果 ——————— 395
新しき方向／ピアニスト作曲家

1. 宮廷劇場・舞踏場への進出／398
2. 創作の柱、ピアノ・トリオとピアノ・コンチェルト／399
3. 3曲セット／401
4. ピアノ曲の作曲／404
5. ピアノを含んだ室内楽作品／410
6. 弦楽室内楽作品／416
7. 管楽作品　弦管混合作品／418
8. ピアノ伴奏歌曲／421
9. 軍歌の作曲／423
10. 余論：鍵盤楽器の呼称問題について／424

第14章　1790年代後半　2つの面(2)　水面下の進行 ——————— 429
オペラ・オラトリオの作曲に向けての助走／
シンフォニーおよび弦楽四重奏曲の作曲／耳疾の発覚

1. 身辺の変化　リヒノフスキー侯との関係の見直し／431
2. オペラ・アリア作曲への挑戦／435
3. シンフォニー・弦楽四重奏曲作曲への挑戦／440
4. オーケストラ舞曲集の出版／442
5. ヴァイオリン・ロマンスの成立時期の見直し／444
6. 1796年7月以降の消息／445
7. ヴェーゲラーへの耳疾の告白　その進行の始まりと創作との関係／446
8. アメンダにも同様の告白／451

第15章　1800年4月2日　宮廷劇場を借り切ってデビュー・コンサート —— *453*

第1回主催コンサート再考／
シンフォニー第1番で打って出る／ヴィーン音楽界あげて支援か？

1. 共演歌手に透けて見えるハイドンの支援／454
2. 宮廷劇場使用にあたってサリエリに助力を乞う？／455
3. プログラム・ポスターの分析／458
4. 七重奏曲 Op.20 の特別な問題／461
5. シンフォニー第1番 Op.21 の献呈問題再考／463
6. シンフォニー第1番の作曲完了はいつか／464
7. まとめ／464

第16章　大コンサート以後 —————————————————————————— *467*

療養・創作活動・ケルン選帝侯への謝恩／宮廷からの初委嘱
バレエ《プロメテウスの創造物》／サリエリの許でのイタリア語付曲修練の意味／
ヨハン・ゼバスティアン・バッハに対する格別な想い

1. 大コンサート前後／469
2. 1800年夏　消息がつかみにくいのはなぜか／471
3. 1800年後半の創作／474
4. この時期の住居について／475
5. ヘッツェンドルフ居住とケルン選帝侯／476
6. 初の公的委嘱大作品《プロメテウスの創造物》　1801年3月28日公演／478
7. サリエリの許での学習　1801年春以降から1802年初めにかけて／480
8. ベートーヴェンはなぜイタリア・オペラを書かなかったのか／483
9. 1801年11月16日付ヴェーゲラー宛第2信　486
10. 「音楽の父」バッハ／489

第17章　ハイリゲンシュタットに隠る　(1802年4月末頃から10月中旬まで) —————— *493*

"ハイリゲンシュタットの遺書"分析と再考／
ハイリゲンシュタットでベートーヴェンは何をしていたのか／
ハイリゲンシュタット後　ピアノ2変奏曲(Op.34/Op.35)の見直し

1. ハイリゲンシュタット滞在はいつからか／495
2. 弟たちとの関係／497
3. "ハイリゲンシュタットの遺書"改訳の試みと分析／500
4. "遺書"は遺言状か／507
5. ハイリゲンシュタットでの作曲／509
6. ヴィーン帰還／510
7. ピアノ変奏曲 Op.34/Op.35／512
8. 10年間の集大成／516
9. 《エロイカ》着手時期の新説／518
10. 《エロイカ》終楽章変奏曲と2ピアノ変奏曲／520

第18章　1803年4月5日　第2回主催コンサート ――――――― *521*
初のオール・ベートーヴェン・プログラム/
《オリーブ山のキリスト》とは何か?

1. 第2回大コンサートの準備／523
2. 「オーケストラ伴奏唱曲からオラトリオへ転換」説の再検討／524
3. 破格の入場料に見るベートーヴェンの意気込み／527
4. 《オリーブ山のキリスト》初演とその直後／529
5. 度重なる改訂、そして出版へ／530
6. 「2週間程度で書いた」／532
7. 作曲計画の発生時期について／533
8. 台本作者フーバー／535
9. 歌詞全訳と解説／537
10. 音楽／548
11. 急ごしらえ観からの解放　／552
12. 歌詞に見る"遺書"との並行関係／553
13. "遺書"の超克／554

第19章　1803年5月〜04年11月　ナポレオン戦争開戦の足音 ――――― *557*
ボナパルト・シンフォニー《エロイカ》、トリプル・コンチェルト作曲/
《クロイツェル》ソナタ　委嘱者と被献呈者が異なる/
パリ移住計画とその断念

1. リース証言の信憑性批判／558
2. 《エロイカ》の名は原版タイトル／561
3. パリ旅行計画／562
4. ライヒャが伝えたパリの現況／564
5. ブリッジタワーのためのソナタがクロイツェルに献呈された理由／566
6. 《エロイカ》のスケッチ時期について／567
7. 「ボナパルトと題された」　削除まで／568
8. ロプコヴィッツ侯の許での半年／571
9. パリ行き断念の決断／574
10. 《エロイカ》とナポレオンの関係はなぜ隠匿されたか／575

第20章　1804〜06年前半　オペラ《ヴェスタの火》そして
　　　　《レオノーレ》着手から初演、第1次改訂再演まで ――――― *579*
ナポレオン第1次ヴィーン占領の影響を後世は捉えきれているか

1. 《ヴェスタの火》着手1週間で新台本探し始まる／582
2. ヴィーン・オペラ界へのフランス・オペラ浸入／584
3. アン・デア・ヴィーン劇場におけるフランス・オペラ翻案の上演／587
4. ゾンライトナーとは何者か?／590
5. フランス原産オペラの新たな潮流／593
6. この潮流にベートーヴェンをあてはめる／595
7. ガヴォーの"レオノール[Léonore]"、レオノーラ[Leonora]、そしてレオノーレ[Leonore]かフィデリオか／598
8. アン・デア・ヴィーン劇場の居室から連夜の観劇／601
9. 作曲の進行はパリ旅行計画と並行／602

10. 上演の申請／603
11. 初日を迎える政情／605
12. 初演の失敗から改訂へ／608
13. 第2稿の上演／612
14. アン・デア・ヴィーン劇場の危機／615

第21章　1806年後半〜07年9月　シンフォニー第4番の位置づけと
ハ長調ミサ曲 ——————————————617
第4番にはなぜフルートが1本しか編成されていないのか／
シンフォニー創作史をめぐる陥穽／元祖"交響詩"=序曲《コリオラン》の成立／
《ハ長調ミサ曲》の苦い記憶に後世は左右されていないか／
1806年のコンチェルト稿はなぜみなフルート1本なのか／
トリプル・コンチェルト完成時期の再考

1. 第1次占領下のヴィーン／619
2. リヒノフスキー侯との決裂／620
3. リヒノフスキー年金停止？／623
4. 秘書の交代／624
5. シンフォニー第4番の委嘱と専有上演権の矛盾／624
6. 主催コンサートの模索／626
7. シンフォニー第4番にはフルートはなぜ1本しか編成されていないのか／627
8. 代替にシンフォニー第5番をオッパースドルフ伯に振り向ける計画が失敗／629
9. シンフォニー創作史をめぐる陥穽／633
10. 元祖"交響詩"《コリオラン》／635
11. 1807年9月13日／アイゼンシュタットで《ハ長調ミサ曲》上演／639
12. 《ハ長調ミサ曲》再考／644
13. コンチェルトの管楽器編成／646
14. トリプル・コンチェルトはなぜ出版が異常に遅れたのか／650

第22章　1807年4月〜10年　時間差多発出版の進展——————————655
クレメンティ(ロンドン)およびプレイエル(パリ)、ジムロック(ボン)との接触／
BAI社(ヴィーン)とともに第4次／
ブライトコップ&ヘルテル社(ライプツィヒ)およびアルタリア社(ヴィーン)とともに第6次／
最初の経済的苦境とその打開／オーケストラ作品の認知度上昇／
専属オペラ作曲家への請願／宮廷劇場のその後

1. 1807年4月20日　クレメンティ契約書／657
2. ヴァイオリン・コンチェルトのピアノ・コンチェルト版誕生の意味／660
3. 第4次時間差多発出版の試み／661
4. 出版活動低迷からの打開／662
5. クレメンティへの送付に何か問題が／663
6. ロンドンに届いたのは第2回送付分だけ？／665
7. ヴィーンでの原版出版が異様に遅延／666
8. Op.58〜Op.82はすべてロンドンで並行出版の計画だったのではないか／668
9. 新説「第3回送付があったのではないか」／669

10. 各原典資料の時系列　第3回送付があった論拠／671
11. クレメンティ社からの支払いについて／672
12. 第6次時間差多発出版の全容／674
13. クレメンティ契約は当面、困窮改善にはつながらず／676
14. オーケストラ作品の認知度上昇／678
15. 宮廷劇場専属オペラ作曲家への請願／679

第23章　1807年秋〜09年初　シンフォニー第5番・第6番の一気呵成 —— *683*
後世の標題シンフォニー理解は充分だろうか／
ブライトコップ＆ヘルテル社(ライプツィヒ)との大契約成就／
1808年12月22日　第3回主催コンサート[オール・ベートーヴェン・プロ]／
カッセル宮廷楽長招聘を受諾／新しいオペラ計画／
シンフォニーの番号付けについて

1. 第5番と第6番はなぜ同じ2人に対する二重献呈なのか／685
2. "純粋ペア"シンフォニーの対照　"絶対性"と"標題性"／689
3. 《運命》の由来／691
4. 《田園》　タイトルの再検証／693
5. ヘルテルとの直接交渉による出版権譲渡／695
6. ヴェストファーレン王宮廷楽長の招聘／697
7. コンサート主催の模索／699
8. 1808年12月22日　歴史的コンサート／700
9. 《合唱幻想曲》再考／703
10. 歴史的コンサートはどう批評されたか／705
11. ヴィーン離脱の表明／707
12. シンフォニー作曲と並行するオラトリオ・オペラへの取り組み、そして「パンのための仕事」／708
13. シンフォニーの番号／710
14. 番号の定着化は世間が主導／715

第24章　1809〜10年　ルドルフ大公との決定的な関係 —————— *717*
1809年3者年金契約再考／ナポレオンの第2次ヴィーン占領／
リースの第2次ヴィーン滞在／占領下のオペラ公演／
戦時下の経済的苦境とそこからの脱出／
2シンフォニーの後、ピアノ作品の量産

1. 王宮通い　1807年秋〜09年春／719
2. 水面下の年金契約締結交渉／722
3. 年金支給契約の成立とその履行滑り出し／729
4. 年金契約の意味／731
5. 再びリース証言／734
6. 第2次ヴィーン占領　市民生活直撃／736
7. 占領下にオペラ公演の盛況／738
8. 占領下にベートーヴェンは何をしていたか／740
9. ゲーテの戯曲『エグモント』への付随音楽／742
10. オペラ・オラトリオ作曲計画一覧／743

第25章　1810～11年　ナポレオン絶頂期始まる ——————— *745*

年齢問題再び/歌曲創作（1808～10年）をまとめて振り返る/
出版活動の活発/
《レオノーレ/フィデリオ》《オリーブ山のキリスト》《ハ長調ミサ曲》の出版
さらに《エグモントへの音楽》も/「創作力の衰え」説の一面性/
作品全集構想/戦時下の軍楽作曲

1. ナポレオンに対するアンビヴァレントな感情/747
2. 婚活と年齢認識、秘書交代/748
3. 「パンのための仕事」/754
4. この時期の歌曲作曲を一覧する/755
5. ブライトコップ＆ヘルテル社とクレメンティ社に二重提供/759
6. なぜこの時期にイタリア語歌曲？/761
7. イギリスとドイツで国際的時間差多発出版/762
8. 「3大作品」ついに出版/764
9. ベートーヴェン側の遅延理由と大ミサ曲出版の社会的問題/767
10. 1809年9月～1811年5月の作業スケジュール　《告別》完成時期再考/769
11. 作品全集の構想/772
12. 1809～10年夏、さらに1816年の管楽合奏曲/774

第26章　1811～12年初　年金支給の実態と出版収入 ——————— *777*

貨幣価値下落とロブコヴィッツ侯・キンスキー侯の不払い/
ゲーテとの関係の始まり/
初めてのテプリッツ滞在/ピアノ・コンチェルト第5番　初演問題の検証/
シンフォニー第7番の作曲

1. 年金支給の実態解明を阻害する要因の整理/779
2. 裏腹な経済的潤いと体調不良/785
3. ゲーテへの《エグモント》の献呈/786
4. ブレンターノ一族との交友/788
5. ルドルフ大公へのレッスン再開/790
6. ピアノ・コンチェルト第5番　初演問題の検証/791
7. 幻のコンサート計画と「序曲ではない序曲」第2弾/794
8. この時期におけるベートーヴェン・オーケストラ作品の上演/796
9. 第1回テプリッツ滞在/798
10. 《シュテファン王》と《アテネの廃墟》/800
11. 「ペッター」スケッチ帖はテプリッツに持って行ったのか？
　　　シンフォニー第7番の作曲開始時期をめぐって/801

第27章　1812～13年前半　ナポレオン・ロシア遠征から
　　　　13年6月休戦協定まで ——————— *805*

第2回テプリッツ滞在/"不滅の恋人"問題/
テプリッツからリンツの弟ヨハンのところへ/
"日記"（雑記帳）の使用はじまる/次弟カールの遺状と窮状/
シンフォニー第7番の完成から第8番の作曲、そして試演へ

1. 第2回テプリッツ滞在の政治的環境/807
2. シンフォニー第7番完了と第8番着手/809
3. 6月末にヴィーンを発ちプラハに3泊/810

4. "不滅の恋人"宛書簡／811
5. 滞在スケジュールと療養効果／814
6. リンツ薬局訪問の意図　再考／816
7. シンフォニー第8番の進行　創作の作業スタイルに変化／819
8. メルツェルとの邂逅、そして"日記"／820
9. 戦況は動き出す／822
10. 演奏著作権？／823
11. 年金不払い訴訟へ／824
12. 次弟一家への援助／826
13. シンフォニー第7番・第8番の試演／828
14. この時期におけるベートーヴェン・オーケストラ作品の上演／830

第28章　1813年後半〜14年春　連合軍の反撃と戦況の落ち着き ──── 833
《ウェリントンの勝利》作曲とシンフォニー第7、8番の公開初演へ／
メルツェルとの協働と反目／《ウェリントンの勝利》とは何か

1. 《ウェリントンの勝利》作曲のきっかけ／835
2. パンハルモニコンのために　〈勝利のシンフォニー〉／837
3. オーケストラ作品《ウェリントンの勝利》に転化／838
4. 4連続大コンサート／841
5. メルツェルとの反目　補聴器製作／847
6. その後の経過　和解？／851
7. 《ウェリントンの勝利》とは何か／853

第29章　1814年春〜15年秋　《フィデリオ》改訂・相次ぐ上演 ─────── 857
ヴィーン会議と祝賀コンサート／ロプコヴィッツ・キンスキー年金裁判決着／
シュタイナー社との決定的な関係

1. 《レオノーレ》から《フィデリオ》へ／859
2. ジングシュピール《良い知らせ》　最後の公開ピアノ演奏／864
3. 《フィデリオ》新改訂初演、さらに改訂、決定稿へ／868
4. ヴィーン会議関連コンサート／875
5. ラズモフスキー伯邸炎上／878
6. 1815年の作曲およびコンサート／879
7. 年金裁判決着／881
8. シュタイナー社との関係の始まり　裁判決着との関係／884
9. 契約13作品の行方／887

第30章　1803年7月〜20年6月　トムソンからの接触とその行路
その破綻、その意味 ──────────────── 889
経済的打開を求めて／1810年7月に最初の送付／
蜜月は苦境の反転

1. トムソン往復書簡の現存と郵便事情／891
2. イギリス特有の問題／892
3. 交渉具体化と年金契約／895

4. イギリスの実情をめぐる葛藤　1814年3月にようやく最初の果実／898
5. 《オリーブ山のキリスト》の反響と《ウェリントンの勝利》の出版計画／901
6. 蜜月から破局へ／902
7. 出版曲集　現存作品数／909
8. 送付曲数と報酬額の推量／910

第31章　1813〜17年　生涯全開期はなぜ"沈黙の時代"と呼ばれたのか - 915
弟の死と甥問題の発生／新たな経済的負担

1. 1810年は"沈黙の年"に近い？／917
2. 1813年／918
3. 1814年／919
4. 1815年／921
5. 1816〜17年／922
6. ブロードウッド・ピアノの搬送／925
7. 1818〜19年／927
8. 1813年から19年の活動総括／928

第32章　イギリス音楽界との関係　とくに1816〜25年 ——————— 929
イギリスでのベートーヴェン楽譜出版の概容／バーチャル社からの刊行／
シンフォニー第7番出版遅延の真相／イギリス演奏旅行計画／
シンフォニー第9番の委嘱と専有権

1. 海賊版との闘い／932
2. ニートが持ち帰ったベートーヴェン作品／936
3. バーチャル社からの出版　《ウェリントンの勝利》ピアノ編曲版
　　先行出版とシンフォニー第7番出版遅延の真相／937
4. イギリスからの招聘／942
5. ロンドン行きの逡巡／947
6. シンフォニー第9番とロンドン・フィルハーモニック協会の関係／951
7. シンフォニー第9番の専有権について／953
8. イギリス演奏旅行計画の顛末／955

第33章　1819〜23年　《ミサ・ソレムニス》作曲　その遅延はなぜ？ ——— 959
大司教就任式に間に合わせる／ピアノ作品連作／
「パンのための仕事」／王侯貴族への筆写譜販売はなぜ？

1. 《ミサ・ソレムニス》作曲計画の検証／961
2. 大司教就任式に間に合わせる／965
3. 「私(あなた)の大切なもの」／969
4. 「パンのための仕事」／971
5. 《ミサ・ソレムニス》作曲の4年／980
6. 「最大の作品」《ミサ・ソレムニス》の出版交渉と筆写譜販売の関係／984
7. 《ミサ・ソレムニス》手書き譜販売の意味／986

第34章 1819～23年　会話帖　メッテルニヒ体制　甥問題その後 ── *991*
会話帖消失の検証/
シンドラーによる破棄と死後記入の底知れなさ/
甥裁判勝利により安寧に到達/ロッシーニ旋風

1. 会話帖の残存　「400冊あった」説は誤り/993
2. 破棄は2段階　そして死後の破棄と記入は連動/998
3. シンドラーなる人物/1001
4. 会話帖の欠落部分と伝承部分を精査する意味/1003
5. メッテルニヒ体制と生前削除の関係/1004
6. 別の原理による破棄の始まり/1007
7. 第2次後見権裁判/1009
8. 3裁判所の判断に見る当時のヴィーン社会/1014
9. ヴィーンにおけるロッシーニ・オペラの受容/1015
10. 「ロッシーニ・フェスティヴァル」/1018
11. ベートーヴェンとロッシーニ対置の根源/1020

第35章 1824年　《第9》の完成 ── *1023*
2大作品初演をめぐる言説の見直し/
史上初のオーケストラ・ヴァルヴ・ホルン・パート/
芸術愛好の士「要望書」/シンドラー化けの皮/2大作品出版の遅延

1. 《第9》第3楽章第4ホルン・パートはヴァルヴ・ホルンのために書き下ろし/1025
2. 芸術愛好の士30人からの「要望書」/1031
3. 「要望書」の分析　外来文化への対抗/1032
4. 1823年以後のイタリア・オペラ団公演/1037
5. シュッパンツィクのヴィーン帰郷　《第9》初演のオーケストラ/1040
6. 《第9》と《ミサ・ソレムニス》部分の初演・再演　その1　歌手の決定/1041
7. 《第9》と《ミサ・ソレムニス》部分の初演・再演　その2　会場の決定/1046
8. 《第9》と《ミサ・ソレムニス》部分の初演・再演　その3　演奏の準備状況/1053
9. いよいよ本番　そして収益/1056
10. 事後の不穏　それはいつのことだったか/1060
11. シンドラー追放/1065
12. 再演　ロッシーニのアリアを交えるごたごた/1066
13. 再演の総括　シンドラーをめぐって/1074
14. 《第9》と《ミサ・ソレムニス》の出版に向けて/1076

第36章 1824～27年　最後の創作　死去8ヵ月前に起こった事件 ── *1081*
弦楽四重奏曲連作とガリツィンの謝金不払い/末弟ヨハンとのこと/ホルツのこと/
ヨハンの所領地グナイセンドルフでの2ヵ月/甥カールとの関係の見直し/
ヴィーン帰還はいつ/シンドラーの再登場/汚された像

1. ガリツィンとの間の経緯/1083
2. ガリツィンなる人物　遺族たちの回収努力/1090
3. シュトライヒャーの新提案/1094
4. 弟ヨハンのグナイセンドルフ領地/1095

5. カール・ホルツのこと／1102
6. 甥カールとの緊張高まる／1104
7. カールの自殺未遂／1109
8. カールの不行状／1111
9. 伯父甥関係に懸けられたバイアス／1115
10. 甥とグナイセンドルフへ／1118
11. 会話帖を一方向から誤読 「バッハは小川ではない」逸話／1119
12. グナイセンドルフを発つ準備／1123
13. グナイセンドルフ旅立ちから医師の往診まで／1125
14. シンドラーによって汚された像／1130

終 章 ベートーヴェンの経済生活について ———— 1135
1827 年最後の日々／遺言と遺産　そこから経済生活を遡る

1. 自筆遺言状のあと口述筆記／1138
2. ロンドン・フィルハーモニック協会からの見舞金／1139
3. 遺産の検証／1144
4. 8 枚の銀行株券購入とシュタイナーからの借財／1146
5. 音楽家の経済生活／1151
6. 年金支給　その実額イメージ／1153
7. 支出の重要費目／1156
8. 出版収入の構成要素／1159
9. 楽譜出版社との交渉全貌／1160
10. シュタイナー社からの借金と作品譲渡／1173
11. 出版収入の分析／1177
12. 演奏著作権と写譜料／1180
13. 借金の分析／1182
14. 1820 年代の出版収入／1184

出版作品一覧表 ———————————————— 1187

索 引 ———————————————————— 1207

　ベートーヴェン像／1208

　作品／1227

　人名／1250

　一般事項／1273

　キーワード／1286

あとがき ———————————————————— 1301

凡　例

( )　　　　本文の一部として読んでいただきたい。

[ ]　　　　注釈であり、［原注］［引用者注］［引用者補］　など。

[原綴］［筆者による注］［本書中の参照個所］　は一目瞭然なので、断り書きを省略する。

括弧付作品番号［Op.］　その言及が、当該作品の出版以前、すなわちまだ作品番号が付されていない段階の場合、とくに書簡引用の際に、作品の特定を容易にするために補足する。

　文献総覧は設けず、「新カタログ」第 2 巻巻末文献表参照とする。参照文献は同文献表にある略記［著者名 / 書名簡略表示］によって示す。同文献表には掲載されていない文献については、文献特定が容易な範囲で、巻末や章末ではなく、本文中に、出版事項を略記する。

　基本文献の略表示は以下とする。

[BGA]　　Briefwechsel Gesamtausgabe　書簡交換全集

[BKh]　　Beethovens Konversationshefte　会話帖全集

[NGA]　　Beethoven Werke（Neue Gesamtausgabe）　新全集

[Tagebuch]　Beethovens Tagebuch 1812-1818　日記

[TDR]　　Thayer/Deiters/Riemann: Beethovens Leben

[JTW]　　Johnson/Tyson/Winter: The Beethoven Sketchbooks: History, Reconstruction, Inventory

[MGG 1]　Die Musik in der Geschichte und Gegenwart MGG 音楽事典第 1 版(1949-1986)

[MGG 2]　Die Musik in der Geschichte und Gegenwart MGG 音楽事典第 2 版(1999-2007)

[NGO]　　New Grove Dictionary of Opera（1992）　ニューグローヴ・オペラ事典

なお、書簡等は、微妙なニュアンスや強調のリズムも伝わるよう、できる限り原文に即して訳すこととし、日本語としてわかりにくさが残る場合には、［引用者注：］［引用者補：］を付すか、引用の後に解説を加える。

　また、個々の作品について、文献名を挙げずに事実関係が述べられている場合は、新カタログの記述が典拠となっていることを予め断っておく。

　ヴィーンの通貨については、日本では「フローリン」という表記がよく見られるが、それは英語文献からの翻訳であることの痕跡である。貨幣単位は確かに fl. と表記されるが、それをドイツ語圏では「グルデン」と発音する。ドイツ語文献、そしてベートーヴェン自身の書簡も、例外なく、Gulden と記している。

　日本では、シンフォニー（シンフォニア）を、ハイドンとモーツァルトの作品に始まって、ベートーヴェン以降の作品について「交響曲」とし、それ以前、あるいはその他の作曲家の作品の場合は「シンフォニア」と表記する習慣がある。ハイドン兄（ヨーゼフ）には「交響曲」、ハイドン弟（ミハエル）には「シンフォニア」、と使い分けることになる呼称の乱れはシンフォニーの歴史を見通しにくくしている。これを解消するためには、ヴィヴァルディの「交響曲」とするか、ベートーヴェンの「シンフォニー（シンフォニア）」とするか、決めなければならない。本書は後者を選択した。ちなみに、ベートーヴェンは遺されている自筆譜すべて（第4〜8番）において「シンフォニア」とイタリア語表記している［第23章13］。

　同様の理由で「協奏曲」とはせず、「コンチェルト」と表記する。

　重唱・重奏曲に関しては器楽の三重奏曲のみ、「ソナタ」「コンチェルト」と対比されることの多い特別なジャンルとして、「トリオ」と表記する。

ベートーヴェン像
再構築
1

目 次

序　章　　　　　　　　　　　　　　　　　　　　　　　　　*3*

第Ⅰ部　体系的考察

第1章　スケッチ研究の意味するもの　　　　　　　　　　*23*

第2章　「作品の完成」について　　　　　　　　　　　　*43*

第3章　「作曲の完了」と「創作活動の完了」の間にあるもの　*57*
　　　　　　　　──シンフォニー第5番を例にして

第4章　ベートーヴェンの創作活動としての楽譜出版　　　*75*

第5章　各出版社との関係概容　　　　　　　　　　　　　*107*

第6章　作品番号をコントロールしたのは誰か　　　　　　*153*

第7章　作品の献呈行為について　　　　　　　　　　　　*225*

第Ⅱ部　歴史的考察

第8章　ボン時代Ⅰ　ケルン大司教選帝侯ボン宮廷　　　　*281*

第9章　ボン時代Ⅱ　最初期(1782〜86年)の創作　　　　*293*

第10章　ボン時代Ⅲ　ボン時代後期の諸作品　　　　　　*331*

ベートーヴェン像
再構築

序　章

1. ベートーヴェン新時代の到来
2. キンスキー＝ハルム・カタログとは何か
3. 2つのカタログの大きな違い
4. セイヤー＝ダイタース＝リーマン［TDR］
5. セイヤー伝記

1 │ ベートーヴェン新時代の到来

　2015 年以降、世界でベートーヴェン像は一新された。2014 年末に新しい作品目録が出版されたからである。

　「一新された」と過去形で語るのは正しくないかもしれない。その消化と、消化の成果が広く認知されるまでにはゆうに十数年は掛かるであろうから、一新に向けてのスタートが切られた、と言うべきだろうか。その最初の試みが、いま、世界に先駆けて日本語で為される。本書はそういう本質を持ったものである。その理由をまず明らかにする。

　本書では「新カタログ」と称することとするが、その書名は、簡略表示では『ベートーヴェン作品目録［Beethoven Werk-Verzeichnis］』、完全表示としては『ルートヴィヒ・ヴァン・ベートーヴェン　主題インチピットおよび書誌データ付き作品目録［Ludwig van Beethoven Thematisch-bibliographisches Werkverzeichnis］』(Henle Verlag, München, 2014) である。編者は 3 人で、クルト・ドルフミュラー Dorfmüller、ノルベルト・ゲルチュ Gertsch、ユリア・ロンゲ Ronge で、そのほかに協力者として、ゲルトラウト・ハーバーカンプ Haberkamp と「ベートーヴェン・ハウス、ボン Beethoven-Haus Bonn」が挙がっている。そして最後に「ゲオルク・キンスキーおよびハンス・ハルムによる目録の、改訂され、本質的に拡大された新版」と記されており、1955 年に出版された、いわゆるキンスキー＝ハルム目録の新版であることが示される。同目録を、本書では「旧カタログ」と称することとする。

　新カタログは約 70 年の後に旧カタログを全面改訂したものであり、20 世紀後半、そして 21 世紀十数年のたゆまないベートーヴェン研究の成果である。旧カタログ全 1 巻のページ数が前文 XXII、本文 808 であるのに対して、新カタログは全 2 巻で第 1 巻が前文 69 と本文 907、第 2 巻 1007 と、2 倍半近い分量となった。情報量が格段に増えただけではなく、その質がベートーヴェン受容に新しい地平を開いた。個々の新情報にはこれまでに論文等で報告されていたものも少なからずあるが、そうした学術情報をくまなくコントロールすること自体に専門性が求められていた。それが一挙全体的にわずか

4

序 章

この 1 冊（正しくは 2 冊）の読破で得られる、という地平が開けたのである。それならば、ベートーヴェン専門文献に精通した専門家でなくとも、生涯をベートーヴェン研究に懸けてきた者でなくとも、新たなベートーヴェン像を自ら持つことができる。

　新カタログの刊行を支えているのが、協力者に挙げられている「ベートーヴェン・ハウス、ボン」であり、またそこを中心として、半世紀以上にわたって取り組まれてきたベートーヴェン資料の基礎研究である。「ベートーヴェンの家（ハウス）」とは 1889 年に生地ボンに設立された機関で、ベートーヴェン資料の蒐集に始まり、今日ではそのウェッブ上での公開や、記念館の運営、Ｔシャツの販売まで、ベートーヴェンに関するあらゆることを実践している。ホームページによれば、「ベートーヴェンの人と作品を世代・時代を超えて保管し伝承するという仕事を行なっている」（ドイツ語文と英語文でニュアンスの違いがあり、ここではドイツ語文の訳）とされている。

　その研究部門として、1927 年に設立された「ベートーヴェン・アルヒーフ、ボン Beethoven-Archiv Bonn」があって、この名称の原義は「ベートーヴェン資料館」だが、分かりやすく言うと、「ベートーヴェン研究所」である。この機関の責任編集により、1961 年以来、『ベートーヴェン　作品 [Beethoven Werke]』の刊行が続いている。ここにもタイトルとして「新」という語はないが、1862 〜 65 年にブライトコップ＆ヘルテル社から出版された『ベートーヴェン全集』（現在では「旧全集」と呼ばれる）と対比して、一般に、「新ベートーヴェン全集」と呼ばれている。「新全集」の刊行は 56 巻の予定で、本書執筆完了（2017 年 9 月）の段階で、その約 3 分の 1 が未刊である。最重要な作品としては、シンフォニー第 7 〜 9 番、《フィデリオ》等が未だ参照できない。これは楽譜として「正統版」であるだけではなく、巻末に付された（かつては別冊で刊行されていた）数十ページにも及ぶ「校訂報告書」において、当該作品の資料が徹底的に分析されており、生涯を論じる上でも、作品論を展開する上でも、その参照が欠かせない。

　「ベートーヴェン・ハウスの委託により」と掲げられ、ジークハルト・ブランデンブルク Brandenburg によって編纂された『書簡交換全集 [Ludwig van Beethoven Briefwechsel Gesamtausgabe]』簡略表示『ベートーヴェン　書簡 [Beethoven

5

Briefe]』が 1996 〜 98 年に出版された。これは、ベートーヴェンを発信者および受信者とする、ごくまれには関連する第三者同士で交わされた、存在が確認される、すなわち消失書簡も含めた、全書簡の活字転写、ならびに類推内容略記である。ベートーヴェンの自筆文字の解読はその専門家に委ねるほかなく、これが世界で共有されるようになったことはベートーヴェン研究に大きく寄与したのはもちろんである。と同時に、20 世紀末の時点までに急速に進展した研究状況を反映させて、言及事項に関する詳細な注釈が編者によって付されていることが途轍もなく大きな成果であった。その注釈によって初めて公開・確認された事実はあまりにも多いからである。書簡それ自体および注釈（第 1 〜 6 巻）と、索引等の巻（第 7 巻）が出版されて以来 20 年が過ぎようとしているが、予定された資料編第 8 巻の出版はいまだに「準備中」である。本書では、同巻に所収されるはずの資料に言及するときには、その都度、典拠とした文献に言及する。また索引には、重複掲載は害がないとしても、不記載やケアレス・ミスが少なからずあり、利用の際にこれはいまのところやっかいな問題である。しかしそれも第 8 巻には「訂正・追加」の章が計画されているとのことだから、やがて解消されるであろう。

　書簡の活字転写刊行はベートーヴェン研究の当初からの課題であるが、1865 年にケッヒェル（モーツァルト作品目録の創始者）によって 80 通が刊行されたのを嚆矢として、カストナー＝カップ Kastner および Kapp による全集（1923 年、1474 通）、アンダーソン Anderson による英訳書簡集（1961 年、1570 通）、フィッシュマン Fishman によるロシア語書簡集（1970 年〜［未完］、既刊 1660 通）が"全集"に近い規模を持っており、それなりの利用は可能であった。しかしそれらを相互に活用し、さらに個々の小規模な書簡集刊行（ここでは省略）によって補うことはすでに専門研究者の領域となり、なかには英訳文でしか読めない書簡さえあり、利用にあたってはまずその前提となるコンコルダンツを作成しなければならず、それ自体が一般には処理しがたいことであった。それ以上に問題なのは、ベートーヴェンが商用書簡以外は日付を書かないために、どのコンテクストで書かれたのかが不明であったり、コンテクストが取り違えられて誤読されていたことであった。書簡交換全集における 2292 通（番号付けによる数。補足番号の追加、重複登録の削除等があり、実数はこれよりいくらか多い）は注釈において時代考証が徹底的に成されている。

序 章

　もうひとつ、きわめて重要なのが『ベートーヴェンの会話帖［Ludwig van Beethovens Konversationshefte］』という書名の会話帖全集の出版であった。これはかつての東ドイツで進行したプロジェクトで、シンドラーが 1846 年に当時のベルリン王立図書館に売り込んだことで、以後、会話帖集成はベルリンのベートーヴェン学者たちの課題となった。第 2 次大戦後はそのまま東ベルリンの国立図書館に保管されていたから、そこの司書たちを中心に解読作業が続けられ、1972 年から活字転写版の刊行が開始された。ドイツ統一後の 2001 年に第 11 巻をもって本巻は完結したが、索引の別巻は未だ刊行されていない。当初はカール＝ハインツ・ケーラー Köhler によって主導され、グリタ・ヘッレ Herre およびダグマー・ベック Beck の共著者に受け継がれた。このシリーズもまた、本文の活字化のみならず、注釈が貴重で、ことに会話の記録であるからそれなしに読むことはほとんど不可能であるが、結果としてひとつの巻に場合によっては 900 以上もの注釈が付いて、それらが研究の最前線の情報をもたらしている。考えてみれば、これほどの歴史資料は類い稀なものである。ベートーヴェンの部屋に隠しマイクを設置したようなものだからである。確かに本人の発言は書かれていないのがふつうであるから（書かれているときも稀にある）、肯定したのか否定したのかさえ分からないのだが、何が話題となって、周囲はどういう判断であったのか、また当時、噂に上った事柄、ベートーヴェンが抱えていた問題、といったことがつぶさに把握できるのである。一般人がただこれを読んでも、エピソードの連続くらいにしかならないが、ベートーヴェンの生涯に精通した専門家には問題の宝庫である。と同時に、これを扱うには 2 点に付き細心の注意が必要である。ひとつには、編纂の過程で、死後最初の管理者シンドラーによる凄まじい改竄の事実が把握され、第 7 巻以降（その後に刊行された第 3 巻を含む）ではその峻別がなされ、既刊分については改竄部分のリストが付されたこと。いまひとつは、第 1 の管理者、ベートーヴェン本人によっていくらか、そして第 2 の管理者によって大々的に、成された破棄、そしてその結果としての消失を、その理由とともに考えなければならないことである。この件に関して、各巻の序文にいささかの分析があり、また編集者たちを中心とした個別の研究論文があるが、全体像を総合的に捉えた文献は未だない。第 II 部第 34 章の前半でそれを試みる。

　書簡交換全集と会話帖全集はミレニアムの変わり目に相次いで本巻完結と

7

なったが、その文字量は本文・注釈とも圧倒的であって、その消化に大変な時間を要するものである。そしてその10年少し後に、各作品の最新データを記録した新カタログが刊行されたのはタイミングとして絶妙で、この3点が出揃ったことが「ベートーヴェン新時代」を一気に実現させたのである。

　以上はドイツ音楽学の成果だが、セイヤー［後述］以来、アメリカに、そして一次資料がかなり現存しているイギリスにも、ベートーヴェン研究の伝統がある。基礎研究としては、1985年に出版されたダグラス・ジョンソンJohnson、アラン・タイソン Tyson、ロバート・ウィンター Winter の3人による『ベートーヴェン・スケッチ帖　歴史・復元・現況調査［The Beethoven Sketchbooks : History, Reconstruction, Inventory］』がスケッチ帖に関する総合研究で、またベートーヴェンが1812年末から1818年まで断続的に記入していた、いわゆる"日記"をメイナード・ソロモン Solomon が1990年に復刻出版（もちろんドイツ語で）した。

　以上を全面活用したのが本書であるが、単に情報が更新されただけではない。作品、生涯、社会関係、経済生活、後世の研究、等々の全局面が全体像として捉えられるようになったことで、従来のベートーヴェン観は、いっそう豊かになったというのではなく、根底から覆されて、見える風景は様変わりしたのである。
　そのことが即座に解る例をひとつだけ挙げる。《皇帝》という通称で親しまれるピアノ・コンチェルト第5番の原版初版が出版されたのはロンドンである、とは新カタログで得られる情報である。しかしそこではその事実が記録されているだけで、いったいなぜなのか、説明は作品目録の性質上、もとよりない。歴史像の問題であり、解釈だからである。それは本書を通読するときっと理解できるはずである。ただしどこかに直接的な答が書いてあるわけではない。読み進めて、新しいベートーヴェン像に啓蒙されていくと、おのずから読者自身のなかになぜなのかについての理解が生まれるであろう。

2 │ キンスキー＝ハルム・カタログとは何か

　私たちがいま置かれている認識環境の新しさを実感するために、従来のベ

ートーヴェン像を支えていた中核たる、キンスキー＝ハルム［Kinsky = Halm］・カタログ（旧カタログ）の性質を明らかにしよう。ひとことで言うと、旧カタログは 20 世紀前半までのベートーヴェン研究を反映したものである、と当たり前の話になる。ただ、情報が更新されるべき時に来ていたという自然現象のように捉えると新しさの本質は理解できない。

　旧カタログが 2 人の編者の名前で呼ばれているのは、新カタログの場合のような共同執筆だからではない。序文を著わしたハンス・ハルム（1898-1965）によれば、カタログ作成のために資料蒐集を続けていたゲオルク・キンスキー（1882-1951）は、1941 年にケルンが爆撃の危機に瀕するなかで、タイプ原稿をミュンヒュンのバイエルン国立図書館に預けることとした。その第 2 部を送付する際（1942 年）になお何百もの未解決の問題を含んでいたが、戦時下でもはや作業の続行は無理であった。実際、彼のケルンの自宅は撤収されることになり、その際にすべての資料が失われ、それ以前に保管を委託した未完成原稿のみが消失を免れた。戦後に執筆作業は再開されたが、その渦中の 1951 年 4 月 7 日に彼は突然、世を去った。その完成を託されたのが同図書館主任司書のハルムであり、つまり旧カタログは 2 代に受け継がれた編纂であった。と、ここまではほぼ周知のことである。

　しかしもう一歩分け入ってみると、このカタログ固有の性質と、当時の音楽学研究の問題点が浮かび上がってくる。ユダヤ人排斥の猛烈な嵐が吹き荒れるなか、生命の危機も感じながら為されたキンスキーの資料蒐集範囲は、自ずとドイツ国内に留まらざるを得なかったが、後述するように、ベートーヴェン資料に関する限りそれでは不十分という認識は社会的にもずっとなかったと思われる。というのは、旧カタログのその意味での限界が意識されるようになったのはそれほど旧聞のことではないからだが、新カタログの出現によってそのことは鮮明となった。そもそも作曲家作品目録は 19 世紀に楽譜出版が盛んとなって以来、第一に楽譜購入者の便宜のためであった。音楽学の成長とともに、それには作曲家研究の礎という性格が託され、「生涯の全作品」のデータをリストするという課題が課されるようになったのである。

　しかし、第Ⅰ部第 2 章 1 で見るように、キンスキーが資料蒐集を始めた1930 年代は"原典版"思想発祥の時節であり、その意味で、正統な楽譜の出発点となる、作曲者からの原稿を得て出版された"原版［Originalausgabe］"［詳しい説明は第Ⅰ部第 2 章 1］を突き止めることが、作品目録に求められる課題の重要なひとつであった。その志向性は、音楽学の原典版信仰の真っ只中にいた

私自身、疑うことのなかったものだが、新カタログを通読するなかで何度か思わず息をのんだ。そのひとつが、《皇帝》の原版初版はロンドンで刊行された、という事実を認識したときである。なぜロンドンであったのかを考えることは楽譜の正統性の議論に留まらないのであって、当然、ベートーヴェンと社会の関係を見直すことにつながる。そして私に残ったのは、社会関係について自分は何も見てこなかったのではないか、という自責の念であった。

3 │ 2つのカタログの大きな違い

　私は、とあるきっかけで［「あとがき」に記す］、旧カタログの全行をくまなくチェックする作業を始めたことにより、ベートーヴェンの創作と向き合うようになった。そしてまず最初に気付いたのは、作品番号にも、その付与にベートーヴェンが関与したものとそうではないものがあるばかりか、その1割以上がずっと空白であり、晩年になってようやく空白番号を埋める努力が他者によって開始され、すべてが達成されたのは死後のことである、という事実であった。新カタログを手にした途端、この問題について決定的な取り組みが行なわれていることを知り、驚いた。すなわち、ベートーヴェンに由来しない Op. 番号は "Op." と表記されたのである［詳しくは第Ⅰ部第6章2］。

　次いで、旧カタログに載っている出版楽譜すべてをリストアップする作業を行なった。いわばキンスキーの執筆を追体験したのである。新カタログが刊行されると、新しい情報をそのリストに追加していった。すると、フランス、ことにイギリスの資料の余りの多さに目が奪われ、しかも印刷楽譜の用紙スカシで出版年代の下限推定まで行なう、最先端の音楽学研究に出会った。こうして、ベートーヴェンがかなり早い段階から西欧全域で受け入れられていることを改めて肌で感じると同時に、フランスでの受け入れが中途で細り、1820年代にまた復興するが、イギリスにはそのような波がないことにも気付いた。作品の正統性の糸でつながっているのではない世界が開けていき、時代のなかに刻印されたベートーヴェンの全存在が新カタログから立ち現れてくるのを実感した。

　これには、ヨーロッパの各図書館が自館資料目録をネットで公開するまでに至った、近年の進展も大きく寄与している。戦時下で主としてドイツ（オーストリアを併合した大ドイツ）の図書館の所蔵目録と、国外については

序　章

1817年から出版されていくヴィストリンク目録［第Ⅰ部第6章3参照］に頼らざるを得なかったキンスキーの仕事とは大きな違いが生じたのは当然であろう。個人で資料にたどり着くには限界があり、しかも厳しい環境下であったことを考えればいっそう、これをやり遂げたその使命感にむしろ感服する。

　しかし2つのカタログの差は、そうした物理的な制約から来ているだけではない。視野そのものに違いがあり、それは音楽研究の背後にある社会的関心の変化がもたらしたものであろう。過去において、作品目録での作品データは作曲者と作品をつなぐものであり、記述項目は、成立に至るまでの前史、自筆原稿の所在およびその状態、校閲筆写譜、出版公告、原版の同定とその表記、原版の再版［Titelauflage］、主な続版［Nachdrucke］、書簡における言及、各種目録における番号付け、主要文献での言及個所、である。その方式は1862年出版のケッヒェルによるモーツァルト作品目録に始まり、定着していったものであった。ここに原版と続版、すなわち作曲者と直接つながっているものと、他者が間に入ったものを、二項対立的に峻別する思想が明らかであり、そして、唯一の原版を突き止め決定する権威を作品目録は担っていた。

　新カタログにおいて根本的に改められたのは、1985年にスケッチ帖の全体像が確立された［第Ⅰ部第1章参照］のをきっかけにほとんどすべての自筆スケッチ個所が同定されたこと、原版が複数ある場合はそのすべてが出版順に示されたこと、1830年以前に出版されたすべての版（編曲版を含む、消失を含む）がリストアップされたこと、である。すなわち、その作品に関する、存在が確認されるすべての資料が記述の対象となっている。作者の手を離れた後のその作品の存在が追跡され、社会に浸透していった跡も確認できる。演奏記録も、初演だけではなく、確認される初期の続演も列挙される（あまりに多い場合はまとめられる）。さらに、校閲筆写譜の項では、コピスト研究の進展に伴って筆写者の細かい特定もなされ、また自筆譜や原版の記述そのものもいっそう詳細になった。

　各作品の項［その記述全体の構成については第Ⅰ部第2章の冒頭参照］には「成立と出版」と題された記事があり、スケッチ帖や書簡における関連個所が引用されているだけではなく、作品史の評価に欠かせない文献記述が紹介される。研究文献は新カタログによってすべてコントロールされており、文献は精選され、現在の認識到達点が示される。その出典文献の一覧が第2巻の巻末に付されており、それが参照すべき文献のすべてである。したがって本書におい

11

ては、固有の文献表を掲げる必要はなく、「新カタログの文献表参照」で事
足りる。ただし、そこには作品とは関係のない伝記的事実に関わる文献は挙
げられていないので、引用の都度、文中に明示する。

　問題はその先にあって、基礎研究が提示するのはデータだけである。すで
に挙げた例を引けば、「《皇帝》の原版初版はロンドンで刊行された」とはひ
とつの事実に過ぎず、それ自体はそれ以上、何を語るのでもない。その事実
に意味を持たせるのは歴史家の仕事である。新カタログ、書簡交換全集、会
話帖全集、スケッチ帖研究、そういった基礎研究が提示した新しい事実のす
べてを結び合わせて、そういう基礎研究がまだ不十分であった時代に形成さ
れたベートーヴェン像を再検討し、新たなベートーヴェン像を構築する。そ
れが本書の目的である。

4 ｜ セイヤー＝ダイタース＝リーマン　[TDR]

　ベートーヴェン像は過去のさまざまな伝記記述を通して形成されてきた。
その嚆矢はヴェーゲラー＝リース Wegeler および Ries 共著の『ベートーヴ
ェンの伝記に関する覚書』(1838 年)［新カタログ巻末掲載文献（以下、同じ）Wegeler/
Ries　以下、『覚書』と略す］であるが、シンドラー Schindler による伝記（1840
年）［Schindler/Beethoven］がすぐそれに続き、同書は第 2 版（1845 年）、第 3 版
（1860 年）と版を重ねるうちに内容がかなり変転した。マルクス A.B.Marx
による 2 巻本［以下、同類のものを含めて、正式なタイトルは省く］（1859 年）やノール
Nohl による 3 巻本（1864-77 年）も相次いだが、セイヤーが 1866 年に刊行
を始めた 5 巻本伝記［TDR I-V］が 1908 年に完結して、ベートーヴェンに関
する伝記記述は決定的な局面を迎えた。

　アレクサンダー・ウィーロック・セイヤー Alexander Wheelock Thayer
(1817-1897) はアメリカ人で、1846 年にハーヴァード大学で修士号を取得
した。ベートーヴェンの生涯に強い関心を持った彼は 1849 年にドイツにや
ってきて、モシェレスによる英訳（1841 年出版）のあるシンドラー伝記の
改訂版刊行の準備を始めた。1854-56 年にはニューヨーク・トリビューン紙
のドイツ駐在特派員の職を得たほか、1862 年にヴィーンでアメリカ外務省
の仕事に就くなど、経済基盤の確立を模索しつつ、シンドラー伝記がヴェー
ゲラー＝リース『覚書』と対立的であることに強い問題意識を持ち、自ら調

査に乗り出した。1866-82年はトリエステのアメリカ合衆国領事を務めて経済的安定を確保して、ヨーロッパでの研究を続けることができた。

　時はちょうど、ドイツで興りつつあった音楽学研究をリードするような、大作曲家伝記の刊行が端緒に就いたところであった。ヴェーゲラー＝リース『覚書』を含む、それまでの"伝記"が、故人の知人によって語られる思い出話であったり、生涯のある局面を逸話で綴る（こうした記述を私は「逸話音楽史」と概念付けている）、といった内容であったのと違って、全生涯全作品（Leben und Werk）という視野を持つ、大作曲家伝記の誕生であった。それを先導したのは、1856-59年に出版されたオットー・ヤーン Jahn（1813-1869）によるモーツァルト伝4巻本であるが、フリードリヒ・クリュザンダー Chrysander（1826-1901）によるヘンデル伝（1858-67年）、フィリップ・シュピッタ Spitta（1841-1894）によるバッハ伝（1873-80年）、フェルディナント・ポール Pohl（1819-1887）によるハイドン伝（1875-82年、第3巻は1927年ボートシュティーバー編）などが続いた。セイヤーのベートーヴェン伝はこうした一連の出版機運のなかに位置づけられるもので、ドイツ語での記述が前提であった。そこで彼はボン大学でヤーンの弟子ヘルマン・ダイタース（1833-1907）にドイツ語訳を依頼して、1866年に『ルートヴィヒ・ヴァン・ベートーヴェンの生涯 [Ludwig van Beethovens Leben]』第1巻を出版し、第2巻（1871年）、第3巻（1879年）と続けた。それらによって描かれたのは1816年までの生涯であり、以後の巻を彼は完成させることができず、第4・5巻はセイヤーの遺した資料を基にダイタースが編集したが彼もまた1907年5月11日に死去したため、その仕事はフーゴー・リーマン（1849-1919）に受け継がれて、第4巻は1907年に、第5巻は1908年に刊行された。その間の1901年にダイタースは第1巻の第2版を、そしてリーマンは全5巻完結後、自らの責任で第2巻と第3巻の第2版（1910年、1911年）を、さらに第1巻の第3版（1917年）を刊行した。彼らはともに、セイヤーは記述しなかった作品論を積極的に付け加えた。こうした複雑な経緯により成立したセイヤーのベートーヴェン伝全5巻はセイヤー＝ダイタース＝リーマンの頭文字を取って「TDR」と略称される。いずれの版も復刻出版はこれまでなく、参照は簡単ではない。ことに各巻の初期の版は残存が僅少で、日本で目に触れる機会はほとんどないと思われる。ごく一部の巻がインターネットで公開されている。

　セイヤーは、先行する2著の欠陥を克服するため、事実関係の正確な記述

に努め、主観的な判断が入る音楽論の展開はあえて避けた。しかし、音楽全般に博識であり、音楽理論家としての著作も豊富なリーマンは自分の判断で第4・5巻に作品論の節を追加し、さらに第1～3巻の改訂版も同様とした。ことに第4・5巻が扱う1817年以降の時期については、セイヤーは執筆のためのメモを遺しただけであり、「遺された準備作業と材料に基づいて」[タイトルより] 後継者たちが執筆したので、各人の分担を峻別することは不可能であって、「TDR」と一括略称表示される由縁である。本書では、参照ページを挙げるとき以外はこれを「セイヤー伝記」と通称する。

　セイヤー伝記は出身地アメリカでも大きな反響と期待を呼び、英語版の刊行が渇望された。それに挑戦したのがヘンリー・エドワード・クレービール Krehbiel（1854-1923）であった。彼は TDR の完結後4年して、1921年に『セイヤーのベートーヴェンの生涯 [Thayer's Life of Beethoven]』[Thayer/Krehbiel] との書名で、英語増補抄訳版を公刊した。これは、リーマンの付け加えた作品論をカットしてセイヤーの原形を復元する試みでもあり、そのほか、省略や削除、言葉の補いに留まらない付加、そしてしばしばパラグラフを組み替え、ことにドキュメントについては大幅な取捨選択が行なわれた。またそれまでに明らかになった新事実を追加した。このとき、ドイツ語から英語への変換に際して、かなり自由に意訳され、原文のニュアンスが変えられたことはここにはっきりと書き記さなければならない。さらに戦後、1964年にエリオット・フォーブズ Forbes（1917-2006）がクレービール抄訳版の改訂版 [Thayer/Forbes] を同じタイトルで出版した。彼は先行者の文体を残しながら、それまでの40年間に明らかになった事実を付け加え、またセイヤーが完成させられなかった第4・5巻、すなわちベートーヴェン最後の10年について、先行者が TDR からカットした部分を相当に復活させた。フォーブズ版は大築邦雄氏による日本語訳が1971年（第1巻）、74年（第2巻）に刊行された。TDR の原文とかなり食い違う個所は誤訳というより、英語版の忠実な訳であることの方が多い。また新カタログ出版以前は全体状況が見通せなかったから、迷訳もときにはやむを得ない。むしろ当時の実情を考えると、すぐれた訳業と言うべきである。ベートーヴェンに関心を寄せる日本の多くの方々が頼ってきた書物であろう。それゆえに、私自身、誤解することとなった重要な問題には、本書で折々、訂正訳ないし見解を付け加えた。

5 | セイヤー伝記

　セイヤー叙述の特徴は、史実を秩序立てて構成することにあり、音楽の分析的解釈には立ち入らなかったことである。そのことは徹底していて、主観性をできるだけ排除しようとする努力が行間にも滲み出ている。フォーブズは自ら書き下ろした序文において、「その叙述で古いとされるかもしれない唯一の要素は文体だけ」と語る。しかしながら後世がふつう目にするリーマン増補版では音楽論も展開され、ときに「この年の作品」という節が新たに設けられていることもある。前述したように、クレービールはセイヤーの方針に戻し、フォーブズもそれを堅持した。そのことを知らずに、日本語訳で親しんだ上で TDR の原文にあたると、私自身、当初、誤解したのだが、セイヤーの語っていた音楽論を英訳者たちが削除したように見えた。

　その意味で、英訳本およびその日本語訳は、原文のニュアンスが変えられてしまっているケースが少なくないことは別として、セイヤーの学問的姿勢を保っていると言える。主観を排そうとする、その史料批判精神は敬服すべきものであり、そのことがセイヤー伝記の価値を1世紀以上にわたって維持させてきた最大のポイントであろう。ベートーヴェン伝記記述が永らく、セイヤーを超えられない、とされてきたのは第1にそれゆえであった。加えてもうひとつ、それには大きな理由がある。

　前述した19世紀後半の他の音楽学的伝記著述で対象となったモーツァルト、バッハ等は世を去ってすでに半世紀から1世紀以上たっていて、世の中は大きく変わり、またその間に資料は散逸し、過ぎ去った時代を改めて掘り起こすという作業が前提となっていたのに対して、ベートーヴェンの場合は"現代大作曲家"であり、しかも知らない人はいない孤高の存在であったため、歴史資料も遺るものはそのまま遺っていた。一方、一定の時間が経って埋もれてしまったものは掘り起こしの程度によって左右される。だが、ベートーヴェン受信の書簡に失われたものが多いのは本人が捨てたからであり、探せば見つかるという類いのことではなく、セイヤー時点と現時点で大きな違いはない。さらにセイヤーにあっては、現在は消失している資料も参照できたという例、すなわちセイヤーの記述によって伝えられる事実も少なからずある。たとえば、1812年夏にテプリッツにやってきた要人たちの到着日はセ

イヤーが同地の市庁事務官に当時の記録を問い合わせた結果だが［第27章1］、今日、それを調査して同じ情報が得られるかは難しいだろう。また大戦で原資料が失われ、セイヤーの記述だけによって伝えられているドキュメントもある［たとえば631ページ］。新カタログもしばしばTDRにおける記述を引用しており、今日なお事実の典拠となっている例が散見される。後世に数多あるベートーヴェン伝記のなかで、新カタログにこれほどの引用がなされている書はほかにない。

　セイヤーはベートーヴェンの生涯そのものに関する重要なドキュメントをほぼすべて手にしていたと思われ、叙述はそれらを駆使している。その上、同時代の同様企画が19世紀後半のドイツ・ナショナリズムに色濃く支配されていたのに対して、ハーヴァード大学出身のアメリカ人学者にはその種の偏向は微塵も無く、方法は科学的に徹しており、したがって根本において、ベートーヴェンの生涯そのものに関する誤解は少ないといってよい。シュピッタのバッハ伝などを現代の研究の出発点にすることはとてもできないのを考えてみれば、セイヤー伝記の生命力には目を見張るばかりである。さらに言えば、把握していた事実にある種の驚きがある。たとえば、1809年のブルク劇場の演目は、現在は国際研究プロジェクトの調査によって判明しているが、セイヤーはそれをほとんど正しくつかんでいた［第20章3］。

　関心を全生涯・全作品・全方向に拡げて叙述していることも傑出していて、その後の研究がなかなかセイヤーを乗り越えられなかったのは不思議ではない。ただ、年代記に徹しており、事件の意味づけは少ない。しかしこれもまた、客観的であろうとし、余計な解釈を挟まないように、という長所であり得る。事実の淡々とした記述であるから、読者にはその意味がストレートには伝わらない憾みがあるが、仮に、判断は読者に委ねると言ったとしても、専門性のレヴェルが高すぎて一般の読者にそれは出来かねる、という性質のものだ。実際、事実関係の羅列が多く、その説明は狭い範囲でのものでしかなく、読後感として、不完全燃焼は否めない。しかしそれはセイヤー伝の欠陥ではない。重要なのは、セイヤー自身、把握の途上であったいうことで、第1〜3巻は1816年までの叙述であるから、全体像から結論めいたことは述べられなかった、思い切った展望は描けなかった、というのが真実であろう。そして第4・5巻はそれぞれ独立した巻として継承者によって年代記記述が続けられたのであり、全5巻はベートーヴェンの全体像をひとつの歴史観で描いたというものではない。

序章

　事実関係においてセイヤー伝記は1世紀以上の生命を有しながら、リプリント版が刊行されずに、参照が専門研究者に限られていたのは不思議である。英語抄訳版が簡便に使用でき、日本でもその翻訳書が十分に利用できたから、かえって原典参照の必要を呼び起こさなかったのだろうか。私も本書執筆の機会に座右に置いて初めて、上述してきた驚くべき実情を理解したのである。アメリカにはベートーヴェン研究の伝統があり、最近まで何冊もの注目される伝記著述書が刊行されてきたが、それらはほとんど、フォーブズ版の引用で済ませている。

　しかしついに、ベートーヴェン新時代が到来し、セイヤーを乗り越えうる環境が調った。セイヤー伝記に欠けていたものはまさしく全体像であって、それは書簡交換全集および会話帖全集の（それぞれ本巻の）完結、新カタログの刊行なくしては可能ではなかった。さらに言えば、セイヤーの時代に最も遅れていたのは、同年生れのグスタフ・ノッテボーム Nottebohm（1817-1882）によって手が付けられ始めたばかりのスケッチ研究であり（ベートヴェニアーナ 1865 年、第 2 ベートヴェニアーナ 1880 年刊行）、以来、個別スケッチ帖の解析の積み重ねが続いた。その全体像が 1985 年に確立されたことは大きい。会話帖については刊行されずともセイヤーはベルリンの図書館で参照しており、おそらくシンドラーの改竄に気付いていたと思われる。というのは、死後記入はそのスペースのあるところになされたのであり、それが行間にほんの一言であった場合には見つけにくいが、空白ページないし空白部分に別の筆跡で長々と、前後の脈絡とは関係のない記入があるときは、おかしいと思う筈だからである。シンドラーの言説に対する警戒心は TDRに共通しているが、それでも不十分であった。書簡の場合、年代設定にいくつか誤りがあったのは仕方がなく、またいくつかの書簡を把握できなかったことも、セイヤー伝記の致命的な問題となってはいない。

6 ｜ 現在の地平

　セイヤーを乗り越えた事実関係が構築できないので、抜本的に新しい視点の持ちようがなく、ある意味で教科書的にならざるを得ない、というのがここ 1 世紀間のベートーヴェン伝記記述であった。そして専門研究者の新研究

は問題を一点に絞ったピンポイント的なものであり、その成果は専門研究誌に分散して掲載されていて、それが滞積してくると次第にその完全点検は至難の業となった。もちろん、近年のソロモン（1977年）、クーパー（1991年）、ロックウッド（2003年）による伝記などもその時点までの最新研究を採り入れた好著であるが、セイヤーを超えたとまでは言えない。いずれも日本語訳がそれぞれ1992-93年、1997年、2010年に出ている。

　こういう状況が長く続いていたときに新カタログは登場して、新たな知見を一挙全体的に提供し、また巻末に付された文献総覧は専門研究誌に拡散している重要文献すべてを挙げて、研究の現状をより詳細に把握することを容易にしたのである。

　全体像への視界が開けると、後世はベートーヴェンを「数々の素晴らしい作品を遺した大作曲家」としてしか見てこなかった、というもっと大きな問題にぶつかる。作曲行為以外のあらゆる生き様が"エピソード"（番外編）として処理される。恋愛事件など、そうした扱いで済む事柄もあるが、作品を売ったのは生計のための単なる事後処理ではない。しかし、作品を書いてこそ「作曲家」、というのが長い間、音楽史記述の感覚であった。"音楽"の歴史なのであって、"音楽"すなわち「作品」こそが私たちの対峙すべき対象、という割り切りである（作品に対する後世の"感動"を音楽史研究の本源とするという意味で、これを私は「感動音楽史」と呼んでいる）。このような考え方が「作品中心主義」と揶揄され始めたのはここ十数年のことである。しかし出版社との間に交わされた書簡を全部読むと、彼は音符と同じだけ文字を書き、自分の「精神的制作物［Geistesprodukte］」［ベートーヴェン自身の言葉］を社会に送り出すために、作曲するのと同じだけ時間とエネルギーを費やしていたことが解る。書簡は彼の人となりを伝える"エピソード"なのではない。出版社とのやり取りは作品が印刷楽譜に固定されるまでの活動を証しているのであって、それが示しているのは、版下原稿の厳しいチェックや校正についての細かい指示であり、公刊まで創作は決して終わっていない、という事実である。自分の手を完全に離れるまで作品の手直しは続き、公刊によってそれがもはや叶わなくなったとき創作は完結したのである。その結果として数十もの誤植があると烈しい怒りを爆発させ、正誤表の追加印刷まで迫ることにもなる。

　「音楽史記述」とは音楽に関する人間の営みの歴史を描くことであり、「音

楽史」とはそうして描かれた音楽活動の歴史である。ベートーヴェンに即して言えば、その創作活動全体を描くことである。音楽活動とは社会と対峙しているものであり、それを描くことを私は「音楽社会史」と呼んでいる。"「音楽社会」の歴史"という意味だが、"音楽の「社会史」"と掛けてもよい。

「体系的考察」と題した第Ⅰ部は、スケッチ書き下ろしから、上演をはさみ、最終的な公刊まで、その全体を「トータルな創作活動」として捉え、それに関するさまざまな問題を考察する。

「作品中心主義」と並んで、「大作曲家中心主義」も音楽史の王道であった。その意味でもベートーヴェンは音楽史の中心的存在であるが、しかし後世の一般的理解のなかでのベートーヴェンは、シンフォニーを中心としてコンサート・教育現場でもてはやされる「器楽作曲家」であり、しかも「絶対音楽」の権化と捉えられる存在であった。声楽作品は軽視されがちであり、《フィデリオ》(1814)《ミサ・ソレムニス》(1823)以外は「失敗作」ばかりとか、「オペラはあまり得意ではなかった」とか「速成仕上げ」といった言説も繰り返されてきた。しかしこうしたイメージはベートーヴェンの活動実態に合致しているだろうか。

第Ⅱ部は「歴史的考察」と題し、時間軸に沿ってベートーヴェンの活動の各局面を見ていく。生涯と「トータルな創作活動」に関するさまざまな問題について、視座を同時代に据えて、再考する。生涯の出来事がほぼ順を追って論述されるが、「伝記」として読まれるのは筆者の本意ではない。伝記であるならば記述されなければならない数々の重要な事柄が網羅的に論究されるわけではないからである。生涯を時間的に追いつつ、これまであまり扱われてこなかった、もしくは明確ではなかった事象について、誤解され、あるいは誤解釈されてきた、また未解釈の問題について、さらに、よく知られている事象でも別の角度から、検討を加え、29の章をベートーヴェン像再構築の各ひとこまとする。そして最後に、「終章　ベートーヴェンの経済生活」で2つの部を総括する。

「大作曲家中心主義」は大作曲家それ自体も捉え損なっていたのではないか。"大作曲家傑作中心主義"ではなかったか。そして個々の"傑作"品の意味もまた全体像からの照射によって変わってくる。いわゆる"傑作の森"とは器

19

楽曲"傑作"の集中的創作について言われてきたことで、《オリーブ山のキリスト》（1803 年）、《レオノーレ／フィデリオ》（1805/06 年）、《ハ長調ミサ曲》（1807 年）という三大声楽曲を含めて再考されるべきである［第 21 章 12］。

　音楽史学に要請される社会的関心はここ数十年で変わってきているのだと思う。「新カタログ」のような徹底した業績を咀嚼してみて、そのことを改めて実感する。新資料に基づいて執筆を重ねるうちに、自分がベートーヴェンという音楽史上の大存在にいかに無知であったかを思い知らされるようになった。叙述することで自らが啓蒙されていく。そういう想いが何度、頭をよぎったことか。新資料の編纂に携わってきた人々はこれまで基礎研究に没頭し、それほどに、まずデータを調えなければならず、新しいベートーヴェン像の構築にまで手が回らなかったというのが現実であろう。それが一段落したのだから、彼らの誰かが新しい全体像を提示するのは時間の問題である。そしてデータは世界中で共有されることとなったのだから、ベートーヴェン像の再構築はいわば誰もが挑戦できるものとなった。いま、この瞬間、日本で誰かが手掛けているかもしれない。そういう想いもつねに持ち続け、ほとんど先陣争いをしているつもりで、ただ、ただ、休みなく 2 年間の執筆を続けた。在職中の最後の何年かにあるきっかけからベートーヴェンのデータをとり続け、書簡集を読み続け、学会でもそれについて何度も発表し、ということが先行できた理由であろう。そして退職後はこの仕事だけに専念できた。それは、講義の準備や会議に翻弄され続ける在職中であれば十数年はゆうにかかる分量であった、と思う。

　新研究に依拠した全生涯叙述がドイツ語か英語で書かれる日も近いだろう。しかしその日本語訳が出版されるまで、なお数年はかかるのではないか。また材料が同じであれば結ばれる像も同じ、ではない。セイヤー伝記を反面教師にして、できるだけ大胆に、積極的に、思い切った像を提示した。
　歴史解釈はすべて仮説でしかない。しかしこれだけのデータを前にするとこう考えざるを得ない、というぎりぎりのところで、「ベートーヴェン像再構築」を問うこととする。

第 I 部

体 系 的 考 察

第1章

スケッチ研究の意味するもの

1. "原型スケッチ帖" "再編合本スケッチ帖"
   "図書館再編合本スケッチ帖"
2. スケッチ帖使用の概略
3. スケッチ帖　最初の行方
4. スケッチ類の消失した作品
5. スケッチ帖消失と自筆譜現存の比較
6. スケッチ帖の機能——楽想の貯蔵庫?
7. スケッチ帖に見る実例
8. スケッチの3段階、そしてスケッチ帖と文書資料の総合
   ——ベートーヴェン新時代の方法

第Ⅰ部　体系的考察

　ベートーヴェンは彼以前および同時代の作曲家に比べて、はるかに大量の
スケッチを後世に遺した。それは翻って、彼の創作過程を追跡する格好の素
材となり、その分析は作品が形をとっていく手法や時間経過の細かい考察を
可能にしている。他の作曲家にあってはこれほどまとまって遺されているこ
とはほとんどないので、ベートーヴェンにおけるようなレベルで創作経過
を把握することは不可能と言ってよい。その意味で、ベートーヴェンはまっ
たく特殊な例であるのだが、一方、現実として遺されている以上、その分析
なしにはベートーヴェンの創作活動について議論はできない、ということに
なる。

1 ｜ "原型スケッチ帖" "再編合本スケッチ帖" "図書館再編合本スケッチ帖"

　ベートーヴェン研究がこれまで、他の大作曲家研究に比べて立ち後れてお
り、新全集も未だ完結の見通しを持つことすらできない状況で、いきおい、
前時代的な逸話音楽史、あるいは傑作中心の感動音楽史の域を出ることが長
い間できなかったのは、余りに豊かな材料の整理がそもそも困難を極める作
業であったことと関係している。もちろん 19 世紀後半のノッテボーム以来、
スケッチ研究の先駆者たちが列を成しているが、全体的把握へと大きな一歩
を踏み出したのが、1970 年前後に発表されたハンス・シュミットによる論
文『ベートーヴェンのスケッチ目録』[Hans Schmidt : Verzeichnis der Skizzen
Beethovens, in : Beethoven-Jahrbuch 6 (1969), 7 ～ 128 ページ]、および『ボン・ベートー
ヴェン・ハウスのベートーヴェン手稿譜』[Hans Schmidt : Die Beethovenhandschriften
des Beethovenhauses in Bonn, in : Beethoven-Jahrbuch 7 (1969/70), 1 ～ 448 ページ] とその補遺
[in : Beethoven-Jahrbuch 8 (1971/72), 207 ～ 220 ページ] であった。その後に数多の個別
研究によって次第にこの基礎研究分野は進化していくが、その過程の途次、
1985 年に刊行されたダグラス・ジョンソン、アラン・タイソン、ロバー
ト・ウィンター共著（以下、JTW と略称）の『ベートーヴェン・スケッチ
帖　歴史・復元・現況調査』は概括的に全体像を記録した一里塚であった。

24

そして 2014 年末、ベートーヴェン新作品目録［新カタログ］において、個々の作品別に、残存スケッチ類すべてのリストが一挙に公開されたことにより、ベートーヴェン研究はまったく新しい段階に入ったと言える。そのリストとは、各作品の「資料［Quellen］」の項、その冒頭「自筆譜［Autographe］」の項の第 1、「スケッチ［Skizzen］」の項である。スケッチの数は 1 曲につき最大の場合で 34 点（シンフォニー第 9 番）にのぼる。遺されているスケッチの全量はページ数でいうと約 8000。それが、国立図書館から個人蒐集家までに及ぶ、約 60 個所に拡散して所蔵されている。

ベートーヴェンが遺したスケッチ帖は、最新の研究成果を網羅的に概観している参考文献（2008 年にラーバー社より出版されたレーシュ Loesch およびラープ Raab 編『ベートーヴェン事典 Beethoven-Lexikon』）によれば 70 点で、「デスク・スケッチ」といわれるサイズの大きなものが 33 点と、外出時に携行したなどといわれる、小ぶりの「ポケット・スケッチ」が 37 点である。このうち、完全な形で遺っているのは「ケスラー」スケッチ帖という学術名が付いている、1801 年 12 月頃から 1802 年 7 月頃まで使用した 96 枚、196 ページものだけである。それ以外は細分され、なかには動産として転売されて持ち主が次々に替わっていったものもあり、行方不明になったままというページ（紙）も少なくない。ひとつのスケッチ帖の主要部分がまとまって国立図書館に所蔵されていて、欠けたページが別のどこかにある、といった形でほぼ再構成できるものもあれば、ジグソーパズルのように、散らばった断片をかき集めてもなお残骸がおぼろげに把握されるだけ、というものもある。こうした復元の作業と、各部分を個々の作品単位に仕分けていく、という途方もない作業がようやく完結したところである。

スケッチ帖には 3 つの層があると言える。第 1 はいま述べた、ベートーヴェンが使用していたままの単位で現存しているもので、かつての所有者の名前が付されたり、それに含まれている代表的な作品の名で呼ばれたり、あるいは図書館の所蔵番号で表記されたりと、学術名としてはさまざまであるが、これをここでは"原型スケッチ帖"と呼ぶことにする。

それ以外に、後世がまとめた結果ひとつの単位となった第 2 のタイプも多数あり、これらは"再編合本スケッチ帖"と定義づけられるべきものである。以上 2 タイプは付された名称から区別することができず、予備知識がないと、新全集の校訂報告書を参照するとき、あるいは新カタログで作品を調べるときに、混乱が避けられない。というのは、蒐集家の手元でひとまとめにされ

第 I 部　体系的考察

たものにも、そのままの形で買い取られた"原型スケッチ帖"と同様の学術名
が付され、その結果として名称上、それらの区別がつかなくなっているから
である。たとえば「グラスニック 1」（1798 年夏 / 秋から 1799 年 2 月まで）
と「グラスニック 2」（1799 年 2/3 月から同年晩夏まで）は"原型スケッチ
帖"の単位であり、しかも原型としてはひとつのスケッチ帖であったと考え
られる。しかし「グラスニック 20a」や「グラスニック 20b」は蒐集家の手
元で再編成されたものであり、たとえば後者には 1806 年のラズモフスキー
弦楽四重奏曲から 1824 年の第 9 シンフォニーまで、さまざまな時期のもの
が混ざっている。数ページ単位でいくつかの"原型スケッチ帖"に遡るであろ
う部分や、単一の紙が寄り集まったものである。「ランツベルク 6」は別名
「エロイカ」スケッチ帖とも呼ばれ、1803 年 6 月頃から 1804 年 4 月頃まで
の使用と考えられている（これには 2006 年に疑義が提起された［第 II 部第 17
章 9]）"原型スケッチ帖"だが、「ランツベルク 9」や「ランツベルク 10」は
"再編合本スケッチ帖"である。この種のものについては校訂報告書等で使用
期間が並記されていないのだが、その理由は、継続的な使用期間を示すこと
ができないからである。

　さらに問題を複雑化するのが第 3 のタイプ、所蔵コレクションが付した番
号で表わされるもので、たとえばベルリン国立図書館において Mus. ms
authogr. Beethoven 19e という番号で整理されている資料は、ときには
「1800 年夏」という別名でも表記されるが、しかし 3 部分からなり（番号の
上でその区別はない）、第 1 部が 1814-15 年、第 2 部が 1800 年、第 3 部が
1804 年のもので、別名は第 2 部に該当するだけである。この種の"図書館再
編合本スケッチ帖"は各図書館特有の手書き貴重資料の番号（マニュスクリ
プトを意味する"Ms."とか自筆資料を意味する"autogr."といった記号による
ことが多い）が付されていて、ベートーヴェンのスケッチ帖であることがに
わかには判らないものもある。ロンドンの大英図書館において Add. Ms.
29997 という番号のもとに整理されている資料はスケッチ帖として分類され
ていないことがあるが、1809/1816/1818/1824 年のスケッチからなる合本で
ある。

　私は、新カタログにおいて作品単位で列挙されているスケッチ断片をひと
つひとつチェックして、現在の所蔵を確認し、それから遡って、"原型スケ
ッチ帖"の再構築にまで辿れる場合はできるだけそこまで到達するようにし
て、作品単位に分解されているジグソーパズルを、元のスケッチ帖単位に構

第1章　スケッチ研究の意味するもの

成し直す作業をしてみた。その経験の上に立って、スケッチ帖問題を解題してみよう。

2 ｜ スケッチ帖使用の概略

　ベートーヴェンは1798年夏／秋からは基本的に、使用前に綴じられたスケッチ帖を使用することになるが、それ以前は、1枚の紙（ルーズリーフ）、表裏で2ページか、二つ折り紙（バイフォリオ）、すなわち紙を折って出来上がった4ページの紙に、書き付けていた。それらは、もちろんそのすべてではないが、ベートーヴェン自身によって保管され、おそらく雑に綴じられていた。なぜなら、それらが今日までまとまったものとして伝承されているという事実は、最初からそれ以後の綴じられたスケッチ帖と区別されて管理されていた、と見なすべきことを示唆しているからである。遺品競売でそれは出版人ドメニコ・アルタリア（1775-1842）によって落札された。そしてその一部（60枚以上と思われる）は1830年代にピアニストのヨーゼフ・フィッシュホーフ（1804-1857）の所有となり、その死後は現ベルリン国立図書館に収蔵され、「フィッシュホーフ雑録」［D-B, Mus. ms. autogr. Beethoven 28］と呼ばれている。現在確認できるのは56枚で、数枚以上が散逸したと思われる。フィッシュホーフの手に渡らなかったその他の部分は、少なくとも124枚あったと思われるが、1870年代までアルタリア社の所有にあり、ピアニストのヨハン・ネポムーク・カフカ（1819-1886）の手を経て、1875年にブリティッシュ・ライブラリー（大英図書館）に転売された。同図書館では同時に買い取った《アテネの廃墟》Op.113（部分的に《ハンガリー最初の善政者（シュテファン王）》Op.117）のスケッチと合本されて、Add. Ms. 29801という所蔵番号が付された。その39枚目からの124枚が「カフカ雑録」と呼ばれるものである。このように、「フィッシュホーフ雑録」と「カフカ雑録」は本来はひとつのものであって、1786年頃から1798年頃まで使用されたスケッチ紙を綴じたもので、紙の順序はまったくアトランダムである。この時期のスケッチは、いったん綴じられてから散逸した数枚のほかにも、最初から綴じられないままであったと考えられる数十枚が残存しているが、さらに消失した分も想定しなくてはならないであろう。

　1798年秋以後も、スケッチ帖にではなく、1枚の紙単位（ルーズリーフ）

27

にスケッチを書き付けることはあった。上記の Add. Ms. 29997 はカフカが蒐集したそれ以後のルーズリーフを大英図書館が買い入れたもので、もうひとつの"カフカ雑録"といってよいが、そうは呼ばれていない。問題を複雑にするのは、100 点ほどあるかと思われるルーズリーフのスケッチで、それらが"原型スケッチ帖"から切り離されたものなのか、もともと単独の紙であったのかが、多くは分らないことである。もちろん、"再編合本スケッチ帖"のなかに本来は単独の紙であったものが紛れ込んでいることもあるだろう。

　綴じられたスケッチ帖としての使用法は、全体として見ると、1805 年までは、四つ折り 8 枚が 12 組で 96 枚 192 ページのサイズを主とする大部なものが 1 冊ずつ使われていき、ある曲の途中から次のスケッチ帖に移行する経過も見て取れる。最大は二つ折り 4 枚が 44 組で 176 枚 352 ページ規模の（実際には何枚か欠ける）「メンデルスゾーン 15」スケッチ帖である。その後は半分または 1/4 程度の厚さのものが主流になり、大きくても、かつてのような 96 枚規模のものはない。またどうやら作品（ないし数曲の作品群）によって使い分ける傾向も出てくる。

　1811 年にポケット・サイズの使用が一度だけあり、それは 1815〜16 年にも見られるが、1817 年秋以降は両サイズの完全な併用となる。おそらくそれは 1818 年 2 月に始まる会話帖使用と関連していると思われる。すなわち常に 2 冊のノートを持って外出するということである。ときには会話帖のなかにもスケッチが書き込まれる。ポケット・スケッチ帖の使用はなんとなく、郊外の田園を散歩するときに持って歩いたというイメージがあるが、そうではなく、甥の養育のことや親権裁判等で、机を前に大型のスケッチ帖で仕事をする時間と気分転換としての外出との切り分けが難しくなっていくことや、健康をたひたび害するようになって床に伏す時間が長くなりベッドでの使用を反映しているのかもしれない。

3 ｜ スケッチ帖　最初の行方

　スケッチ帖は、およびルーズリーフは一定程度束ねた形で、自筆譜等とともに、1827 年 11 月 5 日の遺品競売に懸けられた。購入者は主としてヴィーンの出版人で、全体の約 6 割を買い取ったのが、ベートーヴェン楽譜の出版でも生涯にわたって交渉のあったドメニコ・アルタリアであった。かなりの

第1章　スケッチ研究の意味するもの

安値で買い叩いたと言われるが、競売の結果であり、さほどの値が付かなか
ったのは買い付けた当人の問題ではない。未発表作品の自筆譜が人気のアイ
テムであったことは、競り落とした業者がこれはと思う作品を「作曲者の遺
品から」と銘打って1840年代まで断続的に出版していくことからも見て取
れる。スケッチ類の買取りは、そのなかに掘り出し物が潜んでいるかもしれ
ない、という程度の関心からだったのではないか。それらが後世においてベ
ートーヴェンへの関心の中核となり、ベートーヴェン理解に決定的な意味を
持つとは、当時は誰も想像だにしなかった。

　一方、大作曲家への敬愛、その原典資料の蒐集という思潮はバッハ資料に
ついてすでに始まっており、ベートーヴェン資料に関してもヴィーン周辺の
音楽家たちが次第に蒐集に乗り出すようになる。カフカとかフィッシュホー
フといったすでに出た名前もそうした人々である。スケッチ帖の最初の所有
者たちのなかには、そもそもそのような人々への転売を目論んで購入した者
がいたかもしれず、あるいは購入後に出版できるようなものはないと見た結
果なのか分からないが、ただちに転売するケースもあった。

　そうしてひとりの、ないし何人かの一時所有者を経て、公共図書館の所有
となっていくのが、1850年代後半から1870年代にかけてである。ロシアの
貴族ヴィエルホルスキー伯爵（1787-1856）が入手したものは代々受け継が
れて1920年代まで個人所有であったが、そのような例は少ない。一時所有
者が一部分を売ったり贈呈したのが離散・消失の最大原因であったと思われ
る。

　それは競売後に出来したことであるが、実はそれ以前の消失も、具体的に
特定することは不可能だが、考えに入れなければならない。後述するように、
ベートーヴェンはスケッチ類を大切に保管していた形跡がある。しかしもち
ろん、自身による、度重なる引越しの際などに、紛失したということもあり
得る。消失が起こり得た最大の機会は、ベートーヴェンの死（1827年3月
26日）から競売までの約7ヵ月間であった。当初から形見分けのようなこ
ともあったに違いないし、会話帖をシンドラーが私物化したのは事実である
ので、彼がスケッチ類に手を付けなかったとは言いきれない。さらに相続人
である甥カールの後見人シュテファン・フォン・ブロイニング（1774-1827）
が後を追うように6月4日に亡くなったこともあって、管理に乱れが生じて、
訪問者たちが記念に持ち去った可能性も指摘されている。

29

第1部　体系的考察

4 │ スケッチ類の消失した作品

　さて、消失はどの程度であったか。ベートーヴェンの作曲作業が同じよう
に行なわれたとすれば、ある作品のスケッチがまったく遺っていないという
ことは、あったはずのものが消失したことを意味する。よく知られているそ
の明らかな痕跡は 1799 年 12 月から 1800 年春までの期間で、シンフォニー
第 1 番 Op.21 のスケッチはまったく残存せず、ピアノ・コンチェルト第 2
番・第 3 番 Op.19 と Op.37 についてもその時期の作業が追跡できない。

　ハイリゲンシュタットでは持参した「ケスラー」スケッチ帖が 7 月には一
杯になり、当座は綴じられていない紙で凌いだと思われる。しかしそれは消
失しており、ピアノ・ソナタ Op.31-1 の第 3 楽章から Op.31-2 全楽章のスケ
ッチが現存しない。

　その後は 1805 年 10 月から 1807 年 7 月までの間、すなわち「メンデルス
ゾーン 15（レオノーレ）」スケッチ帖が終わって「ミサ曲ハ長調」スケッチ
帖までのかなり長期間、形跡が曖昧である。どこかの"再編合本スケッチ
帖"に紛れ込んでいるのか、現在まで数枚ないし 1 枚の紙単位で保管されて
いるものに離散してしまったのか。その上で、少なくとも 1 冊の"原型スケ
ッチ帖"の消失は明らかである。序曲《コリオラン》Op.62 のスケッチはま
ったく残存せず、ヴァイオリン・コンチェルト Op.61 についてはないも同
然、シンフォニー第 4 番 Op.60 とピアノ・コンチェルト第 4 番 Op.58 につ
いてもごく一部しか存在しない。

　「ミサ曲ハ長調」スケッチ帖は、エステルハージ侯爵夫人の聖名祝日のた
めに毎年 9 月にアイゼンシュタットで上演されるミサ曲を引退したハイドン
に代わって書く仕事としての、1807 年 7 月から 8 月に使用した 25 枚の小規
模なスケッチ帖である。その後 9 月から、1808 年 1 月に使われ始める「パ
ストラール」スケッチ帖（1808 年 9 月頃まで、シンフォニー第 6 番 Op.68
のほか 2 曲のピアノ・トリオ Op.70、およびこの頃着手したオペラ《マクベ
ス》Unv 16、計 4 曲に限定使用）まで、の間も欠けていた。この欠落に関
しては、すでに 1985 年に JTW によってある程度の復元が成功している。
用紙のスカシ、インクの沁みの付着関係、楽句の次ページに渡る連続性、綴
じ穴の同一性などを手がかりに、14 個所に離散して保管されている紙から

30

再構成された「1807/08 スケッチ帖」である。これは 1807 年 9 月頃から 1808 年 2 月頃まで使用されたもので、うち 47 枚、94 ページ分 [Beethoven-Lexikon, 2008]、すなわち全体の約半分の現存が確認される。《レオノーレ》序曲第 1 番 Op.138 に始まり、シンフォニー第 5 番 Op.67 第 2 楽章以下、チェロ・ソナタ Op.69、ピアノ伴奏歌曲 WoO 134-2 および Op.75-1 のスケッチが記入されている。「1807/08 スケッチ帖」から離散したと思われるシンフォニー第 5 番第 1 楽章や、第 6 番 Op.68 の全楽章の準備段階は、"再編合本スケッチ帖"「ランツベルク 10」および「ランツベルク 12」のなかに組入れられたと考えられる。

5 │ スケッチ帖消失と自筆譜現存の比較

こうした復元の試みが可能なスケッチ帖を除けば、スケッチ帖全体が消失していると思われるケースや個々のルーズリーフの消失が、すでに存命中に起こったのか、死後か、を判断する方法はない。遺品競売の記録においては、その記載は Notirbuch（記入帳）、Notirungen（メモ類）などと書類を一括して示していることが多く、内容物を特定できるものは少ないし、また上述したように競売に懸ける前の消失はまったく闇に包まれているからである。スケッチ帖全体が後世に失われたことがはっきりしているのは「ボルドリーニ」スケッチ帖（1817 年秋から 1818 年 2 月まで、主として《ハンマークラヴィーア・ソナタ》Op.106 第 2・3 楽章とシンフォニー第 9 番 Op.125 第 1 楽章に使用）で、ノールやノッテボームが調査した頃（1860-70 年代）には存在し、彼らの記述によってその内容がおおよそ判る。

スケッチ帖の消失を自筆譜の現存量と比べてみると、スケッチ帖の残存率が著しく高いことは歴然としている。その鋭い対照性に誘われて、ベートーヴェンのそれらへの対処の仕方の違いを考察してみよう。

完成自筆譜について 1807 年までで一応区切って、ざっと概算すると、その現存は 3 分の 1 にも満たない。そもそも完成自筆譜は、版下原稿となったときには出版社の手に渡って本人には戻ってこないのがふつうであり、それが何らかの理由で本人に戻っていても、遺産目録で「×× 社所有」との注記が付いているほどである。版権の買取りとは楽譜そのものの買取りであった。またベートーヴェンの自筆譜は、本人による浄書を除いて、専属コピストに

第I部　体系的考察

よる浄書稿を版下とするようになってからはとくに、修正等が多く、慣れないと判読が容易ではない場合がある。その全体像は、ピアノ曲とアンサンブル曲を同一平面で扱うことも難しく［後述］、たいへん複雑で、ここではこれ以上は踏み込まないが、要するに、浄書稿や出版譜が完成すれば自筆譜の保存価値はなくなる。事後にベートーヴェンが友人や初演者に贈呈したケースもいろいろ知られている。1808年を境に自筆譜の残存率が飛躍的に高まるのは、高名となったベートーヴェンの原稿を出版社が保存価値のあるものとして出版後も破棄しなくなったためであろうと思われる。

　ついでに言うと、出版されなかった作品の自筆譜残存率は著しく高い。というよりも、それは、まだ出版されていないので破棄の対象にはもとよりならず、ベートーヴェン自身がいつか出版機会の来ることを待ち望んでいたからでもある。もっともそれらはすべて死後に出版されて私たちが把握できるところとなったのであるが、それが可能だったのは自筆譜が遺されていたからこそである。

　そうした自筆譜の残存状況をスケッチ帖のそれと比較すれば、一目瞭然、ベートーヴェンはスケッチ帖を生涯、大切に保管していたことが明らかである。それはなぜか。

6 ｜ スケッチ帖の機能──楽想の貯蔵庫？

　ベートーヴェンにとってスケッチ帖とは作曲の作業場であった。後に考察するように、スケッチ帖に記入されている内容物の性格はいくつかに分けて考えなければならないが、それはさておいて、スケッチ帖を机上に広げることが作曲行為なのであって、そのことを通して作品は練り上げられていき、やがて別の5線紙に書き下ろす作業が始まる。そうして出来上がったものを、新カタログは、スコア譜とパート譜の区別のないピアノ曲の場合、Werkniederschrift（作品書き下ろし原稿）といって、Skizzen（スケッチ類）と峻別している。それにはしばしば vollständige（完全な）という形容詞が付いているが、それは、完全に出来上がったことを指す「完全原稿」という意味ではなく、「全曲の」とか「欠けるところのない」という意味である。アンサンブル曲の場合は残存していれば Partitur（スコア譜）である。自筆の Stimmen（パート譜）が現存している例はない。

第1章　スケッチ研究の意味するもの

スケッチ帖は第一に作品の草稿を練る場 [continuity draft（JTW）] であった。そうだとすれば、ある意味では、作品完成後は制作過程の跡はもはや不要となる。したがってふつうは破棄対象となって残存は例外的なのである。しかしベートーヴェンの場合は、綴じられたノートを使用するようになってからはことに、そこは当該作品の草稿を練ると同時に、思い浮かんだアイディア（音楽的アイディア＝楽想）を書き付ける場でもあって、さらにその有効性を試すためにしばらくそれを発展させてみる、という実験場でもあった。スケッチ帖には無数のモティーフが書き付けられている。そのなかで、さながら卵子と結合できた精子のみが生命となっていくように、創造の神との出会いのなかったモティーフはベートーヴェンの死によって打ち捨てられた。彼がなぜスケッチ帖を大事に保管していたかという謎に対するあり得る答のひとつは、創造の神（ベートーヴェン）がそこからいつでも何かを拾い上げるかもしれない、音楽の「種」の貯蔵庫だったからではないか。

現在までにスケッチ帖は、整理が終わったものから順に少しずつ、ファクシミリ版と 転 写 版（一般には判読できないベートーヴェンの筆跡を専門家が解読して印刷音符に起こしたもの）とによって公刊されている。そこでは各楽想の同定作業が行なわれ、完成作品の該当個所が小節番号で示される。それ以上の発展がなかった楽想は「同定できない（unidentifiziert/unidentified）」と整理されている。そのほかに、前の比喩との関連で言えば、あるていど胎児までには育ったが産み落とされることのなかった「作品」が「未完作品（Unvollendete Werke）」で、新カタログで新たに Unv 1 ～ Unv 23 が登録され、旧カタログで WoO 番号が与えられていた 4 曲（WoO 62, 115, 116, 131）を含めて、その種のものは合計 27 曲ある。

未完作品 Unv 23 という番号の付されたゲーテ詩による歌曲《野バラ Heidenröslein》（Hess 150）はまず 1796 年初めに、事後に綴じられなかったか、綴じられたあと引き離された（「フィッシュホーフ雑録」の一部であった可能性はある）、二つ折りのルーズリーフ [F-Pc Ms 79] の 2 ページ目裏、下半分に書き付けられている。それは 1818 年初夏に 36 枚からなる「ポケット・スケッチ帖 Wien A 45」[A-Wgm, A 45] のなかで 62 ページ目に再びいったん取り上げられ、1820 年頃のルーズリーフ [A-Wgm, A 63] にもあって、さらに 1821 年 12 月から 1822 年末 /1823 年初まで使用された 64 枚規模の「アルタリア 201」スケッチ帖 [D-B, Mus. ms. autogr. Beethoven Artaria 201] の 77 ページと 115 ページに出てくる。そしてこの作品は、こうした 4 度の挑戦にも拘わら

33

第I部　体系的考察

ず、完成されなかった。

　これはスケッチ帖が楽想の貯蔵庫であったことを示す例のひとつだが、より典型的なのは1820年から22年にかけてピアノ・バガテルを何曲も完成させたときである。そのなかでよく知られているのは、現在Op.119となっている11曲から成る《ピアノのためのバガテル》と《エリーゼのために》WoO 59であるが、そのほかにも完成したが出版までには至らなかったものがある。1888年に旧全集の一環として初めて出版された3曲（WoO 52, WoO 56, WoO 81）、1965年に「全集版補遺」（SBG）の一環として初めて出版された1曲（WoO 214/Hess 69）、1991年にバリー・クーパー校訂「3つのバガテル」のなかで初めて出版された2曲（WoO 213/Hess番号なし、第1曲と第4曲）、そして未だ未出版の2曲（WoO 213/Hess番号なし、第2曲と第3曲）である。《エリーゼのために》も生前には出版に至らなかった作品のひとつである。これらを含むWoO 206以降WoO 228までは新カタログにおいて新たに追加された番号であり、これまで光の当てられる機会がほとんどなかった作品群である。

　「Op.119」という番号は生前の出版で飛ばされてしまい、その空白が埋められたのは1851年にブライトコップ＆ヘルテル社から初めて作品目録が刊行されたときで、《11のピアノのためのバガテル》はそれまでOp.112であった。作品番号の複雑な全体状況は第6章で詳しく論じる。この作品集の出版事情は個別問題として最も複雑なひとつで、目下の必要事項についてのみここで言及する。

　現Op.119の作品集の初版原版はロンドンで1823年6月にクレメンティ社から作品番号なしで出版された。その版はタイトルページに、ベートーヴェンから原稿の提供を受けたことを示す、著作権の明示がある。1823年末にパリのシュレザンジェ（シュレジンガー）社がそれを続版出版するときにOp.112としたことによりその番号でも流通することになったが、「Op.112」は、その当時（いつであるかは判然としないが）から現在まで、ゲーテの詩による合唱とオーケストラのための《海の凪と成功した航海》に付されている［第I部第6章13］。つまり作曲者との関係で言えば、Op.119は"WoO組"なのである。

　しかもその第7曲から第11曲はすでにヴィーンで1821年に24人の作曲者による大ピアノ曲集（全95ページ）の一部として出版されていた。編者はフリードリヒ・シュタルケ（1774-1835）で、同人とベートーヴェンはア

34

第 1 章　スケッチ研究の意味するもの

ルブレヒツベルガー門下の同門で、1815 年頃には一時、甥カールのピアノ・レッスンを見てもらっていた仲である。ヴィーンでの出版交渉は主として口頭でなされたので、出版に至る経過の文書的証拠はないが、おそらくはこうした関係からシュタルケが企画する曲集への寄稿を頼まれたのであろう。既成作品（Op.27-1 など）の同曲集への転載については会話帖のなかに了承を推定させる記述が遺っている。そして 1820 年の後半に小品 5 曲が新たに作曲された。

　出版のおおよその事情はこんなところだが、その他の作品を含むこの作品群の成立の事情はまた別にきわめて複雑である。1822 年 5 月 18 日にベルリンのカール・フリードリヒ・ペータースから作品提供の依頼が来て、そのなかにピアノ小品の要望もあったのがおそらくきっかけである。同年 3 月頃から《ミサ・ソレムニス》作曲を再開して本格的な作業の渦中にあったベートーヴェンは、前年に大曲集の一部として出版されただけに終わっている 5 曲のピアノ小品に何曲かを足して、独立したピアノ小品集にまとめて依頼に応えようとしたと思われる。そこで持ち出されたのがスケッチ帖であった。そのときのスケッチ帖再点検はかなり大規模なものであったことが、結果から逆推論される。その個々の叙述は煩瑣になるので一覧表にして以下に示すことにする。なかでも WoO 56, WoO 81, WoO 213, WoO 214 の 4 曲の書き下ろし原稿には 11 番までのさまざまな番号が付されたり訂正されたりしており、Op.119 の 11 曲を選別していく過程が垣間見られる。そしてその作業の結果、最終的にすべて出版に至ったかと言えば決してそうではなかったことは、最初に述べたとおりである。こうした出版社との緊張関係、またなぜ、大曲の創作中にこうした小品の創作に取り組んだのか、といった、実はベートーヴ

"Op.119"《11 のピアノのためのバガテル》（ト短調、ハ長調、ニ長調、イ長調、ハ短調、ト長調、ハ長調、ハ短調、イ短調、イ長調、変ロ長調）

　　　［Nr.7-11 の出版］ヴィーン、1821 年　［全 11 曲の出版］ロンドン、1823 年

　　［Nr.1］現存スケッチ帖には確かめられず　推定 1796/97 ？　　　　　1822 年 11 月改訂

　　［Nr.2］1794 年？　　ルーズリーフ（F-Pc Ms 70）　　　　　　　　　1822 年 11 月改訂

　　［Nr.3］1802 年　　　「ヴィエルホルスキー」スケッチ帖　　　　　　1822 年 11 月改訂

　　［Nr.4］1794 年？　　ルーズリーフ（F-Pc Ms 70）　　　　　　　　　1822 年 11 月改訂

　　［Nr.5］1802 年　　　「ケスラー」スケッチ帖　　　　　　　　　　　1822 年 11 月改訂

　　［Nr.6］ルーズリーフ（F-Pc Ms 58 D, Ms 95）　　　　　　　　　　　1822 年 11 月作曲

　　［Nr.7-11］1820 年後半作曲

第I部　体系的考察

WoO 52　プレスト ハ短調　ピアノ・ソナタ ハ短調 Op.10-1 の初期稿？
　　　　出版ライプツィヒ［旧全集］、1888 年
　1795 年　　　「フィッシュホーフ雑録」
　1795 年　　　作品書き下ろし稿（D-BNba, Bodmer, HCB BMh 11/51）
　1798 年　　　上記に改訂の痕跡
　　　　　　　（この改訂とピアノ・ソナタ ハ短調 Op.13 との関連については何とも言えない）
　1822 年？　　上記に改訂稿を貼り付ける

WoO 56　アレグレット ハ長調
　　　　出版ライプツィヒ［旧全集］、1888 年
　1803 年 12 月 /1804 年 1 月またはそれ以前　「ランツベルク 6（エロイカ）」スケッチ帖
　　　　　　　（ピアノ・ソナタ ハ長調 Op.53 と隣接しているので、当初はそのメヌエット
　　　　　　　楽章として構想された可能性がある）
　1803 年末　　作品書き下ろし稿（F-Pc Ms 29）
　1822 年？　　上記に改訂の痕跡

WoO 59　《エリーゼのために》　　イ短調
　　　　出版シュトゥットガルト、1867 年（書簡集のなかで）
　　　　一冊の楽譜としての出版はライプツィヒ、1870 年
　1808 年　　　「ランツベルク 10」スケッチ帖にテーマのみ
　1810 年　　　ルーズリーフ（D-BNba, BH 116）
　1822 年　　　上記に改訂の痕跡

WoO 81　アルマンド イ長調
　　　　出版ライプツィヒ［旧全集］、1888 年
　1793 年　　　作品書き下ろし稿（D-BNba, BH 114）
　1822 年　　　上記に改訂の痕跡

WoO 213　4 つのバガテル（変ニ長調、ト長調、イ長調、イ長調）
　　　　出版［Nr.1+4］ロンドン、1991 年
　1793 年　　　作品書き下ろし稿（D-BNba, BH 114）
　1822 年　　　上記に改訂の痕跡

WoO 214　バガテル（ハ短調）
　　　　出版ヴィースバーデン、1965 年
　1794 年末　　「カフカ雑録」
　1795/96 年　　作品書き下ろし稿（F-Pc Ms 82）
　1822 年　　　上記に改訂の痕跡

36

ェン理解にとっての大問題は、それぞれの事例を扱う際に具体的に論ずる。

7 │ スケッチ帖に見る実例

　では、スケッチ帖に何が書かれているのだろうか。そして書かれていることをどのように評価すべきなのか。それはベートーヴェン理解にどのような貢献をするのか。新カタログにはスケッチ類のすべてが記録されており、各作品の制作過程を追う原材料が提供されているが、それを参照するときにどのような点に留意しなければならないか。こういった問題について論究することで本章のまとめとしよう。

　取り上げる例は、第2部第19章で扱うパリ旅行計画に関連して、《エロイカ》完成後ただちに取り組んだ"第2のシンフォニー"とは何か、という問題である。これをスケッチ帖から解いていくことで、スケッチ帖というものの性格、そして私たちがそれをどのようにベートーヴェン理解に結実させるか、を考えたい。

　問題の発端は1803年10月22日に書かれたとされる（現文消失）ジムロック宛リースの書簡［BGA 165］にある「第2のシンフォニーはまだ出来ていません」という一節である。この書簡はその前後関係から《エロイカ》完成時を特定するものとしてよく引用されるが、その解釈には従来からさまざまなものがあった。"第2シンフォニー"とも読めるので、シンフォニー第2番の印刷譜がまだ出来上がっていないと読むべきいう説［Hill/Op.36 (1980)］も唱えられたことがあるほどである。その他の説については、後段の検討のなかで否定していく。

　その1週間前、10月14日にも、秘書役・弟カール［その息子も同名なので、弟カールと甥カールとして区別する。またもうひとりの弟（末弟）は弟ヨハンとする］がライプツィヒのブライトコップ＆ヘルテル社に「1か2のシンフォニー、またはシンフォニーとピアノ・ヴァイオリン・チェロのためのコンチェルタント」を提供できると表明している［BGA 163］。そして12月11日のジムロック宛リースの書簡（現文消失）［BGA 173］に「［引用者補：新しいシンフォニーに］加えていまもうひとつやっています」というくだりがあって、《エロイカ》の次に直ちに次のシンフォニーに取り組んだのは確かだとされている。

　そのことを「ランツベルク6（エロイカ）」スケッチ帖に跡づけてみよう。

第I部　体系的考察

これは 2013 年に公刊されたので実際に調べるのは容易である。このスケッチ帖は本来、四つ折り 8 枚が 12 組で 96 枚 192 ページの標準サイズであったが、使用前に冒頭の四つ折り 2 組半、枚数にして 5 枚、10 ページが切り取られ、別途、利用されたのであろうことが、用紙スカシおよび用紙の綴じ方（バインディング）から判明する。その結果、91 枚 182 ページである。最初の 3 ページはいくつもの「同定できない」メモ書きのようなスケッチと《ルール・ブリタニア》変奏曲 WoO 79 のドラフトが主で、2 〜 3 ページの下の方に《エロイカ》第 4 楽章関連のメモのようなスケッチがわずかに見られる。4 ページから 92 ページまではほとんどが《エロイカ》のドラフトであり、ときに他の作品のスケッチが混ざる、といった具合である。とくに 64 ページから 92 ページは、86 〜 87 の空白ページを挟んで、《エロイカ》スケッチによって埋め尽くされている感がある。これを見ると《エロイカ》の各発展部分のきわどい個所がほぼ楽章を追って次第にベートーヴェンの頭のなかで準備されていくのが見て取れる。

　これらのドラフトと出来上がった作品との間には大きな開きがあり、素人目にはこの程度のスケッチであの作品にどうやって到達するのかという感があるかもしれない。別にもっと下書き的な草稿がある可能性はないのだろうか。この場合、自筆譜そのものが失われているので具体的には調べられないが、一般的には自筆原稿にはいくつもの修正跡があって、それはある意味で下書き的草稿のようなものである。次章で述べるように、自筆譜を書き下ろして作品は完成、ではなく、印刷譜が出来上がるまで作品の推敲は続くので、現在手にするスコアとスケッチの比較だけから来る印象で単純に議論できない。

　数十ページに及ぶ《エロイカ》のスケッチにときに挟まる他の作品のスケッチのひとつとして、64 ページの 1 段目に《田園》シンフォニーの第 3 楽章に使われることになる 4 小節のモティーフが突然現れる。これは前後からまったく孤立しており、浮かんだ楽想がメモされたにすぎない。直前の 62 〜 63 ページは 1803 年 10 月に作品番号なしで出版された《人生の幸せ》["Op.88"] のスケッチがまとまって侵入しており、61 ページまでの《エロイカ》スケッチとは別種である。その 2 ページはもともとは空白であったことが考えられ、すると新しいページ（64 ページ）の冒頭は、かなり以前にそこだけメモ的に書かれた可能性もある。

　さらに《エロイカ》のスケッチが終了した後、94 〜 95 ページが空白で、

第1章　スケッチ研究の意味するもの

新たに始める 96 ページの冒頭に「小川のせせらぎ」という文字があって、3
小節の音型が 2 段に渡って記されている。さらに 3 段目は音符ではなく、
「小川が大きくなるほどに音は低くなる」という文字が大きく書かれている。
これも 64 ページ冒頭と同様に、ページを追って順に記入したものかどうか
は疑う余地がある。そしてそれでおしまいである。これらから、確かに、
《エロイカ》作曲中のいつかの時点で、将来の《田園》シンフォニーが頭を
よぎったとは言えるが、いずれも構想のメモにすぎず、作曲に取り組んでい
るという代物ではない。ことに 96 ページの方は、次ページにかけて続くさ
まざまな「同定できない」スケッチのひとつであり、仮にその楽想が《田
園》シンフォニーへと発展しなかったら、後世は「同定できない」と捉えた
だけであろう。新カタログは他の 2 個所（118 ページと 178 ページ）に
も"？"マーク付きでこのシンフォニーのスケッチである可能性を指摘してい
るが、それらはそれぞれ 7 小節と 8 小節で、関連性はヘ長調であるという点
だけでしかないという批判もある。点在するこの 4 点を根拠に、エロイカ終
了後、即座に《田園》シンフォニーに着手か、という仮説は成り立たないで
あろう。

　さて、「ランツベルク 6（エロイカ）」スケッチ帖のその他の部分だが、96
ページの下段に少しだけ先行して、そして 98 ページから本格的に、オペラ
《ヴェスタの火》Unv 15 が始まる。10 月末にようやく台本が出来上がった
と思われ、ベートーヴェンはすぐさまシカネーダーとの契約の誠実な実行に
取り組んだ。113 ページまでが、ほとんど何も挟まずにびっしりとそのスケ
ッチによって埋め尽くされており、その後は「同定できない」スケッチを
多々、挟みながら、116 ページまで進む。そしてまた「同定できない」スケ
ッチがさまざまに続き、120 ページからは 145 ページまでほぼ全体が《ヴァ
ルトシュタイン》ソナタ [Op.53] である。8 月 6 日にパリで発送されたエラ
ール社のピアノが到着した期日はわからないが、さしあたって優先課題は
《ヴェスタの火》であり、作曲を続けるうちにその台本の欠陥に気づいて中
断し、次に新着ピアノが創作を刺激した、との想定が可能な順序である。そ
の転換点は、グリージンガーがヘルテル宛 11 月 12 日付け書簡で「彼は現在
シカネーダーのオペラに作曲していますが、彼は私に筋の通った [vernünftig]
台本を探していると言いました」と書いている [Biba/Griesinger] ので、その前
後であるとすれば、120 ページの開始時期のおおよその見当がつく。

　《エロイカ》の作曲中は、それが終わったらもうひとつ、と弟にもリース

39

第I部　体系的考察

にも語っていたわけだから（前述の 10 月 14 日と 22 日の 2 名に宛てた引用
書簡は複数証言と言える）、ベートーヴェンもそのつもりであったところ、
オペラ台本と刺激的な新楽器の到着が相次いで、事情が変わった。そして
12 月初め頃になおもリースに「もうひとつやらなきゃ」とぶつぶつ言って
いたとすれば、それはまさしくこのピアノ・ソナタに取り組んでいたときで
あって、スケッチ帖を覗き見まではしない（あるいは覗いてもピアノ譜なの
か管弦楽スコアの部分なのかの見分けなどつかない）リースには、「もうひ
とつ」やっているのは前から言っていたシンフォニーだ、と映ったのではな
いか。リース書簡には「新しいシンフォニー」という単語に対して「もうひ
とつ」とあるのだから、文法的にも当然もうひとつとは「シンフォニー」と
いう単語の重複を省略したものである。しかしこれはリースの受け取りの反
映であって、「旅行のためにもうひとつ」というコンテクストも成り立つの
ではないか。そう考えたとき、《ヴァルトシュタイン》ソナタはパリでのコ
ンサート・プログラムの一角を成す心づもりであった線はいっそう強まる
［この問題の前後関係の理解には第 2 部第 19 章を参照］。

　"第 2 のシンフォニー"問題は、《エロイカ》に続けてもう 1 曲書く腹づも
りであったとしても、現実としてスケッチ帖でその作業に該当するのは《ヴァ
ルトシュタイン》ソナタの作曲で、それをリースは予定通りシンフォニー
もう 1 曲と見たが、ベートーヴェンとしては「パリに持って行くもう 1 曲」
に転化していたのではないか、と解釈することで解決としよう。遺されたス
ケッチ帖が物語る事実は、他人の主観が語られているドキュメント（この場
合はリースと弟カール筆の書簡計 3 通）を結果として否定する。

　「ランツベルク 6（エロイカ）」スケッチ帖に再び戻ると、146 ページ下 3
段後半以降、171 ページまでは《レオノーレ／フィデリオ》[Op.72] のスケッ
チが中心で、これは台本が出来てから作曲に取りかかったのではなく、この
筋書きで行けるかどうか模索するための試しであり、《レオノーレ／フィデ
リオ》作曲の開始時期はむしろこのスケッチ帖での位置から推定されるので
ある。「1803 年から 04 年への変わり目の頃、しかももしかしたら 12 月の初
旬」と新カタログはその「成立と出版」の項で推定している。しかし「スケッ
チ類」の一覧においては「1804 年 1 月〜 3 月」と表記。172 〜 179 ページ
には 4 月に初演が終わった《オリーヴ山のキリスト》[Op.85] の改訂作業が
続く。前者に混ざって、155 ページの第 14-15 段目と第 17-18 段目（第 16 段
目は空白）から 156 ページの第 13-18 段目にシンフォニー第 5 番第 3 楽章の

40

スケッチがあり、157ページの第16-18段目に第1楽章の冒頭20小節と第59-70小節、第303-314小節のスケッチがある。158ページの第3-7段目の前半に前ページの続きのようなものがあって、第6-7段目の後半から第8-9段目の前半にかけて第2楽章の初期的楽想が、そして第8-9段目の後半から第10-11段目にかけて第4楽章の初期的楽想のようなものがある。これらは1804年1月から3月の作業と判定されている。さらに4月から6月にかけて「ベートーヴェン19e」スケッチ帖での若干の作業も確認され、1804年前半にシンフォニー第5番はある程度の構想が続いたとは言える。しかしそれは1803年12月11日の「もうひとつやっています」には該当しない。

8 | スケッチの3段階、そしてスケッチ帖と文書資料の総合 ——ベートーヴェン新時代の方法

　長々と、スケッチ帖とはどういうものかについて、具体的な例に即して説明したわけだが、結論を要約しよう。

　第1は「スケッチ」そのもののレヴェルの問題である。上記の説明のなかではあえて決まった用語は使わなかったが、それを「メモ・スケッチ」「構想（コンセプト）スケッチ」「草稿（ドラフト）スケッチ」と峻別することができよう。もちろんそれらの境目的存在はあるが、少なくとも「メモ・スケッチ」レヴェルは「同定できないスケッチ」と同一レヴェルにあるのもので、育たないかもしれない萌芽であり、「構想（コンセプト）スケッチ」レヴェルは将来の芽吹きを待つ、ある程度、生命力をすでに持っているものであり、「草稿（ドラフト）スケッチ」レヴェルは完成作品に向かっていく本格的な作業、といった定義が可能であろう。

　第2に、スケッチ帖は無数の「同定できないスケッチ」という「メモ・スケッチ」に満ち溢れており、それを発展させるかどうかはベートーヴェン次第ということになる。それは、《田園》シンフォニー第3楽章に生長していく「メモ・スケッチ」に典型的である。そのような"楽想の貯蔵庫"であったからこそ、スケッチ帖は作曲家ベートーヴェンの源泉であり、それゆえに生涯、手放すことはなかった、と考えるべきであろう。また、前述の156〜158ページにあるシンフォニー第5番第3楽章と第1楽章のスケッチは「構想スケッチ」に分類できよう。

第Ⅰ部　体系的考察

　第3に、スケッチ帖の分析は文書証拠の批判的検証にきわめて有用である
ということである。ともすれば文書的証拠は、明白であればいっそう、それ
によって歴史像形成の根拠となる強い力を持っているが、スケッチ帖はそれ
を再検証する原素材になりうる。文書で言われていることと、そのときベー
トーヴェンが行なっていた作業の突き合わせである。それを実施した結果と
して、「もうひとつのシンフォニー」は、パリに持って行くかどうかはとも
かくとして、「もうひとつの取組み」という意味に捉え直すべきではないか、
と提起したい。そして文書資料の拘泥を自らの戒めとしたい。

42

第 2 章

「作品の完成」について

1. 新カタログの構成に見る音楽史研究の広がり
2. 作品の完成時期は不明?
3. シンフォニー第2番の例
4. シンフォニー第2番
   　　幻に終わったコンサート計画から出版まで
5. 「作品の完成」ではなく「作曲の完了」＝「演奏可状態」
6. 集中的取り組みと「最終稿」の罠
7. 《エロイカ》の場合は?

第I部　体系的考察

　新カタログは、各作品のインチピットを掲げた後、「歴史について［Zur Geschichte］」という大項目のもとに「成立と出版［Entstehung und Herausgabe］」「献呈について［Zur Widmung］」「初演［Erste Aufführung］」という小項目を、作品番号が" "付きの場合には「作品番号について［Zur Opuszahl］」なども、設けている。そのあと「資料［Quellen］」という大項目が来て、その最初に「スケッチ類［Skizzen］」が挙がるわけである。「成立と出版」の項の最初の数行で、スケッチのおおよその開始期と出版の時期（これはたいてい月単位）および出版社に言及される。この2つの時点は比較的に年代設定［Datierung］が可能だからである。完成の時期は、それが疑いなく明確に判断できる少数の例外を除いて、記載が控えられる。実はその突き止めは事実上不可能と言わざるを得ないためである。

　当該作品がいつ完成したかという情報は、コンサート解説など、一般には関心の深いところだと思われるが、それは、ベートーヴェンに限ったことではなく、簡単には決定できない。実は、ベートーヴェン新カタログの、それを明示しないという選択は旧来の音楽史学のあり方に対する異議申立てを孕んでいる。

1 │ 新カタログの構成に見る音楽史研究の広がり

　20世紀中盤の音楽史学が音楽界から課せられていた大きな課題のひとつが原典版［Urtext］の作成であった。19世紀の楽譜校訂者によって"歪められた"古典大家の真の意図を譜面に蘇らせるというテーゼが1930年代に生れ、戦後の"新全集"刊行運動のなかで「全集版作成ガイドライン」なども調えられ、また「最終稿とは何か」といった議論が1960〜70年代に専門誌においても盛んであった。要するに、演奏家や音楽分析者に彼らの出発点となる「信頼に足る楽譜」を提供するという課題である。それはつまるところ作曲者の最終意思の確認であり、唯一の正統な楽譜テキストを作成することであった。そこから翻って、「作品の完成」とは作曲者がその作品にもはや手を

第 2 章　「作品の完成」について

入れなくなった時、という共通理解が音楽史学を支配していたと言ってよい。キンスキー＝ハルムの旧カタログなども紐解いていくと最終目標としてその一点があることが明らかで、したがって"Originalausgabe"(「原版」としか訳しようがない) を突き止めることが各作品の項目での最終到達指標であった。そのために作曲年代を明らかにして、出版社との交渉経過をまとめ、そして原版の出版社を確定する、ということそのものが作品カタログの主たる作成目的であった、と言っても過言ではない。その結果、それ以外の出版社の刊行楽譜には二次的な注意しか払われず、原版が複数あるという現実には、晩年の明確な例を除いて、気付かれなかったと言ってよい。

　原版のオリジナル性は、作曲者から直接、原稿の提供を受けたオリジナルなもの、というところにあり、これには、ベートーヴェン問題にあっては少なくとも、著作権を買い取ってなされた出版という法的意味が含意されている。後世が諸資料を付き合わせて、作者の最終意志にできるだけ近い、最も信頼できる楽譜に到達したもの、という意味での原典版（ウアテクスト）とはまったく異なる、歴史上の概念である。新カタログでは「原版」という単語は基本的に複数形で使われている。時間差を置いて各地で複数の原版が刊行された、というのはベートーヴェン楽譜に関する重要な事実である。そして、かなり早い段階からそれが認められるという点も、新カタログが改めて喚起した問題であった。原版と想定することは可能だがその確認にはまだ至っていないケースもあろうかと思われる。たとえばイギリス国歌《ゴッド・セイヴ・ザ・キング》と《ルール・ブリタニア》による 2 つのピアノ変奏曲 [WoO 78 および WoO 79] の原版は 1804 年にヴィーンで刊行されたものだけになっている [第 4 章 10]。

　新カタログには、スケッチ類すべてを含むあらゆる自筆資料（これには校閲筆写譜 [Überprüfte Abschriften] も含まれる）のみならず、編曲版を含めたあらゆる刊行楽譜が記載されており（1830 年までに出版されたものを登録の基準としている）、そのすべてを細かく分析していくと、同時代のベートーヴェン需要の広がり、ベートーヴェン存在に対する社会的認識の成長、が実感される。これは、真作性を確定しそのことを登録する以外には、つまるところ主だった残存資料の列挙と原版の確定を主目的とした、従来の作品カタログからの大きな飛躍である。その背後には音楽史学への社会的要請の変化があるのだろう。

45

第I部　体系的考察

2 ｜ 作品の完成時期は不明？

　作品の成立時期を可能な限り明示することは音楽事典などでも必須の項目である。着手の時期はその形跡が認められる時点ということになるが、作品存在の「成立」と言い得る時点（それが一般に「完成時期」と見なされる）の確定は実はきわめて曖昧に為されている。初演時がはっきりすればその時点までに「成立」で間違いないことになるし、また次の作品への取り組みが見られれば前の作品が「成立」したのであろう、といった曖昧さで処理される。しかしベートーヴェンの場合はそのいずれも疑問符が付き、オーケストラ作品の場合、初演後に手直しするのはごくふつうのことであり、また出版されるまで長い時間があってそのときまでに手直しが延々と続くのも稀ではない。

　作曲者がその作品にもはや手を入れなくなった確実な時とは原版が出版された時である。作曲者から原稿の提供を受けず、時間的に早いだけの刊行物は「初版［Erstdrucke］」として、原版と区別される。作曲者の手から離れた時、具体的に言うと、作曲者がその作品の楽譜を出版社に渡した時、に作品は成立したと一般に見られるが、ベートーヴェンのケースでは、手渡した後も出版社との校正のやりとりが続くので、原版が出版された時点が真に作品の成立である、となる。それがため出版時の突き止めがきわめて重要で、それは新聞等での公告［Anzeige］（「広告」ではない）や出版社の印刷記録簿［Druckbuch］によってしか確かめられず、そして後者での確認は稀で、いきおい前者の探索が最重要課題となる。新カタログはその点でも徹底している。あらゆる手段を使って追究されたといってもよく、その結果「確認できなかった」との記述もときにある。次章で明らかにするが、そのような公告が実際の出版時点とはかなりずれることもあるという点も問題視しなければならない。そしてさらに厳密に言うと、最終校正から出版に要する時間も計算に入れなければ、「もはや手を入れない」時点は確定できないのである。こうしたさまざまな現実的問題を念頭に、新カタログは出版時をできるだけ月単位で確定するよう努め、それとは別に、公告の日付を記載している。

　このように、作品の完成時は、作曲者の側からも出版社の側からも、明示はできないのである。ベートーヴェンの側から最大限に突き止めることがで

きるのは出版社とのやりとりであるが、「成立と出版」の項において、書簡
で言及されている関連個所すべてが、作品提供の誘いから、校正チェックに
関するものまで、書簡番号［BGA］を付して引用されている。しかしここで
も大きな問題は、書簡が一定の証拠資料となるのは、当たり前のことだが、
交渉が書簡によってなされたケースだけである。地元ヴィーンの出版社とは
よほどの事情がない限り交渉は口頭でなされ、その具体的経緯のドキュメン
トは遺っていない。量としてはそうした例が最大である。

　「成立と出版」の項、冒頭、数行の後、活字のサイズが落とされて、成立
事情と出版交渉について詳しい説明が続く。それに目を通すと、読者なりに
作品の成立時を推定することが時によって可能だが、ほぼ確認される事実だ
けを記載する学術的な刊行物として、新カタログは大胆な推定に踏み込むこ
とはない。作品完成時期について言及しないという新カタログのポリシーは
このように形成されたものである。

3 ｜ シンフォニー第 2 番の例

　「もはや手を入れなくなる」まで作曲者はその作品に心を砕いていたこと
は確かであるとしても、完全な終了までは「作曲中」と捉えた場合に起こる
問題について、シンフォニー第 2 番［Op.36］を例に考えてみよう。この作品
の作曲はハイリゲンシュタット以前か以後か、で長年、論争されてきた経緯
があり、また初演後の改訂についても問題を孕んでいる。ちなみに、最初の
スケッチの年代は 1800 年夏 / 秋から 1801 年 3 月にかけて、原版の出版は
1804 年 3 月。これが入口と出口である。ハイリゲンシュタット滞在（1802
年 4 月末頃〜 10 月中頃）はすっぽりとそのまん中に収まる。旧カタログは
まさにこの期間を「主たる取組み時期［Hauptarbeit］」と設定していた。新全
集の校訂報告書（1994）から引用しよう。

　　この年代設定の出所はリースの誤認とセイヤーによるその誤った訂正である。リー
　　スは［引用者注：ヴェーゲラーとの共著による『覚書』において］1838 年に「1802 年に
　　ベートーヴェンはハイリゲンシュタットで彼の第 3 シンフォニーを作曲した」［下線
　　は引用者］と書いた。セイヤーは 1865 年に「"第3"ではなく"第2"と読まれなければな
　　らない」とコメントした。しかしリースが読み間違えたのは作品ではなく年である。
　　加えて、彼はベートーヴェンの 1803 年夏の滞在地オーバーデープリンクを近くのハ

第I部　体系的考察

　イリゲンシュタットと混同した。

　すなわち、正しくは「1803 年にオーバーデープリンクで第 3 シンフォニーを書いた」ということであり、第 2 シンフォニーとハイリゲンシュタットは何の関係もない。ところがこの 2 つを結び付けてしまったセイヤーの誤訂正は決定的であり、解説書などにおいて、まったく快活なシンフォニーとハイリゲンシュタットでの絶望的気分が時間的に一致することに対する驚きの表明が定番となった。シンフォニー第 2 番の初演は確かにハイリゲンシュタットから帰還の約半年後の 1803 年 4 月 5 日であるし、初演は完成してまもなく、とありきたりに考えれば、ハイリゲンシュタットでの創作と見なして時間的に自然である。しかも、ハイリゲンシュタットに持って行った「ケスラー」スケッチ帖（1801 年 12 月頃〜 1802 年 7 月頃使用）にはシンフォニー第 2 番のスケッチが含まれている。これは、表層的には、ハイリゲンシュタットで第 2 シンフォニーを作曲したと見る支えとなった。さらにこうした見解は、作曲とはその時点の感情と関係のないものである（そう考えざるを得ないので）という一般論にまで敷衍されることもあった。このテーゼは両面から批判されなければならないが、それはいまの課題ではない［追々、触れていくことになる］。

　「ケスラー」スケッチ帖は、前述したように完全な形で残存する唯一のスケッチ帖で、96 枚、192 ページからなる。そのなかでシンフォニー第 2 番のスケッチが位置するのは 29 ページと 33 〜 43 ページであり、それはしかし第 4 楽章だけであって、その記入を校訂報告書は「1801 年末、遅くとも 1802 年 2 月」としている。このスケッチ帖のその後のまん中部分以降、最後近くまでの多くを占めるのが 1802 年 3 月から 5 月に作曲が進行した 3 曲のヴァイオリン・ソナタ［Op.30］と、のちに《クロイツェル・ソナタ》［Op.47］の第 3 楽章として生かされる、その派生物である。シンフォニー第 2 番の第 1 楽章のスケッチは、"原型スケッチ帖"として「ケスラー」スケッチ帖より 2 つ前の、「ランツベルク 7」スケッチ帖（1800 年夏 / 秋から 1801 年 3 月まで使用）の 38 〜 52 ページにあり、その後半部分（73 〜 186 ページ）のほとんどを占めるのは 1801 年 3 月 28 日に公演初日を迎えたバレエ《プロメテウスの創造物》［Op.43］のスケッチである。この劇音楽の委嘱が入ったことによりシンフォニー第 2 番の作曲は一時中断されたともいえる。第 2 楽章から第 4 楽章のスケッチが「ランツベルク 10」スケッチ帖および「ラン

ツベルク 12」スケッチ帖にあるのだが、この 2 つは"再編合本スケッチ帖"であり、そこから記入年代の推定はできない。「ケスラー」スケッチ帖よりひとつ前の「ザウアー」スケッチ帖（1801 年 4 月から 11 月？まで使用）は極度に離散したものとして名高く、しかも 96 枚と想定される全体量に対してわずか 22 枚しか現存せず、おそらくそこでとりわけ第 2 楽章と第 3 楽章のドラフトが進んだと思われる。

4 ┃ シンフォニー第 2 番　幻に終わったコンサート計画から出版まで

　初演が 1803 年 4 月 5 日であるという事実もまたハイリゲンシュタット滞在中作曲の傍証となった。というのは、次章で詳しく議論するように、作品の完成と、初演であれ出版（とくにピアノ作品の場合、初演日は特定できないので）であれ、公表との間の半年程度の間隔は、初演ないし出版の準備期間として適当な時間だからである。

　ところが、20 世紀末になって、その 1 年前、すなわちハイリゲンシュタット以前に初演の具体的計画が進行し、それが挫折した、ということが明らかとなった。証拠は 2 つある。まずコンサート計画の存在については、1802 年 4 月 22 日付け弟カールのブライトコップ & ヘルテル社宛書簡 [BGA 85] に、ヴァイオリン・ソナタ 3 曲 [Op.30] を売り込む話の後に次のようにある。

> 兄はあなたに自身で書くところですが、現在まったくその気になっていません。というのは劇場支配人ブラウン男爵 [引用者注：1794-1806 年に 2 つの宮廷劇場（ブルク劇場とケルンテン門劇場）の支配人] が名うてのバカで生硬な人間で、劇場を彼の演奏会には断り、他のどうでもいい芸人には委ねたのです。面目なく取り扱われたことが彼を不機嫌にさせたに違いないと思います、とりわけ男爵には理由がありませんし、兄は彼の夫人にたくさんの作品を献呈しただけに。シンフォニー [原注：Op.36] とコンチェルト [原注：Op.37] に関して、もう少し待ってください、というのはそれらをなおコンサートで使おうと考えておりますので。

　会場使用が断られてコンサートが開けなかったという事実は、断られなければ実施されるところだったことを意味する。すなわちベートーヴェンとしてはその準備に余念がなかったということである。そしてここにその曲目の一部と想定される 2 曲が挙がっていることも重要である。その準備状況を裏

49

第I部　体系的考察

付けるのがベートーヴェンのリース宛書簡［BGA 87］である。

> 私が直した4つのパート譜［原注：Op.36 の弦楽パート譜と思われる］をまもなく受け
> 取ります、他の筆写譜をそれに倣って検閲してください。――中略――あさって4
> つのパート譜を送ります。

　ベートーヴェンの書簡は、とくに商用文など日付を明示する必要がある場
合を除いて、一般的には日付がなく、この書簡の年代推定は、その後段にあ
る文言から、リースがブロウネ伯とともにバーデンに赴くのが目前に迫って
いるという状況設定で、この2人の関係の時期、ならびに保養地のオープン
は4月末か5月初めであることから、1802年4月下旬頃と判定される。そ
してパート譜検閲の依頼は大規模な作品に対してであることが明らかである
とすれば、前出の弟書簡［BGA 85］にある「なおコンサートで使おうと考え
ているシンフォニー」が該当するのではないか。
　オーケストラ・コンサートを自費で開催するというのはたいへんな冒険で
あり、いったん挫折すると次のチャンスは簡単にはやってこない。耳疾の進
行から医者には療養を勧められている。一方、1794年5月頃に兄の後を追
ってヴィーンに出てきた次弟のカスパール・アントン・カール・ベートーヴ
ェン（1774-1815）はしばらくは兄に倣って作曲家としての活動を模索して
いたが、1800年3月にようやく帝国東北現金出納課に採用され自立した。
弟カールが秘書として代筆した現存する最初の書簡は1802年3月28日付ブ
ライトコップ＆ヘルテル宛［BGA 81］である。そこで彼は次のように言って
いる。

> 私たちは3～4週間のうちに大シンフォニー［原注：Op.36］とピアノ・コンチェル
> ト［原注：Op.37］を持つことになるでしょう。［中略］最初のものについては少し急
> いでいます、できればすぐに印刷に回したく、これは兄の最上の作品のひとつです
> ので。ところで私の兄を悪く思わないで下さい、彼が自らあなたに書かないことを、
> 私が彼の営業をすべて担当していますので。
>
> 　　　　　　　　　　　　　　　　　　　　　カール・ベートーヴェン
> 　　　　　　　　　　　　　　　　　　　　　帝国・王国出納役人

　ここで、シンフォニー第2番の完成が4月半ば過ぎ頃の見通しである、と
公にされている。そしてまたこの書簡はカールの秘書役宣言である。弟が街
中で郵便物の管理等をこなせる環境となったことがハイリゲンシュタットで

50

第2章 「作品の完成」について

の療養を可能にした、と私は考えている［第17章］。事はこのように展開し、シンフォニーの発表機会はずっと遠のいた。そして翌年4月にシンフォニー第2番はようやく初演にこぎ着けることになるのだが、それまでの1年に及ぶ長い期間に、とりわけコンサート開催の目処が立ち始めた1803年初めの何ヵ月かに、作品の推敲をさらに重ねたのは当然であろう。付言すると、その公開初演の前に、出版譜の被献呈者となるリヒノフスキー侯邸で非公開試演が行なわれた可能性もある。そうした機会もまた作品の手直しに役立ったかもしれない。ただし、この作品については自筆譜（書き下ろし原稿）はおろか、初演等に使用されたはずの校閲筆写譜も現存していないので、1802年4月に「一応、演奏が出来る状態」に仕上がった後のことについて、具体的に論究することは不可能である。

　この作品の出版は難航した。弟カールはブライトコップ＆ヘルテル社のほかに、オッフェンバッハのアンドレ社、ヴィーン／ライプツィヒのホフマイスター＆キューネル社とも交渉するが価格の折り合いが着かず、結局、ヴィーンの Bureau des Arts et d'Industrie または Bureau d'Arts et d'Industrie（この社はドイツ語表記 Kunst- und Industrie-Comptoir もときに併用［新カタログはもっぱらこれを採用しているが、実際の楽譜の表記はフランス語が多い］。"美術工藝社" と訳されていることもあるが、本書では以下、BAI社と表記する）がかなりの高値で買い取った。同社との交渉は口頭で為されたと思われ、書簡交換のなかで跡づけることはできないが、その事実が判るのは1803年3月26日に弟カールがヘルテルに「2作品［引用者注：のちの Op.36 と Op.37］を御社の同業者に700グルデンで譲渡した」と交渉の打ち切りを宣言しているからである。このことから、初演前に出版の話はまとまっていたことが確認される。

　しかしシンフォニー第2番の出版はさらに約1年後（出版公告は1804年3月10日）のことで、その期間は余りにも長く、初演を聴いた後での改訂作業に時間を要したことが想定されておかしくない。ただし初版以前の原典資料はすでに挙げたスケッチ類以外にまったく遺っておらず、その作業は行なわれたであろうとの推測の域を出るものではない。リースが『覚書』（1838年）で伝える、「私が懸命に努力しても元の姿［Original-Idee］を見つけ出せないほどに慎重に抹消された」という話は、彼が、自筆譜を事後にベートーヴェンから贈られたが盗まれた、と言っている［『覚書』77ページ］だけに、無視できない。またジョージ・グローヴが1896年に著わした『ベートーヴェンとその9つのシンフォニー』のなかで、1817年にヴィーンを訪問した

51

第I部　体系的考察

チプリアーニ・ポッターの伝える話として、ベートーヴェンは満足できる稿
に出会うまで第2シンフォニーの全曲スコアを3つ書いた、と記しているこ
とは、80年近く前の、しかも又聞きの情報で、証拠能力はきわめて弱いが、
にもかかわらず、さもありなんという真実性が認められる。立証はしがたい
けれども、初演時に鳴った音楽は後世に伝わっているものとはかなり違って
いた可能性がある。

　文書的証拠が皆無であるにもかかわらずこのような議論を展開するのは、
実はこうした、初演を経て、作品を推敲し、そして決定稿に至って出版する、
というのは、ベートーヴェンに限らず当たり前のことだからである。ブラー
ムスのシンフォニーなどの場合でも、こうした事象はよく知られている。

5 │「作品の完成」ではなく、「作曲の完了」＝「演奏可状態」

　原典版作成からの要請、「もはや手を入れなくなった」時点を作品の完成
と見なす最終稿思想は、初演されたとき作品はまだ完成していなかった、と
いう一般現象を引き出す。そして当時の聴衆が聴いたものは完成途次にある
未完作品、というだけの直線的関係で終わる。この一連の考え方ないしそこ
から論理的に演繹される思想は後世中心史観であり、「しょせん、歴史とは
後世から見た過去の姿」というテーゼは共有するとしても、それ以上の思考
を停止しては、ベートーヴェンという歴史的存在への理解は生まれない。そ
れは、彼がどう闘い、何を希求し、創作活動をどう展開したか、という全体
像の把握には障害になっていたとさえ言える。出来上がった作品のみが関心
の対象、という旧来の音楽史観("感動音楽史")の批判されるべきところであ
る。

　このように議論してきたことで、「作品の完成」とは何か、という本章の
本質問題に向かう素地が固まったと思う。原版の出版によって、「もはや手
を入れることができない」域に達して、創作活動は完遂する。本書の第I部
は、その創作活動全体のメカニズムを解明し、ベートーヴェンの立ち向かっ
た現実的問題のひとつひとつを検証することで、ベートーヴェン像の形成、
ベートーヴェン理解、に誘うことを目的としている。そこでまず、本章の結
論に向かう前に、「作品の完成」という概念自体を再検討したい。

　約言すれば、「作品の完成」はいくつかのレヴェルを設けて議論しなくて

はならない、という一語に尽きるのであるが、既成の概念を再定義してみて
もひとりよがりに終わるだけなので、この曖昧な概念は使わないことにする。

　まず、すべてが終わったとき、すなわち原版の出版という最終地点を、
「創作活動の完了」とする。初演にしろ、試演にしろ、またそれが実現しな
かった場合でも、作品が「一応、演奏可能な状態」に至ったとき、「作曲の
完了」とする。「作曲の完了」から「創作活動の完了」までの間に何が起こ
るか、その間にベートーヴェンはどんな問題に立ち向かったのか、というこ
とを、「創作活動」の一面として、次章で論ずる。

　ここでは「作曲の完了」という問題を追究することで、本章のまとめとし
たい。

6 | 集中的取り組みと「最終稿」の罠

　シンフォニー第2番を理解する上でハイリゲンシュタット以前か以後かは、
3で述べたように、少なくともこれまでのベートーヴェン理解の鍵を握る問
題であった。確かに"以後"または滞在中でさえこの作品の創作に携わったこ
とはあっても、"以前"にパート譜作成まで進んだとすれば、すでにそれは
「演奏可能な状態」、すなわち「一応、完成」していたと考えるべきである。
その後の作業は手直しとか改訂と言うべきものであり、その作品の基本的あ
り方はそれまでに「事実上の完成（演奏可状態）」という域に達していた。
改訂作業がきわめて大規模なものとなってスコア譜を新たに作成する場合は
「改稿」というが、それでも「初稿」は完成していた。もちろん原理的には、
「改稿」が一線を越えて別の作品を生み出す結果となることもありうる。プ
ロコフィエフのシンフォニー第4番やランゴーのシンフォニー第5番などが
その例であるが、それらの場合はそれぞれの創作期を別立てにしなければな
らないだろう。

　創作者とその作品の関係を考える際に最も重要なのは、集中的取組みはい
つだったか、ということである。精神的集中期といってもいいし、要するに
作曲の渦中にあった時期を特定することである。その終了までが実質創作期
といえる。シンフォニー第2番のそれは、6つの弦楽四重奏曲 [Op.18] の作
曲が完了した1800年秋頃に始まって、1800/01年の変わり目から1801年3
月末までのバレエ《プロメテウスの創造物》[Op.43] 作曲と上演による中断

第Ⅰ部　体系的考察

の時期を挟んで、翌1802年4月末頃まで、と規定できよう。そこから見えてくるのは、ヴァイオリン・ソナタ第4番と第5番（《スプリング・ソナタ》）[Op.23/Op.24]、ピアノ・ソナタ第12〜15番 [Op.26/Op.27-1/Op.27-2/Op.28]、弦楽五重奏曲 [Op.29] を次々と仕上げていく一方、大曲にじっくりと取り組んだ、という構図である。しかもこの時期は、サリエリの許に通って、将来のイタリア・オペラ作曲のための修業にも精進していた [第Ⅱ部第16章]。

　ベートーヴェンはピアノ・ソナタにおいて、いわば創作の実験場として、様式の先取りをしつつ、そこでの成果を見据えてシンフォニーに取り組んだ、とか、楽器編成の小規模な作品と大作品との間には時期的な様式のずれがある、といった見方を唱える人もいる。しかしながら以上の検討をすると、シンフォニーという大規模作品は、実質的創作期が終わっても作品の完全な完成までにはさらに長い時間が必要であった、という特殊な問題を抱えているに過ぎないことが分かる。上記のピアノやヴァイオリンの独奏曲ないし小アンサンブル曲はみな1802年に出版されて、創作活動はその時点で完了した。シンフォニーの場合には彫琢に時間を要し、演奏準備も大がかりで、会場予約の成否は他力本願であり、聴取の後の改訂という問題もあり、出版の際にも各パート譜の校正など複雑で時間がかかる、という事情が絡むのであって、自分で試奏して OK サインを出してすぐに出版社に回すというピアノ曲とは、同じ地平で語れないのである。原典版の使用によって作者の最終意思に立脚すべきとされる様式研究もまた、最終稿の罠に嵌まっていたと言える。

7 │《エロイカ》の場合は？

　これをシンフォニー第3番《エロイカ》[Op.55] の場合で見るとどうなるか。スケッチ帖で最初のいくつかの楽想が書き付けられているのは、1802年10月中旬にハイリゲンシュタットから戻って使い始めたと考えられる「ヴィエルホルスキー」スケッチ帖の44〜45ページである。さしあたっては、1803年4月と8月に刊行されることになる2つのピアノ変奏曲 [Op.34とOp.35] の仕上げが優先され、それが43ページまでを占めているので、《エロイカ》萌芽の発生は11/12月頃か。その後、アン・デア・ヴィーン劇場の監督シカネーダーからオペラ作曲の注文が遂に来て、1803年1月には同劇場に一室が与えられ、カンヅメ状態となって作曲に追い立てられる手はずが調

えられる。4月3日にはシカネーダーが同劇場で、自作品だけからなる初めてのコンサートを開いてくれて、当座はその準備に集中し、ようやくシンフォニー第2番とピアノ・コンチェルト第3番の初演が実現した。この機会にシンフォニー第1番も再演され、またオラトリオ《オリーブ山のキリスト》が初演された［第Ⅱ部第18章］。翌5月にヴィーンへ演奏旅行にやってきたイギリスのヴァイオリン奏者ブリッジタワーからソナタ［Op.47］作曲の委嘱が入り、すぐさま24日のコンサートに間に合うようそれに応えて、2人で初演した。その直後からシカネーダー台本によるオペラ《ヴェスタの火》の作曲に取りかかるところ、台本がなかなか出来上がらず、《エロイカ》の作曲に没頭する時間が生まれた。5月頃から10月にかけてのことである。

「事実上の完成（演奏可状態）」を推測させるのが、ベートーヴェンがピアノで弾いてくれたと記している、リースの10月22日付け書簡［BGA 165］である［第Ⅱ部第19章］。その時点でオーケストラ・パート譜まで出来上がっていたとは考えられないが、その作成を含む細かい手直しがロプコヴィッツ邸での非公開初演直前の1804年5月末までに行なわれた。ロプコヴィッツ侯爵の半年専有権が切れて約2ヵ月後の1805年1月20日、ヴィーンの銀行家ヴィルトの私邸にて《エロイカ》はクレメントの指揮で上演されたが、2月1日の新聞に批評が載っているので、そのコンサートは半ば公開であったと考えられる。完全な公開初演は4月7日、アン・デア・ヴィーン劇場において、同劇場のコンサートマスター・クレメント主催のコンサートで、今度はベートーヴェンの指揮によって行なわれた。

出版は1806年10月ヴィーンのBAI社からで、その出版公告は10月29日である。「作曲の完了」から「創作活動の完了」まで、2年半近くが経過していた。その間に手直しが行なわれたことは十分に考えられるが、その作業を実際に跡づけることはできない。現存する最古のスコア譜は、1805年1月初旬にライプツィヒのブライトコップ＆ヘルテル社に送り、その後、送り返されてきたものと思われるが、それは実際の出版の際の底本ではなく、またロプコヴィッツ邸での演奏に使用されたと考えられる現存パート譜とも、また現存するもうひとつのパート譜とも、細かく違っている。しかしながらそれはミスの訂正や演奏楽器の交替、反復記号を付けたり取ったり、といったレヴェルのことである。確かに最終稿の確定は1806年10月ないしその数週間前のことであるけれども、この作品はずっと前に出来上がっていた。作品番号は出版時に付けられるのでOp.55という遅い番号となっているが、

第I部　体系的考察

集中的創作期は、ピアノ・ソナタで言うと、第18番 Op.31-3（1802-03? 年作曲/1804 年出版）と第21番《ヴァルトシュタイン》Op.53（1803-04 年作曲/1805 年出版）の間の時期である。

　シンフォニー第2番は、ピアノ・ソナタのジャンルで次々と作品を量産しながら、かなり長い時間をかけて並行して作曲された。それに対して《エロイカ》は、それまで作曲活動の中軸であったピアノ・ソナタ作曲を絶って、従前の作曲活動から大きく飛翔する、大宣言のような作品として位置づけられるのではないか。ほぼ同時期に作曲していた作品は2つのイギリス国歌変奏曲［WoO 78 / WoO 79］ほか、小規模なものばかりである。いかに《エロイカ》に集中していたか、そして彼の作品表全体のなかでもそれが周囲から際立った存在であることに、作者と作品の関係を見る上で、注目しなければならないであろう。

第3章

「作曲の完了」と「創作活動の完了」
の間にあるもの
シンフォニー第5番を例にして

1. 自身と出版社との関わりにおける
   「創作活動の完了」まで──推敲
2. 演奏のためのパート譜作成、半年専有権、
   試演、版下原稿作成
3. 出版社に原稿が引き渡されて以後
4. 出版公告の問題

第Ⅰ部　体系的考察

　「作曲の完了」、すなわち作品の実質的な完成が、「創作活動の完了」たる、原版の出版の相当に以前であることを、2つのシンフォニーの事例で確認した。「作曲の完了」時期と出版時期との間隔は作品ジャンルによって一般に大きく異なるが、それは出版社との交渉がほぼ順調に進んだ場合であって、原稿の譲渡の後にいつ出版するかは出版社の裁量にゆだねられるので、その点はジャンルと関係はない。また2つの事例は「作曲の完了」の特定という問題に焦点を当てるために選んだもので、ともに自筆譜が消失しており、また原版が完成するまでの、作品の改訂や校正のやりとりを細かく追う資料は乏しかった。本章では、「創作活動の完了」に至るまでの間に横たわっている諸問題について、ベートーヴェン自身の作業に関わるものと、出版社や新聞公告など、他者の事情に関わるものに分けて、その諸相を分析しよう。

　ちなみに、第5番の最初のスケッチは、前述のように、「ランツベルク6（エロイカ）」スケッチ帖の最終部分（1804年1月〜3月）に現われ、第1楽章と第3楽章の主要な主題についてかなりはっきりと着想が練られている。それは4月〜6月に次の「ベートーヴェン19e」スケッチ帖において継続されたが、そのときはそれだけで終った。そして2年以上後の1806年秋から翌年初めにかけていったん再開されたものの、ヴァイオリン・コンチェルト［Op.61］やレオノーレ序曲第1番［Op.138］、《ハ長調ミサ曲》［Op.86］などのために、再び中断される。それでも、そのときまでに第1楽章についてはスコア譜作成まで進んでいたと思われる。第2〜4楽章への集中的取組みは、アイゼンシュタットでの《ハ長調ミサ曲》の上演が終わる1807年9月頃から、1808年2月頃にかけてである。その終了時点で「事実上の完成（演奏可状態）」に到達したと思われる。3月に、最初に予定された被献呈者オッパースドルフ伯爵宛に「あなたのシンフォニーはもうとっくに準備できており、それをあなたにいま次の郵便で送ります」［BGA 325］と書いているからである。しかしこの献呈はご破算となる。なぜそうなったかについては第Ⅱ部第21章で詳しく論じる。9月にヘルテルがヴィーンに出張し、14日にベートーヴェンと契約を締結して、第5番と第6番のスコア譜をライプツィヒに持ち帰った。この2曲の公的初演はその年の暮れ、1808年12月22日、ア

58

ン・デア・ヴィーン劇場にて行なわれた。

1 │ 自身と出版社との関わりにおける「創作活動の完了」まで ── 推敲

　新全集のシンフォニー第5番・第6番の巻［Abteilung 1, Band 3］が2014年に刊行された。その校訂報告（執筆 Jens Dufner）は第5番だけでも約60ページに及ぶが、その記述の該当部分に基づいて、さしあたって作曲が完了して演奏可能な稿が書き終えられた1808年初めから、印刷作業が終了する1809年4月までに起こったことの概略を追ってみよう。1年以上続く作曲のこの最終局面をドゥフナーは14段階に分けている。それぞれの根拠の記述は長大、かつ専門的すぎるので、各結論だけを一覧の形で示すことにする。アルファベット番号付きの Quelle とは、自筆または筆写の、ないし印刷された、原典資料である。また［　］の資料は消失したもの。

段階1　自筆スコア譜第1稿 Quelle A が作成される。
（おそらく1807年後半～1808年初め）

段階2　筆写パート譜 Quelle B1 が Quelle A を底本にクルンパーによって書かれる。 （1808年初め～遅くとも1808年夏）

・これは、複本の作成・修正を経て、1808年12月22日の公的初演で使用された。

・ロプコヴィッツ文庫由来で伝承しているので、同邸での試演に使用されたと思われる。

・1808年3月にオッパースドルフ伯に提供されたものである可能性もあり。この場合は、オッパースドルフ伯に渡ったものが何らかの理由で還元されたか？

・それを取り戻して8ヵ月後にロプコヴィッツに売却したという可能性は証明も排除もできない。残存書簡は引用の2通［略］しかなく、今後の文書発見が期待される。

・1808年6月8日付ブライトコップ＆ヘルテル宛書簡［BGA 327］で出版の打診。

・6ヵ月後という出版条件は半年専有上演権をロプコヴィッツ侯に与えたためか？（文書証拠なし）

第I部 体系的考察

段階3 Quelle B1 と Quelle A に対して並行して修正が行なわれる。

(遅くとも 1808 年夏)

・この時点まで上記2資料以外に写譜はなく、それらに書き加えられた。

・試演（ロプコヴィッツ邸?）に基づいて行なわれたと思われる。

段階4 出版社向けスコア譜 Quelle C が作成される。(1808 年 9 月半ば以前)

・初めて作成された筆写スコア譜で、段階3の修正を含んだ Quelle A を底本とし、筆写者はクルンパー。後にブライトコップ＆ヘルテル社に渡され、印刷に際して重要なものとなる。渡す前に試演があった可能性がある。

・初めから出版社向けと考えられていて、各ページがゆとりのある配置。

段階5 Quelle C の修正。   (1808 年 9 月半ば以前)

・いまいちど編集上のチェック、赤鉛筆で。それをコピストがインクでなぞる。

・ダイナミックス表示とアーティキュレーション記号についてたくさんの補いがある。修正の中心は第4楽章で、フィナーレだけの試演があった可能性あり。

段階6 Quelle C の修正が Quelle A と Quelle B1 に転写される。

(1808 年 9 月半ば以前)

・出版社に送る前に、変更を Quelle A に確定する。段階3の書き加えとは本質的に異なる。

1. Quelle C から Quelle A へという逆方向の写し、ペンとインクで。

2. 半分は転写されなかった。Quelle A と Quelle C の機能の違いによる。

・Quelle C は出版社用なので自家用本よりも正確な表記が必要。

・Quelle B1 への転写も同様で、一部のみ。その多くは欄外に "Nb" とある。

・そのほとんどが自筆。筆記用具は赤ペン（段階3）ではなく、鉛筆。

・第4楽章では、Quelle A には加えられず、Quelle C から直接 Quelle B1 に転写されたものが少なくとも1点あり。ここから察するに、Quelle C の校閲もまた試演（もしかしたら第4楽章だけの）と関

60

第3章 「作曲の完了」と「創作活動の完了」の間にあるもの

　　　　　連か。
　　　　・Quelle C の改訂により、Quelle B1 も Quelle A も資料的価値が減る。
段階7　Quelle C を底本とし、新しいパート譜 Quelle B2 がクルンパーによ
　　　　って作成される。(1808 年 9 月半ば以前、遅くとも 1808 年 9 月前半)
　　　　・筆写はおそらく弦 4 部に限られた。
　　　　・第 2 のパトロンのための、あるいはロプコヴィッツ侯のさまざ
　　　　　まな領地のための演奏譜である可能性がある。
　　　　・また出版譜の共同被献呈者ラズモフスキー伯と関係している可
　　　　　能性もある。
　　　　・同人は弦楽四重奏団を持っており、彼らがロプコヴィッツ邸で
　　　　　の試演時に、あるいはのちの初演時に、補強要員として加わっ
　　　　　たかもしれない。
　　　　・室内楽として試演されたこともまったく考えられる。編成を減
　　　　　じても作品の概要はつかめた。
　　　　・クルンパーが Quelle B1 を底本としなかったのは、その時点でそ
　　　　　れはヴィーンになく使用できなかったからではないか。ロプコ
　　　　　ヴィッツ侯の楽師の手元にあったかもしれない。
　　　　・Quelle C をブライトコップ & ヘルテルに渡したのは 1808 年 9 月
　　　　　14 日の契約書取り交わし時で、以後の追加・訂正は書簡でなさ
　　　　　れる。
段階8　演奏用スコア譜 Quelle［D］が作成される。　　(1808 年第 4 四半期)
　　　　・おそらく 1808 年 12 月 22 日の大演奏会のためにクルンパーはス
　　　　　コア譜をもう 1 点、Quelle A を底本に作成した。
　　　　・Quelle［D］は消失したが、この存在はコピストが Quelle A を書
　　　　　き写す際に、そこに書き入れた符号と用紙枚数から推察される。
　　　　・彼は Quelle C と一致するページ割り振りのほかに、第 2 のスコ
　　　　　ア写譜のための割り振りを記入。それは Quelle C の場合より 1
　　　　　ページあたりの小節数が多い。
　　　　・Quelle［D］は Quelle C がもはやヴィーンでは使用できない、すな
　　　　　わち 1808 年 9 月半ば以降に作成された。
　　　　・初演に使われたものとして、Quelle［D］は全体として以前の作品
　　　　　段階を内包していると思われ、というのは Quelle A はその時点
　　　　　でもはや最新ではなかった。

61

第I部　体系的考察

- ・そこでなされた修正が、少なくとも Quelle A に反映された痕跡はない。
- ・第 6 番の作業過程で明らかになっている認識に基づくと、ベートーヴェンは、決して多くはないが重要な訂正と補完を、パート譜 Quelle B および訂正表［F2］のみならず、Quelle［D］にも行なったと推察できる。

段階 9　Quelle B1 の改訂。もしかしたら Quelle［D］も。　　　（1808 年末）
- ・Quelle B1 には、かなり遅い時期（おそらく 1808 年 12 月）に生じた、さらにいくつかの変更が見られる。この追加は Quelle A には認められない。
- ・これは、段階 3 とは筆記用具が違う。
- ・最も目立った修正は第 1 楽章の 5 つの小節の付加。4, 23, 127, 251, 481 小節はフェルマータ小節の前に後から挿入されたもの。
- ・これらの小節は Quelle B1/B2 にも見られる。これらの補完はベートーヴェン自身によってではないが、彼に認証されたものと見なせる。
- ・おそらく必要な訂正の数が多い（17 パート譜）ためにベートーヴェンは修正作業をクルンパーに任せた。2 ヵ所のみベートーヴェン自身による。
- ・Quelle A にはこれらの小節は補完されなかった。
- ・Quelle C には後からの訂正という形でなされた。
- ・したがって Quelle B1/B2 における補完の時期は、出版者に渡された 1808 年 9 月から初演の 1808 年 12 月までの間ということになる。というのは、たぶん初演のために作成された弦楽パート補強のための Quelle B3 では、これらの小節が写譜時に斟酌されているからである。

段階 10　弦楽パート複本 Quelle B3 が氏名不詳者によって作成される。（1808 年末）
- ・第 1 ヴァイオリン以外の弦楽パート各 1 部が伝承されている。
- ・Quelle B3 は Quelle B1 によっているが、それが直接の底本なのか、伝承されていないその他の複本に基づくのかは不明。
- ・第 1 楽章フェルマータの前の小節は写譜時に斟酌されているので、作成は初演の直前である。コンサートで弦楽器の補強が必要だっ

た。

段階 11　手書きオーケストラ・パート譜 Quelle［E］が Quelle C を底本に作成される。　　　　　　　（1808 年末から 1809 年 1 月 23 日までの間）
- ・ライプツィヒでの上演（1809 年 1 月 23 日およびその直後）のために作成されたが、伝承はされていない。
- ・出版社はそのコンサートに大きな関心を持っていた。出版の宣伝のためと、あきらかな誤植を除去するためにである。
- ・ブライトコップ＆ヘルテル社によるチェックを経て、原版 Quelle G の版下となる。
- ・筆写スコア譜 Quelle C が印刷譜の直接的な底本ではないことは、そこに彫版師のメモがないことから推論されるし、現実的な理由からもそれは考えられない。
- ・パート譜 Quelle B1/B2 が初版の底本になったことも排除される。
- ・最小限認識された Quelle C の間違いが訂正されたことは確実である。

段階 12　原版 Quelle G の印刷。　（1809 年 1 月末から 1809 年 4 月までの間）
- ・ライプツィヒでの上演に続いて印刷プレートの版刻が開始された。
- ・第 5 番の上演は第 6 番のそれに約 2 ヵ月先だち、パート譜の印刷は 1 ヵ月先んじた。したがって版刻と印刷の工程に 2 〜 3 週間のずれがあったであろう。
- ・この事実は訂正表 Quelle F1/［F2］を考える上で重要である。
- ・訂正表が届いたとき、第 6 番は少なくとも一部がまだ彫られていなかったが、第 5 番の版刻はおそらくすでに終わっていた。したがって訂正表の内容は校正の段階で反映か。

段階 13　訂正表に関する文書 Quelle F がベートーヴェン本人によって書かれる。　　　　　　　　　　　　　　　　　　　（1809 年 3 月 8 日）
- ・ベートーヴェンは同日付け書簡［BGA 370］に第 5 番と第 6 番の訂正表を付した。
- ・現存するのは書簡 Quelle F1 だけで、訂正表 Quelle［F2］は伝承されず。
- ・出版者はこの変更を直接、プレートに反映させて、次いで演奏用パート譜 Quelle［E］にも直しを入れ、その形で原版の版下となった。

第I部　体系的考察

段階 14　原版 Quelle G の印刷の最終段階。　　（1809 年 4 月に入ってから）

・印刷本が刷り上がる前に何度もの校正刷があり、各段階で細かい
差異がある。

・校正刷の差異をまとめると次のようになる。

Quelle G1　［ほんのわずかしか現存せず］フェルマータの前の付加小
節なし

Quelle G2　付加 5 小節はあるが、ヴィオラ・パートでの追加
修正なし

Quelle G3　ヴィオラ・パートは 2 つの追加修正を含む

Quelle G4　トロンボーン II パートに出版公告あり

・伝承されているパート譜が必ずしも同一の刷のものではないので、
当該のパート譜がどの印刷段階のものか簡単には秩序付けられな
い。

2 │ 演奏のためのパート譜作成、半年専有権、試演、版下原稿作成

　以上の実例は、演奏可原稿の完成から上演・出版までの間に作曲者がしな
ければならないことを克明に跡づけている、と言える。1808 年初めに作曲
が一応完了した第 5 番は、12 月 22 日の初演までに約 10 ヵ月、そして翌年 4
月の原版出版までさらに約 4 ヵ月をかけて、実に多様な工程を経て「創作の
完了」に至ったわけである。それは長い彫琢期間であったと同時に、出版と
演奏のための実務であり、それの滞りない進行に努め、監督し、出来上がっ
たものを点検して最終的な認証を与えるのは作曲者の責任であった。「創作
活動」とはそれら一切を含むものである。

　ところで、この実例以外にも、この期間に出来するさまざまな問題を考え
てみよう。ピアノ曲の場合には、書き下ろし原稿は、スケッチが大譜表で書
かれるとすれば、ほとんどその延長線上のことであるが、オーケストラ曲等
の場合は、スコア譜を書き下ろすときにオーケストレーションを同時にして
いかなければならず、そこにはスケッチからの大きな飛躍がある。しかしベ
ートーヴェンの頭のなかではつねにそのパッセージの演奏楽器のイメージが
あり、覚え置くためにスケッチに楽器名が書き留められていることもある。
スコア書き下ろしの際に頭のなかは、すなわちスケッチに現れ出ないオーケ

64

第 3 章 「作曲の完了」と「創作活動の完了」の間にあるもの

ストレーションのイメージは、たちどころに譜面に定着したはずだ。第 1 章
7 での議論の際にスケッチとオーケストラ・スコア譜との間に下書き的草稿
が介在する可能性はあるのだろうか、と話題にしたが、この説明はその否定
になっていると思う。

　演奏するにはパート譜の作成が必至だが、ベートーヴェン本人自筆のパー
ト譜は 1 点も遺っていない。パート譜作成が必要と思われるアンサンブル曲
で、初期に筆写パート譜が現存するのは、ロプコヴィッツ侯文庫由来の弦楽
三重奏曲 Op.3 と弦楽五重奏曲 Op.4（管楽八重奏曲["Op.103"/死後出版] の編
曲）についてだけで、いずれもベートーヴェンによる訂正跡を含んだ校閲筆
写譜（プラハ国立図書館蔵）である。筆写者は特定されていない。3 曲のピ
アノ・トリオ Op.1 を含むその他の作品についてはその種のパート譜は消失
した。この時期の小編成アンサンブル作品は「作曲の完了」後、ほどなく印
刷に回されたと思われ、多くは出版譜で演奏されたと考えられる。

　出版までにどのくらいの時間が経過したのか、確実なことは何も言えない
が、Op.4 の場合、スケッチが 1795 年後半のもので、アルタリアはベートー
ヴェンから彼がプラハに発つ前の 1796 年 1 月には遅くとも版下原稿を入手
したはず、という例があることから考えると、「作曲の完了」後 3 ヵ月程度
という推測が成り立つ。しかし Op.1 のリヒノフスキー侯邸での試演をはじ
めとして [これについては第 II 部第 12 章で触れる]、印刷前のチェックを兼ねた演奏
にパート譜作成は欠かせないので、それらはベートーヴェンが自ら書き、そ
の後まもなく出版譜が刊行されたのでお役ご免となって破棄され、伝承され
ていない、という仮定が最も真実に近いのではないか。Op.3 と Op.4 の校閲
筆写譜の現存は、その後に続く長いベートーヴェンとの関係から考えて、侯
爵自身がコレクションをしていた結果の幸運ではないか、と私は思う。

　ベートーヴェンによって雇われた専属のコピストがパート譜作成を開始す
るのは弦楽四重奏曲 Op.18（1799 年の作業）からである。もっとも専属かど
うかは一概に決定できないので、それ以前にもそれに近い存在があったかも
しれないが、この際は筆写活動を長期間継続した名前の判明するコピスト、
という意味である。Op.18 の校閲筆写譜には 3 人が関わり、うち 1 人がヴェ
ンツェル・シュレンマー（1760-1823）である。彼は現在まで、1810 年以後
に主要コピストになる、と分析されているようだが、残存する校閲筆写譜の
すべての書き手をチェックしてみると、確かにそれ以前の彼の登場はそれ以
後の定期性に比べてあまり目立たないし、またアン・デア・ヴィーン劇場関

65

第I部　体系的考察

連の作品では劇場専属のコピスト、ベンヤミン・ゲバウアー（1758頃 -1846）がかなりの量を写している。しかし私に言わせれば、そもそもシュレンマーの関与の多寡は校閲筆写譜の残存率の低さと関係する問題ではないか。彼は生涯をこの仕事に捧げ、第9シンフォニーの筆写がその最後であった。

　アンサンブル曲はパート譜が作成されて演奏可（演奏可"状態"ではなく）となり、試演の機会が生まれる。ピアノ曲はこの過程を通らないので、後述するように、「作曲の完了」時が事実上分らない。アンサンブル曲の試演は必ずあったはずで、聴取に基づき最終稿の作成へと向かう。シンフォニーの場合はこの過程に半年から1年を要するのである。

　シンフォニーの被献呈者が男性貴族で、ピアノ変奏曲は女性貴族である、というのは一見して分かることだが、それは、公的作品とアマチュア作品という楽曲ジャンルの社会的機能と、ジェンダー問題をないまぜにして見る、従来の見解を支えている［これ以上の議論は第7章参照］。しかしこの問題はもっと拡がりがある。シンフォニーの場合には貴族に半年の専有上演権を貸与するということがあり、それはベートーヴェンの経済行為のひとつである。なぜなら、超大規模作品はただ出版しただけでは、しかも出版はパート譜によるのが当時の慣習であったので、収入は労力に見合うものではなかったからである。予想される買い手は自宅にオーケストラを持つ人と、持ってはいないが楽譜だけは手元に置いておきたいという人であって、その数はいかばかりであったろうか。

　だが、見方を変えると、貴族のなかには常設楽団を所有している人物もなおいて、半年の専有権は試演の機会にもなった。そのシステムを利用したことがはっきりと跡づけられるのは、第II部第19章で詳述する《エロイカ》以後である。シンフォニー第4番のケースは同第21章で触れる。第5番と第6番は本章1で紹介したようにロプコヴィッツ侯に与えた可能性があるが、校訂報告書で言及されているオッパースドルフ伯の絡みについては第21章で検証する。第7番と第8番はヴィーン宮廷の王宮、ホーフブルクの一角を占めるルドルフ大公の居室で行なわれた。第26章で触れる。第9番については、少なくとも、その時期には欠落のない会話帖においてその形跡はまったくない。

　シンフォニーの試演についてここまで確認すると、第2番ではどうだったのかと考えるのは自然だが、第2章で言及したように、その可能性はあるかもしれない、という推量に留まるのが現在である。第1番については、果た

66

して 1800 年 4 月 2 日の大コンサート以前にそのような機会があったのだろうか。あったとするといったい誰が楽団を提供したのか、と考えていくと、最初のシンフォニーではそこまでの状況はなかったと見るのが妥当ではないか。しかしながら、半年専有権という考え方それ自体はシンフォニーの試演に特化された問題ではない。それについては、出版問題に関しての次章で再び言及することとする。

　コピー経費の負担も作曲家に大きくのしかかる。イギリスのバーチャル社との交渉の仲介に入っている、当時はイギリス在住の、リースに宛てた 1816 年 2 月 10 日付書簡［BGA 899］に、ベートーヴェンは写譜代、郵送料等の経費の一覧表を付しており、そこでは写譜代を 1 枚（2 ページ）1 グルデンと見積もっている。他方、ロプコヴィッツ侯爵はシンフォニー第 6 番のパート譜 160 ボーゲン（見開き 4 ページ）に対して、1 ボーゲンにつき 12 クロイツァー（1/5 グルデン）で、32 グルデンを支払っている［新カタログ］。前者の例は外国に送るためにできるだけ枚数を少なく、1 枚にびっしりと書いた場合であり、後者の例は前者と比較して 1 枚あたりとしては 10 分の 1 の労賃になってしまうが、演奏者に見やすいように大判にかなりの間隔を取って写譜されたものであることは間違いなく、枚数での単純な比較はできない。仮に前者の価格で後者を計算すると 320 グルデンにも達し、作曲料にも匹敵するほどになるので、あり得ない。ふつうは大シンフォニーでも 100 ページ、50 枚前後であるから、後者の例は、5 楽章ではあるが、320 枚と、3 倍にもなっている。

　いずれにしても作曲者負担の写譜代はばかにならない額であった。ピアノ曲でも、枚数ははるかに少ないとはいえ、とりわけ原版の出版後の筆写譜作成は無駄な出費である。ジムロックにヴィーンで出版された原版が、誤植その他の修正を経て、版下として提供された可能性について真剣に考えてみなければならないのは、こうした切実な問題があるからである。この話の続きもまた次章で扱う。

　シンフォニーの場合はパート譜がまず初演用に作成され、初演を経た後、版下用に手直しされた浄書稿が改めてもう一部、作成されなければならず、その作業は、経費のみならず、コピストの処理能力に左右された。1807 年にイギリスからクレメンティが来たとき、ベートーヴェンは彼に《ラズモフスキー》弦楽四重奏曲［Op.59］（3 曲）のイギリスでの出版権を売った。彼がヴィーンを離れるときに版下原稿を渡そうとしたが、手元に原本がなくて借

第I部 体系的考察

用しなければならなかった。そのとき、「私のコピストならせいぜい4日で写す」からその間だけ貸して欲しいと言っている［BGA 279］ことから、写譜作業に要する時間のおおよそが判る。ただしこれは最も優秀なコピストの場合で、しかも借用に際してのお願いなので期間はできるだけ短めに設定しているかもしれない。ここから概算すると、大シンフォニーの場合は作業時間は1週間くらいだろうか。何曲かを集中的に作曲し、それらを一括して出版交渉する際にはとくに、写譜作業の切り回しも課題であった。1805年1月（おそらく16日）のブライトコップ＆ヘルテル社宛書簡［BGA 209］では「すぐれたコピストがいないため［中略］他は遅れざるを得ない。私は2人しか持っておらず、うちひとりはまだおまけにきわめて凡庸で、もうひとりはいまちょうど病気になって」とベートーヴェンは書いている。

　出版社に送る版下原稿がコピストによって清書されると、それを細かく点検しなければならない。初演用のパート譜についても同様の作業が入る。それら、直しを入れたのが校閲筆写譜である。その工程に掛かる時間が明らかとなる、弟カールのブライトコップ＆ヘルテル社宛書簡がある。1804年11月24日付である［BGA 199］。

> 期日は次のようだと兄には都合がよい。12～14日以内にソナタ［原注：おそらくOp.53］とコンチェルタント［原注：Op.56］を送り、次の14日以内に2つのソナタ、さらに14日以内にシンフォニー［原注：Op.55］です。こうしてこれらは次々と出版していくことができ、その間につねに何週間かの時間がある。［中略］兄は現在オペラに取り組んでおり、したがって5作品をいちどに校閲するのは無理で、またそうした諸々を任せられるコピストはひとりしかいません。

　ここで《エロイカ》の版下原稿の制作についても触れられているが、それはロプコヴィッツ侯の半年専有権が切れたことを示す指標でもある。弟カールの見通し通りに作業が進めば、6週間後、すなわち1805年1月初旬にはそれを送ることができ、そして実際にその通りとなった［第I部第2章7ですでに言及した］。しかしこの全体計画は、それ自体、大きな支障が出ることになる。そのことに立ち入る前に、シンフォニーの写譜（スコア譜でもパート譜でも写譜する分量には変わりがない）と校閲にはだいたい2週間かかることを確認しておこう。その校閲作業中に手を加えることはごくふつうにあり、その場合には作曲行為がなお継続していることになる。《エロイカ》の原稿作成がそれなしに順調に運んだのは、6ヵ月のお試し期間中に改訂のための

十分な時間があったからであろう。

それから5ヵ月後のベートーヴェン本人による1805年4月18日付ブライトコップ＆ヘルテル社宛書簡［BGA 218］を紹介する。

> あなたのためと決めた2作品［原注：Op.56とOp.57］をまだ送れないのはきわめて残念で、相変わらずの状況、すなわち、信頼できるコピストの不在、私がそうしたものを委ねることができる唯一の人が大変忙しいことが、私を妨げており、いま現在それを不可能にしているのです。

ここに挙げたベートーヴェン兄弟の2書簡で信任されているコピストはシュレンマー以外の人物ではないだろう。そして滞っている2曲は、当初の計画では、《エロイカ》を送る（1805年1月）前に完了するはずであった。しかしそれらが3ヵ月以上遅れているのは、明らかにベートーヴェン自身が作品の手直しを始めてしまったからで、遅延の理由をコピスト作業の滞りにしているように見えまいか。

シンフォニー第2番［Op.36］と一緒に1803年4月5日に初演されたオラトリオ《オリーブ山のキリスト》［Op.85］などは、交渉相手の各出版社が大曲の出版を渋るうちに、改訂作業は3次にもわたるものとなり（1803/04年、1804/05年、1809年）、「14日間で書かれた」（1811年10月9日付ヘルテル宛書簡［BGA 523］）と言い訳している初稿と実際に遺されている作品との間には大きな開きがある。この自らの言説がどのような意味を持ったかについては第II部第18章で論じる。

3 ｜ 出版社に原稿が引き渡されて以後

出版社は原稿を入手するとすぐに彫版作業に入るのがふつうではある。原稿と引換に報酬を払うので、その回収のために必要な務めを直ちに果たしていくのは当然だからである。ブライトコップ＆ヘルテル社などは、ヴィーンの代理店にあらかじめ為替を振り込んで支払いを準備し、ベートーヴェンが要求する出版期日を守ろうと、印刷準備万端を整える。著作権を買い取った出版社に待っているのは、出版後に起こる、その原版を基にした海賊版との闘いであった。それに備えるため、作者から版権買取り証明書の発行に拘る。書簡交換にはそうしたやりとりがよく出てくる。一方、支払いが終われ

第I部　体系的考察

ば作品の所有権は出版社に帰属し、他の出版物との兼ね合いや市場分析など、出版適時の判断は基本的には（著作者との格別の約束がない限り）出版社が行なうのである。とくにナポレオン戦争の影響がヨーロッパ全体に波及する時期になると、楽譜出版事業は売れ行きに大きな危惧が生まれ、出版社は投資の回収に慎重にならざるを得ない。

　また他社との駆け引きが影響することもあり、たとえば《クロイツェル》ソナタを出版する場合に、ボンとパリに本拠を置くジムロック社はイギリスでの共同出版を画策し、その相手先との調整が難航していた［第II部第19章］。それをまったく知らないベートーヴェンは、版下原稿を送ってから10ヵ月後の1804年10月4日に「あなたに与えたソナタのことですが、首を長くして待っているのに、報われず、あれに関してどんな障害があるのか、虫けらの餌にしてしまったのか、もしくは…」［BGA 193］といらだっている。そしてジムロック社が刊行したのは1805年4月、共同出版の相方、ロンドンのバーチャル社は5月であった。ベートーヴェンが同年4月18日にブライトコップ＆ヘルテル社に「私の作品の遅れての出版は作者としての私の状況にとってはすでにしばしば些細ではない問題点になっており、したがって将来はそうした時点を決めることが私の固い決意です」［BGA 218］と言っているのはまさにこのことを指している。

　「作曲の完了」から「創作活動の完了」すなわち出版までを具体的に跡づけ得る材料として、1795年にOp.1についてアルタリア社と結んだ契約書［第12章で全文翻訳］があるが、その他としては、1798年にヴィーンのトレック社と交わした弦楽トリオ集Op.9に関する契約書と領収書が遺っている。新カタログによれば、その出版契約は1798年3月16日に結ばれ、出版公告は7月21日と25日に『ヴィーン新聞』紙上でなされた。印税領収書は12月23日付である。出版契約から3曲を版刻・印刷し、出版公告できるまで4ヵ月が経過したが、アルタリア社の同一規模の作品集ではそれは3ヵ月であり［後述］、特別な事情がない限りだいたい3〜4ヵ月というのが一般的と考えてよいであろう。そして支払いまではさらに5ヵ月を要した。この新興出版社はおそらくある程度の入金を待って著作権者へ支払ったと思われる。ベートーヴェンにしてみれば、「作曲の完了」後すぐに引き渡しても入金までには9ヵ月程度の期間がかかったわけで、のちにベートーヴェンは原稿引渡しと引き替えに報酬支払いを求めるようになる。この問題はまた、大曲への専心的取り組みが長い時間を要するほどに生活の心配が増す、という構造を

70

作り出す。この問題は生涯つきまとい、本書において再三、言及していくことになる。

「作曲の完了」と出版との関係がいつも順調というわけではなく、たとえばシュタイナー社は借金の肩代わりに作品を取り、何年も放置するということを平気でやっていた。同社およびその後継のハスリンガー社は1820年代にOp.112〜118およびOp.121を出版したが、Op.118を除いて、それらの版権はすでに1815年に取得されたもので、いわば借金の形に取ったとも、あるいはその価格で買い取ったとも言える。Op.111以後、作品番号は創作順序と相応関係にない、と誰もが実感はするけれども、その理由が判然としなかったのではないか。シュタイナーがこれらの多くを手元に置いたままにし、1820年代半ばにようやくさみだれ式に出版していったのである。すぐに出版していれば作品番号は90番台になっていたはずの作品群だが、その間に同社からも含めて20曲近くが先行して出版された。1822年にOp.112を出版したときに、初版では番号数字をいくつにしたらよいのか分らず空欄にし、再版で数字が埋められたが、それがいつの時点であるのかは突き止められていない［この続きは第6章13で扱う］。このとき一連の作品番号（Op.113〜118）を確保したが、死後まで出版しない作品（Op.118）もあったので、作品番号順と出版順には大きな食い違いがでる結果となった［第5章11］。1826年になってもなおベートーヴェンは「私は期待したのですが、以前に預けたままになっている作品［原注：おそらく《フィデリオ》（引用者注：スコア）、カンタータ《栄光の時》、さらにはもしかしたら12のイギリス歌曲も］をあなたが出版することを」［BGA 2227］と言っている。現在Op.136という番号があてがわれている《栄光の時》に至ってはようやく1835年に作品番号なしで出版された。

　一方で同社はこの時期にシンフォニー第7番Op.92（1816年11月出版）をはじめとして大曲を続々と出版していっており、これら"預かり"作品の出版はさしあたって考えていなかったのかもしれない［第5章11/終章10］。いささか極端な例を出して議論したが、まさにOp.112以降の作品番号の混乱の原因はここにあるのだ。

4 │ 出版公告の問題

　全創作活動は原版の出版によって完了となるという命題からすると、その

第I部　体系的考察

時点を突き止めることは、いくつかの留保条件を付けるとして、決定的に重要である。直前の例はその突き止めの無為性を予め示したようなものだが、一般的にはそうではない。正反対の例を出すとすれば、ピアノ曲の場合である。ピアノ曲の初演を確定するのは、それがプライヴェートな行為である側面が強いために、すなわち公的な報道とか、会場予約とか、上演予告ポスターとか、その種のものがいっさいないので、不可能である。したがって初演後の改訂や推敲といった問題も「作曲の完了」と区別できず、せいぜい出版社に手渡した時点とその後の校正過程を追うほかなく、その終了、すなわち原版の出版時を突き止めることが最も重要な問題となる。それとは裏腹に、ピアノ曲の出版は、いくつかの明白な例外を除いて、ベートーヴェンにとって生活の重要な糧であったので、「作曲の完了」から原版の出版まで、基本的には間髪を入れずに進行する。それゆえに、「作曲の完了」は原版の出版時の数ヵ月前、印刷工程を考慮すれば4ヵ月程度前と想定するのが相応しいか、という議論も生まれる。ただ、出版を月単位で限定すること自体、そう簡単なことではない。

　新カタログがその突き止めに徹底しているということは第2章の冒頭に書いた。その主たる根拠となるのは出版公告である。ヴィーンでの出版は『ヴィーン新聞 Wiener Zeitung』という日刊紙に掲載されることが圧倒的に多かった。他地域の場合はそれぞれ地元の新聞または音楽情報専門誌で公告されるが、ベートーヴェンのケースとして多いライプツィヒの場合は『総合音楽新聞 Allgemeine musikalische Zeitung』［以下、AmZ と略す］という週刊新聞の、月1回の公告特集号［Intelligenzblatt］に掲載されるので、月単位の情報しか得られない。晩年に多いショット社の公告は同社刊行の『チェチーリア Caecilia』で同様に月1回の公告特集号においてである。

　日刊紙に載る場合は公告の月日が確定できるが、それが出版日ではないところに問題がある。公告は、出版されたから出すのか、予告として出すのか。はっきりと「予告」と謳っているケースもあるが、一般には公告の前後数週間の幅で別の資料によって補足するという作業がどうしても必要である。弦楽トリオ Op.3 および弦楽五重奏曲 Op.4 は『ヴィーン新聞』の 1797 年 2 月 8 日号で公告されているが、この場合には珍しく『豪奢と流行のジャーナル Journal des Luxus und Moden』というヴァイマールで発行されている月刊誌の、3 ヵ月前、1796 年 11 月号にも公告が出ている。一方は早い予告、他方は何らかの事情で遅れた公告、ということになるのか、いずれにしてもこの

第 3 章　「作曲の完了」と「創作活動の完了」の間にあるもの

ケースは月日のはっきりしている『ヴィーン新聞』からの情報に頼りすぎるなという警告のようなものである。ピアノ・トリオ Op.1 の場合は予告と公告が 8 日間に 3 回、掲載されるが、これはまったく特別な事情によるものである［第II部第12章4で詳述］。

　出版社は出版物の完成にできるだけ即応して公告しようとしたわけではないことに留意しなければならない。たとえば、アルタリア社は 1797 年 10 月 7 日にピアノとチェロのための変奏曲 WoO 45 [VN 710]、ピアノ・ソナタ第 4 番 Op.7 [VN 713]、弦楽セレナーデ Op.8 [VN 715]、の 3 曲を公告しているが、それらの「集中的取組み」は別の根拠からそれぞれ 1796 年 5 月〜 6 月、1796 年後半から 1797 年初め、1796/97 年冬から 1797 年晩夏と考えられる。WoO 45 に至っては 1 年以上の開きがあり、それは作品の改訂に要した時間ばかりではなく、出版社が公告をまとめて行なった、もっと言えば、年に何回しか新聞に公告を載せない、ということでもある。こうした商慣行は現代の出版社の広告を考えてみれば当たり前なのだが、出版公告しか頼るものがないことが「創作活動の完了」時をなんとか突き止めたいとする後世の関心を危ういものに導く。上記に含まれる出版番号 [VN]［第6章8で詳しく説明］もまた、基本的には出版社の決めた作業の順に付された番号だが、何らかの事情で遅れて出版の順番は狂うこともあるし、やっかいなのは、欠番となった番号が後年に埋め合わされるという事態もときに起こることだ。

　イギリスでは政府が早くから出版をコントロールしていて、出版管理局 [Stationer's Hall] に現物を提出させる制度を持っていた。しかしそれとて出版社がまとめて申告していることは実例から明らかで、また郵送でも受け付けていたようで、まとめて申告したらしきものが 1 日ずれて受領されたなどという例もある。出版管理局での登録日付と当該出版物の新聞公告の日付の間隔のずれも極端な場合は半年にも及ぶことがあり、その点でも出版公告への過大な期待は慎むべきである。もっともイギリスでの出版は、たとえそれが原版であったとしても、版下原稿の郵送は長時間を要し、「作曲の完了」について何の情報にもならない。

　旧カタログが出版公告に頼らざるを得なかったので、場合によっては、ベートーヴェン作品の旧来の「主たる取組み時期」の設定は大きな修正が必要となった。それに関しては、スケッチ研究の進展が多くの情報を提供し、そして、それが新カタログにおいて完全に公表されたことによって、その検証もまた可能となった。

73

第４章

ベートーヴェンの創作活動
としての楽譜出版

1. WoO番号付き作品のうち、出版対象となった作品
2. Op.番号付き作品のうち、出版対象となった作品
    出版作品の総計
3. 出版活動の協力者たち
4. 弟カールの秘書業務
5. Op.番号付き作品とNo.番号付き作品
6. 期限付き専有権の貸与のルーツ
    Op.29の版権をめぐる裁判
7. 「時間差多発出版」の考え方の発生（第1次）
8. 版権侵害の続版を封じ込めるには?
9. "ベートーヴェン・オフィス"の問題
10. イギリス国歌変奏曲　第2次「時間差多発出版」
11. 「時間差多発出版」のその後と「国際出版」
12. 出版事務の担当者

第I部　体系的考察

　ベートーヴェンは、貴族から年金をもらってもいたが、基本的には作品を出版社に売って生計を立てていたので、完成にまで至った作品はできるだけ売ろうとした。しかし完成された作品のすべてが出版されたわけではない。まだ出版活動のレールが確立されていない初期にはそれに乗り損なったものもあり、反対に晩年には、努力の甲斐もなく買い手が付かなかった作品も少なからずある。出版にまで至って作品は固定したものとして社会に送り出され、ベートーヴェンの手を完全に離れて「完成」し、そして「創作活動は完了」したのである。ベートーヴェンは印刷の最終段階まで作品をコントロールし、しばしば校正刷に対して出版社に正誤表を送って訂正を求めた。出版活動は創作活動そのものの一部であった。

　出版されなかった作品にはそれぞれに事情があるが、大きく分けると、作曲は完了したが創作活動の完遂が放棄された場合と、そもそも出版は意図されていないプライヴェートな創作である。しかしその他にも、出版努力はしたが最後まで買い手が付かなかった作品、というものがある。

　「作品番号のない作品［Werke ohne Opuszahl］」、略して WoO という作品整理番号の下にまとめられている作品には、作品番号なしで出版された作品と、出版されなかった作品とが混在している。この 2 つは創作活動を把握する上ではっきり峻別されなければならないが、Op. 番号と WoO 番号の二分法によるベールが掛けられることによって、作品像は透視しにくくなった。

　作品番号（Op.）は元来、出版されたときに出版社によって付されるものであり、死後も 1833 年まで延長して使用された［第6章13］。刊行が時間的に死後であっても、生前のベートーヴェンによって出版準備されていたものがあり、《ミサ・ソレムニス》Op.123 や弦楽四重奏曲 Op.130 〜 135、および弦楽五重奏曲 Op.137、さらに 1826 年 4 月までに校正刷りに目を通していた Op.118 がそれに相当する。しかしながら、いくつかの作品は死後にようやく、あるいはベートーヴェンの意志外に、そしてもちろん彼には何の収入ももたらさずに、出版された。これには"Op.103"、"Op.129"、"Op.136"、"Op.138"が該当する。"Op.138"は1833 年 10 月にそのピアノ 4 手版が先行的に出版されたときに初めて付されたものである。"Op.129"はOp. 番号の欠番

第4章　ベートーヴェンの創作活動としての楽譜出版

("Op.") を穴埋めする形で 1837 年に、"Op.103" と "Op.136" は1851 年に、付された。生前にも、空白番号の補充という事態は起こった。Op. 番号の欠番がなぜ生じたのかといった問題は第 6 章で検討する。

　出版されるときには必ず Op. 番号が付されるというわけではなく、むしろ意図的に付さずに出版されることもある。出版された当初は Op. 番号を付されなかったにも拘わらず、作品番号の欠番を補うために Op. 番号が後から割り振られた作品は、WoO 番号が付された作品と本来は同じレヴェルで考察されなければならないのだが、二分法はこうした問題を見えにくくさせている。WoO 番号はジャンル別に配列されているだけであって、この 2 種を弁別する手立てはない。実は、ベートーヴェンの、出版活動を含む、創作活動の総体に関して歴史像を構築しようとするときには、この峻別が出発点となる。さらに、出版されなかった作品のなかで、プライヴェートな創作は分けて考えなければならない。友人へのプレゼント用に書かれた十数小節の小曲もある。しかし本来は贈答用であった作品でも、かなりの規模のものについては出版努力がなかったとは言えないので、非出版の理由は一概に定めることはできない。

　職業作曲家としての、いわば「全的創作活動」からあぶれた"例外的"、個人消費的作品を一応除外して、ベートーヴェンが全力を挙げて公刊［公　化］したもの、あるいはしようとしたものを、本書では、彼の「全的創作活動」の結晶として、彼の作曲家活動を理解する礎にする。

1 ｜ WoO 番号付き作品のうち、出版対象となった作品

　まず最初に 2 つの篩を用意しなければならない。第 1 は、本来的に出版を意図せずに作曲された作品、すなわち「出版に至って創作活動は完結」の枠外にそもそもある作品、たとえば友人にプレゼントするなど用途がプライヴェートなもの（これを「プライヴェート作品」と呼ぶことにする）を除外すること、第 2 は、枠内にありながら、実際に出版された作品と出版には至らなかった作品の弁別である。もちろん明確に線が引ける場合と、解釈が難しい場合がある。

　Op. 番号付き作品は実際に出版されたものなので線引きは必要がないように思われるかもしれないが、死後出版作品のなかには、篩第 2 の「出版には

77

第I部　体系的考察

至らなかった作品」のカテゴリーに入るものがある。前出の"Op.103"、"Op.
129"、"Op.136"、"Op.138"の4例である。生前には買い手が付かなかったも
の、あるいは出版社が版権は獲得するも出版しなかったものである。

　WoO 番号には出版・非出版を弁別する手立てがないといっても、出版意
図の有無はおおむねジャンルによってある程度はっきりしている。WoO 番
号は **WoO 86 までが器楽曲**で、それらは基本的に出版候補作品であった。
配列の秩序は、編成の大きなものから順に最小のピアノ独奏曲までであり、
各編成のなかでは年代順となっている。

　冒頭に来る**大編成作品（WoO 1 ～ 6）**はボン時代のものがほとんどで、
これらはまだベートーヴェンが職業作曲家として自己を確立する以前の作品
で、出版しようとしたが果たせなかった、とは言いがたい。WoO 3 の《祝
賀メヌエット》が例外で、作曲は 1822 年、友人の聖名祝日のために書いた
108 小節のオーケストラ曲であり、最大規模の「プライヴェート作品」であ
る。にも拘わらず、この場合は、作曲後ただちに出版の可能性が追究され、
1826 年まで引き続いて 5 社と掛け合うことになるが、どこからも断られた、
いわくつきのものである。**WoO 7 ～ 15 はヴィーン時代初期のオーケストラ
舞曲**（WoO 12 は次弟カールの作品）で、WoO 9 と WoO 13 を除いて、小編
成編曲の形で同時代に出版された。WoO 16a, b と WoO 17 は偽作（WoO
16a と 16b はベートーヴェンの名で当時出版された）。**WoO 18 ～ 24 の軍楽**
は WoO 18 と WoO 19 を除いて出版されず、晩年に何度も売り込みを試みた、
問題作品である。

　「ピアノなし室内楽」（オルガン曲やオルゴールのための作品も含まれる）
に分類されている WoO 25 ～ 35（WoO 27 は偽作）はすべて未出版に終わ
ったものだが、出版意図があったかは疑わしい。

　WoO 36 から WoO 46 の「ピアノ付き室内楽」は基本的にはボン時代の習
作 WoO 36 ～ 38（非出版）とボン時代後期～ヴィーン時代初期 WoO 40 ～
42, 45 ～ 46（出版）に分れる。とりわけ WoO 40 のピアノとヴァイオリン
のための変奏曲はヴィーンで初めて出版された作品で、しかも「作品 1」と番
号付けられたものである [第5章3]。WoO 39（非出版）は 1812 年に書き、ブ
レンターノ夫妻の愛娘、10 歳のマキシミリアーネに献げた「プライヴェー
ト作品」で、献呈自筆譜がブレンターノ家の所蔵となっていた [第7章14]。
WoO 43a, b と WoO 44a, b の 4 曲は 1796 年にプラハで書かれたマンドリン
と鍵盤楽器のための作品で、出版されなかった。

第 4 章　ベートーヴェンの創作活動としての楽譜出版

　問題は **WoO 47 以降 WoO 86 まで続く 40 曲のピアノ（鍵盤楽器）独奏曲**である。WoO 47 は生涯 2 度目の出版の、有名な 3 つの《選帝侯ソナタ》であり、WoO 48 〜 49 もそれに続く初期出版の単一楽章ロンドである。WoO 50 〜 62 のなかで出版されたのは WoO 55、WoO 57、WoO 60 の 3 点のみであった。WoO 50 と WoO 51 は自筆譜がヴェーゲラー家の文庫に所蔵されていたもので、青年期に、未来の夫妻にそれぞれ別個に贈った「プライヴェート作品」と思われる。WoO 52 と WoO 56 は、第 2 章で述べたように、1822 年のバガテル集候補作品であった。WoO 58 はモーツァルトの KV 466 へのカデンツァ、WoO 62 は未完作品である。さて、WoO 63 〜 80 はピアノ変奏曲で、WoO 67 までがボン時代、WoO 68 以降はヴィーン時代のものだが、すべて、作曲完了後ほぼほどなくして（例外あり）出版された。WoO 81 〜 86 はピアノ舞曲で、WoO 81 と WoO 83 を除き、出版された。とくに WoO 84 〜 86 の 3 曲は 1824-25 年の作曲で、しかも無償提供された。

　バガテル集候補作品をはじめ、最晩年のこうしたピアノ曲創作については、第 II 部第 33 章 4 で触れる。

　WoO 87 からは声楽を含む作品。WoO 87 〜 98 のオーケストラ付き作品のなかで出版されたのは WoO 94 と WoO 97 のヴィーン会議関連作品だけである。しかし、WoO 89 と WoO 90 はボン時代におそらく宮廷礼拝堂歌手ヨーゼフ・ルックス（1756-1818）のために書いたと思われるバス独唱アリアだが、1822 年 6 月にペータースに売り込みを図った。1801 年から 02 年にかけてサリエリのもとで書いた、弦楽オーケストラ付きソプラノ独唱シェーナとアリア WoO 92a とオーケストラ付きソプラノ・テノール二重唱 WoO 93 もまたペータース売り込み作品である。

　WoO 99 〜 102, 104 はア・カペラ作品。サリエリの許で修行中の習作集 WoO 99 を含めて、すべてが非出版。WoO 100 と 101 は 10 小節足らずのピアノ伴奏合唱曲で「音楽による戯れ Musikalischer Scherz」に分類されている。WoO 205a 〜 k と異なるのはカノンではないという点だけである。WoO 102 と 104 は送別会ないし送別のために書かれた。**WoO 103, 105, 106 はピアノ伴奏合唱曲**で、それぞれ聖名祝日、結婚式、表敬のために書かれた祝賀である。以上 WoO 100 〜 106 は用途があったりなかったりするが、「プライヴェート作品」である。

　WoO 107 〜 151 の 45 曲はピアノ伴奏歌曲で、いくつかは多人数で歌う斉唱とピアノのためである。うち、未完の 3 曲（WoO 115、116、131）を除い

79

第I部　体系的考察

て、出版されたのは、ボン時代の 2 曲（WoO 107 と WoO 108）とヴィーン時代の 26 曲（WoO 117、121 〜 127、129、132 〜 134、136 〜 140、142 〜 150）である。未出版に終わった作品のうち、とくに WoO 118《愛されぬ男のため息》は 182 小節の大規模なバラードであり、ヴィーン時代初期の作曲だが、1822 年にもなお出版を目論んでいた。WoO 135 は 1814 年にヘルダーの詩による歌曲集を企てたが放棄し、1 曲だけ遺されたレリック［残骸］である。逆に WoO 128 はわずか 11 小節、WoO 130 は 18 小節、WoO 151 は 11 小節のものである。これらのなかには、1810 年 10 月 15 日付ブライトコップ＆ヘルテル社宛書簡［BGA 474］で書いているように、同社発行物（他の作曲家の作品や『総合音楽新聞』など）の提供を前提に、無償で提供したものもある。

WoO 152 〜 158 は民謡編曲で、ベートーヴェンの創作活動全体を理解する上できわめて重要な問題を孕んでおり、第II部第 30 章で詳述する。

WoO 159 〜 205 はカノン作品および短い歌。うち、WoO 162, 171, 204 は偽作。WoO 205 は書簡に書き付けられた「音楽による戯れ」で、a から k までのサブ番号が付された 11 曲の「プライヴェート作品」である。それらを除外して 44 曲中、公刊されたのは 6 曲、WoO 165（1816 年）、WoO 168-1（1817 年）、WoO 180（1825 年）、WoO 185（1823 年）、WoO 187（1825 年）、WoO 200（1819 年）のみである。しかしこれらもまた、単独の楽譜としてではなく、雑誌の付録や他の作品の楽譜に付属してなど、公刊は特殊な形態で、他の出版作品と同一レヴェルで語ることはできない。

新カタログで追加された WoO 206 〜 228 は旧カタログには所収されていなかった作品で、もちろん生前に出版されたものはない。

WoO 番号付き作品のなかで出版されたものについて、分りやすく一覧表にまとめよう。創作活動の一環としての楽譜出版の問題を考える上で対象となる範囲を規定するためである。WoO 152 〜 158（うち WoO 158 は生前非出版）は特記のため、除く。

出版地の項に明示のないものはヴィーンで出版。「曲集」は他人作とのアンソロジーである。言語の非表示はドイツ語。

第 4 章　ベートーヴェンの創作活動としての楽譜出版

ジャンル	出版作品	出版年	出版地
オーケストラ舞曲	WoO 7, 8	1795	
	WoO 10	1796	
	WoO 11	1799	
	WoO 14, 15	1802	
軍楽	WoO 18, 19	1810/11	
ピアノ室内楽	WoO 40	1793	
	WoO 41	1808	
	WoO 42	1814	
	WoO 45	1797	
	WoO 46	1802	
ピアノ独奏曲 [3 ソナタ]	WoO 47	1783	シュパイヤー
[ロンド]	WoO 48	1783	シュパイヤー
[ロンド]	WoO 49	1784	シュパイヤー
[プレリュード]	WoO 55	1805	
[アンダンテ]	WoO 57	1805	
[小品]	WoO 60	1824	
[変奏曲]	WoO 63 〜 67	1782-98 頃 (作曲はボン時代)	マンハイム、ボン、マインツ
[変奏曲]	WoO 68 〜 80	1796-1807	
[ピアノ舞曲]	WoO 82	1805	
	WoO 84 〜 86	1824-25	
オーケストラ付声楽曲	WoO 94	1814	
	WoO 97	1815	
ピアノ伴奏歌曲	WoO 107 〜 108	1783-84	シュパイヤー
	WoO 117,126, 127	1808	ボン
	WoO 121 〜 122	1796-97	
	WoO 123, 124	1803 [123 ドイツ語 /124 イタリア語]	
	WoO 125	1799	ロンドン [英語]
	WoO 129	1804	
	WoO 132	1809	ライプツィヒ（付録）
	WoO 133	1808	ヴィーン(曲集の一部)[イタリア語]
	WoO 134	1810	4 歌曲集
	WoO 136	1810	ライプツィヒ /1810 ロンドン [英語]
	WoO 137	1810	ライプツィヒ /1810 （曲集の一部）
	WoO 138	1810	（曲集の一部）
	WoO 139	1810	（曲集の一部)/1810 ロンドン[英語]

第I部　体系的考察

WoO 140	1814	（付録）/1816　ボン
WoO 142	1813	（付録）［チェンバロ伴奏］
WoO 143	1815	（曲集の一部）
WoO 144	1815	（付録）
WoO 145	1816	（付録）/1816　ボン
WoO 146	1816	（曲集の一部）
WoO 147	1817	（付録）
WoO 148	1817	（付録）/1817　ボン
WoO 149	1818	（付録）
WoO 150	1820	（付録）

　WoO 番号は 228 まであるが、存命中に出版されたのは 71 曲である。この数値は以下の条件で数えたものである。上記一覧表中、〜印は略記したにすぎず、1 曲ずつ数える。コンマで連続している WoO 117, 126, 127 および WoO 123, 124 は歌曲集としての出版であるのでそれぞれ計 1 曲、WoO 47 は 3 曲とする。

　ベートーヴェン自身の意思に反して他人が出版した例がどのくらいあるのかは、秘書が勝手にという言い訳が個々の場合どの程度成り立つのかという問題と関わり、実は判定しがたい。

　新カタログは、ベートーヴェン自身が Originalverleger（原出版社？）という用語を使っていることから、これを版権譲渡相手とし、そこから来て、Originalausgabe（原版）という用語に法的な意味を持たせており、版権のない版は Erstausgaben（初版ないし初期の版）とし、厳密に区別する。71 曲は Originalausgabe の数である。ただしこのなかには無償提供作品がいくつか含まれる。雑誌等付録の小品について見極めが難しく正確な数字をはじき出せないが、仮にすべてがそれに該当するなら、無償提供の作品数は 14 曲に達する。

　出版交渉をしたことが書簡で明らかであるけれども成功しなかったのは以下である。

オーケストラ・メヌエット	WoO 3
軍楽	WoO 20 〜 24
管楽トリオ変奏曲	WoO 28
ピアノ・バガテル	WoO 52
	WoO 56
オーケストラ付きバス独唱アリア	WoO 89
	WoO 90
弦楽オーケストラ付きソプラノ独唱シェーナとアリア	WoO 92a
オーケストラ付きソプラノ・テノール二重唱	WoO 93
ピアノ伴奏歌曲［バラード］	WoO 118

　そのほかに、ピアノ伴奏編曲では出版されていたがオーケストラ・パート
譜は未出版というケースで、その売り込みが成就しなかった例もある（《タ
ベルヤ》行進曲 WoO 2a など）。また文言からは作品の同定ができないケー
スもあり、また言及しているだけで注文があればこれから作曲という可能性
もある。それ以外の、WoO 番号付きで整理されている作品は、習作かプラ
イヴェート作品で、作曲は出版目的ではなかったと考えられる。

2│Op. 番号付き作品のうち、出版対象となった作品　出版作品の総計

　Op. 番号付きの作品については、まず、ベートーヴェンの出版活動から除
外するべき前出の 4 例（"Op.103"、"Op.129"、"Op.136"、"Op.138"）のほかに、
新カタログは 4 曲（Op.41、Op.42、"Op.63"、"Op.64"）を他者による編曲と
して排除している。反対に、Op.81 と Op.121 は当時からダブって存在して
おり、その後の作品整理ではそれぞれに a と b の派生番号が与えられた。
すると Op. 番号が付くことによって峻別される作品タイトルは 138-4-
4+2=132 となる。しかし Op.23 と Op.24 は初版では"2 つのソナタ"であった
が半年後の再版時にひとつずつに分離されたことを考慮に入れるべきである。
すなわち、ひとつの作品番号のもとに 2 〜 6 曲が含まれるときは、複数の作
品がひとつの番号のもとに出版された「セット作品」と見なければならない。
その反対に何曲かによって構成される歌曲集や"11 のバガテル"といった例
は"楽章"と同等と見なして全体で 1 曲とする。これは出版交渉の時にも価格
を分けては計算されていないからである。

第I部　体系的考察

複数曲から成り立っている「セット作品」の作品番号を列挙する。

6曲構成	Op.18
3曲構成	Op.1、Op.2、Op.9、Op.10、Op.12、Op.30、Op.31、Op.59
2曲構成	Op.14、Op.27、Op.49、"Op.51"、Op.70、Op.102

　以上15の作品番号のもとに42曲が含まれている。この差27曲を前記132曲に加算しなければならず、Op. 番号付きで死の直後までに出版された作品数の合計は159曲となる。WoO 番号付き71曲と合わせて、計230曲（WoO 152〜158を除く）が、ベートーヴェンの出版活動によって社会に送り出された、ということを前提にして、以下の考察を進める。

3 | 出版活動の協力者たち

　ベートーヴェンの出版活動には何人もの協力者がいた。彼らの関与の程度はさまざまだが、出版社と書簡を通しての交渉が委ねられていたのはリースと次弟カール、そして晩年に末弟ヨハンである。リースは、ベートーヴェンと同様に、祖父の代からボンの選帝侯宮廷楽団に奉公していた一家の出で、その父フランツ・アントン・リース（1755-1846）はベートーヴェンのヴァイオリンの師であった。フェルディナント・リース（1784-1838）が旧知のベートーヴェンを頼ってヴィーンにやってきたのは、自分では「私は、15歳で、まずミュンヒェンに、そしてそこからヴィーンに行った…　私がヴィーンに到着した時、1800年だが、ベートーヴェンはそのオラトリオ《オリーブ山のキリスト》の完成にきわめて忙しかった」[『覚書』75ページ] と言っているにも拘わらず、1801年秋頃と考えられる。

　リースの経歴を載せたイギリスの雑誌『ハルモニコン』1824年3月号はミュンヒェンおよびヴィーン到着を1801年としており、シュトラムベルク編『ライン古事録 Rheinischer Antiquarius』第3部第2巻（1854）62ページ [TDR II, 290ページ] はミュンヒェン到着を1801年としている。現在では、ミュンヒェン到着は1801年秋、そこでペーター・フォン・ヴィンター［後出］への師事を試みたがうまくいかず、アルバイトで資金を貯めて1801年秋にヴィーンに向かった、と考えられている。1802年春にはすでに演奏パート

84

第 4 章　ベートーヴェンの創作活動としての楽譜出版

譜の点検（前記、シンフォニー第 2 番が確認される最初の例）などの仕事を
レッスン代替わりにこなしていたと見られる。彼の出版社交渉は、同郷かつ
旧知のジムロック社との間だけであったように思われる。

　ベートーヴェンとジムロック社との関係は彼がヴィーンに出てきて以来、
強固であり、ヴィーンの出版社との関係が確立するまで、彼は作品の出版を
ボンの旧知に頼った。その後も同社は原稿、ないしヴィーンで出版された原
版を入手したことは確実で、1795 年 12 月にヴィーンのトレック社から刊行
されたピアノ変奏曲［パイジエッロ主題］WoO 69 を 1 年後の 1797 年のある時点
で出版したのに始まって、1803 年 10 月にヴィーンのレッシェンコール社刊
行のピアノ伴奏歌曲"Op.88"（そのときは作品番号なし、のちに欠番を埋め
るために番号があてがわれた）をほとんど同時に出版したケースまで、その
数は 30 数点にのぼる。原版を底本とする出版は一般に"海賊版"と言われ、
作者の著作権を踏みにじる行為として非難されるが、原稿そのものの提供に
は写譜代金が掛かるため、ベートーヴェン自身が原版に訂正を施してジムロ
ック社に提供していた可能性もある。ヴィーン社（以下に触れるライプツィ
ヒ社も）とジムロック社は販売地域がまったく異なるために、出版物の国際
市場が確立されていなかった当時において、これは出版権の侵害とは見なさ
れなかったのである。

　この種の交渉と楽譜の発送を、リースは 1802 〜 03 年にベートーヴェンか
ら任されていたと考えられる。それを証明するひとつはリースの 1803 年 8
月 6 日付ジムロック宛書簡［BGA 152］で、4 月にブライトコップ & ヘルテル
社から出版されたばかりのピアノ変奏曲 Op.34 を「それが届き次第すぐに
あなたに送ります」と言っているばかりか、それを含む 13 作品を送るとし
て作品を列挙し、各曲ごとの価格を記した計算書を付したか、別送した［終
章で紹介］。正確なところが現在となっては追跡できないのは、リースのジム
ロック宛書簡は原本が消失していて、1929 年にエーリヒ・ヘルマン・ミュ
ラーによって編纂された史料を通じてしか把握できないからである。そこで
明らかにされている価格は余りにも安価で、貨幣単位が誤記された可能性も
指摘されている。そのなかには、チューリヒのネーゲリ社が誤植だらけの原
版を出したことでベートーヴェンが激しく怒ってジムロックに修正版（タイ
トルページに"きわめて正しい版"と記した）を出させるピアノ・ソナタ
［Op.31］の版下原稿もあって、これらが作者の承認の下に送付されたのは疑
いない。

85

第I部　体系的考察

　彼は、出身地ラインラント地域がフランスに併合されるや、ナポレオン軍から召集され、1805年11月に徴兵検査を受けるためにボンに帰還する。

　ベートーヴェンが国際的な楽譜出版を模索するようになると、外国語の使用に関して手助けした人物がいる。たとえばイギリスのトムソンとの間は国際語たるフランス語で行なわれ、書簡はサインだけがベートーヴェンによるもので、特定できない人物によって代筆された。秘書役や代筆者など務めた人々はほかにもいると思われるが、ヴィーンの出版社との間では記録に遺らず、残存書簡で跡づけられるケースは量的に多くない。会話帖に遺っている若い人々は代筆を含む補助的な役割が中心で、ベートーヴェンの出版活動に重要な影響を与えるような存在ではない。そうした補助者についてはその都度、言及する。

　そのなかで、1802年3月から1806年5月にかけて、まさにベートーヴェンが本格的な出版活動を試行錯誤していく時期に、国外の出版社との交渉全般を、少なくとも初めのうち、任されたのは弟カールで、その役割と、それによって出来したさまざまな問題については、ベートーヴェンの創作活動への理解を深める上で特別に言及する必要がある。

4 ｜ 弟カールの秘書業務

　ハイリゲンシュタットに籠もる直前に始まった弟カールの秘書業務はさしあたって、ヴィーン不在中の郵便物の管理と、おそらく何回か兄の元に連絡にやってくる程度のことと思われる。しかし帰還後になると、集中する外国出版社との交渉、そして記録に遺らないヴィーンの出版社との交渉もおそらく、さらに1作をめぐって各社との価格の駆け引き、完成の見通しを立てて筆写譜作成の段取りや原稿送付の手配など、がその主だったものとなる。

　遺されている外国出版社とのやりとりには、ベートーヴェンの出版活動への考え方がさまざまに表明されている。一方でこの時期に作曲の方は、突出した《エロイカ》［Op.55］、それに続く《ヴァルトシュタイン》ソナタ［Op.53］など、いわゆる"中期"の器楽曲の諸傑作が相次ぎ、言い古された慣用句を使うとすれば"傑作の森"の序盤期にあたり、加えてオペラへの進出があり、まさにベートーヴェンが大きく飛躍していくにあたって弟の支えは無視できない。と同時に、ベートーヴェンが「作品の完全な完成」すなわち「創作活動

第 4 章　ベートーヴェンの創作活動としての楽譜出版

の完了」に向けて、さまざまな試みを試行して、弟の協力の下にひとつのスタイルを身に付けていった時期でもあった。従来、弟カールに対する評価は、兄から周りの人間を遠ざけるよう仕向けたとか、兄の作品を勝手に売ったなど、ネガティヴなものが多かった。

5 ｜ Op. 番号付き作品と No. 番号付き作品

　ハイリゲンシュタットから帰還して間もなくの頃、まだシンフォニー第 2番の初演予定が立っていない、1802 年 12 月 5 日に弟カールはブライトコップ & ヘルテル社に次のように書いている［BGA 119］。同社との関係は前年の4 月に同社が作品供与の希望を申し出たのに始まり、初の出版、弦楽五重奏曲 Op.29 がちょうどその月に出るところであった。そして 2 つのピアノ変奏曲 Op.34 と Op.35 の出版交渉の最中のことである。

　　最後に私の兄が自作を取引するやり方についてお知らせしましょう。私たちはすでに 34 作品と約 18 番［原注：No. のみ付したもの］を出してきましたが、これらの作品はたいてい愛好家から注文され、以下のような契約によってです。すなわち、作品を持ちたい人は、半年か 1 年あるいはもっと長く独占的に保有することに対して一定額を支払い、誰にもその手書き譜を渡さないよう義務づけられ、その期間の経過後はそれをどうしようが作者の自由となる。

　ここで、2 つのことがきわめて重要である。前半にある「34 作品と約 18番を出してきた」というくだりは、何のことを言っているのかわからず、これまで日本語訳では誤読されていた。実はこれは、初期作品群には 2 系統あり、それを意識的に区別して出版していた、ということを述べているのである。作品番号が二重にあるということである。すなわち、作品番号（Op.）と番号（No.）である［詳しくは第 6 章 5］。同じ主旨のことを本人が同じ頃（1802 年 12 月 26 日にヘルテルに着信した書簡［BGA 123］）に書いているので、兄弟の間でこの問題は話し合われ、2 人に共通理解があったことが判る。

　　これらの変奏曲［引用者注：Op.34 と Op.35］は私の以前のものとははっきりと区別され、私はそれらを、これまでのもののように番号［Nummer］だけ（すなわち No.1, 2, 3, 等々）で示すのではなく、私のより大きい作品の本当の数字［Zahl］のもとに組

87

第I部　体系的考察

　　み入れたのであり、主題も私自身によるだけに、いっそうである。

　本人によりいっそう明確に、いわば"本格的な"作品には Op. 番号を、そうではない作品には No. 番号を付した、ということが述べられているのである。Op. 番号については章を改めて論ずるとして、ここで「約 18 番」と言われている No. 番号の追跡は完全にはできない。おそらく彼らの意識のなかでは明確化されていたが、彼らもきちんと数え切れていないことが反映されているのが「約」という言い方ではないか。Op.1 から Op.3 までは Op. 番号がそもそも二重にあった。その複雑な経過については次章で検討する。1796 年春の Op.4 以後は、Op. 番号と No. 番号ははっきり分かれることになる［巻末の出版作品一覧表を参照］。No. 番号系列はほとんどが有名主題による変奏曲で、アマチュア向けの作品であったことは一目瞭然である。No.11（WoO 77）までは二重番号付けがはっきりと確認できるが、その後 No. 番号の継続はなくて、番号は何も付されない出版が歌曲も含めて 12 点、認められる。そして 1804 年の 3 月と 6 月のイギリス国歌変奏曲（WoO 78 と WoO 79）で No.25 と No.26 が付されているので、「約 18 番」とはその渦中のことであった。この間の番号の間隙を推定で埋めることはほぼできるが、以上 12 点は欠番 13 に対してひとつ足りない。その後は、1805 年 1 月（出版公告 1 月 30 日）に BAI 社から出たピアノのための《プレリュード》WoO 55 が出版譜には何もないが 2 度目の出版公告（2 月 13 日）の際に No.29 と告知された。同社から同年 9 月に刊行されたピアノ伴奏歌曲《希望に寄せて An die Hoffnung》（現在"Op.32"）はそのとき No.32 であった。同じく同社から 1807 年 4 月に出版された《自身の主題による 32 のピアノ変奏曲》（WoO 80）が No. 番号として実質的に最後のもので、No.36 であった。

　いわば"傑作の森"に属する、この大変奏曲に Op. 番号が付されていない、という矛盾こそが、この番号付けの破綻を示している。他方、1805 年 1 月に出版された編曲作品が本人によって Op.38（七重奏曲 Op.20 のピアノ・トリオ用編曲）とされ、また 1803 年 12 月と 1804 年 2 月頃にライプツィヒ／ヴィーンのホフマイスター＆キューネル社によって出版された Op.41 と Op.42 は他者による編曲作品（新カタログにおいて「非真作」とされた）であった。"本格的な"作品とそうではない作品という 2 系統体制はすでに崩壊していた。いったい誰が作品番号を管理していたのかという問題はベートーヴェンの出版活動の大きな謎であり、第 I 部第 6 章の中心テーマとする。

88

6│期限付き専有権の貸与のルーツ　Op.29 の版権をめぐる裁判

5 で引用した弟カールのブライトコップ＆ヘルテル社宛書簡［BGA 119］の
なかで、もうひとつ重要なこととは、後半で言及されている、出版前に手書
き譜を半年か 1 年の期限付きで専有権を与える、というアイディアである。

弦楽五重奏曲 Op.29 は 1802 年 12 月にライプツィヒのブライトコップ＆
ヘルテル社から原版が刊行されたが、これは、ベートーヴェンがヴィーンで
本格的な活動を始めて以後、初めて国外で出版された原版楽譜であった。し
かしほぼ同時にヴィーンでアルタリア社が Op.29 の海賊版を出版したこと
により、のちに裁判沙汰になる。1803 年 9 月 1 日の帝国・王国上級警察庁
での議事録［消失か？TDR II 付録に所収されたものから引用］から、ベートーヴェン
の陳述によると、「私はおよそ半年前に五重奏曲ハ長調をフリース伯爵氏に、
半年の経過後に再び他に売って公に彫版で出版することができる、という条
件で、売りました。さて私はこの半年の経過後に当該の五重奏曲をただちに
ライプツィヒの書籍商ブライトコップ＆ヘルテルに売りました」というこ
とだが、これは正確ではなく、おそらく警察の調書作成者の誤解があると思
われる。すなわち、供述の時点の半年前に第 1 の販売があり、その半年後に
第 2 の販売があったとすれば、第 2 の販売直後にこの訴えがなされたことに
なってしまう。訴えをするまでに事実確認等の時間がしばらくあったはずで
あり、つまりフリース伯に売ったのは、供述時点の半年前ではなく、ブライ
トコップ＆ヘルテル社に再度売る半年前ということであろう。なぜなら、
供述の半年前は 1803 年 3 月だが、その時点で原版出版から 3 ヵ月が経過し
ており、すでに刊行されている作品について専有権は成り立たない。そして
Op.29 の自筆スコア譜には"1801"という年代記入がある。真相はおそらく、
原版出版の交渉時点から逆算していくと、次のようになろう。

弟カールは最初、1802 年 3 月 28 日にブライトコップ＆ヘルテルにこの
作品の提供の意思表示をして［BGA 81］、同社は 4 月にそれを獲得し、12 月
に出版した。のちに Op.29 として出版される弦楽五重奏曲がフリース伯に
ベートーヴェンから提供されたのは、ブライトコップ＆ヘルテル社が獲得
する遅くとも半年前の 1801 年 10 月頃、あるいはそれ以前であったと思われ
る。自筆譜における年代記入と合致する。同伯爵は原版において被献呈者と

第Ⅰ部　体系的考察

なっているので、この作品はもともと彼の委嘱によって作曲された可能性がある。彼はその後、ハイドンにも同様に弦楽四重奏曲の作曲を委嘱した（Op. 103、Hob Ⅲ：83）。ここで確認すべきなのは、被献呈者、そしておそらく委嘱者、に原版公刊の前に半年の専有権を与えたということである。

　それが裁判沙汰にまで発展したのは、カルロ・アルタリア（1747-1808）がフリース伯を騙して彼の専有する原本を入手し、著作権を侵す並行出版を、しかも誤植だらけで、行なったことによる。その無効性を訴えるためにベートーヴェンは 1803 年 1 月 22 日付ヴィーン新聞に公告を出した。裁判所が 9 月 26 日に行なった裁定はむしろ、ベートーヴェンの公告に、アルタリア、および関係のないトランクィーロ・モッロ（1767-1837）を中傷する表現があったことを問題視し、同公告の撤回を勧告するものであった。不承不承、半年後の 1804 年 3 月 31 日のヴィーン新聞にベートーヴェンは再度の公告を出すことになるのだが、その後、アルタリアの譲歩もあり、1805 年 9 月 9 日に双方の弁護人によって和解の協定書が結ばれて解決した。

　同様のケースがブロウネ伯との間にもあったかもしれず、1802 年夏（10 月初か？）にハイリゲンシュタットからリースに宛てた書簡［BGA 96］にある「ブロウネ伯が 2 行進曲［原注：おそらく Op.45-1, 2］をすでに彫版に出したというのが本当か、お知らせいただけませんか」という一節が現在大きな問題となっている。これがもし原注の通りだとすると、ピアノ 4 手のための 3 つの行進曲 Op.45 のスケッチは「ランツベルク 6」スケッチ帖（1803 年 6 月〜1804 年 4 月に使用とされる）で《エロイカ》の本格的スケッチに挟まれてあるので、このスケッチ帖の使用期間の全面的見直しとならざるを得なくなるからである。仮にブロウネ伯が 1802 年夏ないし 10 月初めの半年程度前、たとえば 1802 年 4 〜 5 月頃に Op.45 の半年専有権を得たとすると、《エロイカ》の本格的な作曲がハイリゲンシュタットで（もしくはその前に）開始、というとんでもないことに発展する。新カタログは、この際、半年専有権の問題は無視して、《エロイカ》の本格的作曲の開始がハイリゲンシュタット帰還直後の 1802 年 10 月末頃からという可能性もあるとして、ブランデンブルクの注との調整をなんとか図ろうとしているように見える。これまで主流の考え方は、ここで言及されているのは Op.45 ではあり得ず、別の「行進曲」という見立てであるが、その痕跡は現存するいかなるスケッチ帖にも見出せないので、幻の行進曲のスケッチは消失したのだろう、というものである。

　さらにもうひとつ付け加えると、弦管七重奏曲 Op.20 はハイリゲンシュ

タット滞在中の 6 月に出版され献本が届けられたが、すぐさまそれをピアノ・トリオに編曲し、同地での保養を勧めるなど、耳の病のことでずっと世話になっていた医師シュミット博士に献げた。しかしその Op.38 としての出版は 2 年半も後の 1805 年 1 月であり、その異常な遅れの不可解さに端を発して、この件については昔からも（セイヤーや旧カタログ）シュミット博士の専有権が話題となっていた。

　脇道に逸れてしまったが、すでに何度か言及した、シンフォニーの試演、そのために貴族に半年専有権を供与するという、おそらく歴史上初めての、ベートーヴェンの壮大な実践のルーツはここにある。

7 │「時間差多発出版」の考え方の発生（第 1 次）

　半年専有権という考え方は、出版社相互でも成り立つ。それが、時間差を置いていくつもの地域で原版（法的に版権を取得した版）の刊行、という形に発展した。これは、おそらく旧知のジムロック社との間ではすでに慣行となっていた可能性があるが、それについてはっきりとした結論が出るまでにはまだ時間がかかるだろう。ここで改めて問題にしたいのは、ベートーヴェン自身が、版権を浸食し合わない複数の地域の出版社を相手に、同一作品の出版権を譲渡することにきわめて力を入れていたことである。それは最終的には大きな成功に至り、また次の世代の職業作曲家にとって重要な生活基盤を確立したと言えるのだが、まさにその点でベートーヴェンはその道を切り開いたパイオニアであった。

　1803 年 4 月に Op.31-1,2 がチューリヒのネーゲリ社から刊行され、それが余りにも杜撰な版であったのでベートーヴェンはすぐにボン／パリのジムロック社に"正しい版"を出させたことは前述した。同年中にヴィーンのカッピ社から「Op.29」として刊行された版も新カタログは原版と認定している［第 6 章 6］。つまりこの作品は一定の時間差をおいて、それぞれベートーヴェンから提供された原稿に基づいて 3 都市で順次、刊行されていったわけである。これを「第 1 次時間差多発出版」としておこう。その渦中にあるとき、その考え方を説明している文書がある。弟カールの 1803 年 5 月 25 日付ジムロック宛書簡［BGA 139］のなかにある次の一節である。

第I部　体系的考察

目下あなたは［引用者補：ソナタ］1曲を以下の条件で入手できます、すなわち、たとえばある作品がロンドン、ライプツィヒ、ヴィーン、ボンで同時に［gleich］出版されるなら、あなたはある作品の刊本1部を、出版されることになる作品と同じに、30ドゥカーテンでお持ちになれます、それはヴァイオリン付きの大ソナタ［原注：Op.47］です。

　これを訳すには前後の状況を理解しないと正確にはいかず、しかも正確さを期すと、上記のように意味がいまひとつ鮮明ではない。既存の日本語訳は英語訳からの重訳で、英文自体に問題があるため、この文の重大さが伝わらなかった。「刊本1部［ein Exemplar］」と言っていることが重要で、しかも「たとえば［z.B.］」「ある作品の［ein Werk］」という一般論を絡ませているのである。これは、それまでリースを通じて供給されていたのが印刷された刊本［Exemplar］であったことを間接的に証明するのではないか。「出版されることになる作品と同じに」とは、「ふつう手書き譜で渡す作品として」という意味である。《クロイツェル》ソナタOp.47は、ベートーヴェンの計画として当初は4ヵ国同時出版が目論まれていた、ということがここから判る。そしてジムロックにはこれまでと同様にヴィーンで先に出版された刷本を提供する、というのである。「同時に gleich」と言いながら。ただしドイツ語の gleich という単語は「すぐに」という意もあり、同時性にはある程度の幅がある言葉である。

　しかしその後の現実は、一方ではヴィーンとライプツィヒでの出版がうまくいかず、他方ではベートーヴェンはパリ行きを計画することとなって、しかもジムロックはパリに支社を構えた、という事情が加わる［第II部第19章］。結果として、ジムロックに出版を委ねることになった。それが甚だしく遅延してベートーヴェンは、ジムロックがイギリスでの共同出版の相手方との調整が遅れていたという事情を知らずに催促しているが、ジムロックはそもそもの経緯からイギリスでも出版することに紹介の労を執ったのではないか、と想像を膨らませることもできよう。すなわち、1805年4月にパリとボンのジムロック社から、そして翌5月にロンドンのバーチャル社から出版された。新カタログは後者を「その他の版［Weitere Ausgaben］」のひとつとしていて、原版と認証するまでは踏み込んでいないが、「この版の版下はジムロックからおそらく委託された写本であった」との説明を加えている。ベートーヴェン主導ではなく、むしろ彼の知らないうちに為された刊行だからということであろうが、「時間差多発出版」は第3次（?）においてアイディアを流用さ

れたと総括しておこう［第2次については本章10］。

　それはともかくとして、ここで確認する必要があるのは、ジムロックとの年来の個人的関係から発したと思われる複数社をまたぐ著作権譲渡が、4ヵ国にわたる不特定の出版社との間で取り交わす壮大な計画へと変貌しつつあることだ。ただ、多発出版に関して、ベートーヴェンは著作権者として確かにパイオニアであるが、出版社間でも、Op.47に関してジムロックがバーチャルと駆け引きしたように、またヘルテルがクレメンティとOp.53～57、Op.85の6作品について問い合わせたように［いずれも後述］、こうした共同出版の模索は一般的であった。例に挙げた2つの事例はともに1804年のことで、ベートーヴェンの挑戦と同時期である。

　しかし出版社と著作権者の意図はまったく違い、一方は共同事業化することによる経費軽減であり、他方は著作権を侵害し合わない複数の出版社に販売することによって一件ごとの収益を上げることであった。つまりここにも出版社と著作者のせめぎ合いがあり、ベートーヴェンとしては手をこまねくわけにはいかないところであって、それどころかその主導権を取ろうとしていたと見るべきであろう。

8 ｜ 版権侵害の続版を封じ込めるには？

　ベートーヴェンの立場から時間差多発出版という考え方がどのように発生したかを上に見たが、著作物の権利譲渡を著作権者が多角的に行うという経済行為の側面だけでこれを捉えると問題の本質を見損なう。楽譜出版が18世紀から19世紀の変わり目に全体としてどのような状況にあったかということについての理解が欠かせない。しかしここで歴史的概観を提示する訳にはいかず、若い頃に著わした拙著『楽譜の文化史』［1993年、音楽之友社。ただし絶版］を多少の参考としていただければ、とだけ言っておく。以下は、ベートーヴェンに直接関わる問題としてのみ言及する。

　作曲者に報酬を払って、すなわち著作権を取得して、原版が出版されると、直ちに、それを底本とした続版［Nachdruck］、俗に言う"海賊版"、が廉価で後続出版される。これを防ぐ手立ては事実上、確立されていなかった。著作権の法的保護がまだきわめて曖昧だったのである。先に例に挙げた、Op.29をめぐるアルタリア社との争いも裁判所の判断はベートーヴェンの全面勝利と

第1部　体系的考察

はほど遠いものであった。この時代はまさに、原版出版社 [Originalverleger]（これはベートーヴェンが書簡で常日頃、使用している概念である）の権利保護が次第に確立されていく時期であるが、1社だけが出版権を持つとき、著作者の権利は相応しい額が保証されることによって成り立つが、一方で著作権料が高騰すれば原版出版社の利益確保はおぼつかず、かえって低価格の続版が跋扈する。その辺の実情をヘルテルに語らせると次のようになる。1802年11月3日付である [BGA 109]。

> 残念ながらドイツでは儲かりそうな新作にはしばしば続版出版社だけが参加するような事態になっており、合法的な出版者は、それをそんなに廉価にはできず、続版出版社が販売するより10分の1も売れないことがよくあります。私たちの社の、ある程度重要なすべての作品でこの経験をしており、私たちでさえ報復手段を取る必要があるほどです。そうして最後に得をするのは、芸術家の犠牲のもとに、公衆（低価格であることによって）だけです。

ここで「ドイツでは」と言っているが、国外には著作権の法的保護は及ばなかったから、原版出版社はそもそもそのことを問題にしても仕方のないことであった。しかし著作権者はそうはいかない。ここにベートーヴェンが各国でできるだけ同時に多角的に出版することに意欲的であった本当の理由がある。すなわち、著作者に報酬を払わずに廉価で販売することによって原版の売れ行きが抑制され、翻って原版出版社の出版意欲が削がれる、ということを防止するためである。

地域によってはある程度、国内での著作権が保護されているので、原版は原版として認識される必要があった。したがってヘルテルは繰り返しベートーヴェンに所有権証明書の発行を求めている。しかしその保護が及ばない地域（国外など）で続版が出ると、保護対象にはならないそれを底本とした、いわば続版の続版が刊行されることになる。すなわちライプツィヒの原版がパリで続版されると、ドイツのどこかの出版社からその続版が刊行されることを防ぐ手立てはなかった。それゆえに、各国でそれぞれに原版を出版すれば、各原版出版社は自らの権益を守ろうとし、各国での続版防止にもつながる。そういうコンテクストでこの問題を捉える必要がある。

ヨーロッパにおける著作権保護の法的整備の問題は一音楽史家の手に余るものだが、各国でもその進展状況は異なり、フランスでは国立図書館への献本制度が整備され、献本された原版は保護された。ベートーヴェン関連で裁

94

判で勝訴した例などもあるが、詳述は割愛する。またイギリスでは 18 世紀前半から出版管理局が機能していたことはすでに触れた。私がベートーヴェンの書簡交換を通じて知った限りでは、原版から編曲したり、パート譜で出ていたものからスコア譜を作成して出版した場合などは、どうやら著作権の保護対象にはまだなっていなかったようである。ベートーヴェンのシンフォニーが初めて原版としてスコア譜で出版されるのは 1816 年のシンフォニー第 7 番だが、そのときスコア譜とパート譜のほかに、弦管九重奏、弦楽五重奏、ピアノ・トリオ、ピアノ 4 手、ピアノ独奏、2 台ピアノ、と 6 種の編曲版も併せて刊行されたのは、購入者層を広く採るだけでなく、それまで他社から無制限に出ていて野放しになっていた非保護対象を押さえてしまうという意図もあった、と思われる。

9 │ "ベートーヴェン・オフィス"の問題

弟カールが絡んだ未解明の大きな問題として、弟が本人の了解なく勝手に楽曲を販売するということはあったのかなかったのか、という件がある。たとえば、1796〜98 年あたりに作曲されたと思われ、1805 年に、第 18 番 Op.31-3 と第 21 番《ヴァルトシュタイン》Op.53 という"中期の傑作"ソナタの間に割って入って出版された、ピアノ・ソナタ第 19・20 番 Op.49 の出版はどうだったのか、ということは一般の関心を強く引く問題であろう。その出版はベートーヴェンの意志ではなかった、そうに違いない、脂の乗り始めた時期にソナチネ・アルバムに入るような旧作を出版するなんてありそうもない、というのが一般の理解ではないか。そう考える証拠はある。その販売交渉をしたのはまさしく弟であるからで、そこに弟の単独行動と推察する余地が大いにある。以下に紹介する一文がよく知られている。1803 年 9 月 15 日から 27 日の間に書かれたと思われるベートーヴェン本人のブライトコップ & ヘルテル社宛書簡［BGA 158］にある追伸である。

> 追伸：私があなたにここで申し出ているのはすべて新作です。残念ながら、私のたくさんのとんでもない旧作が売られたり盗まれたりしているので。

ここで言及されている作品は具体的には何かというと、ブランデンブルク

第I部　体系的考察

が注［BGA 158 注11］で「近年に彼の弟たちカスパール・カールとヨハンによっていくつもの出版者に提供された作品のことを言っている」として3つの書簡［BGA 153, 154, 155］を挙げている。それらを紐解いてみると、以下の作品である。

	のちの作品番号	推定作曲年	出版年月	出版社
2つのプレリュード	Op.39	ボン時代	1803 年 12 月	H&K
ヴァイオリン独奏曲	Op.40	1800/01 年 ?	1803 年 12 月	H&K
2つのセレナーデ編曲	Op.41	他者編曲	1803 年 12 月	H&K
	Op.42	他者編曲	1804 年 2 月頃	H&K
序曲	Op.43 の一部	1801 年	1804 年 2 月頃	H&K
ピアノ・トリオ変奏曲	Op.121a	1803 年	1824 年 5 月	Steiner
もしくは				
ピアノ・トリオ変奏曲	Op.44	1792 年 ?	1804 年 1 月	H&K
2つのピアノ・ソナタ	Op.49	1796 ～ 98 年	1805 年 1 月	BAI
オーボエ・トリオ変奏曲	WoO 28	1795 年 ?	生前非出版	

1803 年 10 月 7 日付で末弟ヨハンに贈ると署名したもの［BGA 155, 注 7］。

プレリュード ヘ短調	WoO 55	ボン時代初期か ?	1805 年 1 月	BAI
8 歌曲	Op.52-2 ～ 4,6~8	1794/95 年頃	1805 年 6 月	BAI
	WoO 117	1792 年	1808 年 4 月	Simrock
	消失 1 曲			

　これらはみな、上記の各書簡の時点でまだ刊行はされていないが、ホフマイスター＆キューネル（上記で H&K と略記）社により 1803 年 12 月から 1804 年 2 月にかけて出版された Op.39 ～ 44 はすでに同出版社の手に渡っていた可能性が高い。ピアノ・トリオ変奏曲は、書簡［BGA 153］で「序奏と大規模な終曲付き」と付言されているので、Op.44 よりも Op.121a の方なのではないか。それならばいっそ、この時点でどこまで作曲が進行していたか疑わしい。
　これらすべてについてベートーヴェン・サイドからの売り込みの書簡は残存せず、ヴィーンとライプツィヒの双方に本拠を構える同社の 1803 年 9 月

第4章　ベートーヴェンの創作活動としての楽譜出版

10日の内部文書［BGA 154］で、すなわち上に引用したブライトコップ＆ヘルテル社宛書簡［BGA 158］の直前に、「ベートーヴェンに我々は、以下の作品を、所有権証明書と引換に、引き受けることを望む」とある。これはヴィーンの支社長からの報告としてあり、おそらく口頭での売り込みないし提供依頼の結果と思われる。当時は弟カールとリースの2人が秘書役を務めていて、外から見れば、ベートーヴェン個人と言うよりは"ベートーヴェン・オフィス"との交渉だったのであろう。その交渉がベートーヴェンの意向を反映していたのか、意に沿ったものではなかったのかの判断は、そのものとしては、後世にはつきにくい。

　ホフマイスター（ヴィーン、ビュロー・ド・ムジク、ライプツィヒ［1801年11月〜02年3月の間］、1802年6月以後はホフマイスター、ヴィーン、ホフマイスター＆キューネル、ライプツィヒ）社は1801年にピアノ・コンチェルト第2番Op.19やシンフォニー第1番Op.21等の出版権を獲得して一躍、アルタリアに代ってベートーヴェンの信頼を勝ち得たように思われたが、翌年からヴィーンで堂々と、他社に版権がある出版物の続版を出し続けて、ベートーヴェンの不興を買っていた。ここで「所有権証明書と引換に」と言っているので、関係修復を狙っていることがほの見えるが、それに対してベートーヴェンは以前とは格段に違う、旧作を中心とした作品群を提供したのではないか。Op.41とOp.42は、すでに出版されている2つのセレナーデOp.25とOp.8の他者による編曲で、新カタログでは真作から除外されて、「偽作および疑わしい作品［Unechte und zweifelhafte Werke］」のカテゴリーに登録されている。作品カタログとしては、ベートーヴェン自身の編曲ではないので、それは当然の処置である。しかし一方、著作権の問題としては、すなわちベートーヴェンの責任の下で出版されたという観点からは、これらはベートーヴェン"関与作品"とも言うべきカテゴリーに組入れられる。その根拠は、まさにこの時点、1803年9月26日にライプツィヒに着信した（発信はそれから遡って9月20日頃か）ベートーヴェン自身によるホフマイスター＆キューネル社宛書簡［BGA 157］である。

　　編曲［原注：Op41および42のことで、おそらくフランツ・クサヴァー・カールハインツによって編曲された］は私によるものではないが校閲し、ところどころまったく直した。したがって、私が編曲したと君たちが書くことに私は関わらない。さもないと君たちが嘘をつくことになるから、そして私の方もそれをする時間も忍耐もなかったの

97

第I部　体系的考察

　だから。——君たちは満足ですか？

　この一文はかえって、ここで問題としている一連のホフマイスター＆キューネル社による出版が「売られたり盗まれたり」に該当しないことを裏付けている。しかも二人称複数の親称 ihr を使用する親しい間柄でのやり取りなのである。この機会に同社は序曲も獲得したが、それはバレエ《プロメテウス》［Op.43］の序曲で、全曲はピアノ編曲の形ですでに 1801 年 6 月にアルタリアから Op.24 として出版されていた。今回はオーケストラ・パート譜であるが、序曲だけとはいえ、かなり大規模な出版である。それをオフィスが勝手に出版したとは考えにくい。

　また Op.31-1, 2 の出版［第 6 章 6］に関する交渉はリースが担当しており、その 1803 年 9 月 13 日付書簡［BGA 155］でリースは、「ベートーヴェンが私に贈った 2 つのソナタ」と言っている。その言説から、秘書業務の対価としてベートーヴェンがリースに作品の版権を与えたのではないか、と窺わせる。

　"ベートーヴェン・オフィス"の存在は、交渉窓口の秘書役として書簡の発信人となっているだけではない。弟カールが発信日記載なしで BAI 社の幹部社員宛に出した書簡［BGA 187］は稿料の授受に関するもので、いま忙しくて取りに行けないから自分に 150 グルデンを送ってもらえないか、そして私の兄ルートヴィヒに 147 グルデン 30 クロイツァーを、あるいは少なくともその内 50 グルデンを、支払ってほしい、5 月末に 300 グルデンをくださるとお約束されたので、という用件である。兄はバーデンからデープリンクに移ったとも言っており、それに該当するのが 1804 年なので、この書簡は 1804 年 7 月末／ 8 月初頃のものと年代設定された［BGA 187 注 2］。ここで送金を自分の分と兄の分とに分けているのが注目される。「5 月末に約束した 300 グルデン」との差額 2 グルデン 30 クロイツァーは手数料とかその類いを差し引いたのかもしれない。1804 年 5 月前後に出版交渉をしていたと思われるのは、ピアノ 4 手変奏曲 WoO 74、ピアノ・トリオ編曲 Op.38、ピアノ・プレリュード WoO 55、ピアノ・メヌエット WoO 82、2 ピアノ・ソナタ Op.49 で、これらはみな 1805 年 1 月に相次いで出版される。これはいったい何を意味するのだろうか。書簡交換全集はそれについて何もコメントしていないが、これ以上の想定は学術書の範囲を超えるからである。

　末弟ヨハンが関与する、プレリュードと 8 歌曲に関しては、本節の最初に引用した書簡［BGA 158］の直前、1803 年 9 月 13 日に、リースがジムロック

98

第 4 章　ベートーヴェンの創作活動としての楽譜出版

に出版の勧誘をした。そのときジムロックは断ったと思われるが、返信は知
られていない。ベートーヴェンが末弟ヨハンへの贈呈の辞を、歌曲 Op.52-2
の残存する 1 枚の筆写譜に記す［BGA 155 注 7］のは、書簡の約 2 週間後であ
る。贈呈の事情は分からない。8 歌曲は、うち 6 曲が他の 2 曲とまとめられ
て《8 つの歌曲》Op.52 として 2 年後に BAI 社から出版され、1 曲は消失し、
1 曲 WoO 117 は別の 2 曲（WoO 127 と WoO 126）と一緒にまとめられ《3
つのドイツ歌曲》として 1808 年にジムロック社から出版される。ピアノ・
プレリュードは単独で BAI 社から Op. 番号は付さない作品として出版され、
前述したように、2 度目の新聞公告時に No.29 という番号が示された。つま
り、末弟ヨハン関連の作品は、これからずっと後に、別の責任によって別の
構成に組み替えられて、出版されたのである。すなわち、引用書簡で言及さ
れている「売られたり盗まれたり」の結果、出版されてしまった作品には該
当しない。

　生前に出版されなかった 2 オーボエとイングリッシュ・ホルン三重奏のた
めの《ドン・ジョヴァンニ》変奏曲 WoO 28 は、1806 年 4 月にアルタリア
社から作品番号なしで出版される、同編成の"Op.87"（空白番号を穴埋めす
るために 1819 年以降、この作品番号となる）と姉妹作品で、ベートーヴェ
ン自身が晩年に積極的に売り込みをしたけれども「生前には買い手が付かな
かった」作品のひとつである。

　最後に残った、有名な Op.49 が出版されるのは 1805 年 1 月だが、この作
品の最初の売り込みは、1802 年 11 月 23 日付弟カールのオッフェンバッハ、
アンドレ宛書簡［BGA 113］で、そのとき、ハイリゲンシュタット帰還直後の
1802 年 10 月 18 日に弟カールがブライトコップ & ヘルテル社に売り込んで
断られた Op.40 および Op.50 も一緒であったが、その申し出すべてをアン
ドレは断った。もっともアンドレ社は名うての続版出版社であり、著作権を
払ってまで出版する気はなかったようである。そして弟カールは 1803 年 8
月 27 日付で Op.49 をブライトコップ & ヘルテル社にも売り込むが［BGA
153］、このときもういちど Op.50 も一緒で、ともに断られる。その後も
Op.49 の出版は難航して、それを、Op.50 とともに、最終的に受け入れたの
はヴィーンの BAI 社で、1805 年 1 月に出版された。その経緯は例によって
地元出版社のことなので分からない。ただ、次章で詳述するように、1802
年から始まる BAI 社との関係は、とりわけブライトコップ & ヘルテル社が
Op.34/35 の出版後さしあたって撤退してから、1804 年 4 月の Op.36 以後、

99

第 I 部　体系的考察

高値で買い取ってくれる主力出版社となっていったので、また地元ヴィーンで大々的に新聞公告もされるわけで、ベートーヴェン本人に隠れての出版はあり得ないのではないか。少なくとも容認した、と見ざるを得ない。同時に公告されたプレリュード WoO 55 についても、同じことが言える。

　こうしてみると、生前非出版のものはもとより、末弟に贈呈したものは「売られたり盗まれたり」にそもそも該当しないし、引用書簡の年代設定は正しいということを前提にすれば、ブランデンブルクの挙げた諸作品はこれからプレゼントしようとする作品群である。Op.49 は以前からの長い出版交渉の最中にあるもので、その時点で出版される見通しさえまだ立っていなかった。そして出版直前にあるホフマイスター & キューネル社関連のものだけがこの時点で「売られた」に該当するが、それが本人の意に反するものだったことの証明は難しい。

　それらよりも「売られたり盗まれたり」に該当する可能性があるのは次の5 点ではないだろうか。最後の 2 点はこの時期に出版準備が完了するところであった。

1802 年 9 月	アルタリア	弦楽トリオのための《6 つのレントラー舞曲》[WoO 15]
1802 年 9 月	アルタリア	同ピアノ編曲
1802 年 9 月	アルタリア	ピアノのためのロンド["Op.51-2"]
1803 年 6 月	トレック	《2 つの歌曲》作品番号なし [WoO 123 と 124]
1803 年夏	モッロ	《6 つの歌曲》作品番号なし["Op.48"]
1803 年 10 月	レッシェンコール	ピアノ伴奏歌曲《人生の幸せ》作品番号なし["Op.88"]

　これらは新カタログで原版に認定されているが、アルタリア社以下、3 社との関係は同時期にはすでに破綻していると考えられるし、レッシェンコール社との確認される接触は全生涯に渡ってこのときだけである。誰かが持ち込んだ公算も大いにあるところだが、それはオフィスが責任を取る問題かもしれない。その辺の線引きは不可能である。ベートーヴェン側には売らなければならない事情があった。というのは前 3 点はハイリゲンシュタットに籠もっている時期であり、後 2 点は、《エロイカ》に没頭していて、それがまもなく完成にこぎ着ける時点で、出版からの収入は途絶えていたからである。

　同年 4 月に初演したピアノ・コンチェルト第 3 番 [Op.37] はまだいっそうの推敲の最中であったし（出版は 1804 年秋）、シュミット博士に献呈した弦

管七重奏曲 Op.20 のピアノ・トリオ編曲版［Op.38］は同博士専有の渦中にあったと考えられる（出版は 1805 年 1 月）。いずれにしてもこの両作品はまもなく BAI 社への販売が決まり、同社は 1803 年 11 月 8 日に出版予告をする。《エロイカ》を手掛けるまでの初期作品で出版を目指して作曲したものはすべて出し切ってしまい、"在庫切れ"となっていた。生活が懸かっているので旧作を持ち出すしかないという、こうした状態に、大曲に取り組んでいるときにはしばしば陥るのである。先に引用したヘルテル宛の書簡［BGA 158］の追伸は、《エロイカ》作曲中に、それでも手掛けた 4 つの新作（ピアノ変奏曲 2 つ WoO 78 と WoO 79、歌曲 WoO 129、ピアノ 4 手行進曲 Op.45）を売り込むにあたり、他社からはやむなく旧作が出版されていくことになる現状にあって、「あなたに申し出ているこれらはすべて新作です」とは、言い訳、ないし宣伝文句、のようなものではなかったか。

　ベートーヴェンは 1824 年にも末弟ヨハンに作品の所有権を与え、それがヨハンとショットの間で売買交渉に発展する。また自身もその頃にさまざまな小作品の売り込みを行なっており、必ずしも成果を上げられなかった。ここには作品を借金の形にしたり、生活費稼ぎの種にする、といった姿勢が見て取れる。それについては歴史的脈絡に置いて第 II 部第 33 章 4 で触れる。

10 ｜ イギリス国歌変奏曲　第 2 次「時間差多発出版」

　ところが、ブライトコップ & ヘルテル社はこれら 4 作品の提供を断った。その中心を成す WoO 78 と WoO 79 についてはその前から売り込みが図られており、1803 年 8 月 6 日にまずリースがジムロックに以下のように勧誘した［BGA 152］が、結果としては断られたと思われる。

> 彼は 2 つのイギリス歌曲による変奏曲［原注：WoO 78 と 79］を書いたところで、もしあなたが望まれるなら私は彼と話すことができます。あなたはいかほどで関わり合うか言って下さい。

　その後、10 月 24 日にエディンバラのトムソンに宛ててフランス語で簡潔に次のように書いた［BGA 167］。これは文面もベートーヴェンの署名も別人によってなされている。

101

ここに 2 つのイギリス主題による変奏曲［引用者注：《ゴッド・セイヴ・ザ・キングによる変奏曲》WoO 78 と《ルール・ブリタニアによる変奏曲》WoO 79］を同封しました。

　これらをイギリスにも配給したのは変奏曲主題がイギリス国歌であるから当然のことであるが、それは、そもそも 7 月 20 日にトムソンがベートーヴェンに初めて書簡を寄せて、スコットランドの歌を使って 6 曲のソナタを作曲してくれるよう依頼してきたことをきっかけにしたのではないかと考えるのは自然のように思われる。ベートーヴェンの手元に届いたその書簡［BGA 149］は現存しないが、それに対する彼の返信が大英図書館に保存されており、それは「あなたの 7 月 20 日付書簡を落掌しました」と始まっている。依頼の内容は類推するしかないが、このイギリス国歌主題の変奏曲の作曲そのものがトムソンからの依頼に含まれていた可能性はないのかと考えてみる余地はある。しかし、イギリスからのヴィーン向け郵便物に要する日数にプラスして、2 曲の作曲に最低何日かかるか、ということを計算に入れると、すでに 8 月 6 日にリースが「彼は…… 2 曲を書いたところで」と書き記することが時間的にあり得るのだろうか。この、イギリス主題による変奏曲とイギリスからの作曲依頼の接点は、奇しくも偶然としか言いようがないのではないか。
　これら 2 曲の作曲がトムソンの依頼以前、同年 5 月 18 日になされたイギリスの対仏宣戦布告をきっかけとしたものであろう、という新説が唱えられた。遡ること 1799 年 3 月 6 日の『総合音楽新聞』紙上でベートーヴェンは、《"魔法の笛"からの主題による変奏曲》［"Op.66"］と《グレトリーの"リチャード獅子心王"からの主題による変奏曲》［WoO 72］に対する批評において、批評者フォーグラー師からヨハン・ニコラウス・フォルケル［かの有名なバッハ伝作者］の《ゴッド・セイヴ・ザ・キング》変奏曲を勉強してみたら、と評された。当時、対仏連合国の間にはある種の共感が成立しており、イギリス国歌を主題に変奏曲を書くことは特別なことではなかった。この批評を目にしたベートーヴェンが、イギリスの宣戦布告を直接のきっかけとして、フォーグラー師に反応したことはあり得るだろう。以上は、1994 年に当時ボン・ベートーヴェン・アルヒーフ（研究所）所員であったアルミン・ラープ（現ケルン・ハイドン研究所長）が論文で発表した見解である［Raab/WoO 78］。
　この変奏曲 2 曲もまたヴィーンでは、翌 1804 年 3 月（WoO 78）と 6 月

第4章　ベートーヴェンの創作活動としての楽譜出版

（WoO 79）に BAI 社から刊行された。トムソンに送られた原稿はおそらく彼が出版を委ねていたロンドンのプレストン社からそれぞれ 1804 年と 1805 年以後に刊行された版の底本となったと思われるが、その確証がまだ得られないため、新カタログはそれらを原版とは認定していない。しかしベートーヴェンがこれらの原稿を送ったことは上記引用書簡から確かなのだから、ヴィーンのほかにイギリスでの出版を目指したのは明らかで、第 2 次の時間差多発出版であろう。さらに興味深いことに、WoO 78 はそれ以前（?）に同じロンドンでクレメンティ・バンガー・ハイド・コラード＆デイヴィス社（正式な社名は時代とともに変化していくが、以下では「クレメンティ社」とする）からも刊行されている。この版が何を底本にしたのかはいまのところ明らかではない。

11│「時間差多発出版」のその後と「国際出版」

　ジムロック社による、おそらくヴィーン版その他を底本にした版が、続版なのか、原版と言いうるのか、の評価もまたまだ定まっていないが、翌 1805 年の《クロイツェル》ソナタ Op.47 が結果的にその第 3 次となったと言えよう。いずれにしても第 1 ～ 3 次時間差多発出版は単発的で偶発的なものであった。

　第 4 次は 1807 年にヴィーンを来訪したクレメンティとの契約をきっかけに、それに年来のジムロックが絡んで、3 ヵ国 3 社による 6 曲を念頭に置いた本格的な構想であった。しかし実現したのは《ラズモフスキー》四重奏曲 Op.59 と、うち 2 社の組み合わせによるヴァイオリン・コンチェルト Op.61 とクレメンティ発案によるそのピアノ・コンチェルト版、および序曲《コリオラン》Op.62 だけであった［第 II 部第 22 章でその顛末を詳しく検討］。

　ベートーヴェンは 1809 年に BAI 社との関係が怪しくなると、ヴィーンでの足場を別に確保しようとしたか、再接近してきたアルタリア社と新しい関係を結ぶ［後述］。その結果、1809 年 7/8 月にブライトコップ＆ヘルテル社から刊行された Op.70 を同社にも配給した（1810 年 3 月刊行）。これは極小規模の第 5 次である。

　クレメンティ社との第 2 次の契約は、その間に関係を復活させたブライトコップ＆ヘルテル社を巻き込み、そして需要の多い作品はときにアルタリ

103

第 I 部　体系的考察

ア社も参画して時間差多発出版として大きく発展する。1810 年から 11 年にかけての Op.73 ～ 82 および WoO 136, 137, 139 で、これが第 6 次である［第5 章 7 ～ 9］。

　第 7 次は、シュタイナー社が 1816 年 2 月から連続刊行し始めた Op.91 ～ Op.101 のうち、Op.91 と Op.92、Op.96 と Op.97 がバーチャル社からも出版されたことである。最初の Op.91《ウェリントンの勝利》についてはイギリスの方がピアノ編曲版で 1 ヵ月先行して 1816 年 1 月に、Op.92 シンフォニー第 7 番もまたピアノ編曲版で 1817 年 1 月に「Op.98」として出た。Op.96 と Op.97 はシュタイナー社から 7 月と 9 月?、バーチャル社から 10/11 月と 12 月に出版された。第 8 次は、Op.102 が 1817 年 2 月と 2 年後の 1819 年 2 月にジムロック社とアルタリア社との間でなされた、余韻のような、いささか小規模なものである。そして第 9 次は、1819 年にアルタリア社から出版された Op.104（2 月）と Op.106（9 月）がリースの仲介によりイギリスのラヴェヌ社（Op.104、同年中?）とザ・リージェント・ハーモニック・インスティテューション［摂政音楽機構?］社（Op.106、同年 12 月）によって刊行されたことである。3 年後にその稿料が送られてきて、ベートーヴェンは 1822 年 7 月 6 日にリースに 26 ポンド（約 234 グルデン約定価）の領収を確認［BGA 1479］している［第 32 章 5］。

　これらはみなベートーヴェンが主導し、各社と個別に交渉して生み出した成果である。そのことはとくに、オーケストラ作品の Op.91 と Op.92 がイギリスではピアノ編曲版でしか受け入れられなかったこと、またそれぞれの事情で時間差にムラがあり、ことに第 8 次では 2 年もの間隔があることに、表れている。

　エディンバラのトムソンの注文に応えて送った民謡編曲をドイツ社にも売ったものを第 10 次とする。1819 年 9 月にアルタリア社が Op.105 を、20 年 8/9 月にジムロック社が Op.107 を、22 年 7 月にシュレジンガー社が Op.108 を出版したが、これらはトムソンが 1818 年 8 月と 19 年 3 月に刊行した 2 つの民謡集の主要部分を形成していた［第 33 章 4］。

　シュタイナー社はベートーヴェンがバーチャル社とも交渉をしていたことを知らなかったかもしれない。同社は独自に、「国際出版」というべきスケールで、他社との連携を模索していた。その試験的手始めとして 1815 年 6 月に Op.90 の刷本を他社からも刊行させる「ライセンス出版」［第 5 章 10］を行った。そして 1816 年 2 月に《ウェリントンの勝利》Op.91 が 8 社、11 月

第 4 章　ベートーヴェンの創作活動としての楽譜出版

にシンフォニー第 7 番 Op.92、そして 12 月に弦楽四重奏曲第 11 番 Op.95、さらに 1817 年春にシンフォニー第 8 番 Op.93 が 9 社から同時出版され、これらはヨーロッパ各地の 8 都市（イタリアを含む）の書店でも販売された [第 5 章 10]。

　この「国際出版」は 1819 年 9 月のアルタリア社によるその第 2 次（Op.105 および Op.106）では参加出版社は 14 社となるが、1821 年 9 月のシュレジンガー社による第 3 次（Op.109 〜 111）は数社の規模であった。それは Op.105 が第 10 次時間差多発出版と、また Op.110 および Op.111 が第 11 次と重なっている。さらに 1824 年に"Op.121a"がOp.121 としてシュタイナー社とロンドンのチャペル社からほぼ同時に（5 月と初夏?）に出版されるのが第 12 次である。

　その後すべてがそのように出版されるわけではなく、1 社による刊行も並行している。巻末の出版作品一覧表にまとめる。「時間差多発出版」と「国際出版」はベートーヴェンの出版活動における最も重要な側面であり、その理解の前提となる各出版社との関係を記述した後、第 5 章 10 で総括する。

12 ｜ 出版事務の担当者

　弟カールは 1806 年 5 月 25 日に兄の反対を押し切って妊娠 7 ヵ月のヨハンナ・ライスと結婚するが、そのことによって兄弟関係は悪化したと言われ、弟カールの秘書業務は実質的に終了する。この結婚は、父から名を譲り受けた甥カールと伯父の決定的関係の始まりであるとともに、義妹との法廷闘争をやがて余儀なくさせる。

　弟カールによるこの時期の代理書簡は 1806 年 3 月 27 日付ライプツィヒのキューネル（ホフマイスターと H&K 社を共同経営）宛 [BGA 243] で終わっている。その後は例外的に 1810 年 1 月 30 日ブライトコップ & ヘルテル社宛 [BGA 422] が一通あるだけである。弟カールの出版社に与えた印象はあまりよいものではなかったようで、ヘルテルは 1805 年 6 月 21 日に《エロイカ》、《ヴァルトシュタイン》ソナタなど 5 作を送り返すときに、次のように言っている [BGA 226]。

　　私どもはあなたの作品を出版することを名誉であり喜びであると考えており、お願

105

第Ⅰ部　体系的考察

いしたいのはただ、将来においてあなたが私どもとの出版契約へと傾かれたときに、必要なことを私どもと第三者の介在なしに行うこと、また慣習となっている購入証明または所有権覚書の発行を是認されることです。

　その後は、外国の出版社とのフランス語でのやりとりを代筆する無名者、1822年以後にその翻訳執筆を含めてときには全般的な代筆を行なった甥カール、そして1823年1月から1824年3月までと最後の2ヵ月（1827年2/3月）に代筆を行なったシンドラーが重要で、代理で出版社宛書簡を継続して書いた。2～3通程度のものは何人かいるがここで紹介するほどではない。代筆は口述筆記と思われ、ベートーヴェンの意志そのものと見てよいだろう。

　1808年から1811年にかけてロンドンのクレメンティ社との提携が続くのは、社主のひとりであった作曲家ムツィオ・クレメンティ（1752-1832）が1807年4月にヴィーンを訪問して以来、その後いったんイタリアに帰郷したがヴィーンに舞い戻って滞在を続けて、その間に出版契約が結ばれたことによる［第Ⅱ部22章1］。しかしクレメンティとの直接の書簡交換は1点も遺されていない。

　1815年以降に他のロンドン出版社とも関係が確立されるが、それは、ヨハン・ペーター・ザロモン（1745-1815）やリース（1813年から1824年までロンドン在住）がドイツ語で出版の仲介を担ってくれたからである。この2人がその役割を果たせなくなったとき、ベートーヴェンは次のように書いた。ベルリンの新興出版社シュレジンガー宛1825年7月19日付書簡の一節である［BGA 2015］

　　私の友人リースはもうロンドンに居ないので［原注：リースは1824年4月にボンに戻った］、私自身はもうそこへ何も送りません、通信と手間が私から余りに多くの時間を奪いますので。

　ここに見るように、弟カールが秘書役を退いた後の出版社との交渉は実質的にベートーヴェン自身がひとりで行なっていたのである。集中的に作曲に携わる期間とそれを世に出すための出版準備に関わる期間が交互に交替することの背後には、そうした事情がある。それについては、第Ⅱ部第22章3および第31章で、歴史的脈絡のなかから再び扱うことにする。

106

第5章

各出版社との関係概容

1. ボン時代
2. ジムロック社
3. アルタリア社に始まる番号付け
4. その他のヴィーン社
5. ブライトコップ&ヘルテル社
6. ビュロー・デ・ザール・エ・
　　ダンデュストゥリー[BAI]社
7. 再びブライトコップ&ヘルテル社
8. クレメンティ社
9. 再びアルタリア社
10. シュタイナー社　第1次国際出版
11. バーチャル社
12. 再びジムロック社
13. 三たびアルタリア社　第2次国際出版
14. シュレジンガー社　第3次国際出版
15. カッピ&ディアベッリ社
16. ペータース社
17. プロプスト社
18. ショット社

第I部　体系的考察

　ベートーヴェンの創作活動の最終段階である作品出版を引き受けた出版社
は、時期によって大きく異なり、そしてひとつひとつの出版社と関係を構築
していくことは、創作活動がどのように完結するかが左右される、最も重要
な局面であった。ある出版社との関係が希薄になったり途絶えたりするのに
はそれぞれに大きな理由があり、それに代わる新たな出版社との試行錯誤を
繰り返していく、すなわち主要取引先を変えていく過程は、自らの精神活動
を作品出版に結実させることによって生計を立てていたベートーヴェンにと
って、死活問題でもあった。1824年7月13日に彼が出版者ジークムント・
アントン・シュタイナーに宛てた書簡 [BGA 1851] のなかに次のような一節
がある。

> 私が私の精神的制作物 [Geistesprodukte] によって獲得するものは、多くは私と私の
> カールの生活のために出て行く。しかし私の敵でさえ私に許してくれるだろう、私
> が自分の生活を少なくともあなたと同じレヴェルで設定することを、つまり同じも
> のを私のペンで維持していくことを。

　ベートーヴェンの各出版社との関係を解いていくと、作品番号がなぜ途切
れ途切れとなったかを理解することができる、否、それをせずには理解でき
ない。したがって、ベートーヴェンの創作の全体像を得ようとするとき、原
版出版社との関係の全体図を描くことは必須なのである。それだけではなく、
ベートーヴェンの置かれていた社会的環境、そしてそのなかでの楽譜出版社
とベートーヴェン双方の出版活動を把握することは、ベートーヴェンの音楽
が社会的存在となっていく前提を明らかにすることでもある。

1 ｜ ボン時代

　ボン時代の出版はまだ職業作曲家のそれではなく、基本的には父親が息子
の成果を誇示するといった性格を持っていたにすぎない。全部で7点、鍵盤
楽器曲（独奏ソナタ・変奏曲・ロンド）5点、歌曲2点である。1782年に最

初の出版物、いわゆる《ドレスラー変奏曲》WoO 63（主題の出典は不明で、当時もこの初版以外は出典名を冠していない）がマンハイムの、いわゆるプファルツ選帝侯（1777年以降はバイエルン選帝侯となっていた）認可楽譜印刷家、ヨハン・ミヒャエル・ゲッツ（1740-1810）のところで出版された。出版地がライン河を200 km も遡った上流の街であったのは、ボンはおろか、もう少し近いマインツ選帝侯下でもショットが1780年に創業したばかりで、ライン河畔で確立されていた楽譜出版社はそこまで行かないとなかったからである。同社からは他には1791年に《リギニの〈愛よ来たれ〉変奏曲》WoO 65 が出ているが、1783 〜 84年に集中的に刊行された《選帝侯ソナタ》WoO 47 を含む5点は、さらに上流の、ワイン積み出し港として名高いシュパイアーを本拠とする、ライン河流域の楽譜出版社としてはより実績のあった、ボスラー社から出版された。

2 │ ジムロック社

ベートーヴェンが1792年11月に去った後のボンでは、1793年に、かつて宮廷楽団でホルン奏者として同僚であったニコラウス・ジムロック（1751-1832）が楽譜出版社を興した。ジムロック社は同社の3番目の出版物（そのことを示す「VN 3」という出版番号は初版にはなかった）として《ディッタースドルフの〈赤頭巾ちゃん〉変奏曲》WoO 66 を出版した。しかしその彫版は、ヴィーンで、アルタリアのもとで仕事をしていた彫版師によってなされたことが判明している。ジムロック社の創業が、ホルン奏者の時代に副業として始めた筆写譜作成工房を発展させてのことであったので、まだ職人の用意ができていなかったためと解釈されている。おそらく彫られたプレートがヴィーンからボンに送られたと思われ、彫版師がジムロック Simrockの名を Simmrock と間違えている。それを前提に想像すると、これまで想定されていたように、ヴィーン移住後まもないベートーヴェンが新天地で出版社との関係をまだ確立できずに、故郷の出版社を頼ったという側面も確かであろうが、これは親友の創業祝いであったのではないだろうか。そう考えることは、ジムロック社とベートーヴェンとの関係を考察する上で少なからず意味を持つであろう。

1794年8/9月にももう1点、ピアノ4手のための《ヴァルトシュタイン

第I部　体系的考察

変奏曲》WoO 67 がジムロック社から出版されたが、そのときには社名は正しく版刻されている。この時期にはすでにアルタリア社との関係が端緒に就いていたにも拘わらずなおボンで出版された背景には次のような事情があったと思われる。すなわち、ベートーヴェン自身はこの作品もそのうちアルタリア社に売ろうと考えていたところ、ちょうどその頃にヴィーンに出てきた弟カールから、ジムロックが（おそらくヴァルトシュタイン伯から筆写譜を入手して）この作品の版刻を始めたらしいということを聞いて、1794 年 6 月 18 日にジムロックに宛てて、それなら手直しした原稿でやってくれと書いた［BGA 15］。そして実際に改めて自筆原稿を起こして送付されたということであった。パリ国立図書館所蔵の当該自筆譜について、BGA 15 の注 5 でブランデンブルクはヴィーンの用紙としており、以上の仮説となったのだが、新カタログはそれをボンの用紙と訂正しており、この解釈に疑いを挟んだ。この問題はいまのところ未決となっている。

3 ｜ アルタリア社に始まる番号付け

　出版作品に、Op. であれ No. であれ、番号を付すようになるのはヴィーンでアルタリア社の出版物からである。前述したように作品番号は初め 2 系列あって、しかも Op.3 までは番号が二重に存在し、それ以降は Op. 系列とNo. 系列とに分かれる。ヴィーンでの最初の出版物、1793 年 7 月出版の「クラヴサンまたはピアノ・フォルテとヴァイオリンのための」《モーツァルトの〈フィガロの結婚〉変奏曲》WoO 40 に、"Oeuvre 1"（Op.1）が付されたのはベートーヴェンの意志としても自然なことに見える。ただ、作品番号は当時、大きな販売市場に対して基本的には出版社が付けるもので、なぜなら同一人のいくつもの作品が印刷楽譜で流布したときに識別ができるようにするためであったので、有望な新進作曲家の登場を打ち出すべくアルタリアが勝手に付けた可能性もある。

　番号は当然に一人歩きして、1795 年 12 月にトレック社が《パイジエッロの〈水車小屋の娘〉変奏曲》Ⅰ［田舎の愛ほど美しいものはない］WoO 69 に「Op.Ⅱ」と付し、さらに 1796 年 3 月に《パイジエッロの〈水車小屋の娘〉変奏曲》Ⅱ［うつろな心］WoO 70 を「Op. Ⅲ」とした。ベートーヴェンはヨハン・バプティスト・トレック（1747-1805）と 1794 年頃に知り合ったと思われ、

第 5 章　各出版社との関係概要

ジムロックに 1794 年 8 月 2 日付で「代理人」（ジムロックとの間の?）になり得る男を見つけた、3 分の 1 のリベートを求めている、と紹介している ［BGA 17］。それに対するジムロックの反応は知られていないが、1802 年にリースが交替するまで、トレックが底本の供給役を務めた可能性はある。こうした関係から、販売業・仲介業だけではなく新たに出版業にも進出したトレックの門出にベートーヴェンは作品を託したのかもしれない。同社は 1803 年 6 月までに計 7 点の原版を出版した。その後、彼は引退した。

　ジムロックは 1797 年から、ヴィーンで出版されたベートーヴェン楽譜の続版 ［?］ を継続的に刊行するようになり、その嚆矢は 1 年ほど前にトレック社から出版された 2 つの変奏曲 WoO 69 と WoO 70 であった。1801 年までにその種の 16 点をボンで刊行した。それらの楽譜は、彼が出版業を興す少し前にパリに移住した弟ハインリヒ（アンリ）を通じてパリでも販売され、ベートーヴェンの初期ピアノ作品がフランスで早くから受容されていく礎となった。もちろん、パリではベートーヴェンの著作権は保護されなかったから、地元の出版社がこぞってその続版を刊行し合うことになる。ジムロックはこの時期の間、1798 年頃に、1 点だけ、「ハープまたはフォルテ・ピアノのための」《スイスの歌による変奏曲》WoO 64 を、「No.6」として出版した。ベートーヴェンから原稿の提供を受けた可能性がある。それはヴィーンでは 1803 年にカッピ社が続版し、その際、「No.12」に代えた。

　一方で、ベートーヴェンは、ヴィーンで初めて出版する、より大規模な作品集、3 曲のピアノ・トリオの出版をアルタリア社で改めて"Oeuvre 1"(Op.1) とし、ヴィーンでの最初の恩師リヒノフスキー侯に献げた。同一族は大作品集ゆえに高額となった出版経費を多部数の買取りで支えた ［第 II 部第 12 章］。以後、同社は 1797 年 10 月の Op.8 まで原版出版社としてベートーヴェンの信頼を勝ち得る。

　それに対して、1796 年 2 月に出版された《ハイベルの〈邪魔された結婚〉変奏曲》WoO 68 の作品番号は「Nro3」となっている。ここでベートーヴェンとカルロ・アルタリア（1747-1808）との間で Op. 系列と No. 系列に分ける協議が成立したと思われる。たぶんその後まもなくの《〈フィガロの結婚〉変奏曲》WoO 40 の再々版が「Nro1」に改められたからである。1795 年 12 月の再版時には作品番号に変更はなかったので、1796 年 2 月時点で方針が固まったと考えてよいだろう。トレック社も翌月の WoO 70 の出版時には間に合わなかったが、その再版時と WoO 69 の再々版時（いずれも年月の特定

111

はまだなされていない）に No. 番号に改めた［巻末の出版作品一覧表を参照］。ト
レック社は 1798 年 7 月に《3 つの弦楽トリオ》Op.9 を、そして 9 月に「ピ
アノとチェロのための」《モーツァルトの〈魔法の笛〉変奏曲》を「No.6」
として、出版した。すなわち、「No.6」はほぼ同時期にボン（WoO 64）と
ヴィーン（"Op.66"）で別個に付されたことになる。こうした現象は Op. 番号
においてもその後何度か起きる。

　1798 年にアルタリア社の分社化が起こり、ベートーヴェンはそれによっ
て独立したモッロ社とカッピ社にも原稿を提供するようになるので、アルタ
リア社のヴィーンでの独占状況は崩れていく。そして 1802 年 8 月に代替わ
りしたドメニコ・アルタリア（1775-1842）が同年 12 月か翌年 1 月に（出版
公告は 1803 年 1 月 22 日）、弦楽五重奏曲 Op.29 の作者非承認版を出版した
ことで、ベートーヴェンはアルタリア社を訴えることになる。

4｜その他のヴィーン社

　モッロ社は 1802 年まで、Op.11、No.9 [WoO 75]、Op.14 〜 18、Op.23 〜 24、
WoO 46 などの原版出版社となり、アルタリア社に代わる主要取引先となる
勢いであった。Op.15 〜 18 は代理店を通じてフランクフルトとライプツィ
ヒでも販売した。とくに重要なのは最初の大曲、6 つの弦楽四重奏曲 Op.18
である。しかし 1801 年 6 月頃と 10 月に 2 分冊で出版されたそれが誤植だら
けで、再三、訂正版による差し替えが発生したことで、ベートーヴェンと同
社との間にひびが入ったようである。修正の渦中の 1802 年春にチェロ付き
ピアノ変奏曲 WoO 46 を出版しているが、その後は 1803 年夏に《ゲレルト
による 6 つの歌曲》["Op.48"]を出しただけで関係は終了した。

　同様に 1801 年 5 月にアルタリア社から分離・独立したカッピ社は一度だ
け、1802 年 3 月に、Op.25 〜 27 の原版出版社であった。同社が出版したベ
ートーヴェン楽譜はある程度の点数になるが、その他はアルタリア社から版
権を継承したものや他社の原版の続版であった。

　ヴィーンでこの 2 社以外に原版出版社として参入したのは 1798 年 9 月に
エダー社（Op.10）、そして、その 1 年後のホフマイスター社であった。
1780 年代半ばから 1790 年代にかけて自作を中心に大々的に楽譜出版業も展
開していた作曲家フランツ・アントン・ホフマイスター（1754-1812）は、

第 5 章　各出版社との関係概要

　過大投資がたたっていったん廃業したが、1799 年にライプツィヒのオルガ
ン奏者アンブロジウス・キューネル（1770-1813）と組んで再興を図り、
1801 年からヴィーンのホフマイスター社とライプツィヒのビュロー・ド
ゥ・ムジク社の連名で出版し、さらに 1802 年 6 月からライプツィヒ社はホ
フマイスター＆キューネル社（社名は版によって微妙に異なった表記が見
られる。「H&K 社」と記す）と名乗るようになる。彼自身がヴィーンとラ
イプツィヒを頻繁に行き来していたため、書簡による連絡がいくつかあり、
実態の追跡がときに可能である。ヴィーン不在時にホフマイスターはエダー
に在庫管理を委ね、2 社はこの時期、事実上、一体であった。エダー社は
Op.13 と WoO 76 についてホフマイスター社のプレートを使って自社の版も
出す、という複雑な問題があって、どちらが原版でどちらが続版か論争もあ
ったが、同一の版を使用してタイトルページだけ変えた一体の版、というこ
とに落ち着いた。

　とりわけ後世の関心を引くのは、1801 年 7 月 15 日の消失書簡 [BGA 68] の
注 1 と 9 月 26 日の消失書簡 [BGA 69] の注 1 に挙がっているキューネルとの
連絡書簡 2 通（いずれも全文としては BGA 未収）である。そこに「ベート
ーヴェンは我々が弦楽四重奏曲 [引用者注：Op.18] を続版する [nachstechen] こと
を非常に望んでいる」というくだりがあり、すでにモッロ社から出版されて
いるものをベートーヴェンがライプツィヒにも売ろうとしていたことがわか
る。しかし H&K 社としてはヴィーンとライプツィヒ双方の販路を計算に入
れていたから、それは引き受けなかった。しかしそれを起点に交渉は進展し、
ベートーヴェンは最初のシンフォニーを含む Op.19 〜 22、4 点をホフマイ
スターに譲渡する。同じ作曲家仲間として親しかったらしく、書簡では親称
[du および ihr] が使用されている。これらは独占できたことから、ヴィーンと
ライプツィヒの双方で出版が可能であった。しかし同社はライプツィヒでヴ
ィーン各社の原版を続版するようになる。それがベートーヴェンの知るとこ
ろとなって、ホフマイスターが改めて 1803 年に版権証明付き原版の出版を
画策したとき、前述したように [第 4 章 7]、ボン時代の作品（Op.39）や、ブ
ライトコップ＆ヘルテル社にもアンドレ社にも断られた作品（Op.40）、他
人に編曲させたもの（Op.41 と Op.42）、オーケストラ・パート譜で売れ行
きの心配されるもの（Op.43《プロメテウス》序曲）、などを与えたのでは
ないか。以後、ベートーヴェンから原稿の提供はなくなったと思われる。

　同社は 1814 年にカール・フリードリヒ・ペータース（1779-1827）に身売

113

りすることとなるが、その間、1812 年まで相当数のベートーヴェン楽譜を
ライプツィヒで堂々と続版していた。同じ町でそれを目の当たりにしていた
ゴットフリート・クリストフ・ヘルテル（1763-1827）の、後の無骨なまで
に版権を尊重する姿勢は H&K 社を反面教師としたのではないかと思わせる。
後年のペータースとの苦渋に満ちたやり取りはのちに詳述する［本章16］。

5 ｜ ブライトコップ & ヘルテル社

　1800 年代に入ると外国の出版社がベートーヴェンと直接の関係を求めて
くるようになる。その嚆矢はライプツィヒのブライトコップ & ヘルテル社
で 1801 年 4 月のことである。次いで、オッフェンバッハ（マイン河沿い）
のアンドレ社が 1802 年 11 月、イギリス・エディンバラのトムソンが 1803
年 7 月に接触を図ってくるが、これについてはすでに言及した。アンドレ社
とは成約せずに終り、トムソンとの長期にわたる重要な関係は特記する必要
があるので、出版社との協働を扱う本章の範囲においてではなく、特化した
章を設ける［第Ⅱ部第 30 章］。以下に、それ以外の各社との関係について個別
に論じていく。
　まず最初に、ブライトコップ & ヘルテル社との、これまた重要な（生涯
で最も重要なひとつ、と言ってもいい）関係について、まとめてみよう。
　同社との文通は 1815 年まで続き、その間の往復書簡が 100 通余り伝承さ
れていて、そこには、言及されているが現存が確認できない 30 通以上の痕
跡もある。合計約 140 通はおそらくその間のやりとりのほとんどと見て差し
支えないだろう。当時の社主ヘルテルとのやりとりは双方ともに往々にして
長文で、ヘルテル発信のものは出版社の書簡として最大量である。ヘルテル
側からは当時の出版社の置かれた立場やナポレオン戦争の直接的影響による
経営苦境等が赤裸々に語られ、ベートーヴェンの側からは創作に対する自信、
そこから生まれる高額な要求、あるいは全集企画の売り込みなどもある。そ
して出版社の尻込み、やがて決裂、といった八方塞がりの経緯があからさま
である。
　1802 年 4 月にハイリゲンシュタットに出かける直前に送付したとみられ
る弦楽五重奏曲 Op.29 は、帰還後、12 月に出版された。次いで、ハイリゲ
ンシュタットで書いていた最重要作品、2 つのピアノ変奏曲 Op.34 と Op.35

第 5 章　各出版社との関係概容

の出版が続く［第 II 部第 17 章］。しかしこの間に Op.29 の出版をめぐって一時も
めて、ブライトコップ & ヘルテル社の仲介人グリージンガーの 1802 年
12 月 8 日付ヘルテル宛書簡［BGA 118］に「ベートーヴェンは、あなたとの関
係を絶ちたい、Op.34/35 に対するお金を返金したい、と言っている」とあ
る。しかし一時決裂の原因はそれだけではなく、Op.36/37 を BAI 社がブラ
イトコップ & ヘルテル社より 200 グルデンも高い 700 グルデンで獲得する
ことになったことである。それに対して 1803 年 6 月 2 日付書簡［BGA 141］
でヘルテルは「あなたの新作すべての出版によって永続的な結びつきを維持
していきたい、…たまにだけ最高値を付けた者として個々の作品を保持する
のは望みません…」と、当時ヴィーンで台頭し始めた BAI 社を意識した切
実な訴えをしている。その 2 ヵ月半後、1803 年 8 月 27 日に弟カールが、先
に触れたように Op.49 等を売り込むが［BGA 153］、その断りの 9 月 20 日付返
書［BGA 156］のなかで、次のように言う。

> 法を遵守する、あなたの作品のどの出版者もいまやあらかじめ分っているのは、相
> 応の報酬に対してあなたから受け取る作品が、ボン、オッフェンバッハ、その他ド
> イツ、フランスの出版者のみならず、まったく確かなことにマインツでも、続版さ
> れるのを見ることであり、各社が収穫できるよう、種を蒔く、ということです。こ
> うしたことはヴィーンの出版者には、その距離からいって、あまり不利ではないと
> しても、ドイツの真ん中に位置する商社には、あなたに受け容れて頂ける条件を提
> 示するのは不可能です。

　ここにボンとあるのはジムロック社のことにほかならず、ヘルテルの眼か
らすれば、ジムロックがベートーヴェンから原稿等の提供を受けていたとは
とても思えなかったであろう。またオッフェンバッハとはアンドレ社であり、
マインツとはツーレーナー社のことであった。後者はドイツ地域（当時はフ
ランス）で最大のベートーヴェン楽譜続版の出版社で、国外には版権保護が
及ばなかったからベートーヴェンとしては手の施しようがなく、その反面、
ベートーヴェンの音楽の初期の普及に大いに貢献した。ヘルテルの商売敵は
彼らであり、その安価な版に対抗して、自分は作者に正当な報酬を支払う出
版社でありたいという姿勢を貫こうとする。いきおい高額な稿料の請求には
耐えられない、という構図が成立していた。
　一方この時期のベートーヴェンは、"傑作の森"に入り始めて創作の成果に
自信がみなぎり、駄作も売って何とか生計を立てなければという姿勢から脱

115

第I部　体系的考察

却しつつあり、傑作に対する相応の報酬を求めるようになっていったように思われる。それを示すのが 1804 年 8 月 26 日の書簡 [BGA 188] で、《エロイカ》[Op.55]、トリプル・コンチェルト [Op.56]、《オリーブ山のキリスト》[Op.85]、ピアノ・ソナタ 3 曲 [Op.53]、[Op.54]、[Op.57]、全 6 作品を 2000 グルデンで提供する、と表明している。これは生涯の最高値である [経済問題については終章]。

　ここでのネックはオラトリオであった。ヘルテルは 8 月 30 日付けの返信 [BGA 189] で、モーツァルトのレクィエムや《ドン・ジョヴァンニ》、ヘンデルの《メサイア》、ハイドンのミサ曲等をスコア譜で出版して大きな損失を被ったこと、ドイツでの続版の問題に加えて、昨今の、修道院の閉鎖（1803 年 2 月 23 日の帝国総代大決議による世俗化をさす）による影響、英仏の開戦（1803 年 5 月 18 日）による市場の緊縮、なども挙げて、大作品は多部数の献本という形で報酬に代え、ピアノ 3 作品のみ現金を支払う、とした。その背後でヘルテルは 9 月 4 日にロンドンのクレメンティ社にイギリスでの版権を買わないかと誘っている [BGA 189 注 4]。

　10 月 10 日にベートーヴェン側は弟カールが、オラトリオを除く 5 作品で 1100 グルデンという大きな譲歩をし、ヘルテルは 11 月 3 日にそれを承諾した [BGA 198]。にもかかわらず、その原稿送付に至る作業が、先に紹介したように、コピストの回転が追いつかず、最終手直しにも多大な時間を要して、大きくずれ込み、しかもそのやりとりの間に数週間の遅配が少なくとも 2 度あり、ヘルテルの方ではその間に主な通信相手、弟カールへの不信がつのって、事態は最悪のものとなっていった。1805 年 5 月頃と思われるベートーヴェン自身の書簡 [BGA 223] を紹介する。これはブライトコップ & ヘルテル社の記録では 3 月となっているが、前後の書簡の内容との突き合わせから、ブランデンブルクは 5 月と推定している。

　　昨日ようやくあなたの 1 月 30 日付書簡を受け取りました。当地の郵便輸送は、私の問い合わせに、書簡は少しも留め置かれたわけではない、と説明しました。… [中略] とにかくあなたには遅れの原因を知らせますが、弟が筆写の時間を計り損なうという間違いがありました。――報酬 [原注：Op.53 ～ 56 と第 3 のピアノ・ソナタ、おそらく Op.57、の 5 作品で 1100 グルデン] は、私がふつうに得るよりかなり低いです。ベートーヴェンはほらを吹きませんし、また自分の芸術や功労によって得られるのではないすべてのものを軽蔑します――したがって、私から得た草稿 [原注：Op.53, 54, 55]、リート [原注：おそらく WoO 136 の初期稿] も含めて送り返して下さい。私はこ

116

れ以下の報酬を受け取れないし、これからも受け取りません。私とすでに合意した物だけはその草稿を保持してよろしい。——オラトリオはすでに発送されたので［原注：パート譜はすでに 1805 年 2 月 1 日にカール筆 BGA 211 とともに送られた。スコア譜は 1805 年 4 月末にリヒノフスキー侯がライプツィヒに持って行ったとされる（BGA 218 参照）］、現在あなたのところにあるかもしれませんが、それが演奏されるまであなたの好きなようにしてよいが、…演奏後は私に戻して下さって結構。［中略］中間に位置する人間などおらず、あなたと私の合意を妨げる者などいませんでした。障害は事柄の自然にあり［引用者注：遅配を指すと思われる］、それを私は変えることはできません。

当時のヴィーン——ライプツィヒ間の郵便は早いときで 4 日で届いているケースもあるところ、1 月 30 日付書簡が 5 月に届いたとすればやはり大きな事故であり、そして 3 週間の遅れが少なくとももう 1 回確認され、確かにそれらは双方の責任ではない。しかし、基本的には合意に達していたことを大前提にすると、遅延の理由は写譜作業と手直しに時間を要したことも確かであるから、原稿を送り返してくれとは、いささか衝撃的である。

実は、これには裏がある。というのは、この 5 作のなかで最も早くに出版されたのは《ヴァルトシュタイン》ソナタ Op.53 で、新聞公告は 5 月 15 日、出版元はヴィーンの BAI 社であった。印刷工程から逆算するとその版下原稿は遅くとも 3 月には同社に渡されていたはずであり、上記引用書簡が仮にブライトコップ & ヘルテル社の記録通りに 3 月であったとしても、返還要求には他社への販売が前提となっていた。これが何を意味するかというと、他の 4 曲は 1806 年から 07 年にかけて同じく BAI 社から刊行されていくが、少なくとも最初のソナタはヴィーンとライプツィヒで同時か時間差を置いて出版される、という状況になっていた、すなわち、少なくともヘルテルが望むような専有の版権証明はできない現実となっていた、ということである。なぜそうなったかについては、後述する。

これに対してヘルテルは 1805 年 6 月 21 日に次のように書いてきた［BGA 226］。

5 作品について私どもとの交渉は目的に達することなくいまや 9 ヵ月が経過し、あなたの要請にただちに同意し、そして草稿と購入証の引き渡しだけとなっていましたのに。［中略］あなたの芸術に対する私どもの敬意と私どもの願いは変わりませんが…これらの作品を断念し、それらを次の郵便で返送いたします。私どもの知らないどんな理由が事柄をこれまで正常にすることを妨げて来たにせよ、私どもはあなたの公正さについては信頼申し上げております。…

117

第I部　体系的考察

　この後に前章11で引用した「私どもはあなたの作品を出版することを名誉であり喜びであると考えており、云々、第三者の介入なしに、云々」が続くのだが、返送する作品として最後に付したリストは、この書簡交換を追ってきた者にとってはある種の驚きを禁じ得ない。そこには次のようにある。

		想定される作品［原注より］
オラトリオ	スコア譜	《オリーブ山のキリスト》［Op.85］
同	パート譜	
リート　"私を忘れないで"		おそらく《想い》［WoO 136］
2つのピアノ・ソナタ		［Op.53］および［Op.54］
シンフォニー		［Op.55］

　これはベートーヴェンから送られた5作品の内訳を証明するものだが、それは、「5作品を1100グルデンで」と合意したとき［BGA 198］のものと、そしてまたこの直前の書簡［BGA 223］に対する原注の理解とも、異なっている。ベートーヴェンはトリプル・コンチェルト［Op.56］とピアノ・ソナタ《熱情》［Op.57］は送らず、ヘルテルが販売の難しさを訴えたオラトリオを、しかもパート譜付きで、さらに2者間でまったく話題になっていなかったリートを、合意して送るべき作品の代用として送った、ということがここで確認される。ヘルテルの受け取り方として、「第三者の介入」とは、ベートーヴェン側のこうした対応も含まれていたのではないか。

　ヘルテルとは1806年7月に改めて、ベートーヴェンから働きかけた形で［BGA 254］、ピアノ・コンチェルト第4番［Op.58］、《ラズモフスキー》弦楽四重奏曲［Op.59］、シンフォニー第4番［Op.60］、《フィデリオ》［Op.72］、《オリーブ山のキリスト》［Op.85］の出版交渉が始まった。しかし11月26日にヘルテルは、戦争による契約状況の悪化に言及し、提供された作品の買い取りの断念を通告した［BGA 261］。この間の文通でもヘルテルは"制約のない版権"の証明に拘っている。

6 | ビュロー・デ・ザール・エ・ダンデュストゥリー ［BAI］社

　ここで、両者の関係が最初に破綻したときに割って入ってきた BAI 社について述べておこう。同社 Bureau des Arts et d'Industrie/Kunst- und Industrie-kontor は 1801 年 5 月 1 日にこの社名を掲げて創業し、最初は地図と美術が主力であったが（それゆえに「美術」「工芸」といった名称を冠した社名で創業したのであろう）、その技術を使ってほどなく楽譜にも進出し、ベートーヴェンにはおそらく 1801 年暮れか 1802 年の初春に接触したと思われる。彼は 4 月末にハイリゲンシュタットに籠もる前に、さしあたってピアノ・ソナタ第 9 番 ［Op.14-1］の弦楽四重奏用編曲と、ピアノ・ソナタ第 15 番を委ねた。前者は 5 月に作品番号なしで、後者は同年 8 月に Op.28 として出版された。

　これをきっかけに同社は Op.62 の序曲《コリオラン》まで、いくつかの例外を除いて、ほとんどすべての新作、すなわち"傑作の森"の傑作を一手に引き受ける、ベートーヴェン楽譜の、中期における最も重要な出版社となる。他社を圧倒的に凌ぐ同社の優位性は、同社のマネージャー的業務を担当していたヨーゼフ・ゾンライトナー（1766-1835）がベートーヴェンの友人であり、後には《フィデリオ》の台本作者となる、といった個人的関係にも支えられていた。しかしながら、彼との間のわずかな書簡はもっぱら《フィデリオ》上演に関するもので、同社とのやりとりは、前出の ［98 ページ］、弟カールのヨハン・ジークムント・リツィ（1759-1830）宛 ［BGA 187］のほかは、ゾンライトナー宛の Op.58 〜 62 の報酬支払いをめぐると思われる、当時の秘書グライヒェンシュタインに対する交渉指示 ［BGA 287］と本人の短い 1 通 ［BGA 289］を除いて遺っておらず、ほとんどが口頭による交渉であったと思われる。リツィはゾンライトナーの義兄弟で、1802 年 3 月 15 日に入社した経営陣のひとりであった ［BGA 187 注 1］。

　同社の独占ぶりは、作品番号順に並べるとさまざまな夾雑物が間に入るので、ぼやけてしまい、有力な出版社という程度の印象が一般的であるかもしれない。同社との関係の前半部分に割って入っているのは、H&K 社の最後の出版物（Op.39 〜 44）、ときおり挟まるブライトコップ & ヘルテル社の刊行物（Op.29、Op.34、Op.35）、まだ言及していないチューリヒのネーゲリ

第I部　体系的考察

社のもの 1 点（Op.31）である。とくに 1804 年 3 月のシンフォニー第 2 番 Op.36 以降は、1808 年 8 月までの 4 年半、作品番号では Op.62 まで、原版出版を独占していた。例外は、出版が異常に遅れてこの期間にずれ込んだ、ジムロック社からの Op.47 だけである。それはひとえに、同社がどこよりも高額を提示したからである。

　1803 年 1 月から 3 月にかけてのシンフォニー第 2 番［Op.36］とピアノ・コンチェルト第 3 番［Op.37］をめぐる弟カールとヘルテルの交渉にはその典型例が見られる。ベートーヴェン側が 2 作で 600 グルデンを提示した［BGA 125］のに対して、ヘルテルは「500 グルデンの報酬で…独占的所有権を」［BGA 126］と応ずるが、その結末は以下であった。ブライトコップ & ヘルテル宛 1803 年 3 月 26 日付書簡［BGA 129］からの引用である。

　　2 作で 600 グルデンというきわめて中庸の価格を設定しましたが、高すぎるということで、…いまはあなたにこの値段では作品をお渡しできず、…この 2 作はさる出版者［原注：BAI 社］に 700 グルデンで譲渡しました。

　BAI 社は 1803 年 11 月 8 日から 23 日にかけて、ライプツィヒ、ハレ、ゴータ、すなわちブライトコップ & ヘルテル社の市場地域の、各新聞に、これから出版する 80 点の出版予告を出している。その公告に含まれるベートーヴェン作品は Op.36 〜 38 の 3 点にすぎないが、この時期の BAI 社の活況ぶりが垣間見える。こうしたことからヘルテルには、ベートーヴェン楽譜の版権を取得するにあたっての大きなライヴァルが BAI 社であることは解っていた。この 3 作の実際の出版公告は Op.36 が 1804 年 3 月 10 日、Op.37 が 1804 年 11 月 24 日、目下シュミット博士の専有であったと思われる Op.38 に至っては 1 年 3 ヵ月後の 1805 年 1 月 23 日である。公告の前提となる出版契約が成立した時と、実際の出版とに大きな時間差があり、その間にベートーヴェンの方でも改訂作業がなかったとも言えず、すなわち、「作曲の完了」から「創作活動の完了」までの時間的開きは、現実には、第 3 章で考察したよりもさらに複雑な様相を呈している。

　記録にほとんど遺らない BAI 社とベートーヴェンとの交渉経過が、ブライトコップ & ヘルテル社宛の書簡から間接的に判明することがある。その一例として、1808 年 6 月 8 日付でベートーヴェンは、同社に対する厚い信頼がどれほどのものであるか、を語っている［BGA 327］。

120

私が望むなら、これらの作品を BAI に渡すかもしれず、同社は昨年、7つの大作品［原注：Op.56 ～ 62］を私から得たので、現在ほとんどすべてがすでに彫版されるところです。――彼らはそもそも私からすべてを持って行きたいということですから――しかし私は彼らの営業をとりわけ好ましいと思っており、…［中略］いちどだけ決断して私と取引して、彼らと私はともに利益を得ており、彼らはさまざまな機会に、金銭以外に何も求めないというのではなく、気が利き、あらゆる利益を放棄して、そのような結びつきから私のためではなく芸術全般のためによいことを見つけようとしています。――彼らは私に可能な限り彼らの決定を知らせ、それによって私は BAI との時間に参加することができ、そうして私たちは和合し、一緒にいることとなるのです。――私の側からは私はすべてを差し出します。――つねに彼らは私に、これらの関連事項においても、何の遠慮もなく隠し立てをしません。要するに、すべてが示しているのは、何とすばらしく私が彼らと関係を結んでいるか、ということでしょう。

　同社は 1806 年 4 月にブダペシュトに支社を置くなどの拡大策がやがて大きな負担になっていき、1809 年 5 月のナポレオン軍の第 2 次ヴィーン占領も影響して、業務の縮小は避けられず、ベートーヴェン作品の出版はシンフォニー第 4 番 Op.60（1808/09 年出版）、またはヴァイオリン・コンチェルト Op.61（1809 年初頭出版）が最後となった。どちらが最後か確定しがたいことや、作品番号としての最後である Op.62 との関連等については第 7 章で詳細に論じる。同社の版権は 1823 年までに、当時の新興出版社シュタイナー社に引き継がれる。

7 ｜ 再びブライトコップ & ヘルテル社

　前節で BAI 社出版の最後となる Op.61 と Op.62 の刊行についてとくに言及したのは、ベートーヴェンの 1808 年 6 月 8 日の表明［BGA 327］が、皮肉なことに、同社との取引を事実上終了させた時点のものであったことを確認するためである。この書簡はブライトコップ & ヘルテル社との関係が 1806 年 11 月に完全破綻してから 1 年半ぶりに彼が同社に宛てたものであるが、その前提として、ヘルテルが同社との仲介人をかつて務めたグリージンガー（ハイドンの初期伝記のひとつを 1809 年に執筆する）を再び差し向け、関係改善の打診をしていた。それに対する返書というべきものがこの書簡で、引

第I部　体系的考察

用部分より前に、2つの最新のシンフォニー［Op.67とOp.68］（前者はすでに完成し、後者は最終段階にあった）、前年にアイゼンシュタットで上演した《ハ長調ミサ曲》［Op.86］、作曲中のチェロ・ソナタ［Op.69］、計4作品の提供が可能であると述べられている。上記引用文の冒頭に「BAI社に渡すかもしれない」と言っているのはこの4曲のことである。ベートーヴェンがBAI社の斜陽をすでに察知してヘルテルとの交渉を始めたと想定するのは穿ちすぎかもしれないが、反対にベートーヴェンの撤退が同社の衰退の一因となった可能性はある。そして現実はそのように展開していく。この書簡を読んだヘルテルが相当に刺激されたのは間違いない。

　ミサ曲の出版は教会音楽の需要の低さから断るとの返書に対して、ベートーヴェンがそれにきわめて執着するやり取りの後、1808年8月24日に遂にヘルテル本人がヴィーンに出張してきて、9月14日に契約書の取り交わしとなった。第三者の介在を嫌ったためである。そうしてOp.67〜70となる5曲（シンフォニー2［Op.67とOp.68］、チェロ・ソナタ1［Op.69］、ピアノ・トリオ2［Op.70］）がブライトコップ＆ヘルテル社との関係再生のランドマークとして1809年4月から8月にかけて出版されていき、さらにOp.86まで16点が続く。そうして同社はBAI社に代わって主要出版社の地位を引き継ぐ。ただそれは平坦な道のりではなかった。その間のヘルテルの苦悩をよく表わしている書簡がある。1810年6月20日付である［BGA 447］。

> あなたは、私があなたには値しないのではとか、私のあなたに対する額がしばしば期待はずれで、とかおっしゃっています。…［中略］ドイツの音楽商の不法な状態と、最近の災いに満ちた［引用者注：ナポレオン戦争のこと］4〜5年来の、とくに私の音楽商の妨げられた進行は、すばらしい芸術家のその作品に対して、あなたが正当にも望んでおられるような、すばらしい利益を提供することを、どうしても許さず、これは時代の、そして公衆の、責任であり、私のではありません。…

　同書簡の後段では、ベートーヴェンが、まずロンドンで出版させるので、それとの時間差を置こう、ヘルテルに要求していることに激しく抵抗している。

> 条件は9月1日以前には出版してはならないということで、あなたがそれらをロンドンにも売るから、でした。つまりそれらがその時までに出版されている——そしてこれに確実にまちがいなく続くのは——それらは、ロンドン版に続いて、まもな

くドイツのあらゆる出版社で出版されることとなり、彼らはあなたに相応しい報酬を提供することをおそらく敬遠します。彼らはまったく何も支払わないのが常だからです。したがって、ドイツ出版者の利点はせいぜい何週間か、せいぜい何ヵ月かの優先権があることですが、しかしそれは他の出版社の版がかなりの廉価によって得る利点にははるかに及びません。たとえば私はハイドンの最後の四重奏曲［引用者注：Op.103/1806年12月に同社が出版］の正当な出版者でしたが、…［中略］今日まで売り上げは約250部程度に留まっており、その間、廉価な後続版はおそらく2〜3倍多く売れています。したがって、私があなたにしようとしている提供を行なえる、ヴィーン以外のドイツの出版者はいないと確信します。…［中略］私はあなたに上記すべての作品に対して200ドゥカーテン金貨［原注：ベートーヴェンはBGA 446で1400グルデン・ヴィーン価、すなわち約310ドゥカーテンを要求している］を以下の条件で提供します。

　1. これらの作品を、ロンドンで、私のところ以前には出版しない、あるいは私は、ロンドンで出ると同時にリリースできるよう、時間的な余裕を持って印刷用原稿を入手する。 2. あなたからそれらに関する、イギリス外の独占的所有権が保証されている、購入証明を入手する。

　このときは、ピアノ・コンチェルト第5番を含むOp.73〜82が先にロンドンで刊行され、2〜3ヵ月後にライプツィヒで出る、という第6次の「時間差多発出版」の渦中にあって、その第1弾、Op.76〜79が1810年8月にクレメンティ社からまさに出るところで、そのブライトコップ＆ヘルテル社版は11月頃に刊行された。クレメンティ社に先に出版させるというのは、貴族に対する先行専有権と同じ考え方であり、それが出版社間の取引に発展したと見ることができる。ヘルテルの危惧するように、ライプツィヒで版権証明付きの版が出る頃にはドイツで他社からロンドン版を底本に続版が刊行される可能性はあった。ヘルテルは仮にそうなってもと、1810年7月11日付の次の便［BGA 456］でこう言っている。

　全作品に200ドゥカーテンの提供、ということに以下の条件で留まります。すなわち、第1回送付は、まだ発送されていない場合、次の郵便で、第2回は8月末までに、第3回は9月末までに私に渡すこと。あなたの承認が得られれば、きょうにでもヴィーンに200ドゥカーテンを送れればと思います。…［中略］私の提案を受け容れるか否か、あなたの決断を待たなければなりません。これ以上の報酬を私に了解させるのは、かの状況が許しません。誰があなたのようなすばらしい芸術家に、あなたがご自分の創造物から引き出すことのできる利益を惜しみなく与えることができるでしょうか。あるいはあなたのことを、ロンドン、パリ、ドイツで自作を同時に売ると、悪くとるのでしょうか。私は、侯爵たる芸術所有者なのではなく、実直

第I部　体系的考察

で思慮深い商売人として、…［中略］4 週間早く手にするために 250 ドゥカーテンを
支払う、などという不合理なことはしません。…［中略］ドイツの音楽商の現在の憂
うべき状況を見るならば、私の提供をケチとは遠くかけ離れたものと見るでしょう。
そのなかにあるのは、あなたに対する尊重と、私どもすべてとの間の結びつきを維
持したいという私の願望の証拠です。…

　その直後の 1810 年 7 月 25 日に、ベートーヴェンはブライトコップ & ヘ
ルテル社に託す Op.67 から Op.86 まで（Op.70 は 2 曲のセット）と 2 つの歌
曲 WoO 136 と WoO 137 の計 23 作品のリストに署名した。これは 2006 年に
発見された新たな知見であるが［Kämpken/B&H］、興味深いことに、すでに同
年 2 〜 4 月に同社で出版された WoO 137、WoO 136、Op.71 も含まれていて、
ヘルテルの訴えに対して発行されたものと考えてよいだろう。その後も 200
ドゥカーテンか 250 ドゥカーテンかで両者の攻防は続いた。結局、おそらく
折り合わないまま、原稿の送付は続いたと思われる。10 月から 11 月にかけ
て第 1 弾の Op.74 〜 79 の計 6 作品が出版されたからである。Op.73 と第 2
弾の Op.80 〜 86 は、原稿送付にかなりの時間差があったと見られ、刊行に
は 1810 年 12 月から 1812 年 9 月まで要した［第II部第 25 章 10］。
　おそらく 12 作品（Op.73 〜 84）で 200 ドゥカーテン（約 900 グルデン）
というブライトコップ & ヘルテル社の価格はどう見てもきわめて廉価であ
るが、それでもベートーヴェンが譲ったかもしれないと思われる背後には、
クレメンティ社から Op.73 〜 82、WoO 136, 137, 139 の計 13 作品で約 1800
グルデンを得た可能性が考えられるのである。断定ができないのは、支払い
とその対象作品の同定が難しいなど、複雑な問題が絡んでいるからである。
後述する［次節および第II部第 26 章 2］。さらにヘルテルとの交渉中に、そのなか
のピアノ曲だけをアルタリアの要望に応じて版権譲渡する商談が途中で浮上
した［本章 9］かもしれない。
　ヘルテルとは出版作品の校正に関するやり取りが続き、誤植の多さをベー
トーヴェンから叱責されたヘルテルがそれに反論するなど、関係の陰りも見
て取れる。最後に送ったのは《ハ長調ミサ曲》Op.86 で、1812 年 5 月 25 日
頃にこう書いた［BGA 577］。

すぐにミサ曲を送ります、これを大々的に誤植で飾り、公衆に贈るなどという悪ふ
ざけをしないで下さい。

第5章　各出版社との関係概容

　さらに 1812 年 7 〜 9 月のテプリッツ滞在中にも 4 通の書簡を出している
が、その後ぷっつりと音信は途絶える。そして約 2 年半の不通の後、1815
年 3 月 10 日付で「あなたのことを忘れた罪を私に帰するとすれば、それは
誤解です。……［中略］私があなたにテプリッツから最後に書いて以来、何が
起こったのか？」と書く［BGA 789］。その間に起こった、創作と出版に重大
な影響を及ぼした事柄のひとつが、シュタイナーとの関係が始まったことで
あった。

　最後に、ベートーヴェンの原版出版社として拮抗する BAI 社とブライト
コップ ＆ ヘルテル社の原版出版点数を比較してみると、前者は 32 点、後者
は 29 点である。これは、小規模な歌曲（ほとんどが WoO 番号付き）も
1 点、ひとつの作品番号のもとに 3 曲が含まれても 1 点とする、出版物単位
に数えた数値であって、作品の数ではない。小規模作品はブライトコップ
＆ ヘルテル社に多いので、BAI 社の優位性は圧倒的である。一方は、書簡
には遺らない、おそらく順風満帆の、6 年という短く太い関係であり、他方
は、書簡はふんだんに遺り、紆余曲折の経過を辿った、10 年に及ぶ長い関
係であった。

8 ｜ クレメンティ社

　クレメンティ社との関係は、同社の経営者のひとり、ムッツィオ・クレメ
ンティがサンクト・ペテルブルクからの帰途の途次に、1806 年 11 月からヴ
ィーンに滞在したことによって始まった。当時ベートーヴェンの秘書的存在
であったイグナーツ・フォン・グライヒェンシュタイン男爵（1778-1828）
を証人にして 1807 年 4 月 20 日に契約書［現在ベルリン・プロイセン文化財団国立図
書館所蔵］が交わされた［第 II 部第 22 章に要点の訳］。その主旨は、ピアノ・コンチ
ェルト第 4 番［Op.58］、弦楽四重奏曲 3 作［Op.59］、シンフォニー第 4 番
［Op.60］、ヴァイオリン・コンチェルト［Op.61］およびそのピアノ・コンチェル
ト編曲、序曲《コリオラン》［Op.62］、計 5 作品 6 曲のイギリスでの出版権
に対して 200 ポンド（約 1800 グルデン）を支払い、それらのいわば第 1 弾
（Op.60 〜 62）はイギリス外で 1807 年 9 月 1 日以前には出版しない、とい
うものであった。

125

第I部　体系的考察

　そもそも、ヴァイオリン・コンチェルトのピアノ版はこのときのクレメンティの依頼によるもので、それによってその編曲作業が取り組まれた。その後、クレメンティはロンドンに戻らずに再びローマに行ったと思われ、そして 1808 年 12 月にヴィーンに舞い戻って［BGA 399 注 2 による］、さらに同地に約 1 年半、1810 年 4 月まで留まる。その間にベートーヴェンとの関係をさらに発展させて、第 2 の契約（ブライトコップ & ヘルテル社とほぼ重なる Op.73 ～ 82、WoO 136, 137 と、アルタリア社が先行した WoO 139 から成っていた）を締結したと思われる。

　第 4 次と第 6 次の時間差多発出版はこうしたきっかけで軌道に乗ったのだが、ベートーヴェンの第 4 次の計画は本来、もっと大きな構想であった。クレメンティとの最初の契約の 4 日後、4 月 26 日に上記 5 作品 6 曲の提供についてほぼ同内容の書簡をパリのプレイエル［BGA 277］とボンのジムロック［BGA 278］に宛てて、グライヒェンシュタイン男爵筆、ベートーヴェン署名で出している［第II部第 22 章］。価格は 1200 グルデンと、対英価格の約 3 分の 2 であった。トムソンの場合も同様だが、ナポレオン戦争の直接的影響が少ないイギリスは経済市場が比較的安定しているなど、出版環境が大陸とはかなり違っていて、版権譲渡価格の相場が高かった。それに対応してイギリス社に何週間かの優先権が与えられたのであろう。しかしこの大構想にパリとボンの両社は乗ってこなかった。

　クレメンティは出版社を当時は同僚 4 人と共同経営しており、彼はベートーヴェンから得た版下原稿をロンドンに送り、社は刊行作業に着手したはずである。しかし遺された結果から見ると、第 1 次の契約（Op.58 ～ 62 第 4 次時間差多発出版企画）のうち、1810 年 8/9 月刊行の Op.61 の両ヴァージョンだけが原版出版であり、Op.59（1809 年頃刊行）は BAI 社原版（1808 年 1 月刊行）の続版で、その他（Op.58, Op.60, Op.62）は出版しなかった。この事実は新カタログで初めて確認された。それまでは、探せばあるはずと、印刷楽譜の所在調査がイギリスで展開されていたのだが、もはや存在しなかったという結論に達したようである。1808 年末に再びヴィーンを訪れたクレメンティは前年 4 月に契約した諸作品の支払いをベートーヴェンがまだ受け取っていないことに驚き、12 月 28 日に協同事業者に催促した。しかし 1809 年 9 月にクレメンティがそのひとり、コラードに宛てた書簡によれば、その時点でもなお報酬を受け取っていなかった［BGA 399 注 4］。このすれ違いについては第 22 章で推論を試みる。

126

第5章　各出版社との関係概容

　クレメンティとの第2次の契約（Op.73〜82など）の各作品は、第1次唯一の原版出版であるOp.61の両ヴァージョンと同時に1810年8月から刊行され始め、1811年2月にすべての刊行が終了した。いずれの原版もブライトコップ＆ヘルテル社原版より2〜3ヵ月先行した（第6次時間差多発出版）。クレメンティ社と時間差を措くよう、ベートーヴェンが同社に要求していたからである[BGA 447]。同社は、Op.61に直接続けた出版物であったので、弦楽四重奏曲第10番Op.74を「Op.62」とし、ピアノ・ソナタ第24番Op.78と第25番Op.79を「2つのピアノ・ソナタOp.63」、ピアノ・コンチェルト第5番Op.73を「Op.64」、《合唱幻想曲》Op.80を「Op.65」とした。その他のOp.75〜77、Op.81（現在"Op.81a"）、Op.82には作品番号を付さなかった。

　クレメンティ社は1823年にピアノ・ソナタ第31番[Op.110]と第32番[Op.111]、およびピアノ・バガテル["Op.119"]を作品番号なしで原版出版する（第11次時間差多発出版）。これらはリースの仲介によるものであった[第II部第32章6]。いずれの楽譜にも「版権取得済」と記されている。

9 ｜ 再びアルタリア社

　1805年の裁判和解以後の、2代目アルタリアとベートーヴェンの関係は微妙であり、同社が1808年までに刊行したベートーヴェン楽譜はほんの数点でしかなく、しかも、《クロイツェル》ソナタの第2楽章のみの版以外は、すべて編曲版であった。そして1809年末か10年初めに（出版公告は1810年1月27日）、久々に編曲版ではない全楽章で、突然、チェロ・ソナタ[Op.69]を出版する。この出版はきわめて問題なのである。まず、「Op.59」となっているのだが、それは1809年4月に刊行されたブライトコップ＆ヘルテル社の原版を踏襲したもので[第6章10]、アルタリア版がこの明らかな印刷ミス（？）を受け継いでいることは、その続版である、すなわち独自に原稿の提供を受けたものではない、ことを示唆している。

　それはそうとして、この版のタイトルページがなぜかイタリア語で書かれているばかりか、「クラヴィチェンバロためのソナタ、ヴィオロンチェロ付き」となっていることに対する考察が従前、不十分であったように思われる。これは印刷ミスなどのレヴェルではなく、きわめて意図的な、考え抜かれた

第I部　体系的考察

表示と見なければならない。まずこの時期にイタリア語歌詞付でもない器楽曲のタイトルページがイタリア語で表示されるということは、《シンフォニア・エロイカ》（1806 年 10 月出版）以外に例はない。《エロイカ》の場合には特別な意味があったのだが［第II部第 19 章で議論する］、このチェロ・ソナタの場合も然りと見るべきである。この際は「クラヴィチェンバロ」という楽器名のイタリア語と関係がある。

　ベートーヴェンの原版楽譜で鍵盤楽器が「チェンバロ」と特定されているのは 2 例ある。そのひとつは 1813 年末に『ミューズ年鑑』の付録として出版された 18 小節のドイツ語歌曲《吟遊詩人の亡霊》WoO 142 である。これは、岩山で老いた吟遊詩人の亡霊が歌っていたという不安に満ちた悲しみの歌で、竪琴の伴奏を模す分散和音伴奏のためにわざわざチェンバロ伴奏が指定された。いまひとつは、オーケストラ伴奏三重唱曲《おののけ、不信心な者ども》［Op.116］であるが、その原版は 1826 年 2 月に鍵盤楽器伴奏編曲版で出版された。タイトルページもイタリア語である。

　Op.69 のアルタリア社版はピアノとチェロという編成を、このジャンルが 1 世紀以上前にイタリアで始まった時に一般的であった表記に変えることで、編曲版であることを装い、版権侵害をすり抜けようとしたのではないか。ブライトコップ＆ヘルテル社の原版はヴィーンで当時、同社の代理店となっていたトレック商会（2 代目）が 4 月 29 日に新聞公告しており、アルタリア社版が市場への挑戦であったことは間違いない。これは、2 代目アルタリアのベートーヴェン楽譜に対する改めての関心を示すシグナルだったのではないだろうか。そしてそれは、大陸でブライトコップ＆ヘルテル社だけとの関係に飽き足らない、しかもそれすらスムーズに運んでいない、ベートーヴェンの利害とも一致し、両者の再接触のきっかけとなったのではないか、と私は見ている。事実、2 つのピアノ・トリオ Op.70 が 1810 年 3 月にアルタリア社からも刊行されるが（新カタログはこれを原版と認定している）、ということは両者の接触は遅くとも 1 月にあったはずである。前年末か年初めの Op.69 はいかがわしさが漂っているが、3 月の Op.70 は一転して原稿の提供を受けた第 5 次時間差多発出版と評価できる。

　それに続くアルタリア社出版のベートーヴェン楽譜は 1810 年 7 月に刊行された詩人ライシッヒの作品集《18 のドイツ詩、さまざまな巨匠によるピアノ伴奏付き、ルドルフ大公に献ぐ》で、そのうち 5 曲（Op.75-5 ～ 6, WoO 137 ～ 139）がベートーヴェン作品であるが、その大がかりな企画の性

128

第5章　各出版社との関係概容

質からいって、ライシッヒと作曲者本人たちとのコラボレーションであった
ことは間違いない。その5曲とは、すでに2月にブライトコップ＆ヘルテ
ル社から出ておりその後クレメンティにも供給することになる WoO 137
（18曲のうち第1番）と、クレメンティおよびブライトコップ＆ヘルテル
に譲渡することになる《6つの歌曲》［Op.75］に含まれる2曲（第16番、17
番）と、それ以外ではクレメンティのみに提供することになる WoO 139
（第6番）、そしてここだけで出版される WoO 138（第9番）、という組み合
わせであった。Op.75 はそもそも、この大歌曲集にベートーヴェンが参画し
た結果の、副産物であったとも言える。Op. 番号と WoO 番号は、どこかの
局面を捉えると、どのようにまとめられたかだけの違い、ということをこの
例は示している。

　アルタリア社は1811年1月26日に Op.74 と Op.76〜79 をまとめて出版
公告している。これらがブライトコップ＆ヘルテル社版を底本にした続版
なのか、それともベートーヴェンから別途、原稿の提供を受けたものなのか
は、いまのところ明らかではない。新カタログは Op.74 のみを後者として
原版と認定したが、他については、ブライトコップ＆ヘルテル社の了解の
下ではなかったかという旧カタログ見解を踏襲している。しかし、ブライト
コップ＆ヘルテル社版はヴィーンでその1ヵ月前の1810年12月26日に同
じヴィーン新聞紙上で、代理店のトレック商会にて入手可と公告されており、
1ヵ月後のアルタリア社による公告はそれに対する明らかな挑戦と見ること
ができるし、しかもこの5曲のピアノ作品のうちいくつかは12月中に市場
に出ていた可能性もある。

　ブライトコップ＆ヘルテル社に版権譲渡した12作品（Op.73〜84）のな
かでアルタリア社が刊行したのは、Op.75 に含まれる2歌曲を別にすると、
ピアノ独奏曲だけであり、上記5曲以外で唯一のピアノ・ソナタ《告
別》"Op.81a" の出版はずっと遅れて1811年9月であった。したがってそれ
を除くと、このときアルタリア社は、ピアノ・コンチェルト第5番 Op.73
および《合唱幻想曲》Op.80 の大曲、そして上記の歌曲集と購買層がバッテ
ィングする《4つのアリエッタと1つの二重唱曲》Op.82 の出版は避けたこ
とが解る。この事実はアルタリア社が他の2社とともに一括して版権を取得
したのではないことを裏付けており、すなわち同社はベートーヴェンと個別
交渉をした可能性がある。ライシッヒ歌曲を同時にロンドンとライプツィヒ
に売ることもアルタリア社了解の下であったとすれば、他の作品をヴィーン

129

第I部　体系的考察

で出版することも作者との取引、しかもブライトコップ＆ヘルテル社版よりさらに2ヵ月程度の時間差でという条件があったのでは、という想定も成り立つのではないか。

さらに1812年夏にテプリッツからの書簡を最後にブライトコップ＆ヘルテル社との縁が切れて、次節に見るように、1814年晩夏以後にシュタイナーとの関係が決定的なものとなっていく間、1813年はベートーヴェンの出版活動が事実上停止した年であるが、そこに唯一、登場するのがアルタリア社であって、ベートーヴェン側にも同社との関係を見直す意義はあったと見るべきではないか。そして1814年7月から8月にかけて同社は、5月23日に初演以来、大反響を呼んでいる《フィデリオ》新改訂稿全曲の出版にただちに取り組み、ベートーヴェンの校閲を得て、ピアノ・スコア譜（ピアノ伴奏版［いわゆる"ヴォーカル・スコア"]）を17分冊で出版した。1806年版の旧改訂稿の版権はブライトコップ＆ヘルテル社のものであったが、同社はもはや新稿の出版には与れなかった。引き続き12月には歌唱声部なしのピアノ編曲版、序曲のピアノ4手版のほか、9管楽器伴奏版が続いた［第II部第29章3]。

10 ｜ シュタイナー社　第1次国際出版

ブライトコップ＆ヘルテル社との関係が終焉した最大の理由はシュタイナー社との関係が始まったことである。ベートーヴェン自身が、先に引用した1815年3月10日付書簡［BGA 789]の続きの部分で、次のように言っている。

> 金銭の調達という事情により当地のある出版者といくつかの結びつきに入らざるを得なくなりました。どうして？はやがて聞き知るでしょう。

事実として確認できるのは、義妹ヨハンナに対する1500グルデン・ヴィーン価の債権をベートーヴェンが1813年12月25日［旧来、この日付はセイヤー／フォーブズが紹介した10月22日であったが、ブランデンブルクにより訂正された]にシュタイナーに付け替えたことである［BGA 789注3]。弟カールはすでに4月12日に遺言状をしたためるほどで、弟一家は生活に窮していた［第II部第27章12]。上の引用文の注としてブランデンブルクが記している情報によれば、

その借金は 2 回の分割払いで 9 ヵ月以内に支払われるという約束であったが返済できず、1814 年 9 月 14 日にベートーヴェンがこの債務を受け継いだ。そのときシュタイナーは、無償でさらに 3 ヵ月の期間延長を認める代わりに、「彼のまったく新しい、まだ彫版されていないピアノ・ソナタ（他の楽器による伴奏付きでもなしでも）と今後の作品の優先権」を獲得した。たぶんベートーヴェンはロプコヴィッツ侯およびキンスキー侯の相続人に対する年金請求分もシュタイナーから借金の担保にさせられた［同上］。

　ベートーヴェンは、1812 年夏にヘルテルとの最後の打ち合わせ書簡を書いたテプリッツから、末弟ヨハンに会うためリンツに立ち寄った後、1812年 11 月中旬にヴィーンに戻ったと思われるが、それ以後にシュタイナーとの接触が始まり、その関係は約 1 年後までに債権を肩代わりしてもらう（＝借金）という親しさに発展したのだろう。

　この時期になると失聴の度合いが激しくなり、ヴィーンの出版社ともメモ書きのような書簡が取り交わされることが多くなる。シュタイナーとの間で現存する最初の書簡は、さらに 1 年以上後の 1815 年 2 月 1 日付である。失われたものも多いと思われるが、ことに当初の交渉は口頭で行われ、書簡は一定の関係が出来上がって後のことと考えてよいだろう。シュタイナーによる初のベートーヴェン原版出版は、その 4 ヵ月後、1815 年 6 月に出版されたピアノ・ソナタ第 27 番 Op.90 であるが、それに至る経緯はまったくわからない。その稿料は借金返済の一部となった可能性もあり、その他の作品の提供がそれに続いた。Op.90 の出版準備が進行していた頃、1815 年 4 月 29日付でメモが遺っており［TDR III, 499 ページ］［BGA III, 140 ページに写真］、そこには引き続いてシュタイナーに譲渡する作品 13 点（Op.72, 136, 95, 116, 91, 93, 92, 97, 96, 117, 115, 113, および 12 のイギリス歌曲）が挙げられている。それらのうちの 6 作品とその他 5 作品、計 11 作（Op.91 ～ 101）が 1816 年 2月～ 1817 年 2 月の約 1 年間に矢継ぎ早に刊行されていく。その刊行順や作品番号順は、それ以前の出版者との関係でベートーヴェンが保持していた創作順という考え方［後述］をまったく斟酌しないもので、後世も注意が必要である。推定される作曲完了の順に並べると同社のこの時期の出版作品は次のようになる［132 ページ］。出版までの時間が通常ではないケースは右端に特記する。

　シュタイナー社に対して、報酬額を上回ってベートーヴェン自身の負債が溜っていくので、各作品に対応した価格交渉は追跡できない。11 作品が出

第I部　体系的考察

作曲完了年月	作品番号	作品	出版時期（推定）	出版公告	出版までの時間
1810 年秋	Op.95	弦楽四重奏曲第 11 番	1816 年 12 月	[1816.12.21.]	6 年
1811 年 3 月	Op.97	ピアノ・トリオ第 6 番	1816 年 9 月？	[1816.12.21.]	5 年半
1812 年 4 月 13 日	Op.92	シンフォニー第 7 番	1816 年 11 月	[1816.12.21.]	4 年半
1812 年 12 月	Op.96	ヴァイオリン・ソナタ第 10 番	1816 年 7 月	[1816.07.29.]	3 年半
1813 年 4 月	Op.93	シンフォニー第 8 番	1817 年復活祭？	[1817.12.24.*]	4 年
1813 年 12 月	Op.91	《ウェリントンの勝利》	1816 年 2 月	[1816.03.06.]	2 年 3 ヵ月
1814 年 9 月 21 日	Op.90	ピアノ・ソナタ第 27 番	1815 年 6 月	[1815.06.06.]	
1815 年春	Op.94	歌曲《希望に寄せて》	1816 年 4 月	[1816.04.22.]	
1815 年春	Op.99	歌曲《約束を守る男》	1816 年 11 月	[1816.12.21.]	1 年半
1815 年春	Op.100	二重唱曲《メルケンシュタイン》	1816 年 9 月	[1816.09.21.]	1 年半
1816 年 4 月	Op.98	歌曲集《遙かな恋人へ》	1816 年 10 月	[1816.12.21.]	
1816 年 11 月	Op.101	ピアノ・ソナタ第 28 番	1817 年 2 月	[1817.03.04.]	

*出版公告があまりにも遅い

版されていく約 1 年の間に借金は嵩む。まず 1816 年 5 月 4 日に 1300 グルデ
ン・ヴィーン価の貸付けを受け、1816 年 8 月 10 日には 72 グルデン・ヴィー
ン価を立替えてもらっている。また 1818 年にはヨハンナの最初の借金の
利息分か別の借金か、280 グルデン・ヴィーン価をベートーヴェンが肩代わ
りすることになった。さらに 1819 年 10 月 30 日にベートーヴェン自身がシ
ュタイナーに 2 度目の貸付け（750 グルデン・ヴィーン価）を受ける。その
時点で、ベートーヴェン自身の計算によれば借金は利息別で 2420 グルデ
ン・ヴィーン価となっていたことが、1820 年 12 月 29 日付のシュタイナー
からの書簡［BGA 1422］にベートーヴェンが鉛筆で書き込んだメモ［BGA IV,
429 ページに写真］から判る。同書簡の 1 ページ目の上空欄に他人が「シュタイ
ナー氏が言っている、合計 1200 グルデン 20 クロイツァー［約定価］だと…」
と書き込んでおり［BGA IV, 428 ページに写真］、その額は約 3000 グルデン・ヴィ
ーン価であるから、利息は約 580 グルデンと見積もられていたことが判る。
実際の返済は 1824 年までかかった。
　他方ベートーヴェンは、1816 年 7 月には、ヴィーン会議の折りに王侯貴
族から贈られた資金などを元手に、4000 グルデン約定価（レートを 2.5 倍
とすると、10,000 グルデン・ヴィーン価にもなる）をシュタイナーに預け、
年利 8% の利息を得ていた。シュタイナーとしては、いわば定期預金的に現

金を預けさせ、それを担保に生活費を貸し付けていた訳であるが、貸付け利息は 6% であったので、事実上、ベートーヴェンを援助していたとも言える。さらに、ベートーヴェンは 1819 年 7 月にシュタイナーへの預け金を解約して、オーストリア国民銀行で額面 500 グルデン約定価の株券 8 枚を購入したから、その時点以後は担保なしで融資が続けられていたことになる［詳しくは終章］。

　ブライトコップ & ヘルテル社が引き受けた最も新しい作品は 1810 年夏か秋頃に完成した《3 つの歌曲》（ゲーテによる）Op.83 であったが、それ以後の大量の作品、すなわち、1810 年後半から 1815 年春にかけて書き溜めたOp.90 から Op.101 までのほとんどが、シュタイナー社初の出版であるOp.90（1815 年 6 月刊行）に続いて、1816 年中に一気に出版された。シンフォニー第 8 番 Op.93 だけが 1817 年にずれ込んだが、この作品は 1812 年10 月の作曲完了から 1817 年 12 月 24 日の出版公告に至るまで 4 年半以上の年月が経過したわけである（第 7 番も同様）。弦楽四重奏曲第 11 番 Op.95の開きはそれ以上で、作曲の完了が 1810 年秋、出版が 1816 年 12 月、6 年である。作曲の完了と出版がふつうのペースに戻った、すなわち書き溜めた作品ではなくなったのは、おそらく 1816 年 11 月に書き下ろし原稿が着手され 12 月ないし 17 年 1 月にそれが完了し、翌月に出版されたピアノ・ソナタ第 28 番 Op.101 であった。

　以上のなかで、楽譜出版上の革命とも言えるほどに重要なのは、1816 年 2月に出版された《ウェリントンの勝利またはヴィットリアでの戦い》Op.91である。これは 1813 年 6 月のイギリス軍の対仏戦勝を記念した音楽で、そもそもメルツェルが、ベートーヴェンにそれを作らせて、イギリスへ演奏旅行に行こうと企画していたとされる［第 II 部第 28 章］。しかしメルツェルとの行き違いもあってその計画は中止となったところ、1813 年 10 月にプロイセン軍を中心とする連合軍が"ライプツィヒの戦い"に勝利した。同作品は英仏の戦いを具体的に描いた音楽であり、ベートーヴェンは筆写スコア譜をイギリス摂政皇太子ジョージ（のちのジョージ 4 世）に贈呈した。その初演は同年 12 月 8 日にヴィーン大学の講堂でシンフォニー第 7 番の初演とともに行なわれ、傷病兵援助の基金募集の機会として企画されたそのコンサートは連合軍戦勝記念の催しという様相を呈した。

　"ライプツィヒの戦い"はドイツでは"諸国民の戦い"と言い、その場合の"諸国民"とはフランス国民に対抗したロシア国民、スウェーデン国民、オ

第I部　体系的考察

ーストリア国民、プロイセン国民という意味であり、すなわち"連合軍"のことであったが、ドイツ統一以前のドイツの"諸国民"という意味合いもあり、そして戦場となって最も被害を被ったのはドイツであった。同作品はこうしたドイツ・ナショナリズムとも結びつき、シュタイナー社は、ブライトコップ＆ヘルテル社をはじめとするドイツの8社（他に、ライプツィヒのペータース社、同ホーフマイスター社［以前のH&K社とはまったく関係がない］、ボンのジムロック社、オッフェンバッハのアンドレ社、チューリヒのネーゲリ社、エットヴィル［エルトヴィッレ］のツーレーナー社）「…でも入手可［auch zu haben in …]」とする国際出版を企画した。タイトルページにはそれ以外に9都市の書店でも入手可とされている。挙げられているのは、アウクスブルク、ベルリン、ブラウンシュヴァイク、フランクフルト、ハンブルク、ミュンヒェン、シュトゥトガルト、そして当時オーストリアの支配下にあったミラノ、スペイン・ハプスブルク家の支配に戻ったナポリであり、いずれもナポレオン支配から解放されたばかりの都市であった。これは形の上では、ベートーヴェンが長年、思い描いていた多地域同時出版の実現ではあるが、しかし作曲者本人に各地から版権の対価が支払われたのではなく、シュタイナー社独自の戦略であり、販売網を戦勝ドイツ各地に拡げて、各社は版権ではなく販売権を取得して、応分の利益に与った、という構図である。ベートーヴェンと各社との接触を示す証拠はいっさいない。

　この方式は続くシンフォニー第7番 Op.92（1816年11月出版）、弦楽四重奏曲第11番 Op.95（1816年12月出版）、シンフォニー第8番 Op.93（1817年出版［月は不明、早ければ復活祭頃］)、の3作品でも踏襲される。これらにおいては、Op.91の場合に加えて、ベルリンのシュレジンガー社と、"オーストリア王国・帝国地域のすべての書店・美術店"という表示が追加された。以上を「第1次国際出版」と名付けておく。

　もうひとつ、この第1次国際出版が画期的であったのは（弦楽四重奏曲 Op.95を除く）、スコア譜とパート譜、弦管九重奏、弦楽五重奏、ピアノ・トリオ、ピアノ4手、ピアノ独奏、2台ピアノ、と計8種の編曲版が併せて刊行されたことである。このような刊行はシンフォニーの出版の仕方として注目され、そのこと自体は第4章7で触れたが、初めて試みられたのは《ウェリントンの勝利またはヴィットリアでの戦い》Op.91においてであった［第29章9]。しかしこれも、ベートーヴェンの長年の課題を自ら解決したというよりは、従来のように大オーケストラ作品をパート譜だけで出版しても

貸付金の回収までには行かないと判断した、シュタイナー主導の新機軸ではなかったか。

　それを解く鍵は、続く同社からの大オーケストラ作品出版の様態にある。1823年2月に出版された《アテネの廃墟》序曲 Op.113（その後この作品番号は作品全体に適用されるが、初版出版時は序曲だけであった［第6章19］）と、1825年4月出版の序曲 Op.115（通称《聖名祝日》［霊名祝日とも訳される］）は、スコア譜とパート譜、そしてピアノ独奏と4手用の編曲版を伴っていた。この時期にこれほどの大作品がパート譜だけでの出版はもはやあり得なかった一方、ピアノの社会的定着に伴い、編曲版としてはそれ以外の需要は消えつつあったことをこの変化は物語っている。それに対して、その後1826年8月にショット社から出版されたシンフォニー第9番 Op.125 はスコア譜とパート譜だけであり、編曲版をいっさい伴なっていない。つまり、スコア譜とパート譜の出版時にオリジナルな編曲版が同時に刊行されたのはシュタイナー社の版だけなのである。そのような刊行が1816年においてベートーヴェンの意志であったとすれば、1826年にもそれが貫かれたのではないか。

　こうしてみると、前章11までに述べた「時間差多発出版」と、1816年以降に登場する「国際出版」とは、各地でベートーヴェン版権作品の原版が頒布されるという点で実態が似ているように見えるが、そのあり方も原理もまったく異なるので概念的に峻別しなければならない。すなわち、前者はベートーヴェンが自らの著作権を守るために主導したもので、各社の版権を尊重して数ヵ月の時間差で2〜3社から出版される。それに対して後者は、出版社が主導するもので、8〜9の出版社およびより多くの販売店の賛同を得て、いわば販売委託を兼ねて、各地に文字通り同時に配本される。それらにははっきりとした機能の違いがあり、筋からいえば、「国際出版」は相当に高額な著作権料が支払われるべきところ、実態はまったくそうではなかった［その細かい検討は終章］。

　「国際出版」はシュタイナー社の主導によって始まり、以後、第2次をアルタリア社が、そして第3次をシュレジンガー社が継承していくが［後述］、そのきっかけを作ったシュタイナー社は1815年6月に同社初のベートーヴェン楽譜 Op.90 を出すときに、その前哨とも言うべき試みをした。刊行された楽譜のタイトルページには何も示されていないが、この版はブライトコップ＆ヘルテル社とジムロック社にも配給され、すなわち、ヴィーンのほかにライプツィヒとボンでも同時の刊行となったのである。これを新カタロ

第I部　体系的考察

グは「ライセンス出版」と名付けたが、その記述によれば、他の2社の楽譜もオーストリア製の用紙であり、タイトルページだけが彫版ではなくリトグラフ印刷されているとのことである。旧カタログ段階ではこれらの関係が認識されていなかった。シュタイナー社はOp.91でドイツ8社との提携に至る8ヵ月前に、2社との間で試行していたのである。

　ここで以上を総括的に表にしておこう。

時間差多発出版
第1次　Op.31　　　　　　　ネーゲリ社（1803）　　ジムロック社（1803）　　カッピ社（1803）
第2次　WoO 78, 79　　　　　BAI社（1804）　　　　プレストン社（1804以後-05以後）
第3次　Op.47　　　　　　　ジムロック社（1805）　バーチャル社（1805）
第4次　Op.58〜62　　　　　BAI社（1807-09）　　　ジムロック社（1808/Op.59, 62のみ）
　　　　　　　　　　　　　クレメンティ社（1809-10/Op.59, 61のみ）
第5次　Op.70　　　　　　　B&H社（1809）　　　　アルタリア社（1810）
第6次　Op.73〜82, WoO 136, 137, 139　　クレメンティ社（1810-11）
　　　　　　　　　　　　　B&H社（1810〜11/WoO 139を除く）
　　　　　　　　　　　　　アルタリア社（1810-11/WoO 137, 139, Op75-5,6,
　　　　　　　　　　　　　Op.74, 76〜79, 81のみ）
第7次　Op.91, 92　　　　　シュタイナー（1816）　バーチャル社（1816-17）
　　　　Op.96, 97　　　　　シュタイナー（1816）　バーチャル社（1816）
第8次　Op.102　　　　　　　ジムロック社（1817）　アルタリア社（1819）
第9次　Op.104, 106　　　　　アルタリア社（1819）ラヴェヌ社（1819/Op.104）
　　　　　　　　　　　　　リージェンツ・ハーモニック・インスティテューション社
　　　　　　　　　　　　　（1819/Op.106）
第10次　Op.105, 107, 108　　プレストン社（1818/Op.108, 1819/Op.105, Op.107-2,6,7）
　　　　　　　　　　　　　アルタリア社（1819/Op.105）　ジムロック社（1822/Op.108）
第11次　Op.110, 111　　　　シュレジンガー社（1822-23）　カッピ社（1822/Op.110のみ）
　　　　　　　　　　　　　クレメンティ社（1823）
第12次　Op. "121a"　　　　　シュレジンガー社（1824）　チャペル社（1824）

ライセンス出版　　　Op.90　　　　　　　　主幹　シュタイナー社
第1次国際出版　　　Op.91〜93, 95　　　　主幹　シュタイナー社
第2次国際出版　　　Op.105, 106　　　　　主幹　アルタリア社
第3次国際出版　　　Op.109〜111　　　　　主幹　シュレジンガー社

　ところで、1816-17年の一気の出版によってブライトコップ＆ヘルテル社との断絶後に書き溜まった作品のすべてが捌けたわけではなかった。シュタ

イナー社による第 2 次の出版は 1822 年から 1826 年にかけてゆっくりとさみ
だれ式に続く。1811 年 8/9 月作曲の一卵双生児的作品《アテネの廃墟》と
《シュテファン王》はそれぞれからの一部分が Op.113、Op.114、Op.117 と
して、1815 年 3/4 月に作曲が完了した序曲《聖名祝日》が Op.115 として、
1815 年前半に作曲されたオーケストラ付き合唱作品《海の凪と成功した航
海》は Op.112 として、である。これらの場合、作曲の完了と出版には 7 年
から 15 年の時間差があった。ここに挟まる Op.116 は、おそらく 1802 年 4
月の幻のオール自作品コンサート［第 II 部第 16 章］のために手掛けられて以後、
彼の自主公演で何度も演目に挙がっていたオーケストラ伴奏三重唱曲《おの
のけ、不信心な者ども》で、前に述べたように、チェンバロ伴奏版として
1826 年 2 月に出版された。また Op.118 は 1814 年夏 / 秋完成の《悲歌》で、
シュタイナー社を継いだハスリンガー社から 1827 年 8 月に死後出版された。
《栄光の時》"Op.136"に至ってはさらに放置され、1835 年に刊行されたとき、
作曲から 21 年が経過していた。

　シュタイナー社の 1816-17 年の第 1 次出版によって、作曲の完了後に放置
されたかのように見える作品が相次いで刊行されたのは、ブライトコップ
& ヘルテル社との最終的決裂の後、次なる主要出版社との関係構築に時間
を要したことが原因である、と見ることができる。そして 1822-26 年の第 2
次出版、さらには死後出版までに至ったほどに、なかなか実行に移されなか
ったのは、負債がらみで始まった同社との関係がそもそも尋常なものではな
かったと同時に、負債はさらに膨れあがっていき、おそらく抵当のようにな
って預けられた作品をどう扱おうが、それは債権者の勝手、といった事情が
働いたためではないか。これらの作品の出版に触れている書簡はないが、ペ
ータースが 1822 年にシュタイナーの仲介で名乗り出てきたとき、ベートー
ヴェンは 1822 年 6 月 26 日付の書簡で「私はシュタイナーに、私のために注
文を受けてくれとは決して要請はしません」［BGA 1473］と言っている。残る
のは貸借関係だけであった。

　1824 年 7 月の時点でなお返済しなければならない 600 グルデン約定価^{ヤクジョウカ}
（=1500 グルデン・ヴィーン価）に対して、キンスキー侯からの年金半年分
600 グルデン・ヴィーン価 とルドルフ大公からの 750 グルデン・ヴィーン価
とにより計 1350 グルデン・ヴィーン価 を支払っても、なお 150 グルデン・
ヴィーン価、足りない。年金の「領収は少なくとも確かで、私の他の収入は
偶発的であり、最終的にはこの"いやがらせ"負債は抹消されますが」［BGA

第 I 部　体系的考察

1851] と述べており、これは、固定収入（ベートーヴェンはよく「給料
［Gehalt］」という単語を使う）たる年金を返済に充てて、生活は「ペンで維
持する」［BGA 1851 注 3］ということである。完済後の 1825 年 6 月には、各作
品の「最後の校正」だけをやる、「君たちの権利はすでに消失しているのだ
から」［BGA 1992］と突き放した。1820 年代にはもはやベートーヴェンはシュ
タイナーに作品を売る気はなくなっていた。譲渡作品を一向に刊行しないば
かりか、その後に付加的に借金が増えていく現実のなかで、同社へのこれ以
上の作品提供を嫌ったのである。

11 ｜ バーチャル社

　シュタイナー社第 1 次出版の対象となった作品のなかで、ベートーヴェン
が独自にイギリスに送ったものがある。その仲介役を果たしたのはザロモン
であり、その死後に受け継いだのがリースであった。《ウェリントンの勝利
またはヴィットリアでの戦い》Op.91 は本来、イギリス向けの作品であった
から、同地での出版に彼が努力したのはいわば当然で［第 II 部第 32 章］、しか
もシュタイナー社版より 1 ヵ月早く、1816 年 1 月に、作品番号なしで、ピアノ
独奏編曲版によって刊行された（出版登録 1816 年 1 月 15 日）。1815 年
10 月 28 日付でベートーヴェンはロンドンの出版社バーチャルに次のように
書いている［BGA 844］。原文がドイツ語なのはザロモンによる翻訳が期待さ
れたからであろう。

　　お知らせします、《ウェリントンの勝利》の《戦い》と《勝利のシンフォニー》［引用
　　者注：《ウェリントンの勝利》は《戦い》と《勝利のシンフォニー》の 2 部から成っている］
　　のピアノ編曲はすでに何日か前にロンドンへ発送され、宛先は…［中略］　できるだ
　　け急いでそれを彫版するようお願いします。そしてあなたがそれをいつ出版したい
　　か、日にちを定めてください、それにより私はこれを当地の出版者［引用者注：シュ
　　タイナー］に間に合うよう示すことができます。──続く 3 作品［引用者注：Op.92、
　　96、97］はそれほど大急ぎの必要はなく、あなたがそれを得るのは早くても、私が勝
　　手ながら自分で定めてからです。
　　ザロモン氏はあなたのそばにいるわけですから、なぜ《戦い》と《勝利のシンフォ
　　ニー》が急ぐかを説明するでしょう［原注：バーチャルの接触はザロモンの仲介による。
　　ベートーヴェンは皇太子ジョージに献げたスコア筆写譜によって他社がピアノ編曲版を不法
　　に出版してしまうことを怖れていた］。

《ウェリントンの勝利》が《戦争交響曲》という別称を持っているのは、バーチャル社によるこの世界初版が英語で"大戦争交響曲 [Grand Battle Sinfonia]"とされたことから来ている。それはベートーヴェンの命名ではなく、イギリス市場向けの、一種の煽りであった。上記の引用書簡にあるように、これにヴァイオリン・ソナタ第10番 Op.96（出版登録1816年10月29日）、ピアノ・トリオ Op.97（出版登録1816年12月5日）、さらに「Op.98」としてシンフォニー第7番 [Op.92]（出版登録1817年1月7日）のピアノ編曲版が続いた [この作品番号の不可思議については第6章9で詳しく検討する]。いずれも作曲者から原稿の提供を受けた原版である。

12 │ 再びジムロック社

　ベートーヴェンがヴィーンに転居してから十数年間のジムロック社の出版活動については、折に触れてすでにいろいろな角度から言及してきた。その時期までに同社が原版の初版を単独で出版したのは、1793年のピアノ変奏曲2曲 WoO 66 および WoO 67 と、1805年の Op.47 である。その後は1808年に Op.58～62 の第4次時間差多発出版企画に絡むほか、同時期に《3つのドイツ歌曲》（WoO 127, WoO 126, WoO 117 から成る）、およびヴァイオリン付きピアノ・ロンド WoO 41 を出版している。さらに1810年に、ヴィーン時代初期のスケッチが遺っている、ホルン2本と弦4部の六重奏曲 ["Op.81b"] を出版した。要するにベートーヴェンは、遠隔地に居る旧友ニコラウス・ジムロックを忘れることなく、折々に作品を提供していたわけである。ただし、《3つのドイツ歌曲》はベートーヴェンの知らないうちに弟（末弟?）が売り込んだ可能性がある [校訂報告書]。いずれにしても同社との関係は生涯にわたって続く。

　同社は1812年にケルン支社を設立し、その経営に息子ペーター・ヨーゼフ・ジムロック（1792-1868）があたっていた。彼は1816年晩夏にヴィーンを訪れ、ベートーヴェンを訪問した。遠路はるばるやってきた旧友の息子を彼はおそらく歓待したと思われ、書き溜めた作品のうちで比較的新しい2つのチェロ・ソナタ [Op.102] を手土産に持たせた。シュタイナーが取っていった作品群のなかで1曲だけジムロック社の出版作品が挟まっている（作品番号は一連作品の後）のにはこうした事情がある。1816年9月28日付でベー

第 I 部　体系的考察

トーヴェンは所有権証明を発行した [TDR IV, XI ページ]。刊行は 1817 年のい
つかの時点ということしか判らない。旧カタログでは 3 月と推定されていた
が、新カタログでは根拠がないと否定された。ベートーヴェンはそれを同時
にロンドンでも出版しようとしており、それに合わせるためにジムロック社
が待っていた可能性がある一方、それがいつまでだったのかが確定できない
のである。

　1815 年 5 月から 1816 年 3 月までヴィーンに滞在したチャールズ・ニート
(1784-1877) がこの作品を含む 6 曲（ほかに Op.72, 92, 95, 112, 136）を、ベ
ートーヴェンからロンドンでの出版を託されて、持ち帰った。しかし 1816
年 10 月 29 日にニートは「出版社に提出しましたが、それは難しすぎ、売れ
ないだろうとのことで、引き続き提出してみますが」[BGA 987] と知らせて
きた。しかしベートーヴェンはなお 1817 年 4 月 19 日に「あなたから何も言
ってこないので、私にせがんだあるドイツの出版者に渡してあり、あなたが
ロンドンで売り出すよりも前に彼がこのソナタを出版しないよう求めていま
す」[BGA 1116] と言っており、ジムロック社がこの時点でまだ出版していな
いことが類推される。

　ニートがベートーヴェンの音楽に関してロンドンの音楽界に貢献したのは、
シンフォニー第 7 番 Op.92 が 1817 年 7 月 9 日、ロイヤル・フィルハーモニ
ック協会で持ち帰り楽譜によってロンドン初演されたときだけであった。

　1810 年代末のベートーヴェンの出版関心のひとつは、エディンバラのト
ムソンとの交渉が暗礁に乗り上げた [第 II 部第 30 章] ことにより、イギリス向
けに完成させた歌曲編曲にドイツ語訳を付けてヴィーンまたはドイツでの出
版を試みることであった。すでに 1815 年にシュタイナーへの 13 作品譲渡契
約の際にその話が出ているが、それは受け入れられていなかった。そこでベ
ートーヴェンは 1820 年 2 月 10 日に息子ジムロック宛に可能性を窺っている
[BGA 1365]。そして結実したのが、歌詞は付けずに器楽曲とした、ピアノと
任意参加のフルートまたはヴァイオリンのための《民謡による変奏曲》（初
版のタイトルページは「10 のロシア、スコットランド、チロルのテーマ、
ピアノ・フォルテのために変奏、フルートまたはヴァイオリンを伴ってもよい」）
Op.107 で、1820 年 4 月 23 日に原稿の送付を告げており [BGA 1384]、出版は
1820 年 8 月ないし 9 月であった。ジムロック社としては作品番号をどうし
てよいか判らず、空欄にし、後から「107」と手書きされた [第 6 章 12]。

　この書簡では同時に、《ディアベッリ変奏曲》を、そしてまだキリエとグ

140

第5章　各出版社との関係概容

ローリアしか書いていない《ミサ・ソレムニス》をすぐにでも渡せるかのように、売り込んでもいる。その後しばらくジムロック父子がベートーヴェンに宛てた書簡は遺っていないが、ジムロックはミサ曲に強い関心を表明したと思われ、すでに 1820 年 10 月には、原稿送付の仲立ちをしたフランクフルト在住のブレンターノのところに振り込みを行なった。その際に通貨両替の基準値をめぐってベートーヴェンと行き違いが生じ、1820 年 11 月 29 日のブレンターノ宛書簡［BGA 1419］でベートーヴェンはジムロックを非難している。「ミサ曲の送付であなたを煩わせることになります。どうかここで、あのユダヤ人出版者に対して私の方が優越していることについて少し注意を向けて下さい」。

　またブレンターノとのやりとりのなかで、その約 1 年後の 1821 年 11 月 12 日に、私たちにとってきわめて衝撃的な発言をしている。「私の生計を考えると［in Ansehung meiner Subsistenz］さまざまなパンのための仕事［Brod-Arbeiten］（残念ながら私はこれをそう呼ばざるを得ません）を果たさざるを得ませんでした」［BGA 1445］。ベートーヴェンがこの時期に《ミサ・ソレムニス》以外に携わっていたのは最後の 3 ピアノ・ソナタ（Op.109, 110, 111）だけであることが確認される［第 II 部第 33 章 4］。

　わずか 1 点、残存しているニコラウス・ジムロックの 1822 年 5 月 13 日付の書簡［BGA 1464］に次のような一節がある。

　　いまは、あなたが私に 4 月末にミサ曲を完全に手にできると約束して 1 年です。1820 年 10 月 25 日以来、私は 100 ルイ・ドール［引用者注：約 900 グルデン約定価］をフランクフルトに預けている。［中略］さしあたって私はあなたの 6 つのシンフォニーを出版することを企てました［引用者注：1822 年に始まるシンフォニーのスコア譜出版企画］。…私は私の価値ある旧友に価値ある記念碑を寄進しようとし、私はできるだけのことをしてきました。

　ここにある「6 つのシンフォニーを出版することを企てました」は事実ではなく、このときまさにジムロック社は最初の 3 曲の初のスコア出版を手掛けているところで、シンフォニー第 1 番と第 2 番は出たばかりだったが、第 3 番はその何ヵ月か後に、第 4 番は翌年に出版された。そして第 5 〜 6 番はジムロック社からではなく、1826 年にブライトコップ & ヘルテル社が出版した。ジムロックとしては、第 4 〜 6 番の 3 曲も出版するつもりで、このような表現となったのであろう。

141

第Ⅰ部　体系的考察

　ただこの言辞から類推すると、ベートーヴェンが待望していたシンフォニーのスコア出版が晩年についに実現したとはいえ、ベートーヴェンのコントロールの許であったかどうかは疑わしいのではないだろうか。付言すると、シンフォニーのスコア譜をすでに出版されているパート譜から作成して出版することは、当時としては、編曲版と同様に、形態が異なるので原版の版権を侵害する行為ではなかったと思われる。ちなみに、ジムロックがスコアの版権をベートーヴェンと交渉した形跡はなく、また出版譜を送ってもらったベートーヴェンも版権の侵害について何も反応していない。付言すると、ブライトコップ＆ヘルテル社も1826年のスコア譜出版についてベートーヴェンに改めて接触はしなかった可能性が高く、すなわち版権支払いの形跡はないが、新カタログはこれを原版と認定している。これは、版権買取り（稿料支払い）を前提とする原版の定義からすれば、そこから外れることがかなり明白な、例外である（もっとも、その他の原版はすべて稿料支払いがあったと断定することもできないが）。同社のスコア譜は1809年に出版したパート譜（原版）に基づいて作成されたので、ベートーヴェンから原稿の提供を受けた版に分類せざるを得なかったのである。

　ところで、ミサ曲の遅延に関してベートーヴェンは1822年9月13日に次のように弁解している［BGA 1494］。

> 　1年半、病いにあり、それはまだ完全には終わっておらず…私にはこれまでミサ曲に対して少なくとも4社から申し込みがあり、その最低は1000グルデン約定価で［引用者注：ジムロックが供託している100ルイ・ドールとは約100グルデン約定価の開きがある］…したがって私たちがこの作品で縁切りになってしまうとすれば残念である。

　「4社から申し込み」とはシュタイナー社、シュレジンガー社、ペータース社、アルタリア社であり、この時点でジムロック社を含めた5社はこの作品がなかなか完成しないことにいらだちをつのらせていたが、すべて破談となる。その過程でベートーヴェンの方は1823年3月10日に信じがたいことを言い出している［BGA 1607］。

> 　…あなたが私からミサ曲を手に入れることはまったく確かですが、私はもう1曲ミサ曲を書きまして［傍点は引用者］、どちらをあなたに与えるべきかまだ決しかねており［原注：もうひとつのミサ曲は存在しない］、…［中略］復活祭後までもう少し辛抱下さい。

ジムロックとの間に入ったブレンターノへの返金は、この時期にベートーヴェンが方々にしていた借金事情と絡んでいる。弁護士のバッハ博士に宛てて 1824 年 8 月 1 日に「シュタイナーに関してだが、彼は、今月末か 9 月末に彼の借金を全部返せば満足だろう。——マインツ［引用者注：ショット社］の成り行きなのだが、それは長くかかり、最初の 600 グルデンは 2 人の高貴な方々［引用者注：ブレンターノ夫妻］にも支払うことになっており、彼らは、私がほとんどどうにもならなかったときに、親切にも損得なしでこの額で私の意を迎えてくれた」［BGA 1855］［この続きは終章］。

13 │ 三たびアルタリア社　第 2 次国際出版

Op.102 のジムロック社版刊行からおそらく 1 年半以上が経過した 1819 年 1 月に、アルタリア社もベートーヴェンからおそらく別の筆写譜の提供を受けて、「ピアノとチェロまたはヴァイオリンのための 2 つのソナタ」としてパート譜 3 部（ピアノ・スコアとヴァイオリン・パート譜、チェロ・パート譜）で Op.102 を刊行した。新カタログにおいて、これも原版と認定された。ジムロック社版では献呈は行なわれなかったが、この作品をそもそも委嘱したと思われる、あるいは少なくともベートーヴェンがピアニストとして想定した、エルデディ伯爵夫人への献呈はこのアルタリア社版においてであって、そこにはベートーヴェンの意志が働いていたと見てよい。第 8 次の時間差多発出版である。

その直後、1819 年 2 月に同社はピアノ・トリオ Op.1-3 の弦楽五重奏編曲 Op.104 を作品番号なしで出版した。ヴィーンでのベートーヴェンの原版楽譜の出版はシュタイナー社による Op.101 が 1817 年 2 月に出て以来、2 年ぶりのことで、102 番が世に出て久しく、アルタリアはそれを何番としてよいか判らなかったのだろう。そのタイトルページには「彼の最も美しいトリオによる、彼自身によって自由に編曲され新たにしつらえられた」とある。このハ短調トリオが特別な作品であることは第 II 部第 12 章で言及する。「出版社の版権」とも記されているので、この時期にみたびドメニコ・アルタリアとの接触があったのである。それ以前にベートーヴェンはこの編曲版の出版を 1817 年 8 月の段階でシュタイナーにと考えたが［BGA 1158］、とりやめたようである［BGA 1158 原注 4］。また 1818 年 5 月にリースにロンドンでの出版

を働きかけてもいるが［BGA 1258］、それは実行されず、最終的にはアルタリア社が引き受けた。

《ハンマークラヴィーア》ソナタ Op.106 が突然、アルタリア社から刊行されたことはよく知られているが、それにはこうした第3次のアルタリア社との関係構築が背景にあった。それは 1819 年9月に"ピアノと任意参加のフルートまたはヴァイオリンのための"《民謡による変奏曲 Op.105 とともに刊行されるのだが（出版公告はそれぞれ9月6日と 15 日）、イギリス向けに完成させた歌曲編曲をアルタリア社も引き受けたわけである。ジムロック社より1年3ヵ月ほど前のことで、初版のタイトルページは「6の変奏されたテーマ、演奏はきわめて容易、ピアノ・フォルテ独奏のため、もしくはフルートまたはヴァイオリンの伴奏を伴ってもよい」であった。

その結果、「Op.103」と「Op.104」が飛ばされた。「Op.104」は 1820 年頃の再々版のときに初めて付されたが、「Op.103」は同社の手持ち作品で補填しようがなく、いわば"永久欠番"となって、その穴埋めには長い年月を要することとなる。当時、作品番号の欠落という問題を最も気にしていたのがドメニコ・アルタリアであったが［第6章で詳述］、この時点でそれ以上には為す術を持たなかったと言える。

Op.105 と Op.106 が、シュタイナー社主導の第1次国際出版とは違って、真の意味での国際出版に発展したことは注目に値する。第2次国際出版の参加出版社は第1次の8社に加えて、主幹社アルタリアのほかに、アウクスブルクのゴンバルト社、マインツのショット社、ミュンヒェンのファルター社、ハンブルクのベーム社、ミラノのリコルディ社が加わって計 14 社となり、しかも「…でも入手可［auch zu haben in …］」という表現が消えて、出版社名の列記に変わった。さらに「オーストリア王国・帝国地域のすべての書店・美術店」という表示が消えて、「その他ドイツ、フランス、イギリス、スイス、ロシア、ポーランドの美術店・書店で」に変わった。これは何を意味するかというと、戦勝を背景にしたドイツ諸国の販売網に乗せるという第1次の閉鎖性を克服して、戦勝相手のフランスをも含んだ、真の国際性を第2次国際出版は獲得した、ということである。第1次のときには参画させてもらえなかったアルタリア社が、あえて違う方式をアピールすることで、存在感を誇示したのではないか。実質においてはおそらく大きな違いはなかったと思われるが。

14 │ シュレジンガー社 第3次国際出版

　1810年代末以降に目立つのは、大陸のさまざまな出版者がベートーヴェンとの接触を求めてきたことである。そのひとり、1811年にベルリンで楽譜出版社を開いたアドルフ・マルティン・シュレジンガー（1769-1838）が1819年秋にヴィーンにベートーヴェンを訪ね、そうして文通が始まった。1820年3月25日の書簡［BGA 1374］にある作品の提供および価格は、その1ヵ月前にジムロックに提示したもの［BGA 1365］と内容的に同じである。シュレジンガーの返書が来る以前に「Op.107」に相当するものはジムロックと成約し、残ったのは25スコットランド歌曲であった。1820年4月30日には、シュレジンガーの疑問に答える形で、イギリスでの版権は大陸には及ばないこと、歌詞のドイツ語翻訳が必要であることなどを説いている［BGA 1388］。それは1822年7月にOp.108として結実した。アルタリア社のOp.105、およびジムロック社のOp.107が器楽だけの編成であったのとは違って、これは、トムソン向け歌曲編曲の一般的な形、すなわち、ピアノとヴァイオリン（フルート）およびチェロと、何声かの歌唱声部のためのもので、詩についてはシュレジンガーがベルリンの司書ザムエル・ハインリヒ・シュピカーにドイツ語訳を依頼した。

　シュレジンガーからの返書［BGA 1391および1398/ともに消失］には新たに3ソナタの依頼が書かれていたと思われ、ベートーヴェンはその注文に積極的に応えた。最後の孤高のピアノ・ソナタ第30〜32番Op.109〜111はこうして同社単独の委嘱作品として誕生した。しかし、第1次国際出版の途中（Op.92以後）からそれに加わった同社はその体制を一部活用して、販路を広く採る選択をした。

　ただこの第3次国際出版は国際性という点で後退しており、ベルリンのシュレジンガー社と息子モーリス（1798-1871）が運営するパリ社を主幹とし、ヴィーンのカッピ＆ディアベッリ社、シュタイナー社、メケッティ社、ロンドンのブージー＆（チャッペル＆）クレメンティ社の計4社が中心のパートナーだが、参加社に関しては各曲に、またベルリン版とパリ版に、微妙な違いがある。たとえばOp.111では、メケッティ社ではなく、ザウアー＆ライデスドルフ社に代わっている。またOp.110とOp.111については旧ク

145

第 I 部　体系的考察

レメンティ社も別途、出版社登録をしている。そしてライプツィヒほか、ド
イツの諸都市の出版社が排除されているのが特徴的である。しかもその他の
諸国（ミラノ、ナポリ、ロシアなど）はこの際いっさい関係がない。

　《ミサ・ソレムニス》の作曲に割って入ったこの 3 曲は、先にブレンター
ノ宛書簡で紹介したように、大作創作中ゆえに実入りのない時期の、「パン
のための仕事」であった［第 33 章 4 で詳しく検討］。しかし Op.109 の校正刷が最
悪のものであったところからベートーヴェンは怒りを爆発させ、1821 年 11
月 13 日に「私が絶えず病気であるのは、…校正によってそうなったのであ
り、私は黄疸になり、非常に具合が悪く、あなたを助けるために心身が疲労
し、…」［BGA 1446］などと言っている。加えてもうひとつの障害が発生する。
1822 年 2 月 20 日の書簡［BGA 1458］に、シュレジンガーが振り込むヴィーン
の為替換金業者が「支払の際にその都度 2% 取る」ので、「私は 14 グルデ
ン・ヴィーン価以上少なく受取ることになります…」、とある。

　ベルリンの父シュレジンガーに渡った原稿はパリの息子のところで印刷さ
れることとなった。息子シュレザンジェもまた仕事が雑で、ベートーヴェン
の怒りを買う［1822 年 8 月 31 日付 BGA 1491 やその 10 ヵ月後の 1823 年 6 月 3 日 BGA 1667
などに明らか］。翌年になると息子シュレザンジェとの間で《ミサ・ソレムニ
ス》、《献堂式》序曲、シンフォニー第 9 番、弦楽四重奏曲についてやり取り
が見られる。この間、1822 年後半から 1825 年前半までまる 3 年、ベルリン
の父との間には書簡交換はなく、一方、パリの息子との間には 6 通、認めら
れる。そこで、《ミサ・ソレムニス》の出版話が、作品の完成とともに再登
場する。しかしまずは王侯たちに筆写譜での販売が先行した［BGA 1782］。価
格を提示した後、それに対する返事はなく、ベートーヴェンは 1824 年 6 月
19 日に末弟ヨハンに「私には不愉快なことだ、ユダヤ人の恩寵を期待する
など」［BGA 1846］と書き送っている。

　1825 年に入るとベートーヴェンは弦楽四重奏曲の売り込みに集中する。
1825 年 7 月 19 日には再度、父シュレジンガーとのやりとりがあり、そこに
は、同社が Op.109 以来イギリス社をも巻き込んで国際出版を確立していた
ことについてのベートーヴェンの言及がある［BGA 2015］。

　　2 曲の大きな新しい弦楽四重奏曲［原注：Op.132 とまだ未完の Op.130］をお渡しできる
　　と、申し上げます。その報酬は（それぞれ）80 ドゥカーテン［引用者注：約 360 グル
　　デン約定価、約 900 グルデン・ヴィーン価］です。先般来、あらゆる方面から私の作品

146

が求められ、私にはこれらの弦楽四重奏曲のそれぞれに対して 80 ドゥカーテンが申し出られています。しかしあなたがこれをこの価格で望まれるなら、私はあなたに優先権を与えます。この契約はあなたにとくに、あなたがこれらの弦楽四重奏曲をパリおよびロンドンに送ることができるゆえに、迷惑な話ではないでしょう。私の友人リースはもうロンドンに居ないので…［以下、106 ページですでに引用］。

　ここでベートーヴェンはシュレジンガーが小規模な国際出版を実行していることを前提に 1 曲 80 ドゥカーテンという価格を設定している。これは日常的なグルデン・ヴィーン価での収入にすれば相当の額（当時の年金額 [3400 グルデン・ヴィーン価] の 4 分の 1 以上）であり、国際出版の場合、主幹出版社が一手に版権を取得し、相応の報酬を支払う体制であったことを間接的に証明するだろう。ただし死後出版となった Op.130 と Op.132 は現実的には国際出版とはならなかった。またここで改めて確認されるのは、ベートーヴェン自身のロンドンとの出版交渉はそれまで個別的であり（時間差多発出版）、その最後はリースが仲介の労を執っていて、ベートーヴェン側は助手を含めた本人責任の業務であったことである。

15 ｜ カッピ＆ディアベッリ社

　作曲家として知られているアントン・ディアベッリ（1781-1858）は、ハスリンガーと同じくシュタイナー社の徒弟でもあったが、かつてベートーヴェン楽譜の原版を出版したことのあるヨハン（ジョヴァンニ）・カッピの甥ペーター・カッピと組んで 1818 年にカッピ＆ディアベッリ社を設立した。そしてすぐさまベートーヴェンにピアノ曲中心の作品依頼を行なっている。成功したのは、1823 年 6 月に《33 の変奏曲》（通称《ディアベッリ変奏曲》）Op.120 だけだが、そのほかには《献堂式》序曲［Op.124］、オーケストラのための祝賀メヌエット WoO 3 が商談にのぼった。Op.120 とほぼ同時に彼はピアノ・ソナタ第 32 番 Op.111 も出版したが、それも、1822 年出版のシュレジンガー社版とともに、ベートーヴェンから原稿の提供を受けた原版出版であることが 1823 年 6 月末のベートーヴェンの書簡［BGA 1683］から分かる。「最後まで私の草稿を維持して下さい」といっているからである。第 11 次時間差多発出版である。

第I部　体系的考察

　そのような証拠はないので新カタログは原版と認定はしていないが、おそらくピアノ・ソナタ第31番Op.110も同様に、さらに、もしかしたらピアノ・ソナタ第30番Op.109も、原版の可能性がある。なお、同社はピアノ・ソナタ第30番Op.109については、1821年9月のベルリン・シュレジンガー社主導の第3次国際出版にも参画しており、シュレジンガー社版の販売店にもなっていた。そして1822年のパリ・シュレザンジェ社主導による第30番Op.109（同年初め）と第31番Op.110（同年7月以後）の第3次国際出版には、後継のメケッティ・カッピ＆ディアベッリ社として参画した。ここで、同時的な「国際出版」と継続的な「時間差多発出版」が輻輳している。
　これらソナタ3曲はヨハン（ジョヴァンニ）・カッピ社も同時か、多少遅れて独自に出版しており、この2社はこの頃、提携関係にあったことを伺わせる。

16 ｜ ペータース社

　カール・フリードリヒ・ペータース（1779-1827）は、1816年2月の《ウェリントンの勝利》の国際出版に加わり、引き続いてOp.92（1816年11月）、Op.93（1817年）、Op.106（1819年）のときにも参画したが、ベートーヴェンとの個人的接触はなかった。1818年4月9日にヴィーンの取引先シュトライヒャーにベートーヴェンへの仲介を頼むが［1818年4月29日のBGA 1465注2による］、その後、4年間は沈黙している。その理由は、自分が参入したことでヴィーンの出版者たちを怒らせたくないから、ということであった。
　しかるに、と、1822年5月18日に直接、名乗り出る。「いまあなたの作品を再びヴィーンの外で出版させ、それをしかもユダヤ人シュレジンガーに与える…この誰も敬意を払わないユダヤ人があなたの作品を得るならば、私がこれ以上ヴィーンの出版者たちに遠慮しようとするのは馬鹿げたこと…」「今回ライプツィヒの見本市で出会ったシュタイナーに仲介を頼んだ」と開かす［BGA 1465］。それに対してベートーヴェンは1822年6月5日に、「光栄です…」と反応しつつ、自分は率直で正直な出版者に優位を与える、との一般論を展開し［BGA 1468］、提供可能作品を挙げている［976ページで具体的に論じる］。シュタイナーから何も聞いていないというベートーヴェンの返事に対して、その次の1822年6月15日付［BGA 1469］でペータースは、シュタイ

148

ナーの悪口をくどくどと述べる。

　ペータースの手紙は丁寧、かつ、もって回って慇懃で、そしてつねに長文である。ベートーヴェンの返信を含めて往復書簡は 32 通に達し、それを訳してみると 400 字 100 枚を超える。これらはやり取りのほぼ全部と思われ、ベートーヴェンの側でも保存しておかなければならないとの意識が働いたことは間違いない。ペータースは一貫して、自らの誠実さ、率直さ、芸術への敬意を訴え、友好と愛が戦争による輝かしい勝利より優る、などと、ベートーヴェンから好印象を得ようと饒舌に語る。そしてことにシュレジンガーに対する攻撃は凄まじく、「ベートーヴェンによって作曲された宗教的ミサ曲には不適合な、ユダヤ人の手に渡る」ことは阻止しなければならず、それで名乗りを上げた、などと言っている［BGA 1469］。

　ベートーヴェンは 1822 年 6 月 26 日［BGA 1473］にいったんは《ミサ・ソレムニス》のペータースへの譲渡を決定する。そして続ける。「…シュレジンガーはもう決して私から何かを得ません、なぜなら彼は私にもユダヤの一撃を食らわせたのです［引用者注：ブランデンブルクはこれに関して何の注釈も加えていないが、大量の印刷ミスのうえに、手形の払い出しの際に手数料が多く取られること以外に、該当する事項はないと思われる］」。

　ペータースはまず小品類の入手の前払い金として 1822 年 7 月と 8 月の 2 度にわたって計 360 グルデン・ヴィーン価を振り込む。これが関係崩壊の伏線となった。すでにその 2 ヵ月後の 1822 年 9 月 13 日にベートーヴェンは健康上からの対応の遅れに言及するとともに、ペータースが「早くにお金を送ってしまったことが残念」［BGA 1496］と嘆く。ようやく半年後の翌 1823 年 2 月に 3 歌曲、6 バガテル、4 行進曲（代用の"帰営ラッパ"を含む）を送るが、それを受け取ったペータースが 1823 年 3 月 4 日に受け取りを拒否する［BGA 1604］。理由は、オーケストラ伴奏歌曲など頼んでいないと、内容物が契約とは違うという点、「しかもそのなかには賞味期限切れの作品で手の施しようがないものもある」、「バガテルはいろいろな人に弾かせてみたがひとりもベートーヴェンの作品だと信じようとしなかった」等々、最大級の厳しい内容であった。「私の顧客は優れた作品を私から入手することに慣れており」、「私がベートーヴェン氏の作品で打って出るとき、まともに打って出たいのであり、バガテルや"帰営ラッパ"で始めたくなく、私が初めて小規模な作品をもたらすときにも、美しい気の利いた作品でなければならず、そうでないならまったく留まっていた方がまし」、「私はすでに 8 月にお金を送り、

149

そのうえでこうした不快なことを経験しなければならないのは、もううんざりですから」など、この書簡は訳文で400字12枚にも及ぶ。

ベートーヴェンは4ヵ月後に非難を受け入れる。しかし1823年7月17日［BGA 1705］に「…このことに責任あるのは誰ですか、あなたご自身以外に！」と反論した。1825年3月にはシュトライヒャーが仲介に入る。その年の後半に新しい弦楽四重奏曲（Op.132）が完成すると、ベートーヴェンはそれをペータースに振り向けようとし、1825年7月19日にカールに次のように書かせた。「ペータース氏を思い出し、私は彼に私が現在持っている最上のものを提供します、過去はともかくとして」［BGA 2014］。しかしペータースから反応はないばかりか、360グルデン・ヴィーン価の返金要求が来た。

17 │ プロプスト社

1823年に創業したばかりのハインリヒ・アルベルト・プロプスト（1791-1846）は1824年2月25日以前に書面で作品供与の希望を申し入れた。それに対するベートーヴェンの1824年2月25日頃の返書［BGA 1783］が接触の最初の記録である。そこに提供可能として挙げられている作品はOp.121b、Op.122、Op.124、Op.126、Op.128だが、さらに3月10日［BGA 1788］では《ミサ・ソレムニス》とシンフォニー第9番も挙げている。これらはすでにショットに許諾し、しかもショットから第1回の分割払い金が入金されているにも拘わらずである。そして8月28日には「私はこの男に別の作品を与えることもできる」［BGA 1867］とし、早期の回答を迫る。「報酬の一部は実際にすでに当地にありますので、つまり私はこれに関して別の決断をしなければならないことになりますので。そうなればこの実に尊敬すべき男［引用者注：ショット］に対して私の義務となるのは、この件に関してただちに説明をすることであり、そして彼に別の作品でご容赦いただくこと」とも言っている。これに対するプロプストの返書は消失しているが、その後にこの2大作品は話題になっていないので、断ったと思われる。その他の小品については、プロプストはすでにヴィーンの代理店に報酬を振込んでいたが、支払いのゴーサインをする直前になって、作品を見てからにしたいと書いたことで、決裂した。おそらくペータースが、その約1年前にベートーヴェンとこじれ、プロプストに対してベートーヴェンには気をつけるようにと喚起したのでは

ないか。しかもこれらの小品は弟ヨハンが借金の形として得たもので、ベートーヴェンの所有ではなかった。

18 | ショット社

　ショット兄弟社［ヨハン・アンドレアス（1781-1840）とヨハン・ヨーゼフ（1782-1855）］は、1814 年に、名うての続版出版社マインツのツーレーナー社の甥が経営していたエルトヴィッレのツーレーナー社を買収した関係で、1815 年頃から 19 年にかけて大量のツーレーナー版ベートーヴェン続版譜の再版を出した。この両社の関係については、旧カタログでは整理されていなかったため、私たちの認識はきわめて曖昧であったが、新カタログにおいて創業当初と 1820 年代の出版活動は別個のものと見られるに至った。この時期にはヴィストリンクの『音楽文献案内［Handbuch der musikalischen Literatur］』［161 ページで改めて説明］が発刊されて（1817 年）、その継続を 1819 年からフリードリヒ・ホーフマイスターが実践し始め、ヨーロッパの楽譜出版界に大きな変革が訪れた。端的に言うと、この音楽出版年鑑の刊行により、同業者の刊行物が一目瞭然となったのである。ショット兄弟社がそれまでの自社の楽譜刊行から大きな方針転換を試みたのはおそらくそうした機運に強く影響されてのことだと思われる。

　ベートーヴェン関連でいえば同社は、1824 年に発刊する音楽年鑑『チェチーリア』第 1 号に寄せて、ベートーヴェンに初めて直接に接触してきた。それに対してベートーヴェンは 1824 年 3 月 10 日に《ミサ・ソレムニス》、シンフォニー第 9 番、弦楽四重奏曲を提示した［BGA 1787］。同社は 1824 年 3 月 24 日付の返書で「これほど強力な版［so starke Ausgabe］を一気に作成すること」の困難さを申し立て、分割払いという他社にはまったくないアイディアを提案する［BGA 1797］。それと、大変へりくだった文面［全文は第 35 章 14 で引用する］で、「ヴィーン宮廷楽長ルートヴィヒ・ヴァン・ベートーヴェン閣下殿」などの表現もあり、ベートーヴェンに好印象を与えて、1824 年末には次のように言わしめる。「あなたはじつにオープンで偽りがなく、それは私が出版者にまだ認めたことのない特性で、これが私の気に入って、私はそれゆえあなたの手を握りしめます…」［BGA 1917］。そしてベートーヴェンの苦しい経済事情が披瀝される。「もしあなたがもうすでに四重奏曲の報酬を当

第I部　体系的考察

地に送金下さろうとするなら私は嬉しい。というのは私はいまちょうど物入りが多く、私にはすべて外国から来ざるを得ず、あちこちで遅滞が生じていますので」[同]。

　1824年5月にシンフォニー第9番の初演・再演という大仕事があり、その後バーデンでの療養が11月まで延びたことにより、版下原稿の作成は遅れ、《ミサ・ソレムニス》Op.123とシンフォニー第9番Op.125の両スコアがショットに向けて発送されたのは1825年1月16日であった。弦楽四重奏曲Op.127に関して言えば完成自体が1825年2月までずれ込んで、ショット社に渡るのは1825年4月である。

　その間に、この二大作品と、弟ヨハンが出版権を譲り受けた諸作品、大序曲Op.124、6ピアノ・バガテルOp.126、3歌曲Op.122、"Op.121b"、Op.128は1825年2月4日にすべてショット社が買い取ることとなる[BGA 1931]。《ミサ・ソレムニス》の完成を待ちくたびれて撤退したジムロック社を除いて、これらの出版を以前に持ちかけられた出版社（シュレジンガー社およびプロプスト社）、それ以前に破談となったペータース社、さらにはベートーヴェンとの書簡交換がほとんど遺っていないヴィーン各社が、2大作品の出版をショット社にはさせまいとして、さまざまな陰謀が渦巻いた。そのあたりはショットとのやり取りのなかに何度も出てくる[BGA 1835, 1901, 1913]。

　1825年5月7日にベートーヴェンはペータースから不興を買った作品群（"帰営ラッパ"WoO 18ほか3曲、および祝賀メヌエットWoO 3）をショット社にも売り込んでいるが[BGA 1966]、これらは結局、最後まで買い手が付かなかった。

　その後、1826年に入ってから再びショット社と文通が続くが、それは《ミサ・ソレムニス》とシンフォニー第9番の印刷をめぐる打ち合わせのほかは、Op.127を除いてすべて死後出版となる最後の弦楽四重奏曲群に関するもので、そのうち同社が獲得したのはOp.131だけであった。

152

第6章

作品番号をコントロールしたのは
誰か

1. コントロールの実際
2. "非真正Op.番号"
3. 欠番問題が俎上に
4. 作品番号は本来、出版物識別番号
5. 1801年、出版活動再開後（Op.15以降）
6. 最初の空白番号　Op.31と"Op.32"
7. "Op.46"～"Op.48"　間に挟まるOp.47の謎
8. Op.49～Op.52の謎
9. BAI社出版作品の番号付与──その謎解き
10. BAI社（Op.62まで）からブライトコップ＆
　　ヘルテル社（Op.67から）へ転換
11. ブライトコップ＆ヘルテル社（Op.86まで）から
　　シュタイナー社（Op.90から）へ転換
12. ジムロック社の問題
13. Op.112以降の番号大混乱
14. ベートーヴェンによる番号指示の復活　その問題点
15. 見過ごされてきた問題　Op.127以後の混乱
16. 死後出版
17. まとめ
18. 余論1: Op.72の問題
19. 余論2: Op.113とOp.114の問題
20. 余論3: 自身による編曲版の出版と作品番号

第I部　体系的考察

　ベートーヴェンの作品番号（Op.）は3曲のピアノ・トリオ作品1から
《レオノーレ》序曲第1番作品138まで、ということは音楽ファンなら誰で
も知っているような事柄である。しかし、138までの番号がすべて埋まった
のはベートーヴェンの死から40年近くたった1865年のことだった、という
事実を意識している人はほとんどいないのではないか。ベートーヴェンの作
品番号は生前から欠番だらけだったのである。ベートーヴェンがその穴埋め
に努力した形跡はまったくないので、彼はその事実を看過するほかなかった
ように見える。しかしながら作品番号に関心がなかったわけでは決してなく、
むしろその反対である。作品の出版時に作品番号を指示している書簡はたく
さんあり、したがってそれらを断片的に知る後世は、彼が番号をコントロー
ルしていたという感覚でずっときていたと思う。"本格的な"作品にはOp.
番号を、そうではない作品にはNo.番号を付す、という2系列の番号付け
をベートーヴェン自身が行なっていることは第4章4で言及したが、そこで
引用した書簡［BGA 123］の一節で語られているのは、Op.34およびOp.35は
それまで出版してきたNo.番号付きのピアノ変奏曲とは違って「より大き
い作品」であり、しかも主題まで自身によるのだから、Op.番号を付すべき、
ということである。そこからはまた創作者としての自負も見て取れ、この一
節は後世によるOp.番号の定義に決定的であり、かつそのコントロールは
作者の下にあるという印象を強くさせた。しかし遺された現実をつぶさに検
討すると、その言明時にすでにコントロールは怪しかったのであり、Op.番
号は一人歩きし始めていた、と見ざるを得ない。

　後世に生まれた感覚は二重の齟齬の結果である。すなわちベートーヴェン
と作品番号との関わりが正しく理解されていないことと、他方ではそれがカ
ムフラージュされるかのように見える実態があったことである。それらが生
じた原因とメカニズムの分析は、出版社と、否、社会と、ベートーヴェンと
の関係のあり方の一面を把握することでもある。

154

第 6 章　作品番号をコントロールしたのは誰か

1 │ コントロールの実際

　事初めとして、ベートーヴェンによる番号コントロールの実際を具体的に見てみよう。その最も大規模なものは 1810 年 7 月から 9 月にかけてのヘルテルとベートーヴェンとのやりとりである。7 月 11 日付でヘルテルは、前年から続く Op.72 ～ 86 の出版交渉と刊行準備が佳境に入ってきて、次の問い合わせを行なった［BGA 456］。

　　作品番号、献呈等をお知らせ頂ければ、それらによって時宜に適ってタイトルを彫
　　版させます…

　これは、被献呈者の指定とともに、作品番号についての指示を仰ぐものであるが、ここからは作品番号の決定権がベートーヴェンにあると出版者に認識されていたことが読み取れよう。ベートーヴェンの 8 月 21 日付の書簡［BGA 465］には、各作品の被献呈者を指示するのに続けて、作品番号付与については原則的なことだけが書かれており、作品番号についての具体的言及はない。

　　2 つのソナタ［引用者注：Op.78 と Op.79］に関して、それぞれ単独で出してもよいし、
　　一緒に出してもよい。ト長調ソナタ［原注：Op.79］は「易しいソナタ Sonate facile ま
　　たはソナチネ Sonatine」［引用者注：以下の細かい指示は略、以下、同様］…四重奏曲
　　［引用者注：Op.74］は…リート［同：Op.75］は…――あなたのところで出た最後の作
　　品群の最後の番号が、これらの作品が属すべき番号の糸口となるでしょう。
　　　四重奏曲［同：Op.74］は他より前で、コンチェルト［同：Op.73］は四重奏曲の
　　さらに前です、創作順に並べようとするなら。ともに 1 年［引用者補：以内］のもので
　　すが。

　ここに、ベートーヴェンが作品番号は創作の年代順に振られるべきという一般原則を持っていた、ということが見て取れる。さらに見逃してならないのは、このときベートーヴェンの意識のなかには、番号付けの対象として後に Op.73 ～ 75 および Op.79 の番号が与えられる 4 作品しかないことである。一方ヘルテルは付すべき作品番号について 9 月 24 日付で「番号は次のようにでよろしいでしょうか。Op.72 レオノーレ、Op.73 ピアノ・コンチェルト、

155

第Ⅰ部　体系的考察

［中略］…Op.86 ミサ曲」と、もっと広く考えていて、Op.72 から Op.86 まで
15 作品の番号について具体的な提案を行なった［BGA 469］。それに対するベー
トーヴェンの応えはなかった。

　この時期の両者の往復書簡はすべてが長大で、価格交渉のみならず、国際
情勢の分析や楽譜出版事業の深刻な問題などにも話題が及び、作品番号云々
はささいなテーマにすぎず、この種の行き違いは起こって当然という感じは
する［772 ～ 73 ページで詳述］。ここで言及されている具体的な出版物としての"
レオノーレ"とは《レオノーレ》序曲第 3 番のオーケストラ・パート譜と
《レオノーレ／フィデリオ》全曲のピアノ編曲版であるが、それらの版刻は
同社の出版簿によれば、それぞれ、すでに同年 7 月および 8 月に終了してい
た。問い合わせ自体が時間的余裕のないまま行なわれ、両楽譜は作品番号な
しで出版された。この件に関するこれ以上の言及は、ここでは脇筋に入り込
んでしまうので、別項で取り上げる［本章 18］。Op.73 から Op.86 の番号付け
に関しては、提案通りそのまま、現在通用している形で、実行された。これ
は、作品番号付与がベートーヴェンと出版者とのコラボレーションで進行し
た例である。

　最晩年、1825 年 3 月にもショットに対して「作品の番号は以下の通り、3
歌曲 No.121、ミサ曲 No.123、序曲 No.124、シンフォニー No.125、バガテ
ル No.126、四重奏曲 No.127」［BGA 1950］と作品番号を確かに指示したが、
ここではオーケストラ伴奏やピアノ伴奏など種類の異なる 3 歌曲に対してひ
とつの番号が与えられており、「122」が飛ばされていて、この通りに実行す
るのに出版社は難儀した［201 ～ 202 ページ参照］。

　「ベートーヴェンが大作品に Op. 番号を付して、自ら作品番号をコントロ
ールしていた」という後世の観念には、これらの言説が何となくの根拠を与
えていたかもしれない。しかし現実を見るとどうか。遺されている Op. 番
号には欠番が多々あり、番号コントロールの実態はと言えば、懐疑的になら
ざるを得ない事実もまた少なくない。ひとつ例を挙げると、Op.34 および
Op.35 のときの言辞とは早くも矛盾して、5 年後の 1807 年 4 月に出版され
たハ短調変奏曲 WoO 80 は、同様に自身の主題により、しかもそれらより遙
かに大規模で 32 もの変奏を有するにも拘わらず、Op. 番号ではなく、初期
の他者主題による簡素な変奏曲に付されたと同じ、No.36 という No. 番号を
もって出版された。地元ヴィーンの BAI 社との出版交渉は口頭でなされた
ので、一概には言えないが、言行不一致ではないか。つまりベートーヴェン

156

第6章　作品番号をコントロールしたのは誰か

の言辞と行動、あるいは出版社の対応は、一貫していたわけではない。にも拘わらず前述の観念に後世が捉われていたとすれば、それはベートーヴェンの問題ではなく、そのようなバイアスを自ら掛けた後世の問題である。作品番号は本来的に出版時に出版者が付すものであった。ベートーヴェン作品だからといってその慣習の外にあったわけではない。

　上にはベートーヴェンによる番号コントロールの実態が明確な例ばかり挙げたが、ベートーヴェンの対応がはっきりしないケースも多い。印刷では番号数字が空欄となっていて、数字が手書きで記入された原版もいくつか例があり、出版社からの問い合わせに応えのないまま時間切れになったのか、あるいはそもそも出版者側が独自に付けようとしたが寸前まで決断が付かずに結果的にそうなったのか、それぞれの結果の理由を峻別することは簡単ではない。それについては節を立てて詳しく考察する。

2│"非真正 Op. 番号"

　作品番号がもともとは飛び飛びに付いていたという問題は、旧カタログでは、正面から論じられることはなかった。初版時には作品番号が付されていなかった、または後世の番号とは異なった番号が付されていた、といったことが個々の作品の備考欄で指摘され、当該番号の由来が事実として説明されているだけである。新カタログでは、「定着してしまっている"非真正 Op. 番号［unechte Opuszahl］"、すなわち、ベートーヴェン自身によって定められたのではなく出版社によって勝手に付された作品番号、という特別な問題には、Op. 番号を掲げる冒頭で――そこでのみ――引用符付きにする、という形で顧慮がなされている」（序文より）。すなわち当該作品の項目自体が"Op. "とされて、"非真正 Op. 番号"は一目瞭然となった。ただし、そのような措置について、記号の一覧表などによる分かりやすい明示はなく、序文のなかのわずか数行に紛れ込んで触れられているだけで、ドイツ語と英語による約60 ページにわたる序文を通読して初めて判ることである。略記一覧表があるのは楽器名や貨幣単位等、識者にはなくても判るような事柄についてのみで、重要な文献や資料所蔵館等を示す略号についても同様に序文のなかで言及される。

　新カタログでは、"非真正 Op. 番号"として21 点（非真正作品2 点を含

157

第I部　体系的考察

む）が登録されている。まずそれらを一覧表にすることから出発するが、作品番号の"非真性"の構図がより鮮明に見えるように、新カタログにおいて作品そのものがそもそも「偽作および疑わしい作品 Unechte und zweifelhafte Werke」とされた作品の番号も太字で間に挟む。そこからすでに何かが見えてくるはずである。Op. 番号は 138 まであるが、Op.81 と Op.121 とには a 番号と b 番号があり、また Op.51 の 2 曲は同じ"ピアノのためのロンド"でも素性がまったく異なり後世にまとめられてひとつの番号となったにすぎず、したがって Op. 番号が付された作品の単位としては 141 点である。"正統ではない Op. 番号"は実に 15% にも達する。表にはその作品が初めて公刊された年月も示すが、Op.81 と Op.121 を除いて、その時点では作品番号なしであった。つまり 17 点は、もし欠番を補填するために Op. 番号が付与されることがなかったならば WoO 番号が付されるはずであった作品である。併せて、「番号付与」欄に、初版時に作品番号なしで出版された作品について、当該の作品番号が初めて付与されたカタログを、A から D までの記号により示す。

記号	刊行年	文献および備考
A	1819	Domenico Artaria：Catalogue des Oeuvre de Louis van Beethoven qui se trouvent chez Artaria & Compag ... [Sonate für das Hammerklavier Opus 106 の第 2 刷付録]
B	1819	Friedrich Hofmeister：Thematisches Verzeichnis von Beethovens Composition für Instrumentalmusik.
C	1837	Artarias Oeuvre-Katalog 改訂版［Opus 106 再版時の付録］
D	1851	［Breitkopf & Härtel（責任表示なし）］Thematisches Verzeichnis sämmtlicher im Druck erschienenen Werke von Beethoven

		公刊年	番号付与文献
"Op.32"	ピアノ伴奏リート《希望に寄せて》	1805.09.	A
			Bは"Op.48"をOp.32とする
Op.41	Op.25 の他者編曲（ただし校閲）	1803.12.	
Op.42	Op.8 の他者編曲（ただし校閲）	1804.01.	
"Op.46"	ピアノ伴奏リート《アデライーデ》	1797.02.	A
			Bは"Op.65"をOp.46とする
"Op.48"	ピアノ伴奏リート ゲレルトによる 6 つの歌曲	1803 夏	A

第6章　作品番号をコントロールしたのは誰か

			Bは"Op.46"をOp.48とする	
"Op.51-1"	ピアノ・ロンド		1797.10.	B
"Op.51-2"	ピアノ・ロンド		1802.09.	B
	1819年にBでひとつの番号のもとにまとめられる			
	A/Cは"Op.71"をOp.51とする			
"Op.63"	Op.4の他者編曲		1806.07.	A/B
"Op.64"	Op.3の他者編曲		1807.05.	A/B
"Op.65"	オーケストラ付きソプラノ・シェーナとアリア		1805.07.	A
	《ああ、不実な人》		BではOp.65は空欄	
"Op.66"	ピアノとチェロのための《魔法の笛》による変奏曲		1798.09.	A
			BではOp.66は空欄	
			CではOp.66とNo.6に重複登録されている	
"Op.71"	管楽六重奏曲		1810.04.	D
	AではOp.51　　AでのOp.71はピアノ・プレリュードWoO 55			
	CではOp.51とOp.71に重複登録されている			
"Op.81a"	ピアノ・ソナタ第26番	[Op.81として]	1811.07.	A/BはOp.81
"Op.81b"	弦管六重奏曲	[Op.81として]	1810春/前半	A/BはNo.81
			a/bの区別はD	
"Op.87"	オーボエ・トリオ		1806.04.	
	AではOp.29　　AでのOp.87はピアノ4手変奏曲［WoO 67］			
"Op.88"	ピアノ伴奏リート《人生の幸せ》		1803.10.	A
"Op.89"	ピアノ・ポロネーズ		1815.02.	A
"Op.103"	管楽八重奏曲		1830秋	D
"Op.119"	ピアノ・バガテル		1821.06.	D
	ロンドンでの初公刊時には作品番号なし/1823年末の続版時にOp.112			
"Op.121a"	ピアノ・トリオ変奏曲		1824.05.Op.121	CはNo.121
"Op.121b"	オーケストラ付きソプラノ独唱・合唱曲		1825.07.Op.121	CはOp.121
	《奉献歌》		a/bの区別はD	
"Op.129"	ピアノ・ロンド		1828.01.	C
"Op.136"	カンタータ《栄光の時》		1835秋	D
"Op.138"	《レオノーレ》 序曲第1番		1833.10.	初版時

　上記一覧表において、ベートーヴェンの真作ではないという点で同じ「非真作」でありながら、Op.番号そのものは真正とされたOp.41およびOp.42と、Op.番号そのものが"非真正"とされた"Op.63"および"Op.64"の違いがどこにあるのか、説明しておこう。

　前者は1802年から03年にかけて弟カールが各社に出版を打診した作品のなかに含まれるもので、1802年6月1日付ブライトコップ＆ヘルテル社宛

第I部　体系的考察

書簡［BGA 90］では「兄は自分のピアノ・ソナタやその他の作品を編曲させるということをよくやっていますが、しかし彼は望まず、それで私が彼に代わって、あるできる作曲家［原注：フランツ・クサヴァー・カールハインツ］が彼の監督の下でピアノ・ソナタを四重奏曲やピアノ付き器楽曲に編曲しました」と書かれている。最終的には1803年12月と翌年2月頃にライプツィヒのホフマイスター＆キューネル社（H&K社）が出版を引き受け、その際にOp.41およびOp.42の番号が付され、しかもタイトルページには「作者によって校閲された」と明記された。つまり、これらはベートーヴェンの認証の下に初版に付された番号であり、番号自体が欠番であったわけではない。

　それに対して後者は、編曲に関してベートーヴェンの何らかの関与をほのめかすようなものはなく、またタイトルページにもその種の記載はないので、まさしく「非真作」である。そしてそれが1806年7月および翌年5月にアルタリア社から出版されたときにそもそも作品番号はなかった。"Op.63"および"Op.64"という番号は1819年の番号整理のときに［後述］初めてこれらにあてがわれたのである。

　最後に、結果的にベートーヴェンに認証されたとはいえ、初版時には番号の数字だけが空欄となっていた、もしくは印刷後に手書きで書き込まれた例について確認しておこう。欠番発生の実態を解明するときに、考察はそれらを含めてなされなければならないからである。出版社が、作品番号を記すべ

					手書き数字番号
Op.23	ヴァイオリン・ソナタ第4番		1802	モッロ	23
Op.24	ヴァイオリン・ソナタ第5番		1802	モッロ	24
	（1801年の初版時には以上2曲がOp.23で、その際に数字は印刷）				
Op.31	ピアノ・ソナタ第16-18番	［第16-17番］	1803	ジムロック	31
		［第16-17番］	1803	カッピ	29
		［第18番］	1804/05	カッピ	29
		［第18番］	1807	ジムロック	31
			Aでは［-1/2］Op.31、［-3］Op.33		
			Cでは Op.29（Op.31は空欄）		
Op.107	ピアノ変奏曲（任意参加のフルートまたはヴァイオリン付き）				
			1820	ジムロック	107
Op.112	オーケストラ付き合唱曲《海の凪と成功した航海》				
			1822	シュタイナー	112

きと認識しながら、少なくとも印刷時までには何番にしてよいか把握できなかったことを如実に示す例である。印刷後に数字が手書きで書き込まれたケースにおいて、それがいつなされたかを突き止めることは不可能である。

3 | 欠番問題が俎上に

ベートーヴェンの作品番号に欠落が大量にあることが意識されるようになり、そして何とかしようという機運が起こったのは1819年のことであった。奇しくも同時に、ライプツィヒで楽譜出版業を興してまもないフリードリヒ・ホーフマイスター（1782-1864）と、ヴィーンで老舗楽譜出版社の2代目当主ドメニコ・アルタリア（1775-1842）とによって作品整理が試みられたのである。これは、作品100以上に達したベートーヴェン作品番号の整理が社会的に避けて通ることのできないものとなったことを物語っている。2人はそれぞれ独自に、該当作品のない作品番号を、作品番号なしで出版された作品にあてがった。

フリードリヒ・ホーフマイスター Hofmeister なる人物は、前述したように［151ページ］、1817年にヴィストリンクによって発刊されたヨーロッパ規模の刊行楽譜目録『音楽文献案内』を1819年に引き継いで、生涯その発展に尽し、楽譜出版界に大きな足跡を遺した。コンピューターによる出版管理が誕生する最近まで継続される、その大事業の礎を築いたのが彼であった。第5章10に登場したのは彼の出版社である。18〜19世紀の変わり目にヴィーン（そして一時はライプツィヒでも）活躍した楽譜出版者フランツ・アントン・ホフマイスター Hoffmeister と関係はない。一時期、同人の社で（その後ブライトコップ＆ヘルテル社で）徒弟として働いたが。『音楽文献案内』（実質的には『新刊楽譜年鑑』といってよい）を再出発させるにあたって彼は、最も有名な当代の作曲家については個人別の器楽作品目録を付録に付けようとし、その一環として早々にベートーヴェンに取り組んで、それを第1集と銘打って刊行したのである。しかし続巻は実現せず、また器楽作品だけなので、この企画の存在は忘れられた。後世に与えた影響は限定的であったとはいえ、ここで初めて付された番号が後発のカタログに継承されたケースもある。上記の一覧表［158〜159ページ］で「B」を付したものがそれに該当する。

161

第I部　体系的考察

　一方、ドメニコ・アルタリアは、前述のように、おそらく 1810 年頃にベートーヴェンに改めて接近したが、その後、ナポレオン戦争が終結してヴィーン出版界に活気が戻ってくるという現実がある一方で、ベートーヴェンとシュタイナー社との間は一気に怪しくなっていく 1810 年代末にベートーヴェンと個人的にも関係を完全に修復させた。その端緒は、第 5 章 9 で言及したように、1809 年末か 10 年初のチェロ・ソナタ［Op.69］をチェンバロ伴奏版として出版したことにあると思われるが、その直後の 3 月に《2 つのピアノ・トリオ》Op.70 の原版出版を成功させた［第 5 次時間差多発出版］のに続き、同年 12 月に Op.74, 76 〜 79 においても第 6 次時間差多発出版に絡んで、さらに 1814 年 7/8 月には《フィデリオ》大成功を受けて地元出版社としてその全曲ヴォーカル・スコアの出版を請け負った。しかしベートーヴェンはまだ同社に全幅の信頼を置くまでには至らなかったようで、なぜならブライトコップ & ヘルテル社との破綻後に書き溜まっていった作品（シンフォニー第 7 番など）を同社に出版させる方向には進めなかったからである。1817 年にジムロック社から原版が出ていた《ピアノ・フォルテとチェロのための 2 つのソナタ》Op.102 を 1819 年 1 月におそらく改めてベートーヴェンから原稿の提供を受けて（原版）出版したこと［第 8 次時間差多発出版］にようやく関係の全面修復が見て取れる。付言すれば、アルタリア社はこの版によって、その表紙に「ピアノ・フォルテ（伴奏付き / なし）のための［pour le Piano-Forte avec et sans ACCOMPAGNEMENT］新しい楽譜集［Nouvelle Collection de MUSIQUE］」と銘打つ新シリーズを開始しようとした。同年 9 月に続くピアノ独奏ソナタ Op.106 の出版が第 2 弾としてすでに射程に入っていたかもしれない。しかしこの作品は他社と連携した国際出版に発展し、独自シリーズの計画は放棄された。

　ところで、アルタリアは 1819 年 9 月に Op.105 と Op.106 を国際出版として世に出すとき［第 5 章 14］、Op.104 を出版したときのように作品番号なしというわけにはいかず、何番にしたらよいか慎重に検討した。その過程を示すのが、アルタリア社員アントン・グレッファーの手になる 1819 年 7 月 24 日付書簡［BGA 1317］である。

　　あなたの作品のカタログには以下の番号が欠けています、あらゆる努力をしましたがどこにも見つけられませんでした。Op.46, 48, 51, 65, 66, 71, 72, 87, 88, 89, 103。それに対して、以下の作品は作品番号を持っていません。

第 6 章 作品番号をコントロールしたのは誰か

[引用者補：今日の作品整理番号]

a)《フィデリオ》 Op.72

b)《レオノーレ》序曲 Op.72

c) ジングシュピール《凱旋門》の終結合唱 WoO 97

d) ピアノフォルテのためのポロネーズ Op.89

e) ジングシュピール《良い知らせ》の終結合唱 WoO 94

f) ロンド　ハ長調およびト長調 Op.51-1,2

g) ゲレルトによる 6 つの歌 Op.48

h) マティソンによる《アデレード》 Op.46

i) 4 手のための変奏曲　ハ長調 おそらく WoO 67

k) 2 オーボエとイングリッシュ・ホルンのための大トリオ Op.87

l) 弦楽五重奏曲　変ホ長調 Op.4

m) ピアノフォルテのためのプレリュード　ヘ短調 WoO 55

n) 12 の舞踏会ドイツ舞曲 WoO 8

　　12 の舞踏会メヌエット WoO 7

o) 弦楽五重奏曲 おそらく Op.29

p) シェーナとアリア《ああ、不実な人》 Op.65

q) ドレスナーの行進曲による変奏曲 WoO 63

r) ピアノフォルテとチェロのための《人生は旅である》

　　(「娘っこでも女房でも」のフランスでの俗称) による変奏曲 Op.66

s) 管楽六重奏曲 Op.71

t) ゲーテとマティソンによる歌曲集 WoO 136, Op.75-1,

Op.75-2, WoO 137,

WoO 165

u) イタリア語とドイツ語の歌曲集　4 巻 Op.83, Op.82

[注] 項目によっては、出版社名も付されているが、ここでは省略

　10 月末刊行と推定される Op.106 の第 2 刷に初めて「(アルタリア社にある)［カッコはママ］ルイ・ヴァン・ベートーヴェンの作品のカタログ」が添付された。上記書簡はそれに向けた準備作業の一環であったが、その作業は 9 月に刊行された (出版公告は 9 月 15 日) Op.106 の初刷には間に合わなかった。かといって譜面の出版準備は完了したので、発行そのものを遅らせるわけにはいかなかったのだろう。もしかしたらベートーヴェンとの契約など、出版そのものは先延ばしにはできない事情があったかもしれない。とにかく (約束通り?) 楽譜は何部かを先行的に出版し、約 1 ヵ月後に作品カタログを付けた第 2 刷を刊行した。カタログは、タイトルページと空白の裏ページの後、譜面の第 1 ページが始まる前に、別個に 1 から 4 のページ付けをして挟み込まれている。この一覧表において、Nummer としての番号と Opus と

163

第I部　体系的考察

しての作品番号が2つの欄で区別されている。Op. 番号については1から106までの番号によって該当作品が提示され、103の項は空欄であった。すなわち、それ以外の、上記書簡で「欠けている」とされたOp. 番号は、「作品番号を持っていない」とされているいくつかの作品に割り当てられたのである。しかしその番号は必ずしも定着せず、割り振りの試行錯誤はOp.106の再版の際にも続く。その欄に先立ってNo. 番号欄があり、各社によってさまざまにNo. 番号付けされた作品が記入されており、当時かなりの調査が行なわれたことが窺える。そして番号数字が大きくなるに従って無記入が目立ってくる。後世には完全に無視されるNo. 番号による整理がこの段階において生きていることは記憶されなければならない。

　上記1) 欄に作品番号が欠けているとして挙がっている「弦楽五重奏曲変ホ長調」は同社から1796年に刊行されたOp.4に間違いないと思われるが、一方、「Op.4」は「欠けている番号」とはされていないので、何かの勘違いか、カタログそのものでは修正されている。その反対に、Op.32が欠けていることは見落とされ、その番号にはNo.32として出版されていた歌曲《希望に寄せて》が登録されている。Op. 番号とNo. 番号の混同はこの件に留まらず、ピアノ変奏曲Op.35は「No.35」となっており、「Op.35」はピアノ・アンダンテWoO 57であった。これらはケアレスミスと思われる。その後の作品整理でOp.81とOp.121にあるaとbの区別はこの時点でOp.81とNo.81、およびOp.121とNo.121とされている。

　またo) 欄の「弦楽五重奏曲」はブライトコップ & ヘルテル社から刊行されたOp.29であると思われるが、ライプツィヒの情報がつかめていなかったか、その番号には地元のカッピ社から「Op.29」として出版されていた3ピアノ・ソナタ（Op.31）が充当された。ブライトコップ & ヘルテル社の刊行物はほかにもWoO 136, 137, Op.75が気付かれず、ヴィーンで作品番号なしで刊行された続版に基づき、「作品番号を持っていない作品」に挙げられている。「アルタリア社にあるベートーヴェンの作品」という説明が示すように、この整理はおのずと限定されたものであり、ヴィーンで蒐集できた範囲を反映しているのであろう。ジムロックやアンドレといった、ドイツ地域で大量にベートーヴェン楽譜を出していた出版社まで調査が行き届いているわけではない。

　第1ページの欄外に小さく「ベートーヴェンによって校閲された」とあるが、アルタリア社の問い合わせに対するベートーヴェンの反応は、シンドラ

ーによれば「時間がない」というものだったという。この時期はミサ・ソレムニスの作曲を開始したところであるのみならず（4月にキリエ、6月にグローリア）、甥の養育権をめぐる裁判の渦中で裁判所や弁護士宛の文書の起草等もあり、それどころではなかったという客観的見立てはできる。いずれにせよ、このとき彼は作品番号の整理に協働はしなかったのだから、少なくともこの時点では、作品番号をコントロールする意志はもはや喪失した、と言えないこともない。これに関しては後に再考する。

　結果的にこの欠番補充の開始は後世に決定的な意味を持った。アルタリア社は1837年にOp.106の再版を出したときにこのカタログを改訂し、最後の番号Op.138まで達した。その他、「番号のない作品」50曲と9項目の「遺作」リストも加えられた。この時点で、「Op.51」はなお管楽六重奏曲"Op.71"であり、そのうえで「Op.71」にも同じ曲が重複登録されている。二重登録はこれに留まらず、1798年にトレック社から「No.6」として出版されたピアノとチェロのための、モーツァルトの《魔法の笛》から〈娘っ子でも女房でも〉変奏曲["Op.66"]は「No.6」として、しかしまた「Op.66」としても登録されている（この件は新カタログでは触れられていない）。1819年版ではジングシュピール《凱旋門》の終結合唱 WoO 97 であった「Op.72」は、ピアノ伴奏歌曲《想い》WoO 136 に変わった。「Op.103」は相変わらず空欄であった。また今日 Op.31 である3ピアノ・ソナタは、1819年版では最初の2曲が Op.31、3曲目は Op.33 であったが、ここでひとつの番号 Op.29 にまとめられ、Op.29 の弦楽五重奏曲は No.29 に移動し、Op.31 は空欄となった。全体が Op.138 まで伸びたことに伴い、新たな空白番号「Op.119」「Op.136」が生まれた。同様に欠番であった「Op.129」にはすでにこの時点で、競売遺品からの出版であるピアノ・ロンドが充当された。

　1851年にブライトコップ＆ヘルテル社から出版された『ベートーヴェンの印刷出版されたすべての作品の主題目録』は画期的なものであった。それには出版責任表示はないが、現在ではその編者はヨハン・バプティスト・ガイスラーであることが突き止められている。ここで初めて Op.81 および Op.121 のダブリを a 番号と b 番号によって区別すること、新たな空欄 Op.31 を3ピアノ・ソナタで埋め、それによって弦楽五重奏曲を本来の Op.29 に戻すこと、Op.51 についてはかつてのホーフマイスター方式（上記一覧表では B）を採用し、それによって Op.106 付録での「Op.51」と「Op.71」の重複を解消すること、そしてこれらのカタログでずっと空欄で

第I部　体系的考察

あった「Op.103」を「作品番号のない作品」に分類されていた管楽八重奏曲"Op.103"によって埋めること、Op.112のダブリは一方に同じく空欄であった「Op.119」をあてがうこと、「Op.136」には死後に作品番号なしで出版されていた《栄光の時》を充当すること、が決定された。「Op.72」がなお埋まらなかったのには特別な事情がある［本章18参照］。

　作品番号のないその他の作品は曲種および編成に従って区分され一覧で示された。この際に No. 番号付きの作品の一覧が別記されることはなかったので、No. 番号の記憶は途絶えることとなる。このカタログは単行本の形で出版されただけに、少なくとも Op. 番号の整理に決定的であった。というのは、アルタリア社による作品目録はあくまで《ハンマークラヴィーア》ソナタ Op.106 の刊行楽譜の付録に過ぎず、社会一般に提示されていたわけではないから、その影響力はアルタリア社以外の出版物を拘束するほどではなかった。また、「非主題目録」（楽曲冒頭のインチピット［譜例］が付されていない、文字による目録）であったアルタリア社カタログから、作品の同定が一目瞭然となった「主題目録」への転換という点でも、ブライトコップ&ヘルテル社カタログは利便性に優れ、過去のカタログの存在を駆逐した。

　当時、作品番号の混乱はなお続いており、番号に欠番があるという認識が広がる（その点では現在の状況とは正反対なのだが）一方で、ベートーヴェンが番号を与えなかったのか、当該の番号の作品は存在するが出版されていないだけなのか、分らない、といった状況であった。しかもひとつの作品が異なった作品番号で流通もし、さらに作品番号なしの楽譜も多々あり、原曲であるかのごとくに蔓延している編曲版の数も夥しいものであった。それに加えて、ベートーヴェンの作品であるか素性の怪しい出版楽譜も多かった。こうした複雑な状況が一気に整理され、真作性の疑わしい印刷出版された作品はすでにこの時点で Op. 番号付き作品のリストから原則的に完全排除された。2014 年の新カタログでは真作性の定義を厳格に見直した結果、さらに 4 曲が非真作とされたが、逆に、排除されたのは 4 曲にすぎないということこそ強調されなければならない。そのほか WoO 番号作品において 8 曲が次弟ヨハン作品、ホルツ、その他作者不明のもの、さらにシンドラーによる偽作などとして除外されるに至ったが、ベートーヴェン作品の真作・偽作の整理は実質的には 150 年以上前にほとんど解決されていた。バッハやハイドンなどと比べると考えられないことであり、序章で指摘したように、ベートーヴェンにあっては時間的隔たりが小さいためにそれだけ基本資料の消失は

166

第 6 章　作品番号をコントロールしたのは誰か

最小限で食い止められたことがここにも反映されている。

　さらに、現在から見て注目されるのは、各作品について原版出版社が挙げられ、それ以外の出版社による 1851 年時点までの刊行楽譜の一覧が付いていることである。原版と続版を峻別するという、現在まで継承されている方式はここに始まった。それは、どの出版社が版権をなお有しているのか、あるいは他に継承されたのかが、当時、業界全体で最も重要な関心事であったことを発端としている。そもそもこの時代において作曲家単位の作品カタログが出版されるのは、今日のように音楽学研究上の作品整理という課題を負ったものではなく、楽譜出版社の販売促進を目的としたものであった。同時に、研究史から見てもうひとつ重要なのは、出版社の収録範囲がドイツ（当時の文化概念として）の出版社に限られていたことで、他国の出版物まで手を広げなかったのは、おそらく、版権の所在を峻別する上で関わりはないと考えられたためではないか。ベートーヴェン作品目録の出発点が商業目的であったことは、実は、学術的性格を有するとされるキンスキー＝ハルムの旧カタログに至るまで潜在的に引き継がれており、それとの完全な遮断は新カタログによって初めて達成されたといえるだろう。

　Op. 番号が社会に決定的に定着するのは、そして No. 番号の記憶が完全に消えるのは、1862 年から 65 年にかけて刊行された同社の『ベートーヴェン作品全集』（旧全集）によってである。これはその後 1 世紀近くにわたってあらゆるベートーヴェン楽譜の底本となり、演奏、解釈、研究の典拠として機能した。それとともに、途切れのない Op. 番号という観念は絶対化されていった。全集楽譜は、作品の分類としては 1851 年の同社カタログに依拠しており、Op. 番号なしで印刷された作品は作品タイトルおよび編成によって識別されるだけであった。

　印刷楽譜の顧客を対象に編まれた「印刷出版されたすべての作品」のカタログに欠けているのは、手書き譜で遺された作品の実態についてであった。ここにメスを入れたのが、全集楽譜完結の年、1865 年に出版されたアレクサンダー・セイヤー（1817-1897）の『ベートーヴェンの作品の年代順目録 [Chronologisches Verzeichnis der Werke Ludwig van Beethovens]』であり、そのなかで、「作品番号のある作品 [Op.]」に対置される形で「作品番号のない作品 [WoO]」の番号付けがなされた。ベートーヴェンの全作品が、もちろんその時点で把握しうる範囲で、リストアップされたわけである。セイヤーは 1849 年から伝記執筆のために資料収集を続けており、「全作品」という視野を持ってい

167

第I部　体系的考察

た。ここにベートーヴェン作品目録は、印刷楽譜の販売促進という出版社目的から一歩進んで、学術研究対象としての視点が加味されるようになった。

4 ｜作品番号は本来、出版物識別番号

作品番号は、当初はラテン語で Opus［オーブス］、タイトルページが次第に俗語で示されるようになるにしたがってイタリア語で Opera［オペラ］、フランス語で Oeuvre［ウーヴル］、英語で Opus［オーパス］、ドイツ語では Opus［オーブス］、やがて Werk［ヴェルク］、等の語と数字（ローマ数字もしくはアラビア数字）によって示され、本来は出版時に出版社が付すものであった。ちなみに Werk というドイツ語表記は、ベートーヴェンでは Op.80 が最初で、Op.122 までおおむねその語が使用された。それはその時期の対仏ナショナリズムの反映と見ることができるが、タイトルページのフランス語表記が一般化する以前の 18 世紀にも例はある。

作品番号は、当初はひとつの出版社が出版点数の多い著作者の作品集を区別するという目的を持ったものであったが、楽譜出版が大都市で複数の出版社によって展開されるようになると、作品番号はひとつの都市内での同一著作者の出版物識別番号という機能を持つようになる。番号は都市内の出版業者に共有されるようになり、いわば社会化された。ここで「当初」というのは楽譜出版事業が始まった 16 世紀から 17 世紀にかけてであり、17 世紀末から次第に、そして 18 世紀に入ると決定的に、各都市で俗語タイトルによる出版物に切り替わっていく。作品番号は一都市内の市場での必要性から発生したので、同じ作品が別の都市では異なった番号が付されるのは原理的に言って当然であった。18 世紀末から 19 世紀にかけてこの状況に大きな変化が生じてくるが、一方、異都市間での情報の共有が進むのは容易ではなく、各出版社が努力はしても現実には達成できないという結果となることも多い［詳しくは拙著『楽譜の文化史』参照］。ベートーヴェンの作品番号の混乱の背景には、こうした社会全体の現実と、それに対して番号を自分でコントロールしようとするベートーヴェンの強い（?）意志とのせめぎ合いを見て取らなければならない。結論を先に提示すると、その 2 つの力のぶつかり合いは決裂し、結果、ベートーヴェンの Op. 番号は最後には混乱状態で終わることになる。

168

第6章　作品番号をコントロールしたのは誰か

　こうした全体的見通しの上に、作品番号コントロールの実態を具体的に見ていこう。

5｜1801年、出版活動再開後（Op.15 以降）

　Op.1 が最初に付されたのは 1793 年 7 月にアルタリア社出版の《モーツァルトの〈フィガロの結婚〉変奏曲》（現在の整理番号は WoO 40）であり、その 2 年後の 1795 年 7 月頃に改めて、Op.1 はアルタリア社出版の 3 つのピアノ・トリオで付け直された、とはすでに述べた。そして前者の後続番号は No. 番号の系列で受け継がれていき、しばらくは Op. 番号との 2 系列が続くが、No. 番号はやがて雲散霧消していく［巻末の出版作品一覧表参照］。

　先に引用した弟カールのブライトコップ＆ヘルテル社宛 1802 年 12 月 5 日付書簡［BGA 119］のなかに「私たちはすでに 34 作品と約 18 番を出してきましたが」とあるとき、No. 系列に関しては「約 18 番」とぼかした言及がなされ、彼らはすでにコントロールしきれていないことが見て取れる。Op. 系列に関しては表現に曖昧さは見られないが、しかしながら実はそのコントロールも怪しくなっていた。実際には各社間で番号取りをめぐって混乱がさまざまに生じていたのである。Op.28 まではヴィーンの各社によって出版されたので市内で情報は直ちに伝わったはずだが、版権を取得してから実際に出版されるまでの時間は作品ごとに大きな差があった。またベートーヴェンの方でも創作が終わるとつねに直ちに出版というわけではなく、版権取得の時期が推定さえできないケースも多い。

　1799 年 12 月に出版された Op.14 まではコントロールは順調であったと思われる。そして 1800 年は、作品番号なしも含めて、出版作品が皆無の年である。4 月 2 日に初の自主大コンサートがあったので、おそらく前年終盤からその準備に精力が傾注され、また 4 月下旬からはホルン奏者プントとのコンサートとハンガリー演奏旅行が続いたことも、出版に向けての活動が停止していた要因であろうと思われる。結果的に Op.14 と Op.15 の出版には 1 年 3 ヵ月もの開きがあるが、これほど長期に渡る Op. 番号付作品出版のブランクは 1812 年 9 月頃に Op.86 が出版されてから 1815 年 6 月に Op.90 が出版されるまでの時期以外にはない（その結果、Op.87 〜 89 が飛ばされた）。1801 年から 05 年にかけては年に平均して約 12 点のコンスタントな出版が

169

第Ⅰ部　体系的考察

続くが、そうした活発な出版活動のなかで作品番号のコントロールが次第に効かなくなっていくのである。作品番号のコントロールの問題が初めて難関に遭遇する 1801 年から 02 年前半の出版状況を一覧によって確認しよう。

　ちなみに、作品番号は出版楽譜に付されるもので、それを世間が知るのは出版時である。それ以前に番号は出版社の胸の内にある。付すべき番号を決定できないときは、後で補填できるよう、数字のスペース分を空欄にした。番号について作曲者と合意が成立していたかどうかは打ち合わせの書簡が遺っている稀なケースにおいてしか明らかではない。数字が空欄であった作品は本章 2 の最後で確認した。新カタログの判断に従った推定出版時期（カッコ内は判明している出版公告の日付）の順に並べてみる。

出版時期（出版公告）	出版社	作品番号（太字は要注意事項） 出版時　後の修正	推定作曲完了時	出版までの時間
1801.03. (1801.03.21.)	Mollo	Op.15	1800.04.02. 以前	約 1 年
1801.03. (1801.03.21.)	Mollo	Op.16	1797.04.06. 以前	約 4 年
1801.03. (1801.03.21.)	Mollo	Op.17	1800.04.18. 以前	約 1 年
1801.06. (1801.06.20.)	Artaria	**Op.24 Op.43**	1801.03.28. 以前	約 3 ヵ月
1801.06. (公告未発見)	Mollo	Op.18 [No.1-3]	1800 秋	約 10 ヵ月
1801.10. (1801.10.28.)	Mollo	[No.4-6]		約 1 年
1801.10. (1801.10.28.)	Mollo	**Op.23-1 Op.23** **Op.23-2 Op.24**	1801.04. 以前	約半年
1801.11. (1801.12.21.)	Hoffmeister	Op.21	1800.04.02. 以前	約 1 年半
1801.11/12. (1801.12.21.)	Hoffmeister	Op.19	1798 末	約 3 年
1802.03. (1802.03.10.)	Hoffmeister	Op.22	1800.12.15. 以前	約 1 年 3 ヵ月
1802.03. (公告未発見)	Cappi	Op.25	1801?	約 1 年?
1802.03. (1802.03.03.)	Cappi	Op.26	1801	約 1 年?
1802.03. (1802.03.03.)	Cappi	Op.27-1 Op.27-1の"1"は手書き	1801	約 1 年?
1802.03. (1802.03.03.)	Cappi	Op.27-2	1801	約 1 年?
1802 春? (1802.04.03.)	Mollo	---　WoO46	1801. 末	約 3 ヵ月
1802 春 (1802.04.)	Mollo	**Op.23** [再版]	1801.04. 以前	約 1 年
1802 春 (1802.04.)	Mollo	**Op.24** [再版]	1801.04. 以前	約 1 年
1802.06. (1802.06.20.)	Hoffmeister	Op.20	1799.12.20. 以前	約 2 年半

　作品番号の数字と市場に出た順が大きく異なることがここに見て取れる。

170

第6章　作品番号をコントロールしたのは誰か

その原因はさまざまで、以下に詳しく論じる。この点に関して新カタログは
刊行年月の突き止めを徹底的に行なっていて、それによって、以下に展開す
るような議論がある程度の信頼性を持って初めて可能になったのである。参
考までに「推定作曲完了時」も付記したが、この想定は不確実にならざるを
得ず、安全に、初演の年月日や出版社への提供を呼びかける最初の書簡の日
付等としたケースは多い。これは筆者独自の設定である。初演は一般的に言
って完成の後だが、その後、手直しして完成に至らせる場合もあり、また作
品提供の呼びかけは注文を取って本格的作業に臨むという例もあるので、一
概には論じられない。これに版下原稿作成のための時間が加わるので、入稿
は実際にはこの設定より確実に遅くなるだろう。なお、初演後の改訂などに
ついては非確定事案なので斟酌できず、また初演記録などの遺らないピアノ
曲等の作曲完了や原稿完成を時間的に推定するのは事実上不可能である。

　ベートーヴェンが1年以上のブランクの後に1801年に出版活動を再開し
たとき、最初に接触したのは、1790年代末にアルタリア社に代わって主幹
出版社になりかけていたモッロ社［第5章4参照］で、Op.15〜18を託した。
次いでOp.19〜22がホフマイスター社の手に渡り、Op.23〜24が再びモッ
ロ社、Op.25〜27がカッピ社と、2〜4作ごとに次々とヴィーンの各出版
社が関与する、という図式になっている。

　この脈絡で考えると、アルタリア社が1801年6月に《プロメテウスの創
造物》（のちのOp.43）全曲のピアノ編曲版を刊行したとき、その作品番号
を、まだOp.17までしか出ていない段階で、6つ飛び越えたOp.24としたの
が不可解で、ベートーヴェンとの情報共有が疑われた。しかも翌年にはその
番号は、モッロ社がOp.23の2曲をOp.23とOp.24に分けて出版すること
で、否定され、さらに《プロメテウスの創造物》は、1804年に序曲のオー
ケストラ・パート譜がホフマイスター＆キューネル社から刊行されたとき
にOp.43とされ、その番号の方が後世に継承されていく。また、アルタリ
ア社との間にはその約1年半後の1802年12月に裁判沙汰に発展する事件
［第4章5］が起きるので、同社の1798年の分社化以後としては唯一の原版出
版であるOp.24には、しかもそれが編曲版である背後には、すでに関係崩
壊の兆しが見て取れた。そこで考えられる可能性として、同社から枝分か
れしたモッロ社がその直後に"6つの四重奏曲"（Op.18）を刊行していくとい
う情報がもたらされたので、それらにひとつひとつの作品番号が付される
（Op.18〜23）と見込んで勝手にOp.24としたのではないか、いずれにして

171

第I部　体系的考察

もその番号は一時的な錯誤に終わったのでそれ以上の追究は意味がない。これまでは単純にそういう理解であった。

　この表によって「出版時期」と「推定作曲完了時」、そして「出版までの時間」の全体を捉えることができるが、各出版物におけるその時間差を比較してみると、出版問題に新たな光が当たることとなる。時間差は、最短が《プロメテウスの創造物》Op.43 全曲のピアノ編曲版（Artaria, Op.24）と《魔法の笛》の主題によるチェロ付きピアノ変奏曲 WoO 46 の約 3 ヵ月で、最長がピアノ管楽五重奏曲またはピアノ弦楽四重奏曲 Op.16 の約 4 年、そして 1 年程度のケースが最も一般的といえる。版下原稿の作成から何度かの校正を経て、楽譜が刷り上がって市場に出るまで約 1 年というのは、作曲から出版までがほぼ連続して進行したとして妥当な時間ではないかと思わせる。そういう例がピアノ独奏曲ないし二重奏曲に多く、シンフォニー Op.21 に見られる約 1 年半という期間は、パート譜の数も多い作品には出版までそれなりの時間が必要であった、と合点がいくだろう。それに対して、ピアノ・コンチェルトやピアノ大アンサンブル曲の場合に時間差が大きいのは、それらがコンサート用の作品であって、ベートーヴェンの演奏活動が優先した結果ではないか。例外はピアノ・コンチェルト第 1 番 Op.15 だが、この作品については、最終的な稿の初演に至るまでにさまざまな初期稿による長い上演期間があったことはよく知られている。

　このように分析してみると、《プロメテウスの創造物》の 3 ヵ月というケースの異例さがいやがおうにも浮かび上がってくる。この作品の委嘱と初演が 1800 年末から 01 年初めに突然そして急速に進行したことは第 2 章 3 で触れた。初演から 3 ヵ月後に、ピアノ譜とはいえ 56 ページもの大部な出版物の印刷・校正作業が終了したことは、他のケースと比較すると特別な事情があったのではと想像させる。ちなみに、出版までの時間差はほぼ同じと思われる WoO 46 の場合はピアノ・パートが 11 ページ、チェロ・パートが 3 ページで、作品の規模は比較にならない。先立つ編曲作業も考えると、もしかしたらそれは初演前にすでに手掛けられていた、あるいはピアノ譜が先に成立し、出版準備はすでに初演前から始まっていた可能性もあるのではないか。これほどの大部な出版が作者のもとから盗まれた原稿を底本になされたということは考えにくいばかりか、校正刷［新カタログで Quelle III］にはベートーヴェンの筆跡による訂正の跡がある（この事実は旧カタログの段階でも把握されていた）し、タイトルページにリヒノフスキー侯夫人への献呈の辞がある

172

第6章　作品番号をコントロールしたのは誰か

ので［この問題は次章で詳しく論じる］、出版自体は少なくともベートーヴェン監督
下のオーセンティックなものである、と言い得る十分な証拠が揃っている。

　ここでベートーヴェンの側に立ってこの時期の出版社との交渉を想定して
みよう。1800年4月2日の大コンサートと4月18日のホルン奏者プントと
の協演後しばらくして、両日の演目（Op.15とOp.17）に1797年以来コン
サートで披露されていたOp.16をモッロに渡してそれらの番号を決定し、
それにOp.18が同年秋頃に続いた。大コンサートで初演したシンフォニー
第1番Op.21の完全原稿作成には時間がかかり、その後にOp.19〜Op.22、
4曲まとめてホフマイスターに渡して、それらに作曲順で番号を与えた。
1801年4月22日に次のように書く［BGA 60］。

　　作品ができるだけ然るべき順序で続くよう、あなたはソナタにOp.22を、シンフォ
　　ニーにOp.21を、七重奏曲にOp.20を、コンチェルトにOp.19を設定するのでどう
　　でしょうか。

　ベートーヴェンが作品番号を創作順にと考えていたことは、すでに引用し
た書簡［BGA 465］に明らかだが、ピアノ・コンチェルトの第1番Op.15と第
2番Op.19の作品番号が作曲順と逆であるのはそのことと矛盾する。しか
し"創作順に"とは絶対的な価値なのではなく、出版社にまとめて何曲か渡し
たときの、その範囲内での順番であって、その前提に立つと以上の各社ごと
の作品群のなかでは作品番号はだいたい創作順となっていると見てよい。ま
た、一度に何曲かを、あるいは一時期に何曲かを、順次にまとめて出版社に
渡す、というのがベートーヴェンのスタイルであった。

　七重奏曲Op.20の出版が異常に遅れたのには特別な事情がある。1799年
12月20日の初演の前、15日にすでにベートーヴェンはホフマイスターに提
供の意思表示をしており、出版準備は他の3曲と一緒に進んでいることが上
記に引用した書簡からも伺える。しかるにその後、シュッパンツィクから
1802年3月にドレスデンへ演奏旅行に行くときに未発表作品として演奏し
たいとの要望が出されて、出版はその終了後まで延期されたのである。

　Op.23の《2つのソナタ》（"ピアノ・フォルテのため、ヴァイオリン付
き"）とOp.24《プロメテウスの創造物》全曲（"チェンバロまたはピアノ・フ
ォルテのため"）は、1801年春にほぼ同時にそれぞれモッロおよびアルタリ
アに渡したと思われる。それをアルタリア社はきわめて速いスピードで作業

173

第 I 部　体系的考察

を遂行させたために、Op.24 は他社に溜まっていた 5 曲を抜いて先に世間に
出る結果となり、一方モッロは通常の半年という時間で Op.23 を仕上げた。
そして同年のいつかの時点（秋頃）で Op.25 〜 27 をカッピに渡して、それ
らは通常のスピードで翌 1802 年 3 月に刊行された［巻末出版作品一覧表参照］。

　このような観察が成り立つとすれば、《プロメテウスの創造物》の Op.24
という番号はベートーヴェンのコントロール下にあった可能性が高く、
Op.23 と Op.24 の作品番号の指示は創作順になされて当然である。しかしモ
ッロは半年後に Op.23 の再版を出すときに、この 2 曲の番号数字を手書き
で"23"と"24"と入れた。正確に言うと、数字を空欄にした、その後に誰かが
その数字を書き入れた、ということである。ここで考えなければならないの
は、第 5 章 4 で少し触れた、モッロ社とベートーヴェンの決裂についてであ
る。前年 6 月と 10 月に出た Op.18 が誤植だらけで、訂正版の発行、差し替
えを、しかも何度もやらなければならない事態となって、最終的には彫版の
やり直しは 19 ページにも及んだ。1802 年 4 月 8 日付でベートーヴェンは、
当時 Op.19 〜 22 の刊行準備で頻繁に文通していたホフマイスター＆キュー
ネル社に次のように愚痴をこぼしている［BGA84］。

　　モッロ氏がまた改めて私の四重奏曲のことで言ってきました、誤植と間違い――大
　　がかり小がかりの――が一杯だったと、まるで小魚が水のなかにうようよするよう
　　です［中略］　私が彫られるのです――実は私の皮膚が刺し傷だらけ――私の四重奏
　　曲のこのすばしい版によって。

　Op.23 の再版時に番号数字が記載されなかったのはこういう状況下におい
てであった。《2 つのソナタ》が 1 冊ずつに分けられたのは、その 2 曲目が
19 世紀後半には《スプリング》ソナタという通称で呼ばれるようになるこ
とからも理解できるが、発売早々に人気が高まり、単独での販売に踏み切る
という出版者の市場判断によるものではなかっただろうか。そう考えるとモ
ッロ社の番号「Op.24」の素性について、"Op.24"とすべきとまでは言わな
いとしても、それが「ベートーヴェン自身によって定められた」番号であっ
たかどうか、再考の余地があるのではないか。というのも、同時代に他社か
らもかなりの続版が出ているが、そこには「Op.24」と印刷するものはなく、
この番号の定着化はおそらく、1819 年のアルタリア社のカタログを端緒と
していたように思われる。そこでは《プロメテウスの創造物》序曲が Op.43

174

に登録されているが、ただそれはあくまで「序曲」であり、この番号が全曲に適用されるのは 1851 年ブライトコップ & ヘルテルのカタログ以降のことである。そもそも《プロメテウスの創造物》全曲が広まったのは、ピアノ編曲以外には、アルタリア社が 2 年後の 1803 年夏に刊行した弦楽四重奏編曲によってであり、その他の編曲版も他社から続くが、それらのいずれにも作品番号は付されていない。題名によって峻別可能な楽曲には識別番号としての作品番号は必要のないことであった。全曲への Op.43 の適用は旧全集によって初めて刊行されたオーケストラ稿においてである。

　一方、ホフマイスターは 1804 年 2 月頃（このときはホフマイスター & キューネル社）に《プロメテウスの創造物》序曲のオーケストラ・パート譜を、前年 12 月から続いていたベートーヴェン作品の一連の出版 Op.39 〜 44 のなかで出し、そのためにこの作品は Op.43 という番号となった。それはホフマイスター独自の判断なのであろうか。全曲のピアノ編曲と序曲のオーケストラ・パート譜は別物であって楽譜の使用者もまったく異なるわけで、ベートーヴェン自身が別の番号を与えた可能性も否定できない〔後述〕。いずれにしても後世は全曲も部分曲も同一番号のもとに整理した。大規模劇作品の番号整理は一筋縄ではいかず、《フィデリオ》Op.72 は《レオノーレ》序曲第 1 番だけが Op.138 という別番号となっており、《アテネの廃墟》Op.113 も第 6 曲が Op.114 と二重に番号付けられている。具体的には別項で説明するが〔本章19〕、作品番号は出版時の事情によって決定される本質を持っている。別にそれぞれ節を設けて詳細に論じる。《プロメテウスの創造物》の場合は、早くにモッロ再版に手書きされた Op.24 の方が既成事実となって、おそらくオーセンティックなアルタリアの番号付けははじき出されることとなった。

6 ｜ 最初の空白番号　Op.31と"Op.32"

　さて、それに続く作品群を見てみよう。これまでに接触のなかったヴィーンの BAI 社、ライプツィヒのブライトコップ & ヘルテル社、そしてチューリヒのネーゲリ社が初めて咬んでくる〔巻末出版作品一覧表参照〕。

　BAI 社がハイリゲンシュタット以前に取得した Op.28 を出すが、同社の本格参入は 1 年後である。ハイリゲンシュタット前後のブライトコップ &

第 I 部　体系的考察

ヘルテル社の刊行については第 5 章 5 ですでに述べた。ここに絡んでくるのがネーゲリ社である。同社とこの時期に交わした直接のやり取りは遺っていないが、ネーゲリの他者宛書簡［BGA 99］において弟カールの同社との取引が言及されている。同社はおそらく 1802 年 5 月頃、ベートーヴェンに何曲ものソナタを所望したと思われる［同、注 1］が、それは 3 曲で打ち切られた。最初の 2 曲の出版があまりにも杜撰でベートーヴェンの激しい怒りを買ったからである。ベートーヴェンは直ちにこの際はまずは旧友ジムロックのところから「正しい版」を出すことを考えた。1803 年 5 月 25 日付書簡［BGA 139］のなかで弟カールが次のように打診している。

> チューリヒで出たソナタ［引用者注：複数］を続版したければ、その旨、書いて下されば、そこに含まれる 80 もの誤りの一覧を送ります。

この時期のもうひとりの秘書役、リースが 6 月 29 日付とされるジムロック宛書簡［BGA 145］で次のように書いている。

> 私はあなたにここに急いでベートーヴェンのソナタの正誤表を送ります、それによりあなたは彫版を開始できます。ベートーヴェンは非常に喜ぶでしょう、その正しい譜面を見ることを。ネーゲリ氏に彼はもの凄い手紙を書きました。彼は私にこうも言いました、あなたはその際に唯一の正しい版としてよい、とあなたに書くようにと。

"もの凄い手紙" も "正誤表" も残存していないが、直後に出た Op.31-1 および 2 のジムロック版はタイトルページに誇らしく「きわめて正しい版 ［Edition tres Correcte］」とあり、この物語の正統性を裏付けている。ネーゲリの版は「チェンバロ奏者たちのレパートリー ［Repertoire des Clavecinistes］」のタイトルを持つシリーズ楽譜の第 5 巻 ［Suite 5］ としてであった。この巻自体は「ピアノ・フォルテのための 2 つのソナタ」と題された 51 ページからなる 2 曲によって構成されている。作品番号はない。

それに対して 5 ヵ月後のジムロック版は作品番号の数字が空欄で、「31」と手書きされた刷本が遺っている。この時点でジムロックが何番にすべきか遠方で判断が付かなかった、と見て差し支えないだろう。同社の出版物は今後も作品番号混乱の火種となる。

第 6 章　作品番号をコントロールしたのは誰か

　しかし Op.31-1 および 2 の件はこれで終りではなく、ほぼ同時にヴィーン
のカッピ社からも刊行されることとなる［第 1 次時間差多発出版］。ハイリゲンシュタット以前の Op.26 と Op.27-1,2 の 3 ピアノ・ソナタの出版元であった同
社はこの時期にヴィーンの出版社としてベートーヴェンと最も懇意な関係に
あったはずである。アルタリア社とはすでに Op.29 の争いが始まっており、
モッロ社は Op.18 で味噌を付け、ホフマイスター本人はライプツィヒで事
業を展開していたからである。いつものことながらヴィーン社との交渉は書
簡に跡づけられないが、同社のこの 2 ソナタは品質もよいことから、ベート
ーヴェンの直接的な関与が想定され、少なくとも承認はしたのではないか、
ということで、新カタログは原版としている。残念ながら刊行期日の確実な
手がかりはなく、出版番号［VN 1027 および 1028］からの類推で 1803 年中の刊
行物であることだけは確かである。ただこの版が「Op.29」という番号を持
っていることは問題として残る。この番号はすでに前年 12 月にブライトコ
ップ＆ヘルテル社で使用されているからである。2 曲の"1"と"2"が手書き
であったのは、分冊での刊行のために同じ彫版を使用したためと考え得る。
少なくともこの作品番号は、ヴィーンでの出版物としては BAI の「Op.28」
を継ぐもので、作品番号の一都市間流通性とは整合している。それゆえに、
他の都市ですでに「Op.29」が使用されたことを無視した、もしくは知らな
い、カッピ社独自の判断であると推論できる。実は同社はこの版の前後、
1803 年から 05 年にかけて、出版番号でいうと VN 1014 から VN 1131 の間
において、ヴィーンの各社の、さらにはボン時代に刊行されたものも含めて、
かなり大量のピアノ独奏曲（多くは変奏曲で WoO 64 〜 66、WoO 75 〜 76、
Op.34 〜 35、そして 2 プレリュード Op.39）とピアノ伴奏歌曲("Op.46"、
"Op.88")の続版を出している。しかも Op.34 と Op.35 の続版は「Op.29」の
直後［VN 1130 および 1161］で、キンスキーはそれらが正統な版である可能性を
示唆していたが、新カタログはこの見解を踏襲していない。こうした状況証
拠を積み上げていくと、カッピ社の「Op.29」の、少なくとも番号の、正統
性はまったく疑われよう。同社は Op.27 以後はベートーヴェンから原稿の
提供を受けた確実な証拠はなく、「Op.29」は大量の連続的続版出版の最中
であり、そしてそれ以後、ベートーヴェン楽譜から完全に撤退する。ジョヴ
ァンニ・カッピの時代は終わった。
　ところで、Op.31 は 3 曲のソナタであるが、その 3 曲目の出版をネーゲリ
社は大部な「チェンバロ奏者たちのレパートリー」シリーズの刊行計画のな

177

第I部　体系的考察

かで将来に持ち越していた。実際にそれが出るのは 1804 年 11 月のことであり、同シリーズ第 11 集［Suite 11］として、そのタイトルは再び「ピアノ・フォルテのための 2 つのソナタ」であった。その「第 2 番」が Op.31-3 に該当し、「第 1 番」はピアノ・ソナタ第 8 番 Op.13 の続版で、それは 1799 年のホフマイスター社版を使用したものであることが判明している。カッピ社もほぼ同時に 1804 年末ないし 05 年初にこの第 3 番を含んだ「Op.29」の再版を出した。Op.31 の 3 曲がひとつの作品番号（ただし後世のものとは異なった番号）の下に世に出たのはこれが最初であった。ジムロック社版で第 3 番が出るのはなんと 1807 年頃ではないかと考えられている。少なくとも同社の 1805 年頃のカタログではこのソナタ集はまだ 2 曲の作品となっている。第 3 番を含んだ新版も作品番号の数字［31］と分冊番号［1,2,3］および価格欄は空欄で、手書きのもの、押印のもの、空欄のまま、とさまざまな刷本が現存している。

　BAI 社には Op.28 に続いて Op.30 を、そして Op.33 を、さらに Op.36 〜 38 を、相次いで渡した。その間にブライトコップ & ヘルテル社の Op.29 および Op.34 と Op.35 が入る。同社はとくに Op.34 を作曲完了後 4 ヵ月という異例に早いスピードで刊行にこぎ着けているが、その結果、Op.34 は Op.29 の次に、そして Op.33 よりも先に出た。

　ここには Op.31 と Op.32 の番号が欠けているが、この 2 つの数字を印刷した刊行楽譜は同時代に出版されることはなかった。チューリヒには作品番号のコントロール自体が及ばず、ボン／パリとは距離がタイムラグを生み、数字は確定されなかった。1819 年のアルタリア社の Op.106 付録カタログでもなお Op.31 は空欄であった。ヴィーンでベートーヴェンのコントロールが及んでいたと想定される BAI 社にその後なぜ Op.32 を飛ばして Op.33 という数字が与えられたのだろうか。その理由を考えてみると、Op.31 の 3 曲目は、私たちには出版が 1 年以上も遅れたと見えるだけだが、ベートーヴェン・オフィスとしてはこの時点でまだいつ出るか見通しは立っていないのであり、先に出版された 2 曲とは別に Op.32 と数えたのではないかという可能性が浮上する。元々 3 曲のセットとして構想された Op.26 と Op.27-1,2 のソナタが 2 つの番号に分かれて出版された前例もあり、この想定はリアリティがある。それらを分けて出版してしまったカッピ社はその轍を踏まないように、再版時に 3 曲まとめて「Op.29」とする、というちぐはぐな対応をしたのではないか。結果的に Op.32 は当面、空白番号となった。その補填は

178

第 6 章　作品番号をコントロールしたのは誰か

1819 年になされるのだが［この件はすでに述べた］、まだコントロールが生きて
いたのではないかと考えられるこの時期に空白番号が初めて発生した理由は、
ベートーヴェンと出版社の協働がうまく行かず、相互に誤解が生じたことに
あると見ることができよう。Op.32 の空白についてこのような議論を展開す
るベートーヴェン文献はないが、私にはその可能性は高いように思われる。

　その後 Op.33 から Op.38 まで、BAI 社とブライトコップ＆ヘルテル社を
相手にコントロールが立て直されたように見えるが、私たちにそう見えるだ
けであって、ベートーヴェン・オフィスとしては従前から問題なく順調に推
移していたのかもしれない。ヘルテルから 1803 年 3 月 3 日に「あなたは作
品番号を記していません」［BGA 128］との申し入れがあり、3 月 26 日に弟カ
ールが「1 曲目は作品 34、2 曲目は作品 35 です」［BGA 129］と答え、実際に
その通りになっているのだから、ベートーヴェン・オフィスのコントロール
はしっかり確立されていることが判る。BAI 社との間の Op.36 と Op.37 は
パート譜数の多い大作品であり、出版作業の工程にはたっぷり時間がかかっ
た。また Op.38 の出版遅延については被献呈者の専有権という特別な事情
がある［第5章6］。さらにベートーヴェンがこの頃、1804 年 8 月 26 日付ヘル
テル宛書簡［BGA 188］で「いくつもの出版社が私の作品を長く滞っていて
…」と嘆いているように、ベートーヴェンが原稿を納めても、出版社は市場
の流れを様子見する、という事情も絡む。

　それに対して、Op.39 〜 44 はホフマイスター＆キューネル社（ビュロ
ー・ドゥ・ムジク社）から 1803 年末から 04 年初めの短期間に一気に出た。
その素性については、第 4 章 8 ですでに述べたように、ベートーヴェン・オ
フィス関連の作品であり、同社は原稿入手後ほどなく、おそらく校正刷のチ
ェックなどという過程は経ることなく、完成させたのであろう。それらが
Op.36 〜 38 より先に刊行されたのはその作業過程の差から来ると言えると
すれば、それらの番号自体もまた原稿譲渡時のベートーヴェン・オフィスか
らの指示と見なせるかもしれない。同社のベートーヴェン楽譜の原版出版と
してはこの後、1805 年 7 月にオーケストラ伴奏付ソプラノ独唱シェーナと
アリア《おお、不実なる者よ》（作品番号なし、1819 年の欠番穴埋めで"Op.65"
となる）が刊行されただけで、その他はもっぱら、ヴィーンで出たものをラ
イプツィヒで数年後に続版するという構図になる。オーケストラ・パート譜
の出版は採算が不安定で各社が尻込みするものだが、シンフォニーおよびコ
ンチェルト以外の、その種のもの（オーケストラ伴奏付）が割り当てられた

179

第 I 部　体系的考察

という点で、"Op.65"の出版は Op.43 の場合と共通している。

　その直後に BAI 社からピアノ 4 手のための《3 つの行進曲》Op.45 が同社作業中の Op.36 ～ Op.37 よりも前に刊行されたのは、出版作業にさして時間のかからない小規模なピアノ楽譜であったという点と、市場の最も好む編成として営業政策が優先したと考えてよいかもしれない。こうして、現実としては刊行期日と、作品番号の順番、創作順の関係はもう、そのずれの謎を解きほぐしがたいほどになっていく。しかし冷静に見れば、上記説明のように、ここまで（182 ページの一覧表で空白行をもうけた Op.38 のとろまで、作品番号で言えば Op.45 まで）はベートーヴェン側のコントロールに出版社は基本的に依っていたと結論づけてよいのではないか。

　その論拠として、Op.38 が特別な事情で大きく遅れて刊行される以前に別の出版社から Op.39 ～ 44 が出たということ、そして同一の出版社において作業が進行していた Op.36 および Op.37 に割って入るように、後から入稿したことが明らかな Op.45 が出たということ、が挙げられる。これらはいずれも、作品番号が原稿渡し時か、印刷出版作業の比較的早い段階で決まっていたこと、すなわちそのコントロールは原稿を渡す側によってなされていたことを意味しよう。

7 ｜ "Op.46"～"Op.48"　間に挟まる Op.47 の謎

　Op.38 と同時に出版公告された Op.49 以降（182 ページの表で空白行の後）、問題の様相は一変する。「Op.46」と「Op.48」が欠番であり、「Op.47」がジムロック社から出ている。この 2 つの欠番が"Op.46"《アデライーデ》（原版は 1797 年にアルタリア社から Op. 番号、No. 番号、いずれもなしで出版）と"Op.48"《ゲレルトの詩による 6 つの歌》（原版は 1803 年にモッロ社から同様に出版）となって埋められたのは 1819 年に Op.106 のアルタリア社版付録においてであった。《アデライーデ》は元来、その原版出版の直前に同じアルタリア社から出版された Op.5 に続けて、Op.6 とされるところだった、という旧カタログにおける指摘は、キンスキーの勘違いであり、根拠がない。Op.47 が出版されるまで作曲完了からなぜ 2 年も要したのかについてはすでに述べた［第 4 章 6］。

　その番号の前後、すなわち「46」と「48」がなく、「47」としたのはまっ

第 6 章　作品番号をコントロールしたのは誰か

たくジムロック社の問題である。Op.47 の番号が付される作品の原稿入手は
Op.31 のそれと同じ頃であったと思われる。先に引用した、Op.31 の続版出
版を誘う弟カールの書簡 [BGA 139] のなかでこの作品の提供も呼び掛けられ
ているからである。Op.31 のときには番号付けに迷いがあったが、1 年以上
も遅延したときは思い切りがよかった。ベートーヴェンからの指示という線
はたぶんない。その原稿がリース経由でジムロックに渡ったのは 1803 年 12
月頃のことであり [BGA 173]、それから 1 年半近くも梨のつぶてであって、
一度、1804 年 10 月 4 日に催促の書簡 [BGA 193] を出していることは前述し
た [70 ページ]。出版社都合で延びに延びていつ刊行されるかも分らない作品
についてベートーヴェンが的確に番号指示をすることはできなかったろう。
　ジムロックはヴィーンでの刊行状況について、すでに 3 ヵ月前に BAI 社
から Op.49 が出ていたことは確実に知らず、他方、1 年前に Op.45 が出てい
たことは把握していた。Op.47 とはいかにもいい加減であるが、逆に言えば、
遠慮がちに空欄にしたのではなかったから、この頃にはすでに番号付けの主
導権が出版社に渡っていたことをこの一件は示しているように感じられる。
　ジムロックの作品番号付けに対するいい加減さを裏付ける書簡がある。
1806 年 5 月 21 日に出したとされるベートーヴェン宛書簡 [BGA 252] の冒頭
を引用する。

> リースが試みに、あなたの Op.18 のなかの 1 曲をヴァイオリンとチェロ付き ［引用者
> 注：ピアノ・トリオ編曲］ に編曲しました。すべて 6 曲を Op.60-1 〜 6 として出版しよ
> うと思います。

　この時期、ヴィーンでは、1806 年 4 月に Op.54 が出たところで、10 月に
Op.55 が、Op.56 と Op.57 は 1807 年に入ってから、Op.59 が出るのは何と
1808 年 1 月のことである。その 2 年も前に Op.60 を勝手に出そうというの
である。
　以上とその先少しを一覧で見てみよう。

略記	BAI	Bureau des arts et d'industrie
	B&H	Breitkopf und Härtel
	H&K	Hoffmeister und Kühnel

181

第Ⅰ部　体系的考察

出版時期（出版公告）	出版社	作品番号 出版時	現在	推定作曲完了時	出版までの時間
1802.07/08.（1802.08.14.）	BAI	Op.28		1801	約 1 年？
1802.12.（1802.12.）	Leipzig, B&H	Op.29		1801	約 1 年？
1803.04.（出版社帳簿）	Leipzig, B&H	Op.34		1802.12.	約 4 ヵ月
1803.04.	Zürich, Nägeli	---	**Op.31-1,2**	1802?	約 1 年？
		"2 つのソナタ"			
1803.05.（1803.05.28.）	BAI	Op.33		1802	約 1 年？
1803.05.（1803.05.28.）	BAI	Op.30-1		1802.04.22.	約 1 年
1803.06.	BAI	Op.30-2		1802.04.22.	約 1 年
1803.06.	BAI	Op.30-3		1802.04.22.	約 1 年
		"3 つのソナタ" "1" "2" "3" は手書き			
1803.（公告未発見）	Cappi	Op.29-1,2	**Op.31-1,2**	1802?	約 1 年？
		"2 つのソナタ" "1" "2" は手書き			
1803. 夏（公告未発見）	Mollo	---	"Op.48"	1802.03.08. 以前	約 1 年半？
1803.08.（出版社帳簿）	Leipzig, B&H	Op.35		1802.12.	約 8 ヵ月
1803. 秋（1803.08.24.）	Bonn, Simrock	Op.31-1,2	**Op.31-1,2**	1802?	約 1 年半？
		"2 つのソナタ" "31" は手書き			
1803.12.（1803.12.05.）	Leipzig, H&K	Op.39		1789	10 年以上
1803.12.（1803.12.05.）	Leipzig, H&K	Op.40		1800/01	3 年近く
1803.12.（1803.12.05.）	Leipzig, H&K	**Op.41**		1801 〜 1803.09.	**非真作**
1804.02. 頃（1804.03.06.）	Leipzig, H&K	**Op.42**		1797 〜 1803.09.	**非真作**
1804.02. 頃（1804.01.25.）	Leipzig, H&K	Op.43		1801.03.28. 以前	約 3 年
1804.02. 頃（1804.01.25.）	Leipzig, H&K	Op.44		1792?	10 年以上
1804.03.（1804.03.10.）	BAI	Op.36		1803.03.26. 以前	約 1 年
1804.03.（1804.03.10.）	BAI	Op.45		1803.09. 以前	約半年
1804. 秋（1804.11.24.）	BAI	Op.37		1803.04.05. 以前	約 1 年半
1804.11.	Zürich, Nägeli	---	**Op.31-3**	1802?	約 2 年？
1804/05.（公告未発見）	Cappi	Op.29-1,2,3	**Op.31-1,2,3**	1802?	約 2 年？
1805.01.（1805.01.23.）	BAI	Op.38		1802.09.25. 以前	約 2 年半？

1805.01.（1805.01.23.）	BAI	Op.49		1796 〜 98	約 7 年
1805.04.（1805.05.18.）	Bonn, Simrock	**Op.47**		1803.05.24. 以前	約 2 年
1805.05.（1805.05.15.）	BAI	Op.50		1798?	10 年近く
1805.05.（1805.05.15.）	BAI	Op.53		1804.08.	約 9 ヵ月
1805.06.（1805.06.26.）	BAI	Op.52		1794/95 頃	10 年以上

参考					
1807?	(1807.05.24.)	Bonn, Simrock	**Op.31-1,2,3**	1802?	約5年
		"31" "1" "2" "3" は手書き等（178ページ参照）			

8 │ Op.49 ～ Op.52 の謎

　それよりも、Op.47 という番号がまだ世の中に存在しない 1805 年 1 月時点で、地元の BAI 社がなぜ Op.46 ～ Op.48 と 3 つも番号を飛ばして Op.49 を出したのか、ということの方が大きな問題である。同社は続けて Op.50 と Op.53《ヴァルトシュタイン》ソナタを同時に、そしてその 1 ヵ月後に Op.52 を出すが、「Op.51」は飛ばされた。同社は、すでに述べたように、Op.53 以降は 1808 ～ 09 年出版の Op.60 ～ 62 まで、"傑作の森"前半の出版をすべて受注し、原稿買取り額も最も高く、ベートーヴェンの全幅の信頼を勝ち得た出版社であった。その関係はすでに 1804 ～ 05 年の Op.36 ～ Op.38 でしっかりと確立されていたはずではないか。それにもかかわらずこの異常事態が発生した。これについて従前、ベートーヴェン文献のなかにまっとうな説明や解釈は見られなかった。

　まず事実として確認しなければならないのは、「Op.47」はたまたま遠方のジムロック社が勝手に埋めてはくれたが、Op.46 ～ Op.48、Op.51 という一連の欠番を発生させたのはほかならぬ BAI 社である、ということである。そして Op.49、Op.50、Op.52 の 3 曲はいずれも 1790 年代の作品である。旧作の提供という前例はホフマイスター＆キューネル社による一連の出版 Op.39 ～ Op.44 に見られる。これらはベートーヴェン・オフィス主導の出版であるが、第 4 章 8 で述べたように Op.49 と Op.50 も同様で、Op.52 もその可能性がある。出版作業に半年程度かかると仮定すると、原稿渡しは 1804 年中頃であろうか。ハイリゲンシュタット前後の大作が出きって、《エロイカ》は完成したがまだ収入には結びついていない時期であり、ベートーヴェン・オフィスは旧作の提供を勧誘することに腐心していた。しかしこれら全体が一連の旧作であるということと、作品番号が飛んだこととに、直接の関係はない。BAI 社がこの時期に出版した他のベートーヴェン作品を見渡してみると、次のような事実にぶつかる。

第1部　体系的考察

出版時期	出版社	作品番号		推定作曲完了時	出版までの時間
		出版時	現在		
1804.03. (1804.03.10.)	BAI	No.25	WoO 78	1803 夏	約半年
1804.04. (1804.03.10.)	BAI	No.24	WoO 129	1803.09. 以前	約半年
1804.06. (1804.06.20.)	BAI	No.26	WoO 79	1803 夏	約 10 ヵ月
1805.01. (1805.01.23.)	BAI	No.27	WoO 74	1799:1803.08./09.	約 1 年半
1805.01. (1805.01.30.)	BAI	No.28	WoO 82	?	10 年以上
1805.01. (1805.01.30.)	BAI	No.29	WoO 55	1792. 以前 /1803	2 ～ 12 年
1805.09. (1805.09.07.)	BAI	No.32	"Op.32"	1805.03.?	約半年
1805.09.? (1806.05.10.)	BAI	No.35	WoO 57	1804	約 1 年

　1803/04 年にカッピ社によって出版された No.12［WoO 64］と No.13［WoO 65］以来おそらく途絶えていた No. 番号系列の久々の復活である。1801 年 8 月にトレック社によって出版された No.11［WoO 77］までは、No. 番号系列もベートーヴェンから原稿の提供を受けた原版であった。No. 番号のコントロールが確認できるのはそこまでで、カッピ社の 2 点は続版であり、続版に勝手な番号を付すのは（No.11 未満の数字で）それまでにも例はあった。No. 番号は 1801 年時点で事実上終息（中絶?）していた。1802 年 12 月 5 日付書簡［BGA 119］にある「約 18 番を出してきた」という言明の裏付けはまったく取れない。しかしここで No. 番号は完全復活する。今次はもっぱら BAI 社の出版物にのみ付される番号となり、作品は 10 年以上前のもの、直近に完成のもの、さまざまであるが、すべて原版である。その時期に最も親しかった出版社からの刊行物だけに、No. 番号の突如の再開が出版社の専断なのだろうか。

　オフィスは営業として手頃な作品の版権を次々と譲渡し、当面の生活の糧としていた、のではないだろうか。その際に BGA 123 で謳われているいにしえの原則に従って、作品番号数字［Zahl］を与えるジャンルとははっきりと区別する政策が採られた。雲散霧消して把握しきれなくなっていた番号を何番から再開するか。「No.24」とはそうして選択された数字であろう。そして最後の No.36 までの番号が振られていくが、そこには No.30、No.31、No.33、No.34 が欠けている。そこで Op. 番号の欠損を思い起こして、両者をドッキングしたのが次ページに示す表である。BAI 社が 1804 年 3 月から 1806 年 4 月までの丸 2 年間に刊行したベートーヴェン楽譜のすべてである。

第 6 章　作品番号をコントロールしたのは誰か

出版番号	出版時期	作品番号		推定作曲完了時	出版まで
		Op. 番号	No. 番号［現番号］		
VN/PN 203	**1805.01.（1805.01.23.）**	**Op.38**		1802.09.25.以前	2 年半 ?
VN/PN 289	**1804. 秋（1804.11.24.）**	**Op.37**		1803.04.05.以前	1 年半
VN/PN 305	1804.03.（1804.03.10.）	Op.36		1803.03.26.以前	1 年
VN/PN 358	1804.03.（1804.03.10.）	Op.45		1803.09. 以前	半年
VN/PN 380	1804.03.（1804.03.10.）		No.25［WoO 78］	1803 夏	半年
VN/PN 381	1804.03.（1804.03.10.）		No.24［WoO 129］	1803.09. 以前	半年
VN/PN 398	**1805.01.（1805.01.23.）**		**No.27**［WoO 74］	1799:1803.08./09.	1 年半
VN/PN 399	**1805.01.（1805.01.23.）**	**Op.49**		1796 〜 98	約 7 年
VN/PN 406	1804.06.（1804.06.20.）		No.26［WoO 79］	1803 夏	1 年弱
VN/PN 407	**1805.05.（1805.05.15.）**	**Op.50**		1798?	10 年近く
VN/PN 408	**1805.06.（1805.06.26.）**	**Op.52**		1794/95 頃	10 年以上
VN/PN 409	1805.01.（1805.01.30.）		No.28［WoO 82］	?	10 年以上
VN/PN 429	1805.01.（1805.01.30.）		No.29［WoO 55］	1792.以前 /1803	2 〜 12 年
VN/PN 449	1805.05.（1805.05.15.）	Op.53		1804.11.	半年
VN/PN 502	1805.09.（1805.09.07.）		No.32["Op.32"]	1805.03.?	半年
VN/PN 503	**1806.中頃（1806.08.13.）**	[Op.36] シンフォニー第 2 番ピアノ・トリオ編曲			
VN/PN 506	1805.09.?（1806.05.10.）		No.35［WoO 57］	1804	1 年
VN/PN 507	1806.04.（1806.04.09.）	Op.54		1804 末 /05 初	1 年強

　併せて、出版番号 Verlag-Nummer（プレート番号 Plattennummer ともいう）も付す。これは出版社が振る番号で、おそらく出版計画が決定したときに付され、しかし原稿の到着が遅れたり、作業が途中で滞ったり、あるいは著作権者の指示で作業の順番を変えさせられるなどの事情があれば、現実の出版順は異なってくる。出版社において当初の念頭にあった作業順に近い秩序を持っていると思われる。出版番号の順に並べてみると、それと刊行期日順が食い違う（＝出版社の想定した順序とはならない）ケースが目に付く。分りやすく太字とした。また作曲完了から出版までのおよその年数を右端に示した。Op.38 の異常な遅れ（1805 年 10 月）の理由についてはすでに説明した。Op.37（ピアノ・コンチェルト第 3 番）も 1803 年 4 月 5 日の第 2 回主催コンサートで一緒に初演された Op.36（シンフォニー第 2 番）より半年ほど遅れたことに関し、校訂報告書は、1804 年 7 月 19 日にリースがベートーヴェンの弟子という触れ込みでデビューするときに再演するにあたって、最終的な手直しがなされた可能性を指摘している。Op.45、No.25、No.24、

185

第I部　体系的考察

No.26 が最新の作品であるのに対して、No.27、Op.49、Op.50、Op.52 は 10
年ほど前の作品または旧作を改訂したものであり、遅れは影響の少ないもの
として後回しにされた可能性がある。そして第 2 シンフォニーのピアノ・ト
リオ編曲の出版は入稿が予定より遅れたか、校正のやり取りが遅延したか、
いずれにしても VN/PN 番号の前後のものより 1 年近く遅く、1805 年になっ
てようやく出た。

　この続きとして、大作品 2 曲、《シンフォニア・エロイカ》と《自身の主
題による 32 の変奏曲》が刊行される。

VN/PN 541	1807.04.(1807.05.16.)	Op.55		1806	約 1 年
VN/PN 545	1807.04.(1807.04.29.)	No.36 [WoO 80]		1806	約 1 年

9 │ BAI 社出版作品の番号付与──その謎解き

　これらの作品の内容を具体的に見ていくと、Op. 番号系列は、作品の"格"
は別として、大行進曲集、ピアノ・ソナタ、歌曲集、オーケストラ作品であ
り（以下にアンダーラインを付した）、No. 番号系列はピアノ変奏曲を中心
として、ピアノ単独曲、単独のピアノ伴奏歌曲であって、はっきり区別され
ている。「より大きい作品」に数字を付けるという原則 [BGA 123] は一応、
生きているといってよい。歌曲集は「大きい作品」に該当し、1 曲だけの歌
曲はそうではない、多楽章のソナタは該当するが、単一楽章のものはそうで
はない、ということである。

　仕分けの大原則が維持されていることはベートーヴェンの意思が基本的に
反映されている証しと見てよいが、それが、直接の指示ないし願望伝達の結
果なのか、No. 番号"制度"に則った作品が当時はすでにヴィーンに流布して
いて出版社がそのことを斟酌した結果なのか、は判断しがたい。しかし、変
奏曲は主題が自身のものである場合は Op. 番号を付す、という書簡 [BGA
123] にある細かい峻別までは行き届いてはおらず、すべて No. 番号が付され
てしまい、意思が押し通されなかった、と理解することが重要ではないだ
ろうか。以前には、ベートーヴェン自身の言行不一致ではないか、と言及し

186

第 6 章　作品番号をコントロールしたのは誰か

			作品内容
1804.03.	Op.45		ピアノ 4 手　3 つの大行進曲
1804.03.		No.24［WoO 129］	ピアノ伴奏歌曲《うずらの鳴き声》
1804.03.		No.25［WoO 78］	ピアノ変奏曲　"ゴッド・セイヴ・ザ・キング"
1804.06.		No.26［WoO 79］	ピアノ変奏曲　"ルール・ブリタニア"
1805.01.	Op.49		2 つの"易しい"ピアノ・ソナタ
1805.01.		No.27［WoO 74］	ピアノ 4 手変奏曲　ゲーテの詩"君を思う"
1805.01.		No.28［WoO 82］	ピアノ・メヌエット（61 小節）
1805.01.		No.29［WoO 55］	ピアノ・プレリュード（48 小節）
1805.05.	Op.50		ヴァイオリンとオーケストラのためのロマンス
1805.05.	Op.53		ピアノ・ソナタ
1805.06.	Op.52		ピアノ伴奏 8 つの歌曲
1805.09.		No.32［"Op.32"］	ピアノ伴奏歌曲《希望に寄せて》［第 1 作］
1805.09.?		No.35［WoO 57］	ピアノ・アンダンテ　Op.53 の緩徐楽章初期稿
1806.04.	Op.54		ピアノ・ソナタ
1806. 中頃		［Op.36］	シンフォニー第 2 番ピアノ・トリオ編曲
1807.04.	Op.55		シンフォニー
1807.04.		No.36［WoO 80］	ピアノ変奏曲　"自身の主題による"

たが［157 ページ］、そのように総括するのではなく。すでにこの時点で作品番号（Op. および No. のいずれも）のコントロールはベートーヴェンの手中にはなく、さらに言えば、コントロール自体が彼の関心外にあった、と見なければならないであろう。BAI 社が理解したのは仕分けの大原則だけであった。この問題を読み解く前提となる事実関係、ないし問題の枠組み、およびそこから結論づけられる推論を、以下に箇条書きで確認する。重要事項は太字。

① No. 番号は No.13 までは各社がそれぞれに付した。各社間に番号の重複もある。No.14 以降 No.23 までの番号が付された楽譜は確認できない。これは、現在確認できないというのではなく、1819 年のアルタリア社 Op.106 付録カタログにおいてすでにそうであり、当時ヴィーンでなされた徹底調査の結論でもある。そして No.24 以後の **No. 番号を付したのは BAI 社だけ**である。
② No. の再開番号を 24 とする、という指示がベートーヴェン・オフィスからあったか、それは BAI 社独自の判断か。いずれにしても原版に No. 番

187

号が付された最後である 1801 年 8 月の No.11 から、No.24 が付される 1804 年 3 月までの間に、No.12、No.13 が付された続版を除いて、何の番号も付されない原版出版は 9 点ある。10 点あるべきところ 1 点欠けるのが、むしろ、「約 18 番」という曖昧表現と合致する。ベートーヴェン・オフィスがコントロールしきれなくなっていた No. 番号を BAI 社が復活させようとして、それなりに数えた結果が 24 だった、という想定も成り立つかもしれない。

③ Op. 番号と No. 番号の使い分けについて、BAI 社には一応の理解があった。

④ BAI 社が付した Op. 番号、No. 番号、それぞれに欠番がある。

⑤ Op.45 以降、ジムロック社の Op.47 を除いて、Op.62 まで、**Op. 番号を付したのもまた BAI 社だけであり**、当時、同社はベートーヴェンとの出版交渉を独占していた。例外は 1805 年 7 月にホフマイスター & キューネル社からいかなる番号も付けずに刊行されたシェーナとアリア《ああ、不実な人》["Op.65"]で、これはこの時期に出た他社による唯一の原版出版である。

⑥ Op.46、Op.48、Op.51 が付された印刷楽譜はこの時期に存在しない。

⑦ ジムロック社が Op.47 を出版したのは 1805 年 4 月であり、BAI 社はそれ以前、同年 1 月に **Op.46 ～ 48 を飛ばして、Op.49 を出版**したのだから、**その理由は何かが問われなければならない。考え得るのは、同社はその間に No.24 ～ 26 の 3 曲を原版出版しており、それを Op. 番号にカウント**したのではないか。BAI 社は慣習を学習して初めて付けた No. 番号を、どういうものなのか、よくは理解していなかったのではないか。

⑧ これがベートーヴェンの直接的指示であったとは考えられず、出版社の一方的判断であろう。すなわち、出版社に番号付の主導権があった、と解される。**Op.46 ～ 48 が飛ばされたのは事実であり、それこそがベートーヴェンのコントロール外にあったことの証明**である。

⑨ なお、第 4 章 8 で触れたように、Op.49 はハイリゲンシュタット帰還直後からベートーヴェン・オフィスが売り込みに躍起となりながら 2 年間も買い手が付かず、やっと BAI 社が出版を引き受けた、いわくつきの作品であり、ベートーヴェン自身の作品管理からは外れていた。したがってこの作品番号もまた本人の指示である可能性はきわめて低いのではないか。

第 6 章　作品番号をコントロールしたのは誰か

⑩　一方、Op.51 が欠番となった理由として考えられるのは、出版社はこの
番号をシンフォニー第 2 番のピアノ・トリオ編曲に付すつもりであった
可能性である。同社は 1 年前に七重奏曲 Op.20 のピアノ・トリオ編曲を
Op.38 として出版した経験があった。このシンフォニー第 2 番の編曲版
はタイトルページに「作者自身による」と謳われているが、出版公告で
は「作者自身により手直し・修正された」とあって、ベートーヴェンは
校閲した、というニュアンスになっている。カール・チェルニーは 1852
年に出版されたその回顧録（通称）のなかで、この編曲はリースによっ
てなされた、と言っている。これはベートーヴェン本人から伝え聞いた
可能性が高いが、同時代の出版公告の何気ない表現に表れた言説を補強
するものである。編曲自体がベートーヴェン・オフィス由来であるとす
れば、作品番号を付す付さないに関しても本人の意向との関連は薄い。
出版社自身が、Op.38 の時のように作品番号を付すべきか、あるいは付
さざるべきなのかを逡巡したとしても不思議ではない。なお、同社のベ
ートーヴェン楽譜の出発点がピアノ・ソナタ第 9 番 Op.14-1 の弦楽 4 重
奏編曲であったことをここで想起することは意味があるかも知れない。
これも「作者自身による」と謳われたもので、独自の作品番号はなかっ
た。その経験と Op.38 の経験とが逡巡の原点ではないか。

⑪　もしかしたら **Op.49 ～ 52 全体**（欠番の Op.51 を除く）**がベートーヴェ
ン・オフィスから持ち込まれた作品**ではないか。Op.49 と Op.50 は、第
4 章 8 で言及したように、ベートーヴェン・オフィスが再三、方々に売
り込み、やっと買い手を見つけた作品であり、Op.52 にはそのような他
社との接触の記録は遺っていないが同様にかなり以前の作品である。た
だし **Op.52 にはベートーヴェン自身による校正の痕跡があるので、本人
の知らないうちに勝手に、という伝説めいたものではない。**しかし
Op.49 ～ 52（同）と、本人による Op.53 ～ Op.62 の金字塔のようなもの
とでは、作品の性質がまったく違うことは隠しようもない。

⑫　Op.52 と Op.53 の出版時期は逆転しているが、その差はわずか 1 ヵ月な
ので、作業手順の関係とか、そういうこともあろうかという範囲かもし
れない。しかしそれらのプレート番号の差 VN/PN 408（Op.52）と VN/
PN 449（Op.53）から、出版作業の開始時期の違いを見て取れるとすれ
ば、前者の作業中に急に Op.53 出版の話が持ち上がり、後発の方が追い
ついていった、という背景が考えられる。この作品は、第 3 章 2 および

189

第I部　体系的考察

第5章5で述べたように、Op.54〜57とともにブライトコップ＆ヘルテル社と1年以上にわたって交渉し、これらの出版の頃にはその話はすべて完全に破談となっていた、いわくつきのものであって、まさにその渦中でヴィーンでの作業は進行していた。

⑬　変奏曲にあっても、大規模で、とりわけ自身の主題の場合はOp.番号を、というヘルテル宛書簡［BGA 123］にある想いは伝わらず、**変奏曲は何であれNo.番号を付す、と出版社には理解された。**

⑭　No.番号はNo.36で実質的に終わる。ただし、Op.62まで出し切ってBAI社はもはやベートーヴェン原版出版から撤退したように思われたところ、1年後の1810年5月に同社はピアノ伴奏歌曲《憧れ》No.38（全4曲）［WoO 134］を出版する。これは歌曲集であり、従前の仕分けから言えばOp.番号が付されるべきところである。

⑮　その他の社においては**No.13以後、No.番号付けは放棄されており、Op.番号を付与するか、作品番号なしで出版するかの選択**であった。

⑯　仕分けの大原則がNo.36に続いてNo.38でも破られたことは出版社独自の判断と結論づけてよいのではないか。そしてそのときNo.37とは何が想定されていたのか。少なくともBAI社の出版物のなかには候補作品は見当たらない。**最後までBAI社のみが、番号を飛ばしつつ、そして独自の仕方でNo.番号を付していたことには、**同社のNo.番号付け全体にある種のいかがわしさ（非正統感）が漂っている。

　BAI社は作品番号数字ではOp.62（作曲は1807年初め）まで、大作品の原版を出し続ける。時間的に最後の刊行となったのがOp.60（作曲は1806年8月〜11月）かOp.61（作曲は1806年後半）か、はっきりとは確定しがたいのは、同社のヴィーン新聞における出版公告が1808年8月10日以後1810年5月19日まで1年9ヵ月も欠けているからで、この2作品の出版はまさにこの時期なのである。Op.61の方は、「彼の第1ヴァイオリン・コンチェルトから編曲された」とタイトルページで謳われるピアノ・コンチェルト版の方が何と先に1808年8月10日に公告され、原曲版の出版は1809年初頭と思われる。《コリオラン序曲》Op.62の出版公告はもっと早く、1年前の1808年1月9日であった。BAI社の業務進行は進度に明らかにむらがあるように見えるが、校正段階で大幅な修正が入るなどの一般的な事情では理解できず、何か特別な状況が背景にあるのではないか［第II部第22章4で謎解

190

き]。しかもこの間の出版公告は年に数回の一括掲載であるため、それは印刷・刊行時期を直接には反映しない。そのような公告の仕方は、もしかしたら、復活祭やミヒャエル祭の際に市場が動くことを当て込む営業政策から来るかもしれない、との指摘もある。ただ作品番号の順序は「作曲順に」とのベートーヴェンの願望に基本的に沿っていると思われる。とすれば、具体的な番号指示はなくとも、番号の順序についての意向は口頭でもたらされていた可能性はある。以下、BAI 社から出版された Op.53 〜 62 を出版順に一覧しておこう。

出版時期（出版公告）	出版社	作品番号	推定作曲完了時	出版までの時間
1805.05.（1805.05.15.）	BAI	Op.53	1804.08.	9 ヵ月
1806.05.（1806.04.09.）	BAI	Op.54	1804/05	1 年 3 ヵ月
1806.10.（1806.10.29.）	BAI	Op.55	1804.05.	2 年 5 ヵ月
1807.02.（1807.02.18.）	BAI	Op.57	1806 春 / 夏	9 ヵ月
1807.06/07.（1807.07.01.）	BAI	Op.56	1804.05.	3 年
1807/08（1808.01.09.）	BAI	Op.62	1807.03.	9 ヵ月
1808.01.（1808.01.09.）	BAI	Op.59	1806.11.	1 年 2 ヵ月
1808.08.（1808.08.10.）	BAI	Op.58	1806.07.	2 年
1809.02.（公告なし）	BAI	Op.60	1806.11.	2 年
1809.02.（公告なし）	BAI	Op.61	1806.12.	2 年

　ヴィーン新聞における出版公告が欠けた間に刊行された Op.60 と Op.61 の出版時期推定はライプツィヒでの公告に基づく［第 II 部第 22 章 6］

10 ｜ BAI 社（Op.62 まで）から
ブライトコップ & ヘルテル社（Op.67 から）へ転換

　Op.63 〜 Op.66 は飛ばされて、1809 年 4 月から 5 月にかけて突然、Op.67 〜 Op.69 がブライトコップ & ヘルテル社から出た。これらの作品番号に関して少々奇妙な経緯がある。1809 年 1 月 21 日に同社が出した書簡［BGA 351］が失われているが、Op.35 以来久しぶりに得たベートーヴェンからの原稿の提供を現実化するにあたって、以前の経験から、同書簡において作品番号と被献呈者について問い合わせたことは確実である。3 月 4 日付のベートーヴ

第I部　体系的考察

ェンの書簡［BGA 359］には次のような個所がある。

　　ここに 3 作品の Opus 等です——すなわちチェロ・ソナタはグライヒェンシュタイン
　　男爵氏に献げられ Op.59［引用者注：現 Op.69］、2 つのシンフォニーは 2 氏一緒にで
　　す、すなわちラズモフスキー伯爵閣下とロプコヴィッツ侯爵殿下に献げられ、ハ短
　　調シンフォニーは Op.60［同：現 Op.67］、ヘ長調シンフォニーは Op.61［同：現 Op.68］
　　に。…［追伸］トリオ（複数）はエルデディ伯夫人に献げられ Op.62［同：現 Op.70］
　　です。

　ベートーヴェンの頭からは Op.59 がすでに 1 年以上前、1808 年 1 月に、
そして Op.60 はまだかもしれないけれども、Op.61 は 8 月に、BAI 社から出
版されていたことがまったく抜け落ちていた。しかも Op.62 が Op.59 より
も前に出ていたことは完全に記憶の外だった。ブライトコップ＆ヘルテル
社はこの指示があった直後、4 月にまずチェロ・ソナタを Op.59 として刊行
した。しかしすぐにその誤り［Op.59～62 がすでにヴィーンで刊行済みのこと］に気付
き、4 月 8 日付の『総合音楽新聞』の新刊案内第 11 巻第 8 号では「正しく」
（新カタログ）Op.69 とし、シンフォニーはそれぞれ Op.67 と Op.68 として
予告された。後の刷りも番号数字は 69 に変更されたが、この際は、新カタ
ログが記述しているようにそれが「正しい」、のではなく、「さらに誤って」
とするべきではないだろうか。「正しい」という感覚はそのように固定され
た結果の後世のものであり、ブライトコップ＆ヘルテル社のこの訂正は正
しくなかった。Op.63～66 が空白番号となった元凶はこのように間違った
指示をしたベートーヴェン本人であり、そしてそれを誤った形で"訂正"した
ブライトコップ＆ヘルテル社である、と見なければならないのではないか。
すなわち、ブライトコップ＆ヘルテル社は訂正を急いだ余り、Op.59～62
という番号はすでに埋まっていると勘違いし、弦楽四重奏曲（Op.59）以下
の 4 曲は Op.63～66 となるはずであり、したがって自分たちがいまから刊
行するものは Op.67 以下となる、という風に、Op.59～62 を二重に数えて
しまうというミスを犯したのではないだろうか。これは私の仮説である。
　ただ、この解釈の場合、ベートーヴェンの指示した順番を尊重すれば
Op.67～70 はチェロ・ソナタ、シンフォニー第 5 番、第 6 番、2 ピアノ・
トリオの順になるべきところ、チェロ・ソナタが 3 番目となり、その作品番
号は 59 から 69 に変わった。まさか、6 のところ 5 にしてしまった印刷ミス
だった［今日まで一般にそう解釈されてきた］かのように見せかけ、それによって 2

192

つのシンフォニーの番号をそれより若い番号（67, 68）にしてしまった、と
いうことがあるのだろうか。チェロ・ソナタは2シンフォニーの完成間際に
割って入った作品で、これら3曲の順番は作品の完成をどう捉えるかという
微妙な問題であるが、「創作順に」という考え方はその直後にも維持されて
いるのでここでも適用できるとすれば、本人が最初に挙げたチェロ・ソナタ
を出版社は最後に回したことにより、その順序を壊したのである。さらに続
けて7月と8月にOp.70が2分冊で出る。これは《2つのトリオ》で、それ
ぞれの番号欄("Oeuv. 70 No ")が手書きするべく空白になっているのは、
前例もあるように、同じ彫版を使用するための方便である。ここまではベー
トーヴェンの指示をヘルテルが解釈した処置であった。

　これ以後の半年の間に出版社には迷いが生じたようである。しかしOp.62
序曲《コリオラン》の次はOp.67シンフォニー第5番、という事実が形成さ
れると、それはもはや訂正しようのないものとなった。現在の番号"Op.71"
とOp.72を、それぞれ1810年の4月（管楽六重奏曲）と7～8月（《レオノー
レ》序曲第3番パート譜および《レオノーレ》全曲ピアノ編曲版）に出版
するとき、作品番号は付けなかった。その作業を進める過程で、すでに言及
したように、番号の指示を改めて仰ぐ書簡［BGA 456］、1810年7月11日付、
を書くことになる。今度の返信［BGA 465］が「創作順とすれば」という原則
論のみの開陳で終り具体的な番号指示がなかったのは、1年以上前の自らの
誤りに気付いたベートーヴェンが番号コントロールの自信を喪失したためで
はないだろうか。そこでヘルテルとしては仕方なく、8月21日付で作品番
号の提案をした［BGA 469］と解される。その提案は、当然のことながら、そ
の時点でもはや過去のものとなった"Op.71"には触れず、Op.72以後Op.86
までに関してであった。そして再び返答はなく、その間にOp.72に相当す
る作品の刊行時期が来てしまい、提案通りに実行されたのはOp.73以後の
諸作品となった。新カタログにおいて"Op.71"との表記が採られたのはベー
トーヴェンの了解を経なかったからであり、それに対してOp.72に" "が
付されなかったのは、実際の刊行物にはいつまでたってもその番号は記入さ
れなかったとはいえ、書簡のなかでの言及をベートーヴェンが暗黙のうちに
了解したということで、番号の正統性が認められたためである。《フィデリ
オ》にOp.72が現実として付されていく経緯については後述する［本章18］。

　ところで、Op.73～Op.82は先行してクレメンティ社から刊行されるが、
その際に、前章8で述べたように、同社はそのうち4点に付きOp.62から

第1部　体系的考察

Op.64（Op.63 は 2 曲）の番号を与えた。このことから確認されるのは、現行の番号が決定されていく端緒となったヘルテルからの番号問い合わせは 1810 年 7 月のことであって、クレメンティがヴィーンでそれらの原稿を受け取ったその 2 ヵ月前の 5 月にはベートーヴェンは作品番号について何も指示しなかったという事実である。クレメンティ社は BAI 社と共有した Op.59 と Op.61 についてはその番号をヴィーンで認識することができたが、指示のない作品については、従前の商慣行にならって、異国で独自の番号付けをしたのである。

11 │ ブライトコップ & ヘルテル社（Op.86 まで）から
　　　シュタイナー社（Op.90 から）へ転換

作品番号数字について具体的に指示せず、また返答しなかったという意味で、少なくともこの 1810 年時点でベートーヴェンが番号それ自体のコントロールを放棄していた、ということは文書的裏付けを持つといえる。なぜ放棄したかといえば、番号の指示はもはやできないという現実があったのである。そしてそれは、すでに見たように、少なくとも Op.46 以後には実際問題として始まっており、問い合わせをしたり、指示を受けたかもしれないが、番号の最終的選択は出版社の裁量となっていた。こうして主要出版社が替わるごとに番号の受け継ぎにロスが生じることとなる。169 ページで言及した、「1812 年 9 月頃に Op.86 が出版されてから 1815 年 6 月に Op.90 が出版されるまで」の「長期に渡る Op. 番号付作品出版のブランク」とは、ブライトコップ & ヘルテル社との縁が切れてシュタイナー社との関係が始まる間のことである。このときシュタイナー社は 3 つ飛ばして Op.90 で始めるわけだが、ベートーヴェンが 3 年近くにもわたって出版活動を事実上停止したとは思わず、ヴィーン以外で出版された分を想定して数えたのであろうか。

この間にベートーヴェンの新しい作品が世間にまったく出回らなかったわけではなく、雑誌の付録としてなどのほかに、エディンバラではトムソンによる出版活動が本格化し始めていたが、これらは作品番号付与との関連性はない。いずれにしてもシュタイナー社が Op.90 から開始した背景は闇に包まれている。その後、同社が Op.101 までを連続的に出版していった概略については第 5 章 10 で触れたが、その詳細を見てみよう。

194

第 6 章　作品番号をコントロールしたのは誰か

　それらを出版番号順に並べてみると以下のようになる。1 曲について番号
が多くあるのはスコア譜とパート譜、さらに各種の編曲版がそれぞれ固有の
番号を有しているからで、なお、VN 2562 と VN 2572 は欠番である。それ
はおおむね出版時の順と同じだが、そうではないケースは「出版時」の欄で
太字にした。また、1815 年 4 月 29 日付メモの遺る、それまで書き溜めた 13
作品譲渡の、同社との契約［第 5 章 10］に記載されている作品は「作品番号」
の欄で太字にした。

出版番号	出版時	作品番号	創作時期	ロンドン出版
VN 2350	1815.06.	Op.90	1814 夏	
VN 2361 ～ 2368	1816.02.	**Op.91**	1813. 後半	1816.01.
VN 2369	1816.04.	Op.94	1815 春	
VN 2560 ～ 2568	1816.11.	**Op.92**	1811.09. ～ 1812.04.	1817.01.
VN 2570 ～ 2578	**1817 復活祭？**	Op.93	1812. 春 ～ 1813.04.	
VN 2580	**1816.12.**	**Op.95**	1810. 夏 ～ 1810. 秋	
VN 2581	1816.07.	**Op.96**	1812.11. ～ 1812.12.	1816.10./11.
VN 2582	1816.09.	**Op.97**	1810. 後半 ～ 1811.03.	1816.12.
VN 2610	1816.10.	Op.98	1816.02. ～ 1816.04.	
VN 2611	1816.11.	Op.99	1816.04. ～ 1816.08.	
VN 2614	**1816.09.**	Op.100	1814 秋 ～ 1815 春	
VN 2661	1817.02.	Op.101	1816.04/05. ～ 1817.01.	

　Op.100 出版が Op.98 より 1 ヵ月前であるのは作業手順に若干の異動が生
じたと解釈してよいだろうが、問題は Op.92 と Op.93 が半年から 1 年以上
遅れたことと、Op.95 が Op.96 ～ 100 の後に出たことである。この 3 作品は
いずれも Op.91 に始まる第 1 次国際出版企画［第 5 章 10］の一環でもある。
Op.91 ～ Op.97 に関して、書き溜められ作品が順次出版されていくなかに、
ピアノ伴奏歌曲《希望に寄せて》が Op.94 として割り込んでいる。それに
もかかわらず Op.94 の出版番号が Op.92 および Op.93 のそれより 200 も若
いのは、Op.92 と Op.93 の作品番号は割り込み以前に決定されていたという
ことを意味する。これら 2 つのシンフォニーが大幅に後ろ倒しになったこと
は事実で、その事情について第 II 部第 32 章で考察する。それを含め、

195

第I部　体系的考察

Op.91 〜 97 全体がその番号付けにはベートーヴェンの「創作順に」はまった
く斟酌されていないので、それは出版社都合で決定されたと見てよいのだ
ろうか。Op.92 〜 93、Op.95 〜 97 の出版番号が［VN 2560］から［VN 2582］ま
で欠番を挟みながら連続していることから、Op.94 の刊行が軌道に乗った後、
Op.95 〜 97 の作品番号が決定されて、これらが 5 作品が作業工程に入った
（＝出版番号が決定された）が、Op.92 〜 93、および Op.95 はその後もなお
スムーズには進行しなかった、ということが見て取れる。その理由は、間違
いなく、「国際出版」のために各社との連携を構築するのに時間がかかった
ことであろう。

　これらのうち、Op.91 と Op.92 はピアノ編曲版で、および Op.96 と Op.97
が、ロンドンのバーチャル社からも並行出版される。Op.91 は元来イギリス
向けの作品《ウェリントンの勝利》であり、ベートーヴェンはイギリス摂政
公ジョージに献呈する前提でイギリスでの出版をそもそも模索していたわけ
で［第II部 32章］、それは 1816 年 1 月に、ヴィーンよりも 1 ヵ月先に、ロンド
ンでピアノ編曲版として出版された。そのとき作品番号なしであったのはイ
ギリスでベートーヴェン作品が出版されるときのふつうのケースであって、
しかも標題の付いた作品なので、格別の問題はなかった。しかし他の 3 曲の
出版の際にはバーチャル社は作品番号を問い合わせたようで、ベートーヴェ
ンは 1816 年 10 月 1 日に「ヴァイオリン・ソナタはオーストリアのルドルフ
大公閣下に献げられ Op.96 です、トリオも同人に献げられ Op.97 です」と
書いた［BGA 982］。それらはそれぞれその直前の 7 月と 9 月にヴィーンでそ
の番号のもとにすでに出版されたものなので、作品番号数字を指示したとい
うよりも、その情報を伝えただけかもしれない。ヴィーンで Op.96 と Op.97
の出版が急がれたのはバーチャルをあまり待たせられないという事情ゆえで
あろう。

　続けて同書簡に「シンフォニーイ長調のピアノ編曲はロシア皇妃に献げら
れ Op.98 です」と書かれている。バーチャルはこの指示をきちんと守って、
1816 年 11 月にシュタイナー社からシンフォニー第 7 番のスコア譜をはじめ、
ピアノ 2 手編曲版を含めたあらゆる編曲版が Op.92 として出された 3 ヵ月
後、1817 年 1 月にピアノ 2 手編曲版だけを「Op.98」として出版する。従来
からこの件はベートーヴェンの誤記と見なされてきた。ヴィーンで Op.97
が出たばかりなので次は「Op.98」と単に錯覚したのか、あるいは、後に触
れるように、編曲版には原曲と異なった番号を与える意志があってそれは意

図的な指示であったのか、この段階では何とも言えない。このように指示した背景には長い説明を要する複雑な問題があるので、第II部第32章で再び議論する。

そのあとに続く Op.98 ～ Op.101 に関しては、旧作の Op.100 が割り込んで、しかもその出版が優先されたと読めるが、それは取り立てて問題にするような事柄ではないように思われる。

12 | ジムロック社の問題

こうした、一時期には特定の出版社と専属契約のような形を取るスタイルに再三エピソードを提供するのが、思い出したように関わってくるジムロック社である。同社が弦管六重奏曲["Op.81b"]を「Op.81」として刊行したのは1810年前半、復活祭を控えてか、もしくはその直後のことと思われる。ブライトコップ & ヘルテル社が Op.67 を出す頃のことである。同時に刊行されたその弦楽五重奏用編曲版とピアノ・トリオ編曲版はいずれも「Op.83」であった。この出版に関して、ベートーヴェンから原稿の提供を受けたものであることを直接に証明する書簡等は存在しないが、傍証を挙げると、まず、刊行楽譜の版下となった校閲筆写譜がジムロック社由来で現存している[Quelle II、ボン、ベートーヴェン・アルヒーフ蔵]。さらに、新カタログでは触れられていないこととして、7年後に Op.102 が同社から出版されるときに、ベートーヴェンは以前の接触を思い出して、「彼[引用者注：ジムロック父]はおそらく、私がホルンに関して彼[引用者注：ジムロック父はかつてボン宮廷楽団でホルン奏者であった]にいくつか音をどのように求めたか思い出すでしょうし、そのときかつての弟子が先生に堅い胡桃を割る[引用者注：難題を吹きかける / 演奏に難儀する]ものを与えたと解っているでしょう」[BGA 1084]と語っているのだが、この作品のホルン・パートはまさにここで言われていることが当てはまるのである。

いずれにしても、この時点でなぜ「81」という数字が選ばれたかはまったく不可解と言うほかない。「Op.31」の空欄は遠慮がち、「Op.47」はいい加減、「Op.81」は孤高の独断、といえようか。この作品は1810年6月にブライトコップ & ヘルテル社の発行する『総合音楽新聞』で書評されてはいるが、その翌月、7月に同社からピアノ・ソナタ第26番《告別》が Op.81 と

第I部　体系的考察

して出版されたとき、ジムロック社の「Op.81」は無視された。こうして2つの原版で作品番号は重複し、1851年にaとbが付される形が提案されて以来はそれが定着しているが、新カタログでは補正番号は「非真正番号」として、"Op.81a"と"Op.81b"の表記となった。

　ジムロック社がOp.102を出版した経緯についてはすでに詳述した［第5章12］。ここでの問題は、ブライトコップ＆ヘルテル社との間で作品番号のコントロールに失敗して以後、番号問い合わせに背を向けてきたベートーヴェンがなぜこのときは数字を伴った指示をしたのか、その拠り所は何であったのか、ということである。まず1817年2月15日に書かれたと思われるベートーヴェンのペーター・ヨーゼフ・ジムロック［息子］宛書簡［BGA 1084］の冒頭を挙げる。微妙なのでできるだけ直訳する、原綴を付して。

> まもなく我が親愛なるジムロック坊や［Simökchen］、私はあなたに、あなたが求めているすべてを送付します。またあなたにその刊行［die Herausgebe］を指示する／示す［anzeigen］こともできます——その作品番号［das Opus］は作品101［101 Werk］です。

　この前提としてOp.102の出版に際し作品番号の問い合わせがあったかもしれないが、その文面は現存しない。事実関係の整合性から言えば、書簡交換全集のブランデンブルクによる注も新カタログも指摘しているように、「もしかしたら／おそらく最新の出版作品の番号」を問われて答えたのだろう、と解釈せざるを得ない。つまり、ジムロックの問いは「何番まで出たのですか」であり、「その作品番号は作品101です」と答えた、というわけである。しかし作品番号の問い合わせとしては「番号は何番にしたらよいのですか」がふつうなのではないか。そしてOp.102の版下原稿その他を送るという文脈で、定冠詞を付けて「その刊行」と言っているのだから、結果的にはOp.102として出版された作品の番号が「101 Werkだ」ではないだろうか。ベートーヴェンは誤った番号指示の前歴があり、その後も正しく反応できていない例の方が多いので、ここでは、結果としての事実に沿うように解釈することは避けて（その可能性をまったく否定するわけではないが）、素直に問題に向き合うこととしたい。このときベートーヴェンはなぜ見誤ったのか、そしてジムロック息子はなぜそれを正すことができたのか、が焦点となる。

　まず、数字指定をしたのは、代替わり予定の2代目が遠路はるばる来訪したときに手向けた作品についての問い合わせなので（あるいは問い合わせが

198

あったわけではなくベートーヴェンの方から積極的に番号指示を行なった可能性もなくはない）、判断のしようもなかろうという親心、あるいは放っておくととんでもない番号を付ける初代の轍を踏まないようにと配慮したか。そしてその指示が書かれた1817年2月15日はまさにOp.101がシュタイナー社から刊行される直前か、その頃である（出版公告は3月4日）。「最新の番号はOp.101だ」であるとすれば、ベートーヴェンは出版前にその番号を知っていたということになる。「今度の番号はOp.101だ」であるとすれば、いままさに出かかっている番号101をその間に挟まなければならないことを単に失念したか、あるいはわずか14小節のピアノ伴奏二重唱曲《メルケンシュタイン》がまさかOp.100という作品番号付きで出版されたとは思わず、校正刷点検の渦中にあったかもしれないピアノ・ソナタOp.101をOp.100と思ってしまった可能性もある。この場合、校正刷において作品番号の番号数字は、刊行の最後の段階で出版社によって入れられるものとして、空欄であったということになる。そしてこれまでの慣習からすれば、あるいはベートーヴェン目線では、当然に14小節の歌曲は作品番号が付される作品には該当しないのである。

　ボン社の出版期日を確かめることはつねになかなか難しく、Op.102は1817年出版ということしか言えないのだが、ベートーヴェンの指示に逆らってまで別の番号を付したとすれば、ヴィーンでのOp.101の出版の事実を知った上でということ以外に考えられない。こうした2代目の慎重な判断が、後世に"Op.101a"、"101b"ができて、Op.102〜103が連続して欠番となることを防いだともいえよう。

　これに続いて、シュタイナー社が版権を確保しながら出版は留保している間に割って入ってきたもうひとつの出版社、アルタリア社がOp.104〜106を出版し、それによってOp.103が"永久欠番"となった経緯については、第5章13で詳述した。

　ジムロック社が1820年9月頃にOp.107を出すとき、Op.102のときと状況は基本的には似ているが、現実は相当に違った。このときの文通相手は再び父ジムロックで、ミサ・ソレムニスの出版交渉も絡んでいた。7月23日付でベートーヴェンは「［引用者補：あなたは］この機会に変奏曲の所有権証明と作品番号の告知も得ます」［BGA 1400］と言いながら、番号そのものの指示はしなかった。そしてさらに8月5日付で次のように言う［BGA 1403］。

第I部　体系的考察

変奏曲の出版の際には提示した番号でお願いします。いくつかのそれに続く作品は
私の近くですでに出版されることになっていますが、しかしよく起こるさまざまな
事情によって妨げられて、私はすでに別の番号を申し出ました。したがってそれら
はまったく空いていません。

ここで注目されるのは、かなりの間、具体的数字の指示をした証拠はなか
ったが、「作品101だ」をきっかけに、ベートーヴェンが番号コントロール
の意欲を見せていることである。しかし結果と照らし合わせてみると、それ
はどうしてもうまくいかなかった。ジムロックに「107」を指示しなかった
ことは明らかで、というのは同社はその出版時に数字だけを空欄にしたのみ
ならず、「107」は、翌1821年3月7日付とされるベルリンのシュレジンガ
ー宛書簡のなかで、1822年7月にOp.108として出版されることになる作品
の番号として、指示されているからである〔BGA 1428〕。しかし今度はシュレ
ジンガー社からそれを無視されることになる。

13 │ Op.112以降の番号大混乱

シュレジンガー社は、この最初の獲得作品の出版に難儀するが、並行して、
ピアノ曲ばかり、1821年9月出版のOp.109から1823年末出版のOp.112
(《11のバガテル》　現在は"Op.119")までを、パリの息子社シュレザンジェ
社と協働して、刊行していく。このうち、Op.110とOp.111がイギリス社と
の第9次時間差多発出版である。そしてOp.112は、旧カタログにおいて、
ベートーヴェンから原稿を入手した原版と判断され、さらにザウアー・ライ
デスドルフ社が1824年4月に刊行したOp.112もまた別の原版と見られて
いたが、タイソンの研究により、それぞれがクレメンティ社版の続版の、さ
らにその続版であることが判明した〔Tyson/Op119 (1963)〕。

Op.112は現在、1822年5月にシュタイナー社から原版が出版された、合
唱とオーケストラのための《海の凪と成功した航海》であるが、初版を出す
とき同社は何番にしたらよいか確信が持てずに、番号数字を空欄にした。数
字はのちの再版のときに埋められるが、それがいつのことであったかはまだ
突き止められていない。シュレザンジェ社のOp.112という番号は1851年
ブライトコップ＆ヘルテル・カタログにおいて、それまで欠番であった

第6章 作品番号をコントロールしたのは誰か

Op.119 に変えられるのだが、1837 年アルタリア Op.106 再版カタログでは、Op.81 のケースと同様に、Op.112 と No.112 とに棲み分けられていて、1851 年時には Op.112a と Op.112b とする選択肢もあった。

その後の作品番号にはシュタイナー社が復帰し、1823 年から 26 年にかけて同社から Op.113 〜 117 および Op.121 が出版されていく［それについては第 5 章 10 で触れた］。シュタイナー社後継のハスリンガー社から出版された Op.118 は従来［旧カタログがそう認定した］、同社が版権を継承したと思われる 1826 年 7 月刊行ということだったが、新カタログにおいて 死後の 27 年 8 月に訂正された。Op.118 は 1815 年にシュタイナー社に版権が譲渡された作品［第 5 章 10］には含まれず、1822 年 6 月 5 日にペータースに出版を打診し断られたもののなかにある［第 5 章 16］。Op.118 については後述。

ここに割り込んだのが 1823 年 6 月出版のディアベッリ社の Op.120 で、そのときに Op.119 は飛ばされて"永久欠番"となった。さらにここにショット社が参入するのだが、同社はベートーヴェン楽譜を初めて出すにあたって、1825 年 3 月 5 日に、そのときまでに送付された作品について、付すべき作品番号の問い合わせを行なった［BGA 1943／原文は消失］。それに対してベートーヴェンはすぐに 3 月 19 日に「番号の一覧を［引用者補：あなたは］すぐに受け取るでしょう」と返信して［BGA 1949］、検討を重ねたようである。その後に実際に指示した書簡［BGA 1950］には日付がなく、本章 1 で引用したように、Op.121 以下の番号が指示されている。ベートーヴェンは明らかに、Op.121 がすでにピアノ・トリオのためのいわゆる《カカドゥ変奏曲》（1824 年 5 月にシュタイナー社から出版）に与えられていたことを見逃した。しかし問題なのはそれだけではなく、3 歌曲に対してひとつの番号が与えられ、そして 122 番が飛ばされていることである。しかもその 3 歌曲はそれぞれ編成が異なるもので、すなわちソプラノ独唱・合唱・オーケストラによる《奉献歌》、2 独唱・3 声合唱・管楽六重奏による《盟友歌》、ピアノ伴奏アリエッテ《くちづけ》であり、ひとつの作品番号で一括して出版するのには適さず、かといって、番号の余裕は「121」と「122」しかない。ショット社の混乱の元はそこにあった。

まず 1 曲目の《くちづけ》が自社発行の音楽新聞『チェチーリア』第 2 号の付録として 1825 年 4 月に出た「新刊案内 7」において作品番号なしで告知されたが、それは、《フィデリオ》のときと同じように、こうしたベートーヴェンとのやりとりの時間的ずれから来ている。しかし今回は出版時には

201

第Ⅰ部　体系的考察

間に合って、刊行楽譜には「Op.121」と記された。以下の一覧表［204 ページ］で出版月が特定できず Op.128 が「1825 年春」とされているのはこうした微妙な問題を含むゆえである。そして同年 7 月に《奉献歌》もまた Op.121 とし、《盟友歌》を Op.122 として出版した。「3 歌曲 No.121、No.122 空白」の範囲でできるだけ努力した、と言えよう。

　しかし編成の異なった 2 曲が同じ Op.121 となっている矛盾に気がつき、その解決に踏み出したが、同年 9 月の「新刊案内 12」では《くちづけ》は Op.121 と記述されている個所（56 ページ）と Op.128 とされている個所（46 ページ）とがある。これはこの作品に別の番号、すなわち同社ですでに出版が決まっている Op.123 〜 127 の後の番号「128」を振り当てる最初の現われであった。旧カタログにおいては、1828 年の「新刊案内 28」でこの訂正が行なわれた、とされていた。すなわち、1825 年春の印刷ミスを 1828年に訂正したという単純な構図である。しかしこの経緯を、表層に現れ出たもの、すなわち楽譜と新刊案内だけに基づいて（書簡を精読することなく）、ショット社の印刷ミスとその訂正、と読むことは間違いであろう。そしてまた Op.121 の出版時にショット社が、1 年も前にシュタイナー社から Op.121 が刊行されていることを知らなかった、と単純に見なすのも、一般的見解であったが、再考されなければならない。つまり、ショット社としてはベートーヴェンの指示にまずは素直に従うべくできるだけ努めたが、どうにもその実践は矛盾を来したので、後追いながら気付いた時点ですぐさま是正の努力をした、と解くべきであろう。

　同社としてはベートーヴェンの言説を、ジムロック社やシュレジンガー社のようには自社で検証せずに、事を始めてしまったのである。同社のベートーヴェンに対する敬意は並みではなく、本人の間違いを指摘するなど、とてもおこがましいことであった。「このように変えてよろしいでしょうか」という問い合わせなどもたぶんすることなく、Op.128 の付加で問題解決を図ったのである。

14 ｜ ベートーヴェンによる番号指示の復活　その問題点

　要するに、作品出版が BAI 社（Op.45 〜 62）、ブライトコップ＆ヘルテル社（Op.69 〜 86）、シュタイナー社（Op.90 〜 101）に一括して委ねられ

202

第6章　作品番号をコントロールしたのは誰か

ていた時期が終わると、作品ごとに出版社と交渉するという状況が生まれた。これは、初期にほぼ独占的であったアリタリア社との関係が終息してさまざまな出版社との協働作業が新しく展開する一時期、すなわち1801〜03年と似ている。そして出版社の側にとってもいまや社会的に確立していたベートーヴェンの作品番号の継続に努める責任が増したことによって、番号の問い合わせをするという環境になっていたのである。それでベートーヴェンとしても番号のコントロールに再び乗り出さざるを得なくなった。しかし、指示はするが、出版社もまた継続すべき番号の調査についてそれなりの努力をし、独自の責任を自覚して、結果、作曲者の指示に従わないという構図となっていた、と読み解くべきではないか。

　上記引用の書簡のなかで語られている「私の近くで出版されることになっている作品」とは、シュタイナーに借金の形同然に託し、出版が放置されていた諸作品であることは間違いない。それらに対する番号指示が具体的にどうだったのか、出版の遅れを受けて「申し立てた別の番号」とは何番だったのかは判然としないが、「Op.101だ」と言ったときはOp.102以降の番号にはシュタイナー社が1815年に版権を確保した作品のいくつかが想定されていた可能性は大きい。しかしそれらの出版の見通しは立っておらず、それならば先に出る他社作品にそれらをあてがい、「別の番号を申し出る」という成り行きとなったとは考え得る。同社が1815年4月29日の版権取得〔第5章10〕から、死後出版となった"Op.136"は甚だしすぎるケースとして除いても、長いもので11年も出版を引き延ばした（Op.117）という事実を思い起こさなければならない。「別の番号」とはOp.112から117あたりのことではないだろうか。

　すなわち、いつ埋まるか知れない欠番をかかえたまま他社に番号を割り振らなければならないという現実がベートーヴェンのものであった。Op.102およびOp.108は番号指示にもかかわらず受け入れられず、Op.107はおそらく指示できず、またOp.104はアルタリア社がたまたま埋めてくれたけれども（かつてOp.47をジムロック社が埋めてくれたように）"Op.103"は"永久欠番"となり、Op.121が一時は3通り生まれる一方、"Op.119"もまた"永久欠番"となった。こうした大混乱の大元にあったのは、シュタイナー社が抱え込んで市場に出さない、という問題であった。「番号は創作順に」どころではまったくなくなったのである。

　以上、文章にしたことを簡略に表にまとめると次のようになる。出版年月

203

第 I 部 体系的考察

の＊および＊＊印は出版が死後になったケースである。

現番号	出版年月	出版社	出版時番号	備考
Op.102	1817 年	ジムロック	Op.102	「Opus は 101 Werk だ！」(1817.02.15.)
"Op.103"			"永久欠番"	1851 年に充当
Op.104	1819 年 2 月	アルタリア	Op. 番号なし	1820 年頃の再版で Op.104
Op.105	1819 年 9 月	アルタリア	Op.105	
Op.106	1819 年 9 月	アルタリア	Op.106	
Op.107	1820 年 8/9 月	ジムロック	Op. 番号数字は空欄	
Op.108	1822 年 7 月	シュレジンガー	Op.108	「107 Werk」(1821.03.07.)
Op.109	1821 年 9 月	シュレジンガー	Op.109	「109 Werk」(1821.03.07.)
Op.110	1822 年 7 月以後	シュレザンジェ	Op.110	
Op.111	1823 年 4 月？	シュレザンジェ	Op.111	
"Op.119"	1823 年末	シュレザンジェ	Op.112	1851 年に"Op.119"
Op.112	1822 年 5 月？	シュタイナー	Op. 番号数字は空欄	
Op.113	1823 年 2 月	シュタイナー	Op.113	
Op.114	1822 年 10 月	シュタイナー	Op.114	
Op.115	1825 年 4 月	シュタイナー	Op.115	
Op.116	1826 年 2 月	シュタイナー	Op.116	
Op.117	1826 年 7 月頃	シュタイナー	Op.117	
Op.118	1827 年 8 月＊	ハスリンガー	Op.118	
"Op.119"			"永久欠番"	1851 年に充当
Op.120	1823 年 7 月	ディアベッリ	Op.120	
"Op.121a"	1824 年 5 月	シュタイナー	Op.121	
Op.128	1825 年春	ショット	Op.121	1825 年 8 月に Op.128 に訂正
"Op.121b"	1825 年 7 月	ショット	Op.121	
Op.122	1825 年 7 月	ショット	Op.122	
Op.123	1827 年 3/4 月＊	ショット	Op.123	
Op.124	1825 年 12 月	ショット	Op.124	
Op.125	1826 年 8 月	ショット	Op.125	
Op.126	1825 年 4 月	ショット	Op.126	

第6章　作品番号をコントロールしたのは誰か

15 │ 見過ごされてきた問題　Op.127 以後の混乱

　ショット社は、他社が尻込みしたシンフォニー第9番 Op.125 や《ミサ・ソレムニス》Op.123 という収益の見通しにくい大オーケストラ作品の出版元となり、最晩年にベートーヴェンの信頼を最も勝ち得た出版社となった。しかし最後の弦楽四重奏曲群は、その実際の難解さとは裏腹に、出版社にとって、ベートーヴェンがもはや関心を失ったピアノ作品に代わる人気アイテムであり、その争奪戦の結果、3社が均等に分け合う形となった。

ショット社	Op.127 ［変ホ長調］	Op.131 ［嬰ハ短調］	
M. アルタリア社	Op.130 ［変ロ長調］	Op.133 ［大フーガ］	Op.134 ［同4手］
シュレジンガー社	Op.130 ［変ロ長調］	Op.132 ［イ短調］	Op.135 ［ヘ長調］

　そこに Op.128 のほかにも"Op.129"が混ざるのは、これまた作品番号コントロールの問題と関連している。死の床に伏したベートーヴェンと各社との代筆者を通してのやりとりは、いくつかが欠けているが、全貌はほぼつかめている。そこにはもちろん具体的な番号数字はなく、挙がっているのは四重奏曲の調性と交渉中の出版社の名前である。1827年2月22日付には「あなたが手にしている作品（嬰ハ短調四重奏曲）［引用者注：カッコ書きは原文のママ］の間に、マティアス・アルタリアが手にしているものが前に入ります。これによってあなたは簡単に番号を決めることができます」［BGA 2262］とある。他人が獲得した作品が何であるか、それが何番で出たかは自分で調べなければならず、そしてそのようなものは確認できなかったので、ショット社は嬰ハ短調四重奏曲の出版を Op.121 以来、連続して付してきた「Op.129」という番号によって『チェチーリア』第6号（1827）付録「新刊案内21」で予告した。事実として、その時点でマティアス・アルタリアから四重奏曲はまだ出版されておらず、逆に同人はショット社から予告が出たので「Op.130」という番号を選んだ。しかしショット社がいざその「Op.129」を刊行しようとするときには「Op.130」が出ていたので、同社は慌ててそれを「Op.131」に修正した。それらは、現在から見ればどちらが先に出たのか判

205

第Ⅰ部　体系的考察

定しがたいほどに、ほぼ同時に 1827 年 5 月に刊行されたのである。当事者
たちの現実は切実なものであり、そしてできるだけ誠実に事に当たろうとし
た結果が以上であった。そうして「Op.129」もまた"永久欠番"の仲間入り
をしたのだが、1837 年アルタリア Op.106 再版付録目録で直ちに埋められた
ので、欠番期間がわずか 10 年であったためにカムフラージュされてしまい、
後世はまた惑わされることとなる［本章 16］。

　最晩年から死の直後までの出版作品、すなわち 1826 年以降 28 年夏頃まで
の刊行物が、出版の遅れていたシンフォニー第 9 番 Op.125（ベートーヴェ
ンはロンドン・フィルハーモニック協会の独占上演権を配慮して出版時期の
調整を行なっていた）と《ミサ・ソレムニス》Op.123（出版は死後）を除
けば、弦楽四重奏曲連作のみであるにも拘わらず、一連の最初の作品 Op.
127 以降に Op.128 と"Op.129"の"番外"作品が侵入したのは以上の経過によ
る。

現番号	出版年月	出版社	出版時番号	備考（弦楽四重奏曲調性）
Op.127	1826 年 3 月	ショット	Op.127	（変ホ長調）
Op.128	1825 年春	ショット	Op.128	ピアノ伴奏歌曲　Op.121 から分離
"Op.129"	1828 年 1 月**	ディアベッリ	作品番号なし	ピアノ・ロンド　遺品競売
Op.130	1827 年 5 月*	M. アルタリア	Op.130	（変ロ長調）
Op.130	1827 年 5 月*	シュレザンジェ	Op.130	（変ロ長調）
Op.131	1827 年 5 月*	ショット	Op.131	（嬰ハ短調）
Op.132	1827 年 8 月*	シュレザンジェ	Op.132	（イ短調）
Op.133	1827 年 5 月*	M. アルタリア	Op.133	大フーガ（変ロ長調）
Op.134	1827 年 5 月*	M. アルタリア	Op.134	同上のピアノ 4 手版
Op.135	1827 年 8 月*	シュレザンジェ	Op.135	（変ロ長調）

　ところで、生前に起きた最後の空白番号"Op.129"の例はベートーヴェン
の作品番号コントロールを悲しく象徴しているように思われる。作曲者が自
作品の出版を本当に厳格にコントロールしようとするなら、自分でカタログ
を作って番号を管理し、出版の都度、出版社に番号を指示する、あるいは作
品番号を版下原稿に書き入れる、といったことまでしない限り、こうした行
き違いは起き得る。まだそのような慣習はなく、出版社との協働作業のなか
でしかコントロールは成立し得なかったのであるから、双方の行き違いもあ

206

第 6 章　作品番号をコントロールしたのは誰か

り得るといったレヴェルでしか、事は進行しなかった。

　ベートーヴェンは、生涯にわたって作品番号の管理をする、という点でもパイオニアであるが、現実は出版社の対応次第に大きく左右された。

コントロールしたのは誰か、という設問に対しては、以上のような実態を説明するほかない。

16 ｜ 死後出版

　死後の刊行物に 2 種あり、それを上の表で ＊ と ＊＊ によって区別した。ひとつの ＊ は 1827 年夏までのもので、生前のベートーヴェン（1827 年 3 月 26 日死去）によって出版が企てられていたと見なすことができる。ふたつの ＊＊ はそれ以後の出版で、ベートーヴェンから原稿の提供を受けたのではない、出版社独自の企画である。「死後出版［Opera postuma］」などという文言が付されて、何か「遺品」をありがたくいただくといった雰囲気のものもある。さらに Op.136 ～ 138 の 3 点を追加するが、Op.137 までがベートーヴェンの出版活動の範囲である。

現番号	出版年月	出版社	出版時番号	備考
"Op.136"	1835 年秋 ＊＊	ハスリンガー	作品番号なし	カンタータ《栄光の時》
Op.137	1827 年夏 ＊	ハスリンガー	Op.137	弦楽 5 重奏のためのフーガ
"Op.138"	1833 年 10 月 ＊＊	ハスリンガー	Op.138	レオノーレ序曲第 1 番 ピアノ 2 手・4 手編曲
"Op.138"	1838 年春 ＊＊	ハスリンガー	Op.138	レオノーレ序曲第 1 番 スコア譜・パート譜

　新カタログで付された" "印の微妙な振り分けに注意しなければならない。最晩年の作品は Op.135 までなので、Op.136 以降が「死後出版」と思われがちであり、その反対に、それ以前に含まれる番号"Op.129"は生前出版の印象を与えやすい。ピアノのための《ロンド・ア・カプリッチオ　なくした小銭への怒り》は、生前は存在がまったく知られず、遺品のなかに発見され、競売（1827 年 11 月 5 日）後、直ちに出版（1828 年 1 月）されたので、大昔

207

第I部　体系的考察

の作品（1794/95 年か？）でありながら晩年の作品が並ぶこの位置に馴染んでしてしまったのである。

"Op.136"のカンタータ《栄光の時》は、ようやく 1835 年になって「1814 年、ヴィーン会議の際に初演された」と銘打って作品番号なしで出版された。この番号は 1837 年アルタリア再版目録では空欄であり、1851 年のカタログにおいてあてがわれた。1815 年にシュタイナーに渡したが出版されないままになっているこの作品について、前にも述べたように［138 ページ］、ベートーヴェンは最後まで出版意欲を持ち続けた。

それに対して、「Op.137」という数字は生前に割り当てられていた番号と考えられる。この《弦楽五重奏のためのフーガ》は 1817 年に、その頃ハスリンガーが企画していた手書き譜による作品全集（ルドルフ大公のための）に新たに寄稿するために書き下ろされたものである。そうした経緯から、死の直前まで出版の計画はなかったと思われる。ハスリンガーが 1827 年夏の出版時になぜ「Op.136」を飛ばしてこの番号を付したかは分らない。ちなみに、以下に述べる"Op.138"の取得は遺品競売時であるので、その出版が想定されていたことはあり得ない。むしろ、"Op.136"はいつか出版しようとし、その番号が空けられていた可能性はあるが、その場合、実際の出版時にその作品番号が付されなかったのはなぜかという別の問いが生まれる［後述］。

"Op.138"についても書簡での言及はまったくなく、ベートーヴェン本人がこの作品の出版に動いた形跡はない上に、その成立もまた闇に包まれていた。オペラ《レオノーレ》の 1806 年 3 月 29 日の改訂再演と 1814 年 5 月 23 日のオペラ《フィデリオ》初演の間、1807 年または 08 年に、プラハ国民劇場でオペラ《レオノーレ》の再演の計画が持ち上がったらしく、ベートーヴェンはそのために新しい序曲を作曲して、オペラ本体の筆写譜とともにプラハに送った。しかし上演の記録や批評は遺っておらず、何らかの事情で中止されたと思われる［第II部第 20 章 14］。以来、この新しい序曲は、"ハイリゲンシュタットの遺書"と同じように誰にも気付かれないまま遺品のなかに発見され、競売時に出版社ハスリンガーによって取得された。出版の予兆は何度もあったが、まず 1833 年 10 月にピアノ 2 手および 4 手編曲版が先に出た。カール・チェルニーの編曲によるもので、旧カタログでは 1838 年春にスコア譜と同時出版とされていたが、1833 年 10 月 10 日付ヴィーン新聞に出版公告が出ていることが判明したのである。タイトルページに「性格的序曲第 1 番、1805 年に書かれた（作品 138）」とあり、「138」という作品番号はこ

208

のとき確立された。もちろんカッコの前の添え書きは間違いであるが。1837年のアルタリア・カタログにすでに Op.138 が登録され、そこに「性格的序曲」とあるのが永らく謎であったが、これで解けた。

スコア譜とパート譜の出版は 1838 年春で、「Op.138 遺品から」とあり、その出版番号 VN 5141 は同社の 1828 年のものである。ピアノ編曲版の出版番号 VN 6101 と 6111 は 1833 年のものなので、その時点で先に出すことが決まったのであろう。ピアノ編曲版がオーケストラ稿に先行して出版されるというケースはよく見られ、《プロメテウスの創造物》の Op.24 と Op.43 の問題については前述したが、《アテネの廃墟》の Op.113 と Op.114 の問題はそれが輻輳した例である［後述］。それらと照らし合わせて考えてみると、遺品を取得してそう遅くない 1828 年にそのままの形で出版する計画が練られ出版番号も決められたが、オーケストラ稿での刊行にはなかなか踏み切れず、とりあえず 1833 年にピアノ編曲版の刊行で市場動向が計られたのではないかとの推測が成り立つ。

ちなみに、その後この序曲が"第1番"と番号付けられたのは、この序曲が最初の 1805 年のものという認識を出発点とし、そのような添え書きを付けて出版されたことが決定的であった。あるいはそこに「第1番」とあることも作用したか。ピアノ編曲版での「第1番」は今後、序曲集が続刊されていくという意味であるようにも見えるが。最初に書かれたものが作曲者によって反故にされ、人知れず遺品のなかに見つかり、2度、3度と書き直されて完成に近づいていったのだという伝説が形成された。

作品番号の問題に戻ると、1830 年代にハスリンガーが同じような条件下で（原稿取得の過程は別として）出版した2つの出版物、"Op.136"と"Op.138"について、一方は作品番号なしで、他方は「Op.138」と、区別された理由はまったく分らない。「Op.136」の記載が洩れた、という想定が理屈としては最も辻褄が合うが、そう判断する根拠はない。

17 ｜ まとめ

以上、問題を孕む個々の作品番号についてその問題性を詳しく記述し、番号の空白が生じた理由を問い、多くの仮説を立てて、実態の解明に迫った。ことに Op.45 と Op.53 の間に位置する、WoO 番号作品（No. 番号付きで出

第I部　体系的考察

版された作品）を含めた原版出版全体の問題性に、研究史上、初めて光を当てることができたのは大きな成果であったと思う。実証はできない性質の問題なので推理を積み重ねるしかないのだが、新カタログの刊行によって事実関係の全容がほぼ明らかになったことでその可能性が開けた。筆者は以前からこの問題に関心を持っており、あらゆる編曲版を含む生前のすべての出版楽譜の一覧表を作成することから出発して、学会での発表をはじめ、論文も3篇、著わした。しかしそれらは不確実要素の多い旧カタログに依拠したもので、資料収集はもとより不完全で、大まかな像は描けても、細部では当然にいびつなものであった。また全体把握が不十分であったために考え違いをした部分もある。本書に参考文献として自分の過去の論文を挙げていない所以である。

　BAI 社の番号管理の問題が浮かび上がったきっかけは、ジムロック社のOp.47を"番外"の番号と捉えることができたためである。またOp.102以降、ベートーヴェンの管理意思が復活する問題とコントロールのちくはぐな実態の突き合わせに成功したことも成果であると思う。Op.118は死後出版であった、という新事実が提供されたことは新しい視点の導入に役立った。ショット社のOp.121/122/128問題の筋道、晩年に起こった空白番号Op.129の謎、さらにOp.138のピアノ編曲の出版が従来の認識より5年も早まったことによって136〜138の複雑な関係にもメスを入れられた。記述が細部に渡りすぎたこともあり、ここで全体像の要点を概括的に総括しておきたい［巻末出版作品一覧表参照　「作品番号混乱　第Ｘ次」とあるのが以下の言及の次数と一致する］。

　作品番号コントロールの問題には折々にいくつかの節目があった。その最初のものはOp.24である。これは研究史によっても見過ごされていたと思う。私の見立てが絶対正しいかと言われれば100%とはいえないが、劇音楽の編曲稿や異なったヴァージョンに付された別番号の問題はベートーヴェンの全体に広がっており、番号一元化志向は後世の作品整理がもたらしたものである。これについては後述する［本章20］。

　第2はOp.31/32で、ベートーヴェンの原版楽譜がコントロールの難しいヴィーンの外に出て行く時期で、それらの番号を印刷した版が同時代に1点もないということがポイントであった。もはや作品番号は完全に一人歩きしていた。

　第3はOp.46〜52であり、Op.47が当てずっぽうで付けられた可能性が高いと同時に、これもOp.46、Op.48、Op.51を付した出版譜が当時ひとつ

210

第 6 章　作品番号をコントロールしたのは誰か

もないと見なしてよいという結論を新カタログから引き出せたことが、解明
の端緒となった。ヴィーンにおいてもコントロールはベートーヴェンの下に
はなかったのである。

　しかし、第 4 の Op.63 ～ 66 の空白は、主要出版社の入れ替わりの狭間で
起きたという表面的な把握だけでは不十分で、ブライトコップ & ヘルテル
社はベートーヴェンに作品番号の問い合わせをし、それに対して本人が大間
違いをしでかし、自ら作品番号混乱の震源になった、という事実から起こっ
たことである。

　それによって番号コントロールの自信喪失に陥って、第 5 として、その是
正についても出版社側とちぐはぐになり、Op.67 ～ 70 を出したはいいが、
Op.71 ～ 72 が結果的に空白となってしまったのである。この際について改
めて強調されなければならないのは、チェロ・ソナタ Op.69 を Op.59 とし
たのは印刷ミスではなく、ベートーヴェンの指示に正直に従った結果であり、
その誤りを調整するために、もしかしたら印刷ミスを装うことで、「創作順
に」という原則が出版社の独自の判断で崩された、という問題の本質であろ
う。

　第 6 は Op.87 ～ 89 で、これは 1819 年のアルタリア調査以来、同時代か
ら意識されていた問題として、空白事例のよく知られたケースである。

　第 7 としては Op.102 ～ 104、そして第 8 としては Op.107 ～ 108 の不安定
性であり、その両端の番号がベートーヴェンの指示に逆らって付されたと考
えられることに象徴される。

　第 9 は Op.112 に始まる第 2 次シュタイナー出版の問題である。これは出
版を死後にまで持ち越された例("Op.136")もあるという点で、それ以後の
作品番号が「創作順」とは無縁の世界に迷い込んだ元凶であった。

　第 10 および第 11 は Op.121 に始まる、最も信頼厚きショット社もまた欠
番を発生させた問題である。二層あり、ショット社のみの問題（Op.121,
128）と、他社との行き違いから発生した空白番号である（Op.129）。

　そして最後（第 12）が、死後出版に生じた出版社の恣意的にも見える番
号付けと、半ば慣習化した出版の長期遅延であった。もはや刊行を急がす人
もいなくなっていた。

　以上をわかりやすく表にまとめておこう。

211

第I部　体系的考察

作品番号混乱	関係した出版社
第 1 次 Op.23 〜 24	モッロ社
第 2 次 Op.31 〜 32	ネーゲリ社　ジムロック社　カッピ社
第 3 次 Op.46 〜 52	BAI 社　ジムロック社（Op.47）
第 4 次 Op.63 〜 66	完全空白（ベートーヴェンの誤指示による）
第 5 次 Op.67 〜 72	ブライトコップ & ヘルテル社（その調整のため）
第 6 次 Op.87 〜 89	完全空白（B&H 社からシュタイナー社への転換時）
第 7 次 Op.102 〜 104	ジムロック社（Op.102）完全空白（Op.103）アルタリア社（Op.104））
第 8 次 Op.107 〜 108	ジムロック社（Op.107）シュレジンガー社（Op.108）
第 9 次 Op.112 〜 119	シュタイナー社（Op.112 〜 117）ハスリンガー社（死後出版 Op.118）　完全空白（Op.119）
第 10 次 Op.121, 128	ショット社（誤指示の調整）
第 11 次 Op.129	完全空白（統制の取れない各社間の調整により）
第 12 次 Op.136	死後に発生（記載漏れか？）

　さて、大きな流れの記述から置き去りにされてきた、作品番号のコントロールに関するその他のいくつかの重要な問題についても触れておくことが必要だと考え、以下に、余論として 3 節、加える。

18 ｜ 余論 1：Op.72 の問題

　1851 年ブライトコップ & ヘルテル主題目録においてもなお、唯一の空白番号となっていた《フィデリオ》Op.72 の作品番号について説明しておきたい。この作品は 1810 年に《レオノーレ》序曲第 3 番がブライトコップ & ヘルテル社から原版出版されて以来、全曲であれ部分曲であれ、パート譜であれスコア譜であれ、編曲版であれ、ずっと作品番号は付されなかった。確認できるところでは、1853 年に同社から出版されたオペラ全曲のピアノ編曲版も、また 54 年の《レオノーレ》序曲第 2 番のフルスコア譜も同様である。この作品を作品番号なしとすることは、作品全体の版権を獲得した同社の社是となっていたかのようである。その発端は、前述したが［156 ページ］、ヘルテルによる作品番号の問い合わせが出版準備の進行とずれてしまい、先に印

第 6 章　作品番号をコントロールしたのは誰か

刷完了となって、原版は作品番号なしで刊行せざるを得なくなったことにある。しかし Op.72 という番号はヘルテル自身が提案した番号であり、続く Op.73 ～ 86 はベートーヴェンの暗黙の了解の下に彼の提案通りに実行されたので、「Op.72」はいわば社主の頭のなかだけにある番号となったのである。その後は、あまりにも有名となった《フィデリオ》には作品番号による識別など必要がないという事情も働いたろう。同社以外では、1847 年にジムロック社が全曲のスコア譜を出版したとき、「Op.88」という番号が付された。これは 1819 年のフリードリヒ・ホーフマイスターの目録が与えた番号を踏襲したものである。

　「Op.72」はさまざまな目録のなかでさまざまな埋め方をされた歴史があるが、それは、欠番となった事情を知る由もない各目録作成者の個別的な対応であり、世の中には定着しなかった。それらの独自の番号は、上記を除いて実際の出版譜には反映されなかった。「Op.72」という番号はいわば自然と《フィデリオ》のために取っておかれたわけである。《フィデリオ》全体に「Op.72」という番号が付されたのは 1865 年のセイヤーによる作品目録においてであった。すべての作品に番号を与えることは音楽学的な作品整理の課題だったからである。だからこそ、作品番号を持たない作品の番号化も要請され、ここに、全作品を「作品番号のある作品」と「作品番号のない作品（WoO）」という 2 カテゴリーに大きく分けるという、今日に至る整理法が生まれたのである。

　この作品に属するすべての部分曲が今日 Op.72 として表記されるのに対して、唯一の例外が《レオノーレ》序曲第 1 番である。それだけが《フィデリオ》からあたかも独立した作品であるかのような印象を与えているのは、新発見の序曲が新たな版権を伴って 1833 年にハスリンガー社から出版されたからであった。そしてそのときに、Op.138 という最後の作品番号が付されたので、今日までこの序曲だけが独立した作品番号を有するという特別な事態が生まれたのである。

　しかし本来的には部分曲も編曲も版権が異なれば別の作品番号を有するのであって、《プロメテウスの創造物》の全曲ピアノ編曲版 Op.24（アルタリア社）と序曲原曲版 Op.43（ホフマイスター＆キューネル社）はそのよい例である。さらに言えば、いっそう本来的には、作品番号は出版物に付されるものであったから、版権が同一の社の所有であっても、部分曲が別の作品番号で出版されることもある。その例を次に論ずる。

213

第I部　体系的考察

19 ｜ 余論 2：Op.113 と Op.114 の問題

　《アテネの廃墟》は本体が Op.113 で、その第 6 曲〈行進曲と合唱〉の"改訂稿"が Op.114 となって二重番号を持っている、というのが一般的理解である。しかしそれは、今日そのように整理されているというだけであって、Op.113 と Op.114 の関係は誤解が誤解を生んだ結果であった。問題の発端はシュタイナー社から 1822 年末から 23 年初頭にかけて Op.113 と Op.114 がそれぞれ別の曲として出版されたことにある。

　それを時系列で整理すると、まず 1822 年 11 月に第 6 曲がピアノ 4 手版と 2 手版［VN 3957/3958］で出版された。4 手版のタイトルページには「祝典入城行進曲、アウグスト・フォン・コツェブーの『アテネの廃墟』から、ヴィーン・ヨーゼフシュタットの新劇場オープンに際して、式典詩『献堂式』で上演される、ルートヴィヒ・ヴァン・ベートーヴェンの音楽による、作品 114 ピアノ 4 手用に編曲」とある。次いで翌 23 年 2 月に序曲のスコア譜とオーケストラ・パート譜［VN 3951/3952］が出た。「序曲、アウグスト・フォン・コツェブーの『アテネの廃墟』への、ペシュトの新劇場オープンに際して上演される、ルートヴィヒ・ヴァン・ベートーヴェンによって書かれる、作品 113」とある。これは同時にピアノ 4 手編曲版と 2 手編曲版［VN 3953/3954］の刊行も伴っていた。そのタイトルページには「ルートヴィヒ・ヴァン・ベートーヴェンの全序曲集　第 1 番」という前書きが付いており、ペシュト劇場云々の部分はなく、代わりに「ピアノ 4 手用に編曲」および「ピアノ 1 台用に編曲」との文言がある。

　先に第 6 曲の編曲版が Op.114 として出て、3 ヵ月後に Op.113 として序曲が続いたというわけだが、この時間差は刊行作業上の問題と言ってよいだろう。ペシュト劇場のオープニングは 1812 年 2 月 9 日であり、これは 1815 年に版権委託した作品のなかに含まれていたが、Op.113 としての出版は完成の 10 年後のことであった。他方、ヨーゼフシュタットの新劇場オープニングは 1822 年 10 月 3 日で、その際に《アテネの廃墟》の〈行進曲と合唱〉が再利用され、その直後に Op.114 として出版された、ということである。第 6 曲のスコア譜とパート譜［VN 3955/3956］がシュタイナー社から刊行されるのは 1826 年のことで、版権を所有していた同社は Op.114 と明記している。

214

第 6 章　作品番号をコントロールしたのは誰か

この関係は表にした方が理解しやすいだろう。出版番号順に並べる。同時に
出版される 2 つのタイプの楽譜は、たいてい（そうでないケースもあるが）
ふたつずつ組の連番が両方に記されており、ひとつの番号がどちらを指すの
かが明確ではないので、以下には組で示す。

VN 3951/3952	Op.113	1823 年 2 月	序曲	スコア譜・パート譜
VN 3953/3954	Op.113	1823 年 2 月	序曲	ピアノ 4 手用編曲版・2 手用編曲版
VN 3955/3956	Op.114	1826 年	第 6 曲	スコア譜・パート譜
VN 3957/3958	Op.114	1822 年 11 月	第 6 曲	ピアノ 4 手用編曲版・2 手用編曲版

　第 6 曲のスコア譜・パート譜だけが 4 年後に出されるわけだが、それはオ
ーケストラ用楽譜の売れ行きを不安視し、さしあたって発売を控えたのであ
って、出版番号が当初に連続して設定されており、しかも最初に出た第 6 曲
の編曲版が最後の番号となっていることから、一連の出版計画は 1822 年時
点に存在したと見なければならない。そしてまた《アテネの廃墟》は序曲と
第 6 曲だけを出版するというのが出版社の判断であり、たとえば、後に有名
になる第 4 曲トルコ行進曲の出版なども念頭になかった。これら 2 作品の出
版は全体のさしあたっての"分売"という意識ではないので、それらはいわば
当然のこととして別々の作品番号が付されたのである。ちなみに、Op.113
の編曲版の作成責任の裏が取れないのか、新カタログではそれだけが原版と
認定されていない。そのほかにこの作品の出版は、1823 〜 24 年頃に他の 2
社から第 4 曲トルコ行進曲のピアノ 4 手版も刊行されるが、それらにはもと
より作品番号などない。全曲のスコア譜が出版されるのは 1846 年、アルタ
リア社からであるが、その際にも作品番号はない。
　ここで明らかなのは、**作品番号とは、「作品に付された番号」なのではな
く、版権を有する出版社が自社の刊行物に、しかもときによって、付す番号
である、ということである。それが作品を"同定する番号"として扱われるの
は後世においてであり、その際に当時の版権楽譜に付された番号が利用され
ただけなのである。**さらにその際に利用の仕方として、同じ部分曲でも、作
品の中間に位置する曲よりも冒頭曲（序曲）に付された番号を作品全体の番
号にする、というのが自然の成り行きであった。であるから、**序曲の方に付
された Op.113 が全体の番号となり、**その元に、作品番号なしで出版された

215

第4曲も、1846年の全曲スコアも、1851年のカタログにおいてこの番号の下にまとめられた。その結果、本節冒頭に記した"二重番号"という見方が発生したのである。

そこから、**同じ曲の二重登録はおかしいという感覚が生まれ、Op.113の第6曲を改訂したのがOp.114であるという錯覚が生じた**。すなわち、《アテネの廃墟》全曲Op.113は、初版タイトルにあるように1812年の作曲であり、第6曲は、初版のタイトルにおいて1822年の別機会のためとされているから、その際にOp.113に含まれている第6曲が改訂され、Op.114の形になったのだ、という解釈となった。どの文献の説明もこうなっているはずだ。それにしても、楽譜を比べると「ごくわずかな手直しでしかない」、ということになる。

観念上に始まった誤解がここまで想像力を発展させてしまう。新カタログはこの流布している見解におそらく初めて疑義を挟んだ。Op.114の第6曲稿は1822年の『献堂式』上演のために改訂されたのではなく、その際に演奏されたのはOp.113第6曲であったと推定している。詳細は刊行準備中の校訂報告書でとされているので、私もそれ以上はつまびらかにはしないが、従来の解釈のもうひとつの落とし穴は、Op.114が初めて世に出たのは編曲版としてであったという事実である。それが"改訂"された稿であるかどうかは、編作のためのさまざまな変更を伴うピアノ編曲版では、そもそもよくわからない。"改訂"の形跡は4年後にスコア譜が刊行されたときに明らかになるのであり、しかしそれ以前に「Op.114」は成立していたのである。しかもベートーヴェンが直しを入れたスコア譜の校正刷［D-B, Mus.ms.autogr.Beethoven Artaria 161］が遺っており、"改訂"とはおそらく1826年のスコア譜校正刷に残る若干の修正に過ぎず、どの作品の出版の際にも起こることであり、「わずかな手直しでしかない」との見解はその通りだが、その実質は事実誤認であった。

同じ曲なのに別の番号となっている以上、何かが違うのだろう、ではない。Op.113は序曲だけなのであって、第6曲はそもそもそこには含まれないというのがベートーヴェンやシュタイナーの目線である。Op.113が《アテネの廃墟》全曲という意識は後世のものなのである。

第6章　作品番号をコントロールしたのは誰か

20 ｜ 余論 3：自身による編曲版の出版と作品番号

　上に見たように、Op.114 は部分曲であるばかりか、原初的に編曲版であった。これが原版とされているのはベートーヴェンの関与が認められるからで、《プロメテウスの創造物》Op.43 の初版原版が Op.24 として出版されたときにピアノ 2 手編曲版であったことと同じである。また Op.20 のピアノ・トリオ編曲版 Op.38 はもっと明確に自らによる編曲稿を別の作品番号で出版するという例である。この 2 例についてはそれぞれに詳しく論じた［171 ページおよび 91 ページ参照］。この種のものはほかに Op.14-1、Op.16、Op.36、Op.61、Op.104、Op.134 の 6 点があるが、それぞれに、創作上の意味として、またカタログにおける存在の仕方として、次元の違いがある。以下、作品番号順にコメントしていく。

　なお、1796 年の弦楽五重奏曲 Op.4 は 1792/93 年の管楽八重奏曲（1830 年に作品番号なしで出版、1851 年に"Op.103"とされる）の拡張改訂版とも言うべきもので、ここで扱う編曲版の範疇には属さない。また 4 曲から成る『エレオノーレ・プロハスカ』のための音楽 WoO 96 の第4曲"葬送行進曲"はピアノ・ソナタ第 12 番 Op.26 第 3 楽章の編曲であるが、依頼仕事に急いで対処するために旧作を再使用したケースで、ここで議論している、編曲稿の別番号での出版ではない。

　第 1 のものは、1799 年 12 月にモッロ社から出版されたピアノ・ソナタ第 9 番 Op.14-1 の弦楽四重奏編曲で、1802 年 8 月頃に作品番号なしで BAI 社から出版された、同社初のベートーヴェン楽譜の原版出版である。タイトルページに「彼自身によって編曲された」と明記されている。この作品はもともと弦楽四重奏曲にするつもりであったのではないかという議論がノッテボーム以来あったが、どうやらその可能性は否定してよいようである。その根拠のひとつでもあるのだが、ベートーヴェン自身が 1802 年 7 月 13 日にブライトコップ＆ヘルテル社に宛てて次のように言っている［BGA 97］。

　　編曲ものに関してですが、あなたがそれをご自身で断られたのを心から喜んでいます［原注：弟カールが 1802 年 6 月 1 日付（BGA 90）で提供したものについて］。ピアノの

217

第I部　体系的考察

ものを弦楽器に移し変えようという自然に逆らった取組みは、すべてにおいて対立し合う楽器ですから、おそらくやめた方がよいと思います。私は確信していますが、モーツァルトだけが自分でピアノから他の楽器に移せるのであり、ハイドンも然りです［引用者注：この文は矛盾しているが、そう書いている］。2人の大家に続きたいわけではありませんが、私はそのことを私のピアノ・ソナタにも主張します。というのはいくつかの個所全体がほとんど省略されたり変更されなければならないだけではなく、付け加えられたりしなければならず、ここに問題の種があり、それを克服するには、自身が作曲者であるか、少なくとも同じ器用さや創意を持っていなければなりません。──私はひとつだけソナタを弦楽四重奏に変えましたが［原注：Op.14-1］、なぜかと言えば非常に求められたからですが、私はよく分っています、そうやすやすと他人がまねはできないと。

　この書簡は写本によって断片が残存しているものであるが、二重の意味で重要である。ひとつは、引用の冒頭に、弟カールによる編曲作品の売り込み活動を否定する言辞が挙げられていることであり、それは、最終的にホフマイスター＆キューネル社が「作者によって校閲された」として出版した、前述のOp.41とOp.42の内実を物語るものである。ベートーヴェン・オフィスの責任は公的には本人が取らなければならないが、経済的にはともかくとして、芸術的には本人の納得のいくものではなかった、ということがここから読み取れる。いまひとつは、BAI社のOp.14-1の弦楽4重奏編曲版に関しては本人の意思がここに確認されるということである。しかしその版が作品番号を持たなかったために、この編曲版は、Op.41/42や"Op.63/64"と違って、カタログへの登録は「2つのピアノ・ソナタ　Op.14」の項に付随していて、独立して立項されているわけではない。そのため主題目録のなかで埋没しており、また現実の音楽界のなかでも同様の感がある。

　これと現れ方が異なるのが第2のOp.16である。これは1801年3月に同様にモッロ社から出版されたが、そのときすでにタイトルページにおいて二様の演奏形態が示されていた。タイトルは「大五重奏曲、ピアノフォルテと、オーボエ、クラリネット、バスーン、ホルン、またはヴァイオリン、アルト［引用者注：ヴィオラのこと］、チェロのため…」とある。要するに、この作品はピアノ管楽五重奏編成でも、ピアノ弦楽四重奏（タイトルにこの文言はない）の編成でも演奏可ということなのである。そしてこの出版譜は以上のすべての楽器のためのパート譜、計8部から成っている。どちらかが原曲で他方が編曲版というのではない。「五重奏曲」と大書きされ、その編成楽器が先に書かれているので、いささかはそちらにプライオリティがあると見ることも

218

第6章　作品番号をコントロールしたのは誰か

できるが。このような二股を懸けた編成指示はベートーヴェンにあってこれ
1件しかなく、以後の歴史にも見かけることは少ないが、以前にはときとし
て登場した。19世紀以降にはアマチュアのたしなむ楽器がピアノを頂点と
して種類が限られていくのに対して、それ以前は多種多様な楽器が（平均的
にとは言わないが）好まれていたので、ひとつの楽譜で多様な楽しみ方がで
きるという提示の仕方は楽譜の売れ行きを促進させた。そういう本質から、
これを「編曲版」というカテゴリーで捉えることはできないとも言える。蛇
足だが、このピアノ五重奏曲を、ピアノの音量が格段に増した現代において、
パート譜のあるすべての楽器による八重奏で演奏するのもあり得るのではな
いか。そのような演奏は耳にしたことがないが。

　第3の例はシンフォニー第2番Op.36のピアノ・トリオ編曲版である。
シンフォニーは、シンフォニー第7番以降、さまざまな編曲版で同時出版さ
れるが、それは多分に出版社の採算を採るために、そして編曲版を他社に出
版させないために、ベートーヴェンが協力したと見るべきで、本節の編曲版
論議とは一線を画すものである。しかし第2番の例は原版と同時出版ではな
く、2年のタイムラグがあり、しかもその編成だけで出るので、第7番以降
の先例と見なすことはできない。その上、そのピアノ・トリオ編曲版が「作
曲者による」と示されているので一応ここで言及するが、189ページで述べ
たように、その正統性は疑われるべきである。

　1800年代、すなわちベートーヴェンの音楽が社会に広く浸透し始める時
期に、この種の編曲版の出版には多大な社会的要請があった。先の引用書簡
［BGA 97］において「非常に求められたから」とあるのがそのことを証言して
いる。ベートーヴェン・オフィスは積極的にそれに応える一面も見せ、なか
には作品番号が付された例もあることはすでに言及した。それ以上に、巷で
は出版社の自社責任による編曲版が相当にはびこっていた。1806年5月21
日付とされるジムロックのベートーヴェン宛書簡［BGA 252］の、前述した部
分［181ページ］の先を紹介する。

　　　…すでに何曲ものあなたのオリジナルが鍵盤楽器［Clavier］のために編曲され、たと
　　えばセレナーデ［複数］が、編曲だと気づかれることなく、進んだ番号を付されてお
　　り、私が同じようにしてもあなたのご意志に逆らうものではないと思いました。こ
　　れがすでに起こっていることであるだけに、アレンジという言葉をタイトルに見る
　　とすぐに「よくないのでは」と思う多くの愛好家の先入観を払いのけようと。プレ
　　イエルとかいう方の作品がたくさんの編曲で見られますが、あなたのは100倍多く

219

第I部　体系的考察

あっていい。これは、あなたの作品への愛好ということだけではなく、あなたのすばらしい作品のよい趣味をより一般化し、広範に広がっている公衆にもたらす内的な編曲でもありまして、そう滅多に演奏されないあなたのすばらしい四重奏曲やトリオを、鍵盤楽器でも賛美し評価できるようにするために、これらの作品を他の装いで公衆のもとにもたらすものでした。

　「たとえばセレナーデが進んだ番号［引用者注："より大きい数字"という意］を付されて」と言われているのはおそらく、1802年3月にカッピ社から出版されたフルート・ヴァイオリン・ヴィオラのためのOp.25がフルート（またはヴァイオリン）とピアノのために編曲されて1803年12月にホフマイスター&キューネル社からOp.41として、また1797年10月にアルタリア社から出版されたヴァイオリン・ヴィオラ・チェロのためのOp.8が1804年2月頃に同じくホフマイスター&キューネル社からOp.42として出版されたことを指している。ただしこれらがベートーヴェン自身による校閲を経たものであったことをジムロックは知らなかったようである。これらは「非真作」ではあるとしても、著作権としては、ベートーヴェン・オフィスから配給されたものとしての正統性が担保されていることについてはすでに触れた［219ページ］。それに対して同様の編曲版である"Op.63"（弦楽五重奏曲Op.4のピアノ・トリオ編曲、1806年7月アルタリア社出版）と"Op.64"（弦楽三重奏曲Op.3のチェロ・ソナタ編曲、1807年5月アルタリア社出版）はまさしく他者による編曲である。これらは、ベートーヴェンによってコントロールされていない、かつオリジナル作品ですらないものに付された同時代のOp.番号が、後世の作品整理の際に組み込まれ、そして引き継がれてきたケースである。

　作品整理は、著作者とその著作物を厳格に規定し、著作者の精神活動を確実に把握するための前提となる作業である。しかしまた、**時代の諸相を捉える歴史学の立場からは、**ジムロック言うところの「よい趣味をより広範な公衆へ」とか「滅多に演奏されない四重奏曲を鍵盤楽器でも賛美する」というスタンスは当時の音楽界の平均的状況としてしっかり把握する必要がある。**20世紀の原典主義は二重の意味でのオリジナル志向であった。**すなわち、ひとつは、原作者の確定とか、「原版」の確認といった、作品整理が要請される方向である。いまひとつは「本来の姿」という意味でのオリジナルであり、そこには編曲稿をそれから外れるものとする**編曲版蔑視の思想がある。作品目録のなかに、埋もれるように記載だけされる、という形でこの思想は**

220

第6章　作品番号をコントロールしたのは誰か

継承されてきた。ただ、引用書簡［BGA 252］にある、当時も「アレンジもの
はよくないのでは」という感覚が愛好家のなかにあるという証言も興味深い。
**その一方にベートーヴェンがときにはきわめて積極的に編曲稿の作成に携わ
ろうとすることがあるわけだから、時代の諸相を単純化して捉えるわけには
いかない。**

　過去と後世の、編曲作品に対するこの錯綜するコンセプトを念頭に置いて、
ベートーヴェン自身によって編曲され、作品として"真正［オーセンティッ
ク］"とされているものを確認しておくことにはまた別の意義がある。という
のは、それらは、「偽作」あるいは"正統でない作品"や"正統ではない Op. 番
号"との違いが意識されることなく編曲一般という総体のなかに紛れてしま
っていて、ベートーヴェンの創作における、かつまた出版活動における、そ
の特別な意味を後世からほとんど認められていないからである。演奏される
こともきわめて稀で、録音もきわめて少ない。

　初版出版時に異なった楽器編成ヴァージョンが出るという意味では第2の
例と同質なのが、第4の例、Op.61 のヴァイオリン・コンチェルトである。
これはピアノ・コンチェルト版としても存立し、しかもこの場合は明確な編
曲である後者の方が先行して出版された。その由来については 126 ページで
触れた。最近でこそ、「ピアノ・コンチェルト第6番」などという触れ込み
で（実際に第5番の直後の作品であるが、新カタログで「第6番」とされて
いるのは 1815 年に試みられて未完に終わったニ長調コンチェルト Unv 6 で
ある）しばしば演奏されるようになったが、編曲版蔑視史観により 20 世紀
末になるまでほぼ埋もれていた演奏形態であった。この作品の場合にも作品
番号上の区別はない。

　第5の例、1819 年2月にアルタリア社から出版された Op.104 は、ベート
ーヴェン自身によって初期のピアノ・トリオ Op.1-3 が弦楽五重奏曲に編曲
されたものである。この作品の校閲筆写譜には「1817 年8月 14 日」とあっ
て、1年ほど方々に出版を持ちかけたが成約には至らず、また初版では作品
番号がなく後の版で Op.104 となったといったことは前に言及した［143～144
ページ］が、このケースは編曲作品が独立した作品番号を持つか否かという
議論が意味を成さないことを例証している。作品番号の有無はそのときの外
部的な番号コントロールの問題であり、作品の性質とは関係がない。

　ということを確認した上で、ベートーヴェンがこの時期になぜ相当に初期
の作品を思い出して、しかも拡大編成で編曲稿を作成したのかを問うことは、

221

第I部　体系的考察

創作上の重要な問題のように思われる。1817 年 8 月 14 日に書かれたとされるベートーヴェンのシュタイナー宛書簡［BGA 1158］から類推すれば、カウフマンなる人物［原注：ヴィーン音楽愛好家協会演奏家部員、ヴィーン最高裁で働くアマチュア・ヴァイオリニスト］の手になる編曲稿がおそらく劣悪であったことをきっかけとして、自分がそれに挑戦するという意気が芽生えた。そこには「K 氏は私によるこの完全な編曲の機会そのものを与えた」とある。1795 年、ハイドンのロンドン旅行中に書かれて帰国後に師の前で披露した、その指導下からの飛び立ちを象徴するような Op.1-3［この経緯については第II部第 12 章参照］に、大成した 20 年以上後に再び向き合って、晩年に立ち向かっていくことになる弦楽器のみによる重厚な響きに置き換える作業が成し遂げられた。編曲版は、より簡便に演奏できるようにとか、より広い浸透のために、といった理由でなされることが多く、したがって編成の軽量化が一般的であるのに対して、Op.104 は Op.14-1 弦楽四重奏編曲と並ぶ反対の例である。しかし創作時期と編作時期がこれほど離れている例はほかにない。また紹介したエピソードは、アマチュア音楽家のなかで Op.1-3 に対する強い関心が 20 年以上も持続していたことを垣間見せてくれる。

　最後の例は弦楽四重奏曲大フーガ Op.133 のピアノ 4 手編曲 Op.134 である。全体的に見ると、ベートーヴェンの弦楽四重奏曲の真価が世の中に広く認識されるようになる 1820 年代には、そのピアノ 4 手編曲に強い関心が認められる。というのは、ピアノ愛好者が増えていく時勢のなかで、弦楽四重奏曲が弦楽器奏者たちの専有物ではなく、ピアニストたちもそれに与りたいという欲求が高まっていくからである。ほとんどの以前作がこの時期にピアノ 4 手編曲版として、もちろん他者編曲によって、出版されるようになる。そして晩年の作品も、その半分については直ちに同種版が続いた。そのなかで唯一の本人編作が Op.134 である。

　この成立については経緯を会話帖から推し測ることができる。1826 年 4月 11 日頃、大フーガの出版者となるマティアス・アルタリアがベートーヴェンにスコア譜・パート譜、そして自身による 4 手編曲を出版する許可を求めている［BKh 9, 184 ページ以下］。彼はこの課題をアントン・ハルムに委ねようとし、4 月 16 日に訪問したハルムとこの仕事の詳細について議論した［BKh 9, 193 ページ以下］。ハルムは早くも 1 週間後に制作品を送り、高評を求めている［BGA 2148］。アルタリアは、会計簿によれば、5 月 12 日にハルムに報酬を支払ったが、ベートーヴェンはこの編曲に不満足であった［BKh 9, 254 ページお

222

よび282ページ]。別の人間にやり直させることも議論されるが、結局、8月から9月初にかけて本人が取り組んだ。

　後期の編曲真作2点は他者の作成に不満足ということをきっかけとした点で共通している。これは第1の例で紹介した1802年の見解を終生、修正しなかったということの証左である。ベートーヴェンにとって編曲がいかに重要であり、また難しい課題であったか、つまり、まさしく彼の「精神的制作物」として貴重なものか、を物語っている。

　以上論じた、編曲版と作品番号の関係を総括的に理解するために、関係作品を一覧で整理する。編曲版の出版順による。

原曲	編曲
Op.43 管弦楽曲《プロメテウスの創造物》 序曲のみ　1804年2月頃　H&K社出版	出版時 Op.24 ピアノ編曲《プロメテウスの創造物》全曲 1801年7月　アルタリア社出版 **ベートーヴェン自身による**
Op.16 ピアノ管楽五重奏曲 1801年3月モッロ社出版	**両方の編成で演奏可** ピアノ弦楽四重奏曲 パート譜計8部
Op.14-1 ピアノ・ソナタ第9番（ホ長調） 1799年12月　アルタリア社出版	作品番号なし 弦楽四重奏編曲（ヘ長調） 1802年8月？BAI社出版 **ベートーヴェン自身による**
Op.25 セレナーデ フルート・ヴァイオリン・ヴィオラ 1802年5月　カッピ社出版	Op.41 セレナーデ ピアノ・フルート（またはヴァイオリン）編曲 1803年12月 H&K社出版 「作者自身による」とあるが校閲のみ
Op.8 セレナーデ ヴァイオリン・ヴィオラ・チェロ 1797年10月　アルタリア社出版	Op.42 ノットゥルノ ピアノ・ヴィオラ編曲 1804年2月頃　H&K社出版 「作者自身による」とあるが校閲のみ

第I部 体系的考察

Op.20
弦管七重奏曲
1802年6月 H&K社出版

Op.38
ピアノ・トリオ編曲
1805年1月 BAI社出版
ベートーヴェン自身による

Op.36
シンフォニー第2番
1804年3月 BAI社出版

作品番号なし
ピアノ・トリオ編曲
1806年中頃 BAI社出版
「作者自身による」とあるが校閲のみ？

Op.4
弦楽五重奏曲
1796年春？ アルタリア社出版

"Op.63"
ピアノ・トリオ編曲
1806年7月 アルタリア社出版
他者編曲

Op.3
弦楽三重奏曲
1796年春？ アルタリア社出版

"Op.64"
チェロ・ソナタ編曲
1807年5月 アルタリア社出版
他者編曲

Op.61
ヴァイオリン・コンチェルト
1809年初 BAI社出版

Op.61
ピアノ・コンチェルト
1808年8月 BAI社出版
ベートーヴェン自身による

Op.1-3
ピアノ・トリオ
1795年7月？ アルタリア社出版

初版では作品番号なし、再々版でOp.104
弦楽五重奏曲編曲
1819年2月アルタリア社出版
ベートーヴェン自身による

Op.133
弦楽四重奏曲大フーガ
1827年5月 M.アルタリア社出版

Op.134
ピアノ4手編曲
原曲と同時出版
ベートーヴェン自身による

224

第7章

作品の献呈行為について

1. プライヴェートな献呈　自筆譜　生演奏
2. 筆写譜に書き付けられた献呈の辞
3. 印刷楽譜に書き込まれた献呈の証拠
4. 出版譜タイトルページにある「献呈の辞」　その意図
5. 出版譜タイトルページに明示される作品の被献呈者　最初期
6. Op.6からOp.18まで
7. Op.19からOp.28まで
8. Op.30はなぜロシア皇帝に献呈されたのか　推論の試み
9. Op.35からOp.45まで
10. ブルンスヴィク伯家の面々への献呈
11. ルドルフ大公
12. Op.60からOp.86まで
13. Op.90からOp.107まで
14. Op.108〜Op.111、そしてOp.120
15. シュタイナー社出版およびショット社出版の諸作品
16. 《第9》シンフォニーの献呈
17. 最後の弦楽四重奏曲群の献呈
18. 献呈行為に一貫していたもの
19. 余論1: Op.57およびOp.77の献呈について空想を膨らませる
20. 余論2: 生涯の思い出　アントーニエ・ブレンターノ
21. 余論3:《遙かなる恋人に寄せて》Op.98　真の意味は?
22. 余論4:《ミサ・ソレムニス》Op.123　予約特別頒布筆写譜の販売

第I部　体系的考察

　「作品の献呈」という行為にはさまざまな要素が混ざり合っている。まず「作品」の何を献呈するのか。当該楽譜の献呈なのか、上演権を含む著作権そのものの献呈なのか。あるいは金銭的見返りのある販売に等しいものなのか、無償の行為なのか。楽譜は自筆譜なのか筆写譜なのか出版譜なのか。コピストが作成した特製豪華筆写楽譜といったケースもあるし、さらには出版された印刷楽譜にサインをして献呈するといった場合もある。

　出版楽譜のタイトルページに献呈の辞［Dedikation］が記された場合は「作品」の何が献呈されたのだろうか。著作権者はその見返りに何を得ようとしたのか。地位か金銭か名誉か。

　時代を遡れば、著作権は雇い主にあって、雇い主が行なったと思われる献呈もある。たとえばヨハン・ゼバスティアン・バッハがブランデンブルク侯に献呈"させられた"6つのコンチェルトの自筆筆写譜はそれにあてはまるのではないか。信じがたく多い誤記やぞんざいな写譜は、"抵抗"とは言わないまでも、バッハにとって自作の写譜は嫌々の仕事だったのではないか。

　この種の複雑な絡み合いが整理されずにその場限りでの事例報告が点在するのが音楽史における献呈問題で、これまでの言説にはさまざまな歴史の誤読が含まれているように思われる。そのような現状は、ひとつには、音楽史研究がこれまでこの問題にあまり関心を払わず、専門的研究文献はほとんどなく、全体が闇に包まれていることから来ている。そして作曲家中心主義的史観が根強く残り、作曲家が献呈者を選んで献呈したという大前提でこの問題を見てしまいがちである。たとえば「作品1」を最初の雇い主に献呈するというケースはしばしば見られるが、その際には、作曲家が最初の自信作を、就職活動として、狙いを付けたパトロンに献呈して出版し、その効あって雇用されたとか、就職後、雇用の恩義を作品の献呈で応えた、などといったパースペクティヴで捉えられる。しかし一介の、しかも駆け出しの音楽家に、それも12曲から成る一大曲集「作品1」を出版するほどの資力があるはずはない。雇い主となる貴族が正式雇用の前でも後でも、無名の若者に箔を付けさせるべく、あるいは配下の音楽家の実力を誇示するかのように、高額な印刷経費の面倒を見る、そのことがタイトルページに大書きされた被献呈者

226

第7章　作品の献呈行為について

名に反映されている、という逆転した関係がここには隠されている。その事実は献呈文などには記されないという矜持が貴族社会を支配していた。

　しかしこのような例は楽譜の出版が生涯に数えるほどという時代の話で、楽譜出版が営利事業として確立されると、それはヴィーンでは 18 世紀終盤のことだが、まさにベートーヴェンがヴィーンに出てくる直前にようやく、パトロンの費用負担なく、出版社の自立した営業活動としての楽譜出版事業が展開されるようになる。音楽家の側から言えば、楽譜出版は第一の生活の糧となり、それによって市井の音楽家としての成り立ちが可能になる、という状況が生まれつつあったのである。

　そうしたなかでなお貴族に作品を献呈するという行為はいったい何なのか、貴族から出資を受けていたのではないか、あるいは被献呈者がその見返りに対価を払ったのではないか、といった種々の想像のもとに、ベートーヴェンも語られてきた。原版楽譜のタイトルにはっきりと書き込まれている献呈行為はベートーヴェンの出版活動のうえで少なからず重要な意味を持っているが、この問題の理解についても多くの誤解が伴っているように思われる。

　ベートーヴェンは作品 1 を当時のパトロン、リヒノフスキー侯爵に献げたが、それについては第Ⅱ部第 12 章で詳述する。この場合は、出資というよりは多部数の買取りで、過去の慣習からすでに一歩踏み出しており、経済活動としての主体はすでに出版社にあった。以後はどうなるのか、そしていつまでも続く貴族への献呈はどう変質するのか、がこの章の主要テーマである。一方、作品 2 は師ハイドンに献げているし、その他の音楽家や友人に献呈した出版譜も多いことはベートーヴェン通であれば誰でも知っている。貴族に献げることと一般人に献げることはどう違うのか、あるいは同じなのか、といった、これまで真っ当に応えられていない問題に挑戦してみたい。

1 ｜ プライヴェートな献呈　自筆譜　生演奏

　冒頭に述べた作品献呈のさまざまな要素を整理することから始めよう。まず最初の例は、自筆譜そのものの献呈、というケースである。その最も有名な例は《エリーゼのために》WoO 59 であろう。これは、ベートーヴェンが1810 年に求愛した、もしかしたら求婚した可能性のある、テレーゼ・フォン・ドゥロスディック夫人［生姓マルファッティ］(1792-1851) が自筆譜を所有

227

第I部　体系的考察

していて、それを遺贈された人物から、1865 年にルートヴィヒ・ノール
(1831-1885) が筆写させてもらい、彼が 1867 年に『新ベートーヴェン書簡
いくつかの未印刷作品付き』を出版したときに初公開された作品である。そ
の 2 年後に出版された単行楽譜に、筆写許可の旨と、自筆譜のタイトルに
「エリーゼのために、4 月 27 日、ベートーヴェンの思い出に」とあった旨が
脚注として記された。その自筆譜は失われたが、作曲初期段階のスケッチは
残存している。その筆跡研究から 1810 年にかなり手を入れたことが判明し、
献呈自筆譜に記された日付、4 月 27 日は 1810 年である可能性が高い。ちょ
うどその頃ベートーヴェンがテレーゼ・マルファッティに接触していたこと
は確かで［第II部第 25 章］、この作品を彼女に献げ、彼女が生涯、公表するこ
となく大事に私蔵していたとすれば、「エリーゼのために」は彼女のために
書かれたと見て自然である。しかしなぜ「テレーゼ」ではなく「エリーゼ」
なのかが謎である。

　解説書などでよく見かけるのがノールの誤読説である。カタカナ書きでは
よく分らないが、筆記体で Therese の Th を E と読んでしまった可能性はあ
るとしても、erese を lise と読むことがあり得るのだろうか。「エリーゼ」は
ドイツ詩でよく恋人の雅語として使用されるという説も唱えられた。また
「テレーゼ」ではないのだからマルファッティは諦めて、その他の「エリー
ゼ」候補、それが通称となり得るエリザベート Elisabeth とかリーゼッテ
Lisette という名の周辺女性が挙げられたりした。なお最近、テレーゼ・マ
ルファッティ自体が、従来言われてきたような、1809 年からベートーヴェ
ンの主治医となったイタリア出身の内科医ヨハン・マルファッティ (1775-
1859) の、年齢差 17 の娘でも、姪でもなく、1810 年 2 月か 3 月に友人グラ
イヒェンシュタイン男爵の仲介で知り合った卸売商ヤーコプ・フリードリ
ヒ・マルファッティ (1769-1829) の娘であることが判明した。家族ぐるみ
の付き合いに発展し、男性たちはそれぞれに姉妹を愛するようになったが、
ベートーヴェンの方は失恋し、男爵はやがてテレーゼの年子（同年の 1 月生
れと 12 月生れ）の妹アンナ (1792-1869) と結婚する。

　ノールはハイデルベルク大学で音楽学の教授を務めた、セイヤーと並ぶ、
音楽学的ベートーヴェン研究の草分け的存在であり、1865 年に書簡集の最
初の巻を編纂し、また 67 年から 77 年にかけてベートーヴェン伝全 3 巻を著わ
した。書簡集の編纂に携わる筆跡の専門家がこれほどに［細かい錯誤はないとは
言えないとしても（実際、その種の指摘はある［BGA 425 注 1］）］スペルを読み違えたと

いう仮定はあり得ないのではないか。むしろベートーヴェンの筆跡に長けた
ノールが正しく「エリーゼ」と筆写した信頼性を見るべきであろう。それ以
上に、ノールは存命中のアンナにエリーゼとは誰か尋ねることまでしており、
その際、当然、テレーゼの可能性を視野に入れてのことであったろう。記憶
がないとの答であった、ということで詰まるところ、エリーゼが誰かは謎で
あってもよいが、テレーゼがおそらくひとつしかない（ベートーヴェンの手
元には残されていなかったのだから）自筆譜を献呈されたことはノールの突
き止めにより事実と考えてよいであろう。まさしく、出版を目的としない
「プライヴェート作品」そのものの献呈であった。

　もうひとつ有名なのが、1803 年からレオポルトシュタット劇場をはじめ
ヴィーンその他のさまざまな劇場監督を務め、1821 年にはヨーゼフシュタ
ット劇場監督も兼務したカール・フリードリヒ・ヘンスラー（1759-1825）
の、聖名祝日のために作曲したオーケストラ曲《祝賀メヌエット》WoO 3
である。これは自筆譜の献呈という形はとらず、1822 年 11 月 3 日夕刻（聖
名祝日の表敬の伝統に倣い当日の前夜）、ヘンスラーの自宅の窓辺で、ヨー
ゼフシュタット劇場楽長グレーザーの協力を得て、同楽団の楽師たちを使っ
た生演奏が献呈された。ベートーヴェンはこの作品をなんとか出版しようと、
1822 年から 26 年にかけて 5 社と掛け合うなど、相当に努力したが、その甲
斐なく、1832 年にアルタリア社から「遺作」として出版された。出版社は、
この作品の成立の経緯を知っていたにも拘わらず無視したか、知らずにか、
「彼の友人ホルツ氏に」献げるとした。会話帖において、1826 年 2 月 24 日
にホルツがこの作品の演奏を願い出ており、そこからホルツが楽譜を持って
いたことが類推され、それが死後の出版につながったことは可能性としてあ
り得て、その結末としてホルツに献げられた作品という認識となったのかも
しれない。

　これらとは別に、数〜二十数小節のカノンのプライヴェート献呈はいくつ
も例があり、それらは交友の証しであるが、そこまでは立ち入らない。

2 ｜ 筆写譜に書き付けられた献呈の辞

　メタスタージオ詩（イタリア語）によるオーケストラ伴奏付ソプラノのた
めのシェーナとアリア《ああ、不実な人 [Ah! perfido]》["Op.65"] は 1796 年初め

第I部　体系的考察

に書かれたものであるが、その校閲筆写譜には1枚目の表にベートーヴェンの筆跡で「プラハにて、1796年」とあり、2枚目の表にイタリア語で「クラーリ伯女嬢に献ぐ」とある。彼女は結婚してクラム＝ガラス伯爵夫人（1777-1828）となるが、すぐれた歌手でもあった。ベートーヴェンは1796年2〜4月のプラハ滞在中に彼女と知り合った。当時使用中の紙をまとめたフィッシュホーフ雑録にもフランス語で「クラーリ伯女のため」とあるので、作曲中および作曲完了時には彼女への献呈が念頭にあったことは事実であろう。最初のスケッチはカフカ雑録に含まれており、ヴィーン製の紙なので出発前にヴィーンで書き始められたとも指摘されるが、楽想が献呈者とは関係なく書き付けられるのは一般的なことであって、また使用中のスケッチ・リーフを持って旅行に出ることも考えられる。しかしながら献呈用と思しき筆写譜がクラーリ伯女に渡されることはなく、ベートーヴェン自身が保持していたことは重要な点である。

　初演は、ベートーヴェンがプラハ・ベルリン旅行からヴィーンに戻り、さらに11〜12月にブラティスラヴァ・ブダペシュト旅行に出かけている間、11月21日にライプツィヒでプラハ出身の歌手ヨーゼファ・ドゥシェック夫人のコンサートにて行なわれた。2日前の新聞は「ドゥシェック夫人のために作曲されたイタリア語シェーナが上演される」と報道している。ベートーヴェンがこのコンサートに関わりがなかったことは確実である。というのは19日にブラティスラヴァから書簡を出しており、また23日には同地で自身のコンサートを催しているからである。こうした事実関係を積み上げていくと、想定として、いったんベートーヴェンの手元に残った献呈用筆写譜はプラハに置いておかれ、それがドゥシェック夫人の手に渡って（ベートーヴェンから直接にという可能性もある）、半年後に彼女によって初演されたということが考えられる。この作品の出版は、何度か言及したように、1805年7月、ホフマイスター＆キューネル社から作品番号なしで行なわれ、献呈の辞もなかった。その後はヴィーンでも演奏の証言がある。

　なお、クラーリ伯女にはそのほか、マンドリンとチェンバロのための小品を5曲書いて献げた可能性がある。うち2曲（WoO 43b, WoO 44b）についてはクラム＝ガラス伯爵家楽譜文庫由来の筆写譜がプラハ国立図書館に保存されている。同家にはさらに少なくとも3曲あったことが1905〜12年に同家の文庫を調査したアルトゥール・シッツによって伝えられているが、筆写譜そのものは失われた。うち1曲（WoO 43a）はそれ以前（1880年）に出

230

版され、もう1曲（WoO 44a）は1912年にシッツによって出版されたが、もう1曲の行方は定かではなく、作品整理番号の登録はない。これら5曲について、ベートーヴェンによる筆写譜献呈の可能性は大いにある。

3 ｜ 印刷楽譜に書き込まれた献呈の証拠

　印刷楽譜の献呈はたくさんの人が受けた。ベートーヴェンは出版社につねに何部かの献本を求めていた。その要求や献本に対する御礼の書簡は生涯にわたって点在する。部数は3部から8部くらいまで、まちまちで、ときに、6部の御礼ともう6部の要求、なども書簡に登場するが、平均的には5部程度だろうか。「一般出版企画」［後述］数を200点弱と想定すれば、単純に掛けてみると約1,000部の献本が作曲者本人に送付されたという計算になる。自家用本［Handexemplar］として手元に置いておく分を除くと、そのほとんどが印刷楽譜のタイトルページに掲げられた被献呈者や友人たちに配られたのであろう。なかには販売を疑わせるような文言もある。リースがジムロックに宛てた1803年10月22日付とされる書簡［BGA 165］の次の一節である。

> あなたがベートーヴェンに送った献本3部は2番目［原注：弟カール］が自分のものにしました、兄には一言も言わずにです。

　献本の販売は決してしないと誓いが述べられるのは、そのような噂が立っていたことを想像させる。ベートーヴェンの1810年8月21日付ヘルテル宛書簡［BGA 465］から。

> 各曲4部ずつ献本をお願いします。ここに誓いますが、1部たりとも売るようなことはいたしません。あちこちに私が親しくしている貧しい音楽家がおり、それらは彼らのためです。

　いずれにせよ、ここでは、献本の要請は友人たちに献呈するため、と表明されているのであるが、友人たちに献呈された印刷楽譜はほとんどが散逸し、残存している場合には、新カタログにおいて各作品の項に「献呈本［Widmungsexemplar］」という欄が設定されている。初期作品にその欄は皆無で、

231

第I部　体系的考察

Op.61 以降の 13 点にある。もちろん当該の楽譜に、献呈する、された、といった旨の記載がなければそれが献呈されたものであることはわからないので、献本、そして献呈本の行方はきわめて限定的にしか突き止められない。

　1823 年 6 月 3 日から 27 日の間に書いたと思われる書簡［BGA 1669］にある次の一節も、献本が多くは友人たちに献呈されたと考えてよい、ひとつの証拠である。《ディアベッリ変奏曲》Op.120 の献本についてディアベッリから問い合わせに応えたものである。

> 約束の 8 部献本ですが、よく考えたのですが、8 部すべて上質紙でというあなたの最初のご提案は非常に歓迎です。それを私の友人の何人かと結びつけることができましたから。

　このうち 2 点について追跡が可能であった。ひとりはハンガリーの下級貴族［Freiherr］で園芸家・植物学者であるジギスムント・プロナイで、その年の夏にヘッツェンドルフにあるその豪華な庭園で歓待された返礼であると思われる。いまひとりはロプコヴィッツ邸の会計係を務めていたヴェンツェル・カスパール・ダムで、それぞれに「作者より」と書かれた献呈の辞がある。

　献呈用に上質紙での印刷を依頼するのはルドルフ大公用につねに願い出ていたことで、大公は、出版譜タイトルページで彼への献呈が表明されている作品［後述］のみならず、交流が始まった 1805 年頃以後に出版されたほとんどすべてのベートーヴェン初版楽譜をコレクションしており、献本の最も重要な配布先であった。そのほかに大公献呈用に特別に作成された校閲筆写譜もある。ベートーヴェン自身による献呈ではないが、さらに大公の文庫には、マティアス・シュヴァルツが作成した、1821 年秋までに印刷されたすべての作品の豪華装丁手書き楽譜全集もある。これは、前述したが［208 ページ］、ハスリンガーが企画し、頓挫したもので、1823 年に大公が 4,000 グルデンで買い取った。これらは現在ヴィーン音楽愛好家［ムジークフロインデ］［「楽友」との訳で知られる］協会図書館に保存されている。

　一般人で献呈楽譜の最も多い所蔵が確認されるのは、ベートーヴェンが 1804 〜 08 年および 1810 〜 14 年に居住した住居の大家であり最後の日々にも食事やワインの手配をしてくれた、卸売商のヨハン・バプティスト・パスクァラティ・フォン・オスターベルク男爵（1777-1830）である。《ウェリン

232

トンの勝利》Op.91 のスコア譜（ただし新カタログ「献呈本」欄に記載な
し）、《レオノーレ序曲》第 3 番のパート譜、《エグモント》Op.84 のパート
譜、《フィデリオ》Op.72 のピアノ編曲譜、計 4 点の所有が確認されている。
次いで、3 点の所蔵が、"不滅の恋人"候補のアントーニエ・ブレンターノ
［生姓ビルケンシュトック］(1780-1869) で、《ゲーテ歌曲集》Op.83、《オリーブ山
のキリスト》Op.85 のピアノ編曲版、ピアノ伴奏歌曲《いずれにしても》
WoO 148 である。この 2 人で、確認されている印刷楽譜献呈の半分を占める。

4 ｜ 出版譜タイトルページにある「献呈の辞」 その意図

　以上は、いずれにしても、いわばプライヴェートな、非公式の献呈である。
それに対して、献呈行為が世に広く知られるのは、出版譜タイトルページに
「誰それに献げる」という献呈の辞が印刷されるときである。それこそが
「作品の献呈」と一般に思われている。
　まず、「献呈の辞」を付したものが出版作品全体に占める割合を把握する
ことから始めよう。第 4 章 1 および 2 で検討したところ、全体数は「セット
作品」を 1 曲ずつにバラして 229 曲であったが、出版点数としては、基本的
には、作品番号単位にまとめ直さなければならない。しかし作品 27 は 1 と
2 が別冊で出版され献呈者が違うとか、作品 111 の例はイギリスとドイツの
原版がそれぞれ別の被献呈者名をあげているとか、全曲が編曲版で出たとき
と序曲だけがオーケストラ・パート譜で出たときでは献呈の有無が違うとか、
雑誌付録に提供した作品はそもそも献呈の辞を掲げるような性質ではないと
か、数え方に複雑な側面があり、一概に対象数を規定するのは難しい。そこ
で献呈の対象となるような原版のおおよその範囲を決め、ひとつの作品番号
でも複数の献呈がある場合は勘案し、といった手順を踏んで、それを「一般
出版企画」とし、その点数を算える。
　その結果として、献呈の辞が明記されているケースが 108 点、「献呈なし
の原版」出版が 80 点、という数字をまずここに掲げる。さらには、編曲版
でも、原曲とは別個の出版で被献呈者が異なる場合（Op.92 のピアノ 2 手編
曲がロンドンで Op.98 として出版された際にロシア皇妃に献げられたケー
ス）など、細かい特例はあるが、全体として見ると、被献呈者名の入った原
版出版は 6 割に満たないという事実が確認できる。すなわち、出版譜は献呈

233

第I部 体系的考察

されたりされなかったりという性質を持っているのである。ということから、献呈行為は楽譜出版を経済的に支えるものではないと結論付けられ、それには何か別の機能があったと考えなければならない。

初めのうちはヴィーンでの出版なので被献呈者選別の実態を把握することはできないが、遠隔地での出版に際して出版者との書簡でのやり取りが遺るようになってはっきりするのは、選択を主導するのはベートーヴェンであるということである。いくつかの例外を除いて、この原理は生涯の最後まで維持され、作品番号の場合とは明らかに違う。前に引用したヘルテル宛1810年8月21日付の書簡 [BGA 465] でも、作品番号数字の明示はなくとも、各作品の被献呈者は明確に指示 [その部分は引用せず] している。

しかし指示通りに進行するとは限らず、しかもときには誰にするかベートーヴェン自身が逡巡する跡も見られる。たとえば同年10月15日にヘルテルに「オペラ・レオノーレは我が友シュテファン・フォン・ブロイニングに献げる。ミサ曲はヅメスカル氏に献げる」[BGA 474] とあるが、《フィデリオ》全曲のピアノ編曲版はすでに8月に献呈なしで出してしまっていた。さらにミサ曲 Op.86 は、この書簡の直前、10月6日から10日の間に書かれたメモ [ベートーヴェン・アルヒーフ、ボドマー・コレクション蔵 D-BNba, Bodmer, HCB Br 275] にはなんと「ミサ曲はもしかしたらナポレオンに献げるかもしれない」と書かれている。後述するように、《ハ長調ミサ曲》の出版はそれ以後も延々とずれ込んでいき、その過程で、1年後の1811年10月9日に追伸に「ミサ曲はいつ出るのですか」とあり、その数行後に「ミサ曲に関して献呈は変更されるかもしれません。その女性はちょうど結婚し、名前は変えられなければならず、つまりいったん中止です」[BGA 523] と書いた。そのころ結婚した周辺の"ご婦人"とは1811年3月11日にアヒム・フォン・アルニムと結婚したベッティーナ・ブレンターノ（アントーニエ・ブレンターノの義妹）ではないかとの説もある [BGA 523 注22]。しかし1812年5月25日頃の書簡 [BGA 577] で「かくも遅れて出版されるので、献呈は変更されます、すなわちキンスキー侯に、したがってまた別の献呈文をあなたは受け取ります」とあって、実際に1812年10月に出版されたときはそうなった。ここに見るように、献呈文の文言も一般にベートーヴェンが指定した。

例外について言及しておこう。いま挙げた書簡 [BGA 523] のなかで言われているのだが、ブライトコップ＆ヘルテル社が直前の7月に出版された《合唱幻想曲》Op.80 を勝手にバイエルン国王に献げてしまった件がある。

234

しかし一体何たることですか、私のオーケストラ付き幻想曲のバイエルン国王への献呈は。即刻お答え下さい、それによってあなたが私に栄誉ある贈物をもたらそうとしているならあなたに感謝するでしょうが、そうでないなら私にはそのようなことはまったくよろしくない。あなたがおそらくご自身でなさったのでしょう。どういうご関係なんですか、お伺いもせずに王侯に何かを差し上げることは許されません。

　激しい怒りの表明であるが、ここには、出版物に対する出版者自身の裁量の問題と、身分の高い人物への「作品献呈」一般の構図も描かれている。作品番号に関しては出版者の裁量権に比重がかなり高かったことを確認したが、献呈についても作者との間に綱引きがある。ベートーヴェンが一般に被献呈者の選択に相当に拘っていたのは、出版者が勝手に決めないよう、強く出ていたことを物語っているのではないか。出版者側も、作品番号とは違ってかなり神経質に被献呈者のお伺いを立てることは書簡交換でよく見かける。高貴な人物への献呈に関しては被献呈者への事前連絡が欠かせないものであり、その許諾を得て初めて印刷が可能という慣習があった、少なくともベートーヴェンはそう認識していた、ということは確認しておく必要がある。「作品献呈」は献呈者側のまったく名誉的な行為であり、経済的支援などを得る手段ではないということである。

　「作品献呈」がそのような性質のものであるとすれば、友人に対する献呈も同様で、基本的に儀礼であり、対価を伴うものではない。現実社会で実際に便宜を図ってもらったり、日常的に経済援助を受けていたり、コンサートの場を提供してくれたり、有形無形の恩義に対する返礼やその期待を込めてのものであった。前に引用したが、1802年4月にシンフォニー第2番を中心演目に予定した主催コンサートが劇場を借りられずに中止に追い込まれたとき、弟カールの「兄は彼［劇場支配人ブラウン男爵］の夫人にたくさんの作品を献呈した」［BGA 85］のになぜなのかという愚痴は、「作品献呈」という行為の性質を私たちに直接的に教えてくれている。

5 ｜ 出版譜タイトルページに明示される作品の被献呈者　最初期

　ベートーヴェンからタイトルページにおいて「献呈の辞」を授けられた人

第1部　体系的考察

物は 62 名に達する。うち 40 名が 1 回限りの献呈であった。11 名が 2 度の
献呈である。残りの 11 名がそれ以上の回数で、ベートーヴェンとの関係が
より深い人々である。献呈の回数が最も多いのは、ルドルフ大公で、11 点
である。

　上に確認したように、「作品献呈」が個人的関係を強く反映するものであ
れば、その検討はいきおいベートーヴェンの伝記的な生涯と深く関係するこ
ととなる。実際に、置かれた環境の変化とともに献呈先は大きく変わってい
くのである。生涯はそれぞれの時期の創作上の課題と向き合うことで展開さ
れていく。とすれば、それと伝記的生涯とを照らし合わせることが「作品献
呈」問題の解明の鍵となるといえよう。したがって年代順に主だった流れを
追っていくことにする。被献呈者との関係については、新カタログの「献呈
について［Zur Widmung］」の項に基づく。

　ヴィーンで最初の出版、「作品 1」［WoO 40］の被献呈者はボンでの幼なじ
みエレオノーレ・フォン・ブロイニング（1771-1841）であった。彼女には
2 楽章の通称《やさしいソナタ》WoO 51（遅くとも 1798 年前半作曲）の自
筆稿も献呈されたが、これは本章 1 で述べた「プライヴェート作品」に該当
し、作品自体は死後出版された。

　"本物の"「作品 1」が献呈されたカール・フォン・リヒノフスキー侯
（1761-1814）はヴィーン定住後の最初の住まいを提供してくれた人物であり、
侯爵邸での定例金曜コンサートは最初の作品発表の場であった。そこで初公
開された作品、このピアノ・トリオ集の献呈は「作品献呈」のあり方を象徴
する、これ以上ないような例であろう。その直後のピアノ変奏曲 WoO 69 の
献呈についてとともに第Ⅱ部第 12 章で詳述する。同侯爵への献呈はさらに、
ピアノ・ソナタ第 8 番 Op.13（1799 年 12 月出版）、同第 12 番 Op.26（1802
年 3 月出版）、シンフォニー第 2 番 Op.36（1804 年 3 月出版）と続き、計 5
作品が献呈された。それぞれ創作の節目に位置する重要な作品である。リヒ
ノフスキー侯からは 1800 年以後、少なくとも 06 年まででベートーヴェンは年
金 600 グルデンの支給を受けており、多数の作品の献呈はそうした日常的支
援への返礼と考えてよいだろう。しかし 1806 年 10 月、侯に伴ってボヘミア
の侯の領地に行った際、見回りに来た客人フランス将校の前で侯に演奏をし
つこくせがまれ立腹し、夜、雨中、ピアノ・ソナタ《熱情》の楽譜等を携え
て単身ヴィーンに戻るという事件を契機に、パトロン関係は消滅したとみら

第7章　作品の献呈行為について

れている［第Ⅱ部第21章2］。

カール・リヒノフスキー侯夫人（1765-1841）にはチェロ付きピアノ変奏曲 WoO 45（1797年夏／秋出版）と《プロメテウスの創造物》全曲のピアノ編曲版 Op.24（1801年6月）が献呈された。この頃に成される作品献呈はベートーヴェンの明確な意思によると考えられるので、前述のように［172～173ページ］、Op.24 というその作品番号についても正統性が再考されるべきであろう。

Op.2 の献呈は恩師ハイドンに対してである。ハイドンとの関係は第Ⅱ部第12章で再検討する。恩師では他に、サリエリに献呈した Op.12 があるが、これについても同じ章で触れる。恩師への作品献呈はこの2名だけで、アルブレヒツベルガーへの献呈はない。

Op.3 と Op.4 は被献呈者なしで出版された。Op.5（1797年2月出版）はプロイセン国王フリードリヒ・ヴィルヘルム2世に献げられたが、この作品は、1796年5月初めから7月初めにかけてベルリンに滞在したときに宮廷で国王お抱えの楽師ルイ・デュポールと御前演奏したもので、その折りに献呈の許可を得たのであろう。同じ機会に披露された可能性のある変奏曲"Op.66"（1798年9月出版）の方は作品番号も献呈もなしであった。

同じく 1797年2月出版のピアノ伴奏歌曲《アデライーデ》"Op.46"もまた作品番号はなかったが、献呈は詩作者のフリードリヒ・フォン・マッティソン（1761-1831）に対してである。ピアノ・リートを作詞者に献げる例はこれだけであるが、劇音楽では詩の提供者に献げる例は2例ある。序曲《コリオラン》Op.62（1808年1月出版）のコリン（1771-1811）、《海の凪と成功した航海》Op.112（1822年5月頃出版）のゲーテ（1749-1832）である。ゲーテ詩の《エグモント》Op.84（序曲のみ1810年12月出版）は1810年8月21日付ヘルテル宛書簡［BGA 465］ではルドルフ大公にと指示しているが、献呈の辞なしで出版され、序曲以外の全曲出版（1812年1月出版）の際にも同様であった［この経緯については第Ⅱ部第26章3で詳しく検討］。ルドルフ大公を念頭に置いたピアノ・ソナタ《告別》（1811年7月出版）が完成する頃のことで、1810年10月27日に書かれたと思われる消失の書簡［BGA 475］に献呈の調整を指示する言及があったかもしれない。

1797年4月出版のピアノ変奏曲 WoO 71 がブロウネ゠カムス伯夫人（1769-1803）に献げられる。リガのロシア軍駐在士官であった伯爵の夫妻は、1794年または95年初めにヴィーンにやってきて、ベートーヴェンとは夫人

237

第I部　体系的考察

が亡くなる 1803 年まで交際があり、2 人にはこれを嚆矢にたくさんの作品
が献呈された。最初の作品はヴラニツキーのバレエ《森の娘》からロシア舞
踏曲を主題にしたピアノ変奏曲で、その点も意識した献呈であろう。夫人に
は続けて 3 つのピアノ・ソナタ Op.10（1798 年 9 月出版）とピアノ変奏曲
WoO 76（1799 年 12 月出版）、ブロウネ＝カムス伯（1767-1827）には 3 つ
の弦楽トリオ Op.9（1797 年 7 月出版）、ピアノ・ソナタ第 11 番 Op.22
（1802 年 3 月出版）、チェロ付きピアノ変奏曲 WoO 46（1802 年 4 月出版）
[この献呈が前月に続いて行なわれたことについて、ブランデンブルクは、自筆譜にフリース伯夫
人侯女に献げるとの他者による書き込みがあり、しかし主題がモーツァルトの《魔法の笛》からの
有名な旋律であるため、身分の高い侯女には失礼という判断があったのでは、と推測している
[Brandenburg/Violoncello (1997)]、歌曲集《ゲレルトの詩による 6 つの歌》"Op.48"
（1803 年夏出版）と 4 作品、夫妻で計 7 作品が献げられた。ピアノ伴奏歌曲
《うずらの鳴き声》WoO 12 も自筆譜には「ブロウネ伯爵のために作曲」と
記されているが、1804 年 3 月（もしかしたら 1 月）に出版されたときには
献呈なしであった。伯爵は夫人への最初の献呈に対し、ベートーヴェンに馬
1 頭を贈与した、とリースが伝える有名な話 [『覚書』120 ～ 121 ページ] がある。
このマイ馬（カー）の駐馬（車）場はリヒノフスキー侯の馬小屋であった。

6 │ Op.6 から Op.18 まで

　Op.6 と Op.8 については献呈はなく、ピアノ・ソナタ Op.7（1797 年 10 月
出版）はケグレヴィチ伯女（1780 頃 -1813）に献げられた。彼女はプレスブル
ク（現ブラティスラヴァ）に居城のあるハンガリーの伯爵の娘で、献呈時
にはベートーヴェンの弟子であり、また一時、恋愛関係にあったとの証言が
ある。弟子・恋人への献呈第 1 号である。1801 年 2 月に結婚しオデスカル
キ侯夫人となる。彼女にはほかにピアノ変奏曲 WoO 73（1799 年 3 月出版）、
ピアノ・コンチェルト第 1 番 Op.15（1801 年 3 月出版）、ピアノ変奏曲
Op.34（1803 年 4 月出版）、計 4 作が献呈されている。ピアノ・コンチェル
ト第 1 番は結婚祝いの可能性がある。
　ピアノ・クラリネット・トリオ Op.11（1798 年 10 月出版）はトゥーン＝
ホーエンシュタイン伯夫人に献げられた。長女と次女が 1788 年 11 月にそれ
ぞれ、4 日にラズモフスキー伯と、25 日にリヒノフスキー侯と結婚した。ト

第7章　作品の献呈行為について

ウーン゠ホーエンシュタイン伯邸はヴィーン社交界の中心で、モーツァルト、ハイドン、グルックらもそこの常連であった。ベートーヴェンはおそらくリヒノフスキー侯の仲介で1795年春から彼女所有のオギルヴィッシェス・ハウスに移り住み、1799年頃まで居住した。世話になっている大家に献呈したわけだが、もちろん関係はそれだけではない。作品1の出版時には同家は25部購入する形で資金援助した。第Ⅱ部第12章で詳述する。

　2つのピアノ・ソナタ Op.14（1799年12月出版）は銀行家であり高位宮廷職を務め、両宮廷劇場の経営者でもあったペーター・フォン・ブラウン男爵（1758-1819）の夫人ヨゼフィーネに献げた。ただ、この献呈は急遽、決まったらしく、校正刷の段階では記載がなかった。おそらく1800年4月の初の主催コンサートでブルク劇場を使用する許可を得ることと関係がありそうである。Op.14の1の弦楽四重奏編曲（1802年8月？に作品番号なしで出版）も同夫人に献呈され、さらにホルン・ソナタ Op.17（1802年3月出版）の献呈は、前述の、予定しながら中止に追い込まれた第2回主催コンサートの直前であった。彼女が相当のピアニストであったことは、ハイドンが重要作品、ヘ短調ピアノ変奏曲［Hob.XVII:6］（1799年1月出版）を献呈したことで証明されよう。

　ピアノ管楽五重奏曲 Op.16（1801年3月出版）の献呈はシュヴァルツェンベルク侯（1769-1833）である。侯邸はハイドンのオラトリオ《天地創造》および《四季》の初演会場であったし、侯はスヴィーテン男爵が1786年に創設した音楽愛好貴族の集い"連携騎士団［Assoziirte Kavalieren］"のメンバーで、「作品1」出版時には8部の予約で応えた。夫人のパウリーネ・カロリーネ（1774-1810）は侯邸が炎上したとき娘を救出する際に焼死した。侯の妹のマリア・カロリーネ（1775-1816）は1792年8月にロプコヴィッツ侯夫人となった。

　大曲集、弦楽四重奏曲集 Op.18（前半3曲が1801年6月、後半3曲は10月出版）の献呈は初めて、フランツ・ヨーゼフ・ロプコヴィッツ侯（1772-1816）に対してであった。同侯はリヒノフスキー侯の次にベートーヴェンの主要パトロンとなった人物で、また作品献呈数はルドルフ大公に次ぐ8点である。"連携騎士団"のメンバーで、1812年の音楽愛好家協会設立にあたっては中心的役割を演じた。ベートーヴェンにとって、女弟子を除いて、作品を献げる初めての年下のパトロンである。確認される侯との最初の接触は1795年3月のことで、その夏の「作品1」を侯は6部、予約した。1809年3

239

第I部　体系的考察

月1日発効の4000グルデンの年金支給に署名した3人のひとりである。ベートーヴェンは1799年10月14日に侯からOp.18/1-3に関し、そしてOp.18/4-6に関しては1800年10月18日に、それぞれ200グルデンを領収した。侯は同じ頃にハイドンにも弦楽四重奏曲の委嘱を行なっており、Op.18の作曲も侯の委嘱が契機となったのかもしれない〔第14章3〕。もしそうだとすれば、弦楽四重奏曲は、Op.59といい、最晩年のガリツィン四重奏曲（Op.127, Op.132, Op.130）といい、その多くが委嘱を作曲の前提としていた、ベートーヴェンの創作活動のなかで希有なジャンルといえる。というよりも、このジャンルはヴィーンの貴族の間で作曲を委嘱する慣習がベートーヴェン以前に成立していた。

　一方、1800年9月6日にヅメスカルが書いたフランツ・ブルンスヴィク伯宛書簡に「彼がまもなく出版社に渡す6弦楽四重奏曲はあなたにおおいに気に入ってもらえるでしょう」〔LaMara/Brunsvik (1920)〕とある。それらがこの頃すでに完成の域に達しているとすれば、それに対して、3曲ずつ2度に分けてなされた出版は約9ヵ月も先の1801年6月以降のことなので、その間にロプコヴィッツ侯は400グルデン供与の対価として半年専有権を得た可能性がある。それは次の献呈作品シンフォニー第3番Op.55（1806年10月出版）とトリプル・コンチェルトOp.56（1807年6/7月出版）に対して1804年10月にグルデン換算で計1060グルデンを支払ったケースの先例ではないか。少なくともこの両作品に対する支払いは5月末以来の半年専有上演権の謝礼であって、その2年以上後の出版の際になされる献呈に対する前払いではない。

　1808年初めにモッロ社から出版された、カルパーニの詩に46人の作曲家が付曲した、206ページからなる大歌曲集《この暗い墓で》が侯に献呈されているが、ベートーヴェンも37小節の1曲WoO 133を寄稿している。これはベートーヴェンの「作品献呈」とは言えず、その件数として算定してはいない。

　1809年4月と5月に相次いでシンフォニー第5番Op.67と第6番Op.68が出版されたとき、侯はラズモフスキー伯爵と共同献呈を受けた〔第II部第23章1で詳述〕。さらに1810年11月頃出版の弦楽四重奏曲第10番Op.74が続いた。最後の献呈は1816年10月出版のピアノ伴奏歌曲《遙かなる恋人へ》Op.98であった。これについては本章21で最新の研究成果を紹介する。

240

第 7 章　作品の献呈行為について

7 │ Op.19 から Op.28 まで

　Op.19 〜 22 は初めてヴィーンの外で出版されることになった作品群で、そのためにライプツィヒのホフマイスター＆キューネル社やフランツ・アントン・ホフマイスター個人との文通が遺っており、作品番号については前に言及したが、献呈の辞の指示についてもはっきりと跡づけることができるのである。ベートーヴェンはこの 4 作品について 1801 年 6 月 22 日か 23 日の書簡［BGA 64］で献辞を含むタイトルページをフランス語で自ら起草した。まず楽曲のタイトルが掲げられ、次いで楽器編成が克明に記述される。そして作曲と献呈が誰に対してなされたのかが被献呈者の詳しい肩書き付きで続き、そしてそれを行なう本人の氏名、最後に作品番号である。その例を、幻に終わったシンフォニー第 1 番 Op.21（1801 年 11 月出版）の献呈の辞で見てみよう。

　「大シンフォニー　2 ヴァイオリン　ヴィオラ　チェロ　およびコントラバス、2 フルート、2 オーボエ、2 ホルン、2 ファゴット、2 クラリーノ［引用者注：トランペット］およびティンバル［同：ティンパニ］　作曲されそして献呈される　マクシミリアン・フランソワ殿下に　ハンガリーおよびボヘミアの王公　ケルンの選帝侯　等々たる　ルイ・ヴァン・ベートーヴェンによる　作品 21」［同：ここには「2 クラリネット」が欠けている］

　このように、シンフォニー第 1 番はケルン選帝侯に献げることが決定され、彼を奨学金付きでヴィーン留学に送り出してくれた、かつての雇い主マクシミリアン・フランツ公の名が明示されている。節目となる大作品の献呈に彼は心を砕き、この選択はその結果であった。それは、作品 1 のリヒノフスキー侯、作品 2 のハイドンのケースと肩を並べる、彼の深い感謝の表明と見ることができよう。しかしそれが適わなかったのは、選帝侯（すでに選帝侯ではなかったが）がこの書簡の直後の 1801 年 6 月 27 日に死去したからである。

　その後ベートーヴェンはあらたな被献呈者の選択にかなり長くためらっていたようで、9 月 26 日付のホフマイスター＆キューネル社の社内文書（ヴィーンに戻ったホフマイスターがライプツィヒに居るキューネルに宛てた書簡［BGA 69 注 1］）には次のようにある。

241

第Ⅰ部　体系的考察

　　　ベートーヴェンのシンフォニーをあなたは、やむを得なければ、献呈の辞なしで印
　　刷させる。しかしベートーヴェンは私を信頼して、献呈の辞すべてを次の水曜日ま
　　で任せてくれており、その頃にはそれは脱落せずという結果となりそうだ。そのと
　　きまでまだ時間があり、もしかしたら──そうではないか──献呈の辞はこのシン
　　フォニーになくなるのか、私はスヴィーテン男爵にではないかと思う。

　10月17日にヴィーン支社長エーバールがキューネルに宛てた書簡［BGA
69 典拠として引用］には「同封のものはベートーヴェン氏からのものです、そ
の他の作品の献呈の辞はベートーヴェン氏がすでにあなたに送付したと言っ
ています」とあり、その同封文書［BGA 69（消失）］にスヴィーテン男爵の名が
あったと思われる。シンフォニー第1番は献呈なしでの出版もやむを得ない
か、となりかかっていたところ、同年11月の出版の直前にようやくベート
ーヴェンの意思が固まったのである。
　ゴットフリート・ヴァン・スヴィーテン（1733-1803）はベートーヴェン
の家系と同じオランダ出身で、女帝マリア・テレジアの侍医を父に持ち、
1755年からオーストリアの外交官としてヨーロッパ各地に勤務し、1777年
に帰還後、宮廷図書館長の職にあった。音楽愛好貴族の組織"連携騎士団"を
創設し、ドイツ語オラトリオ上演の運動の推進者でもあり、そのためにモー
ツァルトがヘンデル作品の編曲・上演指揮を担当し、また自身はハイドンの
両オラトリオの台本執筆を行なった。ヴィーン音楽界を支える長老的存在で、
ベートーヴェンも定住直後から接触し、男爵邸で食事に招待されたりもして
いる。唯一残存する男爵のベートーヴェン宛書簡［BGA 18］は1794年12月
15日付のもので「次の水曜日、夜8時半に、ナイトキャップ持参で拙宅へ。
遅滞のない回答を私によこしてください」と短くある。しかしベートーヴェ
ンの長い逡巡を考えると、恩義の程度や敬意の深さにはある程度の距離があ
ったのではないかと想像させる。
　ピアノ・コンチェルト第2番Op.19（1801年11月または12月出版）が
献げられたのは宮廷財商務局付宮廷顧問官のニッケルスベルク男爵であるが、
この人物とベートーヴェンはいかなる関係にあったのだろうか。男爵の息子
も娘もピアノを能くしたと音楽年鑑に記載があるが、弟カールが前年、帝国
現金出納課の職員として採用され自立できたところであり、上司の影響力を
鑑みてという可能性もある。
　Op.20（1802年6月出版）の皇妃マリー・テレーゼへの献呈については第

242

II部第15章で詳しく論じる。

　2つのヴァイオリン・ソナタOp.23（1801年10月出版）が献げられたモーリツ・フォン・フリース伯爵（1777-1826）は父が設立した銀行の経営者であり多角経営する実業家であると同時に、私邸に蔵書数13,000冊の図書館を有する教養人で、音楽愛好家協会の創立メンバー、かつ1815年からはその副会長を務めるようになる。邸宅でコンサートも主宰し、ベートーヴェンとシュタイベルトの有名な競演はそのような機会においてであった［第II部第13章5および第16章1参照］。ベートーヴェンは後年、早くはトムソン、最後はショットまで、国外の出版者との取引にフリース銀行を利用した。しかし1826年4月29日に銀行は破産し、資産・邸宅・文庫などは競売にかけられる。弦楽五重奏曲Op.29（1802年12月出版）、シンフォニー第7番（1816年12月出版）の献呈が続いた。

　2つのピアノ・ソナタOp.27（1802年3月出版）は分冊で出版され、それぞれに献呈が異なる。ピアノ・ソナタ第13番（Op.27-1）の方はリヒテンシュタイン侯夫人（1775-1848）で、侯家との付き合いは不明だが、「作品1」の予約者に同家の5名が名を連ねているので、少なくとも侯夫人とはリヒノフスキー侯邸で知り合った可能性がある。根拠があるわけではないが、昔から、ピアノの弟子であったのではないかと言われてきた。

　第14番（Op.27-2）が献げられたユーリエ・グィッチャルディ伯女（1782-1856）はハンガリーの貴族の娘で、1800年夏に父親が宮廷内務局に入局するため一家でヴィーンに移住してきた。母親はブルンスヴィック家の出身で、1年前にベートーヴェンのレッスンを受けていたブルンスヴィック家の姉妹たち［後述］の叔母にあたり、その関係でベートーヴェンはユーリエを知り、無料でレッスンをし［彼女の母親に宛てた書簡BGA 77］、そして恋愛関係となった。弟子・恋人への献呈第2号である。1803年11月にガレンベルク伯に嫁ぎ、夫ともにイタリアへ去った。

　ユーリエにOp.27-2を献呈する前に、そもそもは、1802年9月に作品番号なしで出版されることになるピアノ・ロンド［"Op.51-2"］の手書き楽譜を贈っていた。しかしこの、通称《月光》ソナタが完成すると思い返して、ロンドの手書き譜はリヒノフスキー侯の妹、伯女ヘンリエッテ（1769-1829以後）に献呈することとし、ユーリエにその返却を求めたという曰くがある。この辺に、御礼や儀礼としての献呈と、感情のこもった献呈との区別があるかもしれない。「作品1」の侯家予約分27部のうち2部がリヒノフスキー伯

243

第I部　体系的考察

女の取り分であった。彼女は 1810 年 8 月にフランス軍少将シモン・カルネ
ヴィユ伯と結婚しパリへ移り住んだ。ショパンが 1829 年 8 月 13 日にヴィー
ンから家族に宛てて、モーリツ・フォン・リヒノフスキー伯の夫人ヨーゼフ
ァからパリに居る義姉宛に紹介状を書いてもらった、と報告している。

　ピアノ・ソナタ第 15 番 Op.28（1802 年 7/8 月出版）の被献呈者ゾンネン
フェルス男爵も宮廷顧問官だが、直接的関係はつかめず、彼はヨーゼフ主義
の学者・文筆家でもあったから、その啓蒙主義的精神姿勢への共感からでは、
といった見方がある。

8 ｜ Op.30 はなぜロシア皇帝に献呈されたのか　推論の試み

　3 つのヴァイオリン・ソナタ Op.30（1803 年 5 および 6 月出版）は 1801
年 3 月 24 日に即位したロシア皇帝アレクサンドル 1 世（1777-1825）に献呈
された。それに対する反応はさしあたって何もなく、したがって何らかの見
返りも伴わなかった。セイヤーによれば、1814/15 年のヴィーン会議のため
に皇帝夫妻がヴィーンに滞在している間、謁見の際にロシア皇妃（出生はバ
ーデン公女）がベートーヴェンに彼女の居室でのピアノ演奏を所望した。そ
の際にポロネーズ["Op.89"]（出版は作品番号なしで 1815 年 2 月）を持参して
献呈し、そして皇妃は 50 ドゥカーテンを、そのほかに 1803 年に Op.30 を
皇帝に献呈したことに対する後からの謝意として 100 ドゥカーテンを下賜し
た、とのことであった［第II部第 29 章 4］。ベートーヴェンは演奏から引退して
いるので困惑し、ポロネーズの献呈は即興演奏の代わりではないか、とされ
た。実際には、皇妃は 1814 年 11 月 29 日に宮廷内舞踏会場で行なわれたベ
ートーヴェンの主催コンサートに臨席し、その後 200 ドゥカーテン金貨（約
900 グルデン）という倍の金額をナリシュキン侯に持参させた。ポロネーズ
献呈の許諾は 1815 年 1 月に執事のヴォルコンスキー侯によって伝えられた
［TDR III, 486-487 ページ］。

　この長きに及ぶ物語は出版譜タイトルページに記された献呈の辞が出版の
経費負担や作品の買取りといった問題とは関係のない行為であって、出版は
作者と出版者との間で完結することを証明している。ロシア皇妃にはそのほ
かに、ロンドンで出版されたシンフォニー第 7 番のピアノ 2 手用の編曲版
（1817 年 1 月出版）が献呈された。

第7章　作品の献呈行為について

　ところで、Op.30 がなぜロシア皇帝に献呈されたのかということについて、新カタログを含めて、研究は沈黙している。これまでの献呈は直接的な接触のある、ヴィーン在住の身近な人物に対してであったのに、ベートーヴェンはロシア皇帝とどんな関係にあり、そしてなぜ献呈したのだろうか。

　この問題を考えるにあたって、まず、身近な関係者への献呈はひととおり巡ったという外的な状況があるように思われる。具体的接点の確認されていないもうひとつの献呈は、上記の、9ヵ月前、Op.28 のゾンネンフェルス男だが、献呈理由は思想的共鳴かという曖昧なことになっている。その線で考えてみると、ロシアは 1798 年 12 月 24 日結成の「第 2 次対仏大同盟」の参加国であり、オーストリアと最も関係が深い。その後は 1804 年 4 月にロシア皇帝はオーストリアに 30,000 人の援軍を派遣するし、1805 年 8 月 9 日の「第 3 次対仏同盟」をきっかけに両国はナポレオン戦争を共に闘う間柄であるので、ベートーヴェンに政治的親近感があったのは事実かもしれない。一方で献呈の頃、1803 年はヨーロッパに束の間の平和が訪れた時期であって、だからこそベートーヴェンは《エロイカ》をもってパリへ行こう［第Ⅱ部第 19 章］とその作曲にとりかかる（5 月）のであり、同盟軍の枠組みだけで"共鳴"という線は出てこないだろう。また、ベートーヴェンの親ロシア観は 1800 年 5 月 7 日にブダペシュトでロシア大公女マリア［アレクサンドラ？（後述、470 ページ）］・パヴロヴナの誕生日祭典［？］の際にプントとホルン・ソナタ Op.17 を演奏したことに由来するかもしれない。

　もうひとつ考えられるのは 1792 ～ 1806 年にヴィーン駐在ロシア大使を務めていた（1800/01 年に一時中断）ラズモフスキー伯爵のことで、彼は 1788 年にリヒノフスキー侯夫人の姉と結婚しており［238 ページ］、侯邸コンサートの常連であり、「作品 1」を夫妻で予約した。またラズモフスキー伯邸でもベートーヴェンが 1795 年 4 月にピアノ演奏したという日記証言もある。後日のことだが、1814 年に《ウェリントンの勝利》Op.91 の手書き譜をイギリス皇太子に送達する面倒をみてくれたひとりは同伯爵であった。

　彼がこうした高位者への取りなしをするタイプであるとすれば、Op.30 のロシア皇帝への献呈を示唆したのはラズモフスキー伯ではないかと想像することも可能なのではないか。私たちは、ラズモフスキー伯のベートーヴェン生涯への登場が 1808 年 1 月出版の Op.59 によってようやく、という感じを持つが、1795 年から身近であった同伯への献呈がなぜかくも遅いのか、ということと Op.30 は関係があるのではないだろうか。6 曲セットは Op.18 だ

245

第Ⅰ部　体系的考察

けであるが、3曲セットはそれに次ぐ大曲集で、その献呈先もまたけっこう
重要な人物に対してであった。3ピアノ・トリオ Op.1 はリヒノフスキー侯、
3ピアノ・ソナタ Op.2 はハイドン、3ヴァイオリン・ソナタ Op.12 はサリ
エリである。その意味では、3ピアノ・ソナタ Op.10 のブロウネ＝カムス伯
夫人の馬の件はベートーヴェンにとって大きかったのだろうか。

　そして Op.30 だが、もしかすると、これは最初ラズモフスキー伯に献げ
ようとしていたのではないか。それを伯爵は、自らには固辞して、ロシア皇
帝への献呈を提案し、ベートーヴェンはそれに従ってこの件を同伯に委ねた、
裁可が下りたかどうかはもはやベートーヴェン自身の問題ではなくなってい
たのでそれを確かめることなくタイトルページへの記載を出版社に認めた、
しかし現実としては皇帝からは梨のつぶてだった、それで気分を害したベー
トーヴェンはラズモフスキー伯への献呈は以後考えなくなった、しかしその
後1806年に3弦楽四重奏曲作曲の委嘱を受けて事情は変わった、と想像を
膨らませることもできるのではないか。前に述べたように、高貴な人物に対
しては事前承認を求めるのがベートーヴェンの儀礼形式だとすれば、ロシア
皇帝へのつてはラズモフスキー伯しかいないであろう。あるいはこの件に懲
りたことによってベートーヴェンはそのような儀礼を重視するようになった
のか。

　この通称《ラズモフスキー》四重奏曲の成立について、1806年春頃の作
曲開始から、同伯に献げられて Op.59 として出版された1808年1月までの、
同伯とのやりとりの過程はまったく闇に包まれているが、その第1番と第2
番にロシアの旋律が使われているので、作曲の前提として同伯の委嘱があっ
たことは間違いない。そして1806年11月に完成した後、少なくとも半年間、
ラズモフスキー伯の独占所有であった可能性はきわめて高く、その後によう
やく出版準備が開始されたと見てよい。この件に関する証拠書類は1814年
12月31日に伯爵邸が炎上した［第Ⅱ部第29章5］ときにすべてが失われたので
はないか。20世紀初頭にすでに、失われた書簡のなかに謝礼支払いの要請
が記されていた、という洞察もある［Katalog/MusicLoan1904］。同伯爵にはその
ほかに、シンフォニー第5番 Op.67 と第6番 Op.68（1809年4月および5
月出版）がロプコヴィッツ侯との共同献呈であった［その後については第29章5
を参照］。文献においてラズモフスキー侯という表現に遭遇することがあるが、
ヴィーン会議への貢献が認められて侯爵に昇格したのは1815年のことであ
るので、ベートーヴェン関連で彼が登場するのは伯爵の時代であった。

246

第7章 作品の献呈行為について

ロシアのニコライ・ボリソヴィチ・ガリツィン侯（1794-1866）が同じように
うにベートーヴェンに「1、2または3曲の弦楽四重奏曲」の委嘱をするの
は1822年11月9日発信の書簡［BGA 1508］においてである。ヴィーン駐在
ロシア大使としてラズモフスキー伯の前任者は、侯の縁者で、モーツァルト
のパトロンとしても知られる、ドミトリ・ミハイロヴィチ・ガリツィン侯
（1721-1793）であった。少年期（1804-06）にヴィーンで生活していたニコ
ライ・ガリツィン侯はラズモフスキー伯のベートーヴェンへの委嘱を当時知
っていた可能性があり、長ずるに及んで同郷の大先輩に倣って、ということ
は十分考えられる。この続きは後にする［第Ⅱ部第36章］。

9 │ Op.35からOp.45まで

さて、1803年8月に出版されたOp.35の献呈はカール・フォン・リヒノ
フスキー侯の弟、モーリツ・フォン・リヒノフスキー伯（1771-1837）であ
る。侯家の一員として彼も「作品1」を2部、予約し、また自身、作曲家と
して1796年にパイジェッロの主題によるピアノ変奏曲を出版していた。
Op.35の献呈は弟カールを通じてすでに、ヴィーン音楽界の重鎮、シュター
トラー師（1748-1833）と指定していたが、ベートーヴェンは1803年4月8
日付書簡［BGA 133］で被献呈者の変更を申し入れ、「彼はリヒノフスキー侯
の弟で、つい最近、思いがけない恩恵をお示し下さり、こうしないと、いま
ご親切に報いる機会を逸してしまうのです」とし、タイトルページを版刻し
直さなければならないのならその費用は自分が負担するとまで言っている。
恩恵が何であるかはわからないが、ここにも作品献呈の本質が垣間見える。
シュタートラー師に対する見返り献呈はなかった。リヒノフスキー伯はピア
ノ・ソナタ第27番Op.90（1815年6月出版）の献呈も受けた。これは、
《ウェリントンの勝利》Op.91をイギリス皇太子に献呈しようとして、献呈
の承認を得るためヴィーン会議のイギリス全権大使キャッスルリーグ子爵の
仲介を求めることに尽力してくれた御礼と見られる。ベートーヴェンはまた
1817年末に、イギリスからブロードウッド製ピアノが寄贈される際、同伯
に免税措置について助力を頼んだ［第Ⅱ部第31章5］。

ピアノ・コンチェルト第3番Op.37（1804年秋出版、出版公告は11月24
日）の献呈はプロイセン王子ルイ・フェルディナンド（1772-1806）である。

247

第I部　体系的考察

彼も、国王と同様にフリードリヒ大王（先王の長男）の甥で、国王（先王の次男の長子）とは従兄弟の関係（先王の4男の子）にある。ベートーヴェンがベルリンの宮廷を訪問した1796年6月に知り合ったと思われる。卓越したピアニストで作曲家としても時代を先取りする諸傑作を遺したが、1806年10月10日、ザールフェルトの戦いで戦死した。1804年9月8日からオーストリア軍の秋期演習を視察するためヴィーンに滞在し、ヴェーゲラー＝リースの『覚書』によれば［111ページ］、ベートーヴェンと夕食および昼食を1回ずつ共にした。まさにOp.37を献呈する頃である。10月18日から19日にかけてロプコヴィッツ侯のボヘミア・ラウドニッツ城に滞在して《エロイカ》の非公開上演に立ち会い、演奏終了後に冒頭から再度の演奏を、そしてさらにもう一度、所望したことが知られている。《エロイカ》シンフォニーをナポレオンから切り離そうという試みのなかで、早世した彼が愛国的「英雄」に見立てられることもあった。

　1805年1月に出版されたOp.38の献呈については第I部第4章5ですでに触れた。このように献呈問題を逐一追っていくと、ホフマイスター＆キューネル社のOp.39〜44（Op.41, Op.42は非真作）には献呈はないことが目立って見える。再三言及しているように、これらの出版はベートーヴェン本人とは距離があるものであって、無献呈であることがまた、Op.24のケースとは正反対に、そのような関係性を補完するように思われる。ただし、Op.43の原稿の提供が直接的なものであることは類推できる［BGA 174］。この時点まで、作品番号なしでの出版は別として、作品番号が付された作品では、献呈がないのは初期のOp.3, Op.4, Op.6, Op.8だけであった。

　3つのピアノ4手行進曲Op.45（1804年3月出版）はエステルハージ侯夫人侯女（1768-1845）に献呈された。彼女はリヒテンシュタイン侯家出身で、兄嫁がOp.27-1の被献呈者である。1783年9月13日にエステルハージ侯家に嫁ぎ、侯は1794年に家督を継いだ。ベートーヴェンが1793年6月にハイドンからアイゼンシュタットに呼び出されて何週間か滞在したとき［第II部第12章1］、侯太子妃として接触した可能性がある。侯家も「作品1」を予約した。ベートーヴェンは1804年4月にシカネーダーとのオペラ契約が決裂したのでアン・デア・ヴィーン劇場の居室を出ることになり、シュテファン・フォン・ブロイニングのところに転がり込むが、そこはエステルハージ一族所有の賃貸アパート"ローテス・ハウス"であった。献呈と時間的に近いが、転居の経緯からいって、偶然であろう。1807年9月、同夫人の聖名祝日の

248

第7章 作品の献呈行為について

ために作曲を委嘱されたミサ曲 [Op.86] の上演にアイゼンシュタットを訪れたが、その機会は苦いものとなった [第Ⅱ部第21章12]。

10 │ ブルンスヴィク伯家の面々への献呈

1805年1月に公告された計6点のうち、すでに述べた Op.38 を除いて、2つのピアノ・ソナタ Op.49 とピアノ小品 WoO 79、WoO 89、WoO 55 の計4点は献呈なしであり、これらは前述のように本人の関与性が薄い作品群である。

それに対してもうひとつの4手ピアノ変奏曲 WoO 74 はハンガリーのブルンスヴィク伯家の伯女姉妹に献げられている。タイトルページには「1800年に伯女たちヨゼフィーネ・ダイムとテレーゼ・ブルンスヴィクの記念帳に書かれ、そしてその両名に献げられた」とある、例の No.27 である。

これにはしばし解説が必要であろう。妹のヨゼフィーネ（1779-1821）は出版当時（1805年）、ダイム伯夫人であり、しかも寡婦となっていた。ブルンスヴィク伯家は「作品1」の予約者に名を連ねており、そのときからベートーヴェンの名声を意識していた。同家の4兄弟姉妹は1799年からベートーヴェンと親密な関係となり、ピアノの弟子であり最も親しい友人であった。上の姉妹2人が同年5月に母親に連れられてヴィーンにやってきて、ベートーヴェンのレッスンを毎日、16日間、受けた。そして5月23日に、現在消失している2人の記念帳に WoO 74 の主題と第1、2、5、6変奏を書き付けた。この事実は、1820年頃にプラハでこの作品 [WoO 74] の第3、4変奏を欠いた稿（すなわち原形）が出版され、そのタイトルページにその出版が記念帳を底本にしていると推量させる記述があり、そこにベートーヴェンの名前と"1799年5月23日"という日付が記されていることに依る。つまり、1805年の初版に記された「1800年に記念帳に書かれ」はベートーヴェンの記憶違いか、意図的に変えられたか。

ベートーヴェンと娘の成り行きに困惑した母親は急いで翌月の6月29日にヨゼフィーネをダイム伯と結婚させる。しかしその結婚生活は長く続かず、伯は続々と誕生した4人の子供を遺して1804年1月に死去した。ベートーヴェンは第3、4変奏を書き加え、それを中間に挟む形でこの作品を完成させる。その時期は、1803年9月20日頃にホフマイスター＆キューネル社

249

第I部　体系的考察

に提供可能として提示した後の 1803 年末か 04 年初め頃、という旧カタログの見解の直後に、末妹シャルロッテの書簡が発見されて、出版社に提供する直前に成立と判定された。ベートーヴェンは寡婦となったヨゼフィーネに 1804 年から 05 年にかけての冬だけでも 13 通の情愛のこもった書簡を書いていて、ここから"不滅の恋人"候補説が出たのであった。彼女は 1810 年にシュタッケルベルク男爵（1777-1841）と再婚する。一方、姉のテレーゼ伯女（1775-1861）は生涯独身で過ごし、後年、スイスで出会ったペスタロッチの影響を受け、ハンガリー初の幼児教育機関を設立する。ピアノ・ソナタ第 24 番 Op.78 は 1810 年 11 月頃出版されたブライトコップ＆ヘルテル版で彼女に献呈された。同年 8 月にロンドンでクレメンティ社から出たその初版原版は献呈者なしである。

　チェリストとして誉れ高い弟のフランツ・ブルンスヴィク伯（1777-1849/50）はピアノ・ソナタ第 23 番 Op.57《熱情》（1807 年 2 月出版）の献呈を受けた。その直後のことだが、完成して間もない弦楽四重奏曲 Op.59の手書き譜をフランツ伯が所有していたことが判っている。1807 年 5 月、ヴィーン滞在中のクレメンティが帰国の途に就こうとするとき、ロンドンで出版するため Op.59 の原稿を渡そうとするが手元に見つからない。そこでブルンスヴィク伯から一時返却してもらおうと、ヨゼフィーネに「君のお兄さんに書いてくれ」と頼み［BGA 279］、そしてフランツには、うまく渡せたという事後報告［BGA 281］をしている。さらに Op.78 と同時にロンドンでもライプツィヒでも出版されたピアノ幻想曲 Op.77 が同じくブライトコップ＆ヘルテル版で彼に献呈された。このときの献呈の辞には「彼の友、フランツ・ブルンスヴィク伯爵氏に」とある。兄弟姉妹とはそうした濃い関係が長く続いていたにも拘わらず、ヨゼフィーネへの献呈は昔年の共同献呈 1 件しかないのは、姉弟への格別の配慮と比べ際立っている。作品の献呈とは何だったのかを振り返る際に、この件にまた立ち入る。

　1805 年 4 月にパリで出版された Op.47 の献呈は「彼の友、クロイツェルに」とある。わざわざそう記される最初の例である。献呈は指示するが作品番号は出版社に委ねてしまう最初の例でもある。その後このケースは頻出する。

　フェルディナント・フォン・ヴァルトシュタイン伯（1762-1823）は 1788年にボンで選帝侯マクシミリアン・フランツを総長とするドイツ騎士団（カトリック修道会）の騎士に任ぜられ、ボン宮廷の一等枢密顧問官も務めて、

250

選帝侯の親密な腹心であった。そしてベートーヴェンの最初期の支援者のひとりで、ヴィーンへの送り出しは彼がきっかけになったか、少なくともその支えが決定的であった。2006年にヴェッツシュタインによって報告されたボンのパン職人フィッシャーのメモによれば、選帝侯は「ヴァルトシュタイン伯に、ヴィーンに向けてベートーヴェン氏の面倒を見るよう依頼」した［Wetzstein/Bäckermeister（2006）］。伯の叔母はリヒノフスキー侯の義母の妹にあたり、おそらく伯はヴィーンの貴族たち宛の紹介状を書いてやった。ベートーヴェンがただちに問題なく上流社会に入り込めたことはそれで説明が付くのではないか。伯はピアノを能くし、作曲もした。ベートーヴェンは伯の主題によるピアノ4手変奏曲WoO 67を作曲し、ヴィーンから原稿を送りボンで出版したことについては第5章2で言及した。経歴の最初に位置する同伯に10年以上も後に初めて、そして唯一、献呈したのが、ピアノ・ソナタ第21番Op.53（1805年5月出版）であった。この長いタイムラグについては一考を要する［後述］。

　そのタイトルページには「ヴィルンスベルク［引用者注：ニュルンベルク西約30kmに位置するドイツ騎士団の本拠地］のドイツ騎士団の騎士団長、ムッシュー・ヴァルトシュタイン伯爵に献ぐ」とあるが、伯は1796年から1807年までロンドンに滞在しており、この肩書きは以前のものであった。ロンドン滞在中にベートーヴェンとやり取りした形跡はなく、彼にはそもそも献呈を知らせるすべがなかったであろうし、伯も献呈の事実すら知らなかったかもしれない。また1809年にヴィーンに帰還した後も接触はなかったと思われる。1819年の会話帖に「ヴァルトシュタイン伯は近くに居たのか。いまも当地で生きているのか？」［BKh 1, Heft 5, 147ページ］という記入がある。交流が絶たれているのになぜ献呈したのかについては後で考察する。

　1806年と07年は出版点数がそれぞれ3点と激減し、1806年4月出版のピアノ・ソナタ第22番Op.54とオーボエ・トリオ"Op.87"、1807年4月出版の32のピアノ変奏曲WoO 80は献呈がない。献呈されたピアノ・ソナタ第23番Op.57（1807年2月出版）はすでに言及したように友人のブルンスヴィク伯であり、Op.55とOp.56はロプコヴィッツ侯であった。

第Ⅰ部　体系的考察

11 ｜ ルドルフ大公

　1808 年に入ってまったく新しい事態が起こる。ルドルフ大公（1788-1831）の登場である。ベートーヴェンの生涯にとって最も重要な存在となった彼は、前皇帝レオポルト 2 世の 10 男、末子で、まずは他の兄弟たちと同様に軍事経歴を歩んだが、テンカン持ちのために軍人は不向きとされ、教会職に転換した。1805 年に叙階し、オルミュッツ大司教の後継権付き代理者となる。しかし 1811 年に同大司教コロレドが死去したときはいったん後継権を放棄した。代わって継いだトラウトマンスドルフ゠ヴァインスベルクが 1819 年に死去した際に受諾して、4 月 24 日に枢機卿位が授けられ、6 月 4 日、オルミュッツ大司教となった［第 33 章 1 により詳しい記述］。最初の音楽教師は皇家の他の子供たちと同様に宮廷楽長アントン・タイバー（1756-1822）であったが、ベートーヴェンに切り替わったのがいつであるかははっきりしない。かつては、シンドラーがトリプル・コンチェルト Op.56 のピアノ・パートをルドルフのために書いたとしたため、レッスン開始は 1803 年もしくは 04 年とされていたが、これはまったく誤りで、同コンチェルトの成立と上演については第Ⅱ部第 19 章で扱う。大公は、前述したように、ベートーヴェン楽譜の膨大なコレクションを有していた。その特徴としては、初期の版はまったく含まれておらず、1806 年のものも比較的少ないことから、弟子となったのはそれ以後のことと考えられる。最初の接触と跡づけ得るのがピアノ・コンチェルト第 4 番 Op.58（1808 年 8 月出版）の献呈であるが、それは何ヵ月前からかベートーヴェンが足繁く宮廷の居室に訪問していた結果と思われる［第Ⅱ部第 24 章 1］。大公は 1809 年 3 月 1 日の年金支給契約の署名をする 3 人のひとりであり、他の 2 人がときに支払いを滞ったのに対して、彼の支給は遅滞なく継続した。定時の支払いはベートーヴェンがレッスンを供与するにあたっての付帯的取り決めであった可能性があり、レッスンは 1824 年末まで断続的に続いた。大公への出版時献呈作品は合計 11 点に達し、群を抜いている。以下、列挙する。

252

第 7 章　作品の献呈行為について

	出版（献呈時）
ピアノ・コンチェルト第 4 番 Op.58	1808 年 8 月
ピアノ・コンチェルト第 5 番 Op.73	1811 年 11 月
ピアノ・ソナタ第 26 番 "Op.81a"《告別》	1811 年 7 月
《フィデリオ》（第 3 稿）のピアノ伴奏版	1814 年 7/8 月
ヴァイオリン・ソナタ第 10 番 Op.96	1816 年 7 月
ピアノ・トリオ第 6 番 Op.97《大公》	1816 年 9 月
ピアノ・ソナタ第 29 番 Op.106《ハンマークラヴィーア》	1819 年 9 月
ピアノ・ソナタ第 32 番 Op.111	1823 年 5 月
《ミサ・ソレムニス》	1827 年 3/4 月
弦楽四重奏曲大フーガ Op.133	1827 年 5 月
そのピアノ 4 手編曲 Op.134	1827 年 5 月

　そのほかに大公は 1809 年頃に彼のために特別にまとめて書かれたピア
ノ・コンチェルト第 1 〜 4 番のカデンツァの自筆譜と、1823 年 3 月 19 日に
手渡された《ミサ・ソレムニス》の献呈用筆写譜を所有していた［第 24 章 1 お
よび第 33 章 5 参照］。さらに 1819 年 3 月 3 日付ルドルフ宛書簡のなかに書かれ
た「音楽による戯れ」WoO 205e、および 1820 年 1 月 1 日にルドルフへの新
年の挨拶として書かれたカノン WoO 179 がそれぞれ自筆譜で存在する。

12 ｜ Op.60 から Op.86 まで

　1808 年 8 月〜 1810 年 5 月の間に出版された［190 〜 191 ページ参照］シンフォ
ニー第 4 番 Op.60 の献呈は、作曲の委嘱者、オッパースドルフ伯（1778-
1818）である。同伯には 1807 年 2 月 2 日付で 500 グルデンの領収書を書い
ているが、これももちろん 1 年半以上後の出版とはまったく関係なく、その
間には複雑な事情がある。これは別途、第 II 部第 21 章 5 で詳述する。
　同時期に出版されたヴァイオリン・コンチェルト Op.61 は原曲（1809 年
初出版）が「彼の友、ブロイニング氏に」、そして先に出たピアノ・コンチ
ェルト版（1808 年 8 月出版）が「マダム・ブロイニングに」献呈された。
これは間違いなく、同年 4 月に結婚した竹馬の友シュテファン・フォン・ブ
ロイニング（1774-1827）とその妻ユリアーナ（1791-1809）に対する祝儀で

253

第I部　体系的考察

あった。新妻はすぐれたピアノ奏者であったが、1年もたたないうちに死去
した。

　チェロ・ソナタ第3番Op.69（1809年4月出版）が献げられたイグナー
ツ・フォン・グライヒェンシュタイン男爵（1778-1828）は1807年から10
年まで、出版社との交渉や契約の立ち会い等、顧問のような役割を担った人
物で、09年の年金契約書を起草したのも彼であった［第II部第24章2］。彼は宮
廷戦時局の分析官としてシュテファン・フォン・ブロイニングの同僚で、ベ
ートーヴェンは同人を通じて懇意になったと思われる。一度は彼にと決めた
Op.58の献呈を撤回してルドルフ大公に変更し、その代替が8ヵ月後のこの
作品であった。

　2つのピアノ・トリオOp.70（1809年7月および8月出版）の献呈はエル
デディ伯夫人出生ネスキー伯女である。先に引用した1809年3月4日書簡
［BGA 359］においてそのことを指示していたが、1ヵ月半後、4月20日の書
簡［BGA 380］でそれをルドルフ大公に変更し、献呈の辞はBAI社のコンチェ
ルト第4番のものを引き写すようにと指示し直した。そのあとのヘルテルか
らの返信2通（5月3日と6月16日）が消失しているので具体的には不明
だが、結果的にはこの指示は履行されなかった。エルデディ伯夫人伯女
（1778-1837）はすぐれたピアノ奏者で、邸宅でたびたびコンサートを開催し、
ベートーヴェンも折に触れて参加していた。1808年から09年にかけて年金
契約が結ばれていく過程ではグライヒェンシュタイン男とともに仲介役を果
たした［第II部第24章2］。1808年秋からベートーヴェンは彼女の邸宅に下宿し
たが、執事との確執から1809年春に退去する。献呈の取りやめと関係があ
るか。その後、2つのチェロ・ソナタOp.102はジムロックによる初版では
献呈はなかったが、その2年後に出たアルタリア社版（1819年1月出版）
が同伯女に献呈されている［第8次時間差出版］。その作品の創作自体が彼女の
委嘱、または少なくとも彼女とチェロ奏者ヨーゼフ・リンケを想定して作曲
されたものと考えられる。

　前述したように、《エグモントへの音楽》Op.84（1810年12月出版）の献
呈もまた、いったんはルドルフ大公にと決めたが、取りやめ、献呈なしで出
版された。この辺の揺れ事情についてはまとめて後述する［第26章3］。この
頃の出版物には献呈なしが結構あり、ほかに、管楽六重奏曲"Op.71"（1810
年4月出版）、ピアノ・ソナタ第25番（ソナチネ）Op.79（1810年11月頃
出版）、《4つのアリエッタと1つの二重唱曲》Op.82（1811年3月頃出版）、

254

《オリーブ山のキリスト》Op.85（1811 年 10 月出版）がそうである。度重なる非献呈は Op.53 ～ 62 の BAI 社との間では見られなかったことで、ブライトコップ ＆ ヘルテル社からの Op.67 ～ 86 の 20 点のうち 5 点が献呈なしであった。なお、前にも述べたように、Op.73 ～ 82("81a"を含む) はロンドンのクレメンティ社からの原版刊行が時間的には先だが、それらにはすべて献呈はない。

　《6 つの歌曲》Op.75（1810 年 12 月出版）の献呈はキンスキー侯夫人（1782-1841）で、同夫人には続けて《3 つの歌曲》Op.83（1811 年 11 月頃出版）と《希望に寄せて》［第 2 作］Op.94（1816 年 4 月出版）、計 3 つの歌曲または歌曲集が献呈される。キンスキー侯（1781-1812）は 1809 年の年金支給に署名した 3 人のひとりであるが、そのなかで資産規模が最小であった彼 [Das Beethoven-Lexikon, 項目 Kinsky] が総額 4000 グルデンのうち 1800 グルデンという最高額の拠出者となった理由がいまひとつはっきりしない。考えられるのは、彼は年金支給計画の陰の推進者エルデディ伯夫人と縁戚関係にあり［同上］、その口利きが何らかの作用をしたか［第 II 部第 24 章 3］。ただその実効性には当初から不安がつきまとっていた。侯は音楽を自ら嗜むことはなかったけれども廷内に小規模ながら楽団を持つなど熱心な愛好家であった。1812 年 11 月には音楽愛好家協会設立メンバーに名を連ねたという記述に出会うことがあるが、彼はその月の初めに死去しており、設立準備に加わったということはあり得ても、発足時のメンバーではない。侯夫人への献呈はもちろん年金支給決定の感謝を表わしたものであろうが、侯自身に対する献呈に先んじ、かつ繰り返されるのは、なかなか実現しない支給に対する側面からの催促のようにも見える。

　キンスキー侯には 1812 年 9 月頃出版のミサ曲 Op.86 を献呈する。これは遡ること 1809 年 9 月 18 日にブライトコップ ＆ ヘルテル社に「すでに送った」としている 3 作品のひとつで、以来、ドイツ語詩を付けるとか、追加のオルガン・パート譜を送るとか、いろいろあってようやく出版にこぎ着けたのだが、その長い間に献呈先が転々と変更されたことについてはすでに述べた［234 ページ］。ベートーヴェンをその後半生において経済的に最も支えたひとりであるキンスキー侯に対する献呈がこの 1 点で終わったのは、侯がその直後の 11 月 2 日に落馬事故により頭蓋骨折の重傷を負い、その 10 時間後の翌日に死去したためである。作品献呈が年金署名から 3 年後となったのは、実際の支給が滞った（初入金は 1810 年 6 月 20 日）ことや、1811 年 3 月の

第Ⅰ部 体系的考察

オーストリア国家の財政破綻による貨幣価値下落を受けて7月初めにプラハで侯爵が口頭で増額を保証したにもかかわらずそれが実行されなかったためではないか、と思われる［第Ⅱ部第26章］。ようやく実現された献呈はすんでのところで間に合った感がある。

　侯夫人に対するその後の献呈に関しては、1811年4月12日付ヘルテル宛書簡［BGA 492］ではOp.83のほかにOp.82の献呈も含まれていたが、前述のように、実際に出版されたその原版は献呈なしであった。この作品のライプツィヒでの出版時期は、従来1811年7月［BGA 492注5］と見られ、献呈取り下げの理由が不明であったが、新カタログでは1811年3月頃と訂正されているので、そうだとすれば、ベートーヴェンの指示が出版に間に合わなかったにすぎないと見てよい。Op.94は年金支払いをめぐる相続人たちとの争いが1815年1月18日に1200グルデンに減額という形で調停成立となり、その感謝の表明と思われる。

　ピアノ変奏曲Op.76（1810年11月頃出版）は「彼の友、オリヴァ」に献げられた。フランツ・セラフィクス・オリヴァ（1786-1848）は会社員の一般人であったが、1821年にサンクト・ペテルブルクのリツェウム（高等中学校）でドイツ文献学の教授となった。1810年にベートーヴェンと知り合い、多くの友人たちと同様に、ときに無給の秘書を務めた。商用で旅行するたびにブライトコップ＆ヘルテル社と代理交渉したり、ゲーテに書簡［BGA 493］を届けるなどもしている。

13 │ Op.90からOp.107まで

　以後5年間の作品献呈については、Op.90を含めて、すでにところどころで述べてきた。

　《ウェリントンの勝利》Op.91は、1820年にジョージ4世となるイギリス摂政皇太子（1762-1830）にまず1814年に筆写譜を献呈した。この作品はナポレオンに対するイギリス軍の戦いを讃えたもので、当初はこの作品を持ってメルツェルとイギリス演奏旅行も計画されていたし、結果が示すような、ヴィーンの音楽にしておくつもりは毛頭なかった。献呈勅許を求めるための人々の協力については折に触れて言及した。そして1816年1月にロンドンでバーチャル社からピアノ編曲版が刊行されたときも摂政皇太子への献辞が

256

第 7 章　作品の献呈行為について

付され、1816 年 2 月にヴィーンで出版されたスコア譜にも同様の献呈の辞
が載ったが、その甲斐なく、イギリス王室の反応はなく、したがって、期待
したかもしれない経済的見返りはまったくなかった。7 年後の 1823 年 2 月
にも改めて原版スコア譜を、特別な献呈の辞を添えて送り、24 年にも再度
イギリス王室との接触を図ったが、すべて無為に終わった。

　シンフォニー第 8 番 Op.93（1817 年、早ければ復活祭ころに出版）とピ
アノ伴奏歌曲《約束を守る男》Op.99（1816 年 11 月出版）は献呈なしであ
った。

　弦楽四重奏曲第 11 番 Op.95（1816 年 12 月出版）は「彼の友、ヅメスカ
ル」に献げられた。ニコラウス・パウル・ヅメスカル（1759-1833）はハン
ガリー王国宮廷官房に務める役人であるが、チェロ奏者で作曲もし、音楽愛
好家協会設立メンバーでもあった。知られる最初の書簡交換は 1793 年 6 月
18 日付［BGA 8］であり、ベートーヴェンのヴィーン移住後、最初の最も親
しい友である。それにしては年来の友への献呈が遅いが、ブロイニング夫妻
への結婚祝い献呈以降、「彼の友」方式の連発が始まった頃の 1810 年 10 月
15 日付ヘルテル宛書簡［BGA 474］では Op.86 の献呈を考えていた。それをキ
ンスキー侯に急遽、変更したために、その直後から 2 年 9 ヵ月の作品出版ブ
ランクもあって、ヅメスカルには適当な作品がなかなかなかったのであろう。

　ピアノ伴奏二重唱曲《メルケンシュタイン》Op.100（1816 年 9 月出版）
はタイトルページに「長官ヨーゼフ・カール・ディートリヒシュタイン伯氏
に、深く心酔して、ヨハン・バプティスト・ルプレヒトにより献げられる」
とあり、この歌曲の詩を書いた詩人による献呈であった。まさしく詩人から
の頼まれ仕事であり、作品番号がまさか付くとはベートーヴェンは思わなか
ったのだろうと前述したが、その理由は小規模すぎるだけではなかったと考
えてよい。

　ピアノ・ソナタ第 28 番 Op.101（1817 年 2 月出版）が献呈されたドロテ
ア・エルトマン男夫人［生姓グラウマン］（1781-1849）はフランクフルトの商人
の娘で、1798 年に陸軍大尉男爵と結婚し、遅くとも 1803 年頃ヴィーンにや
ってきて、1804 年頃にベートーヴェンと知り合ったと思われる。すぐれた
ピアノ奏者で、弟子であった可能性もあり、コンサートでたびたびベートー
ヴェン作品を演奏した。この献呈を決めたとき、シュタイナー社の徒弟ハス
リンガーに「この献呈は偶然のなせる業」とし、「万一、タイトルがすでに
出来上がっているなら新しいタイトルを私の経費負担で」とまで書いている

257

第I部　体系的考察

［BGA 1065］。さらに、彼女の急な出立へのはなむけとした形跡があり、しばらくすると彼女用の刷本の送達を急がせ、「彼女はもしかして遅くともあさってここから出て行くので」［BGA 1092］と述べているからである。1817 年 2 月 23 日に彼女に献呈する際にしたためた書状［BGA 1093］には「私のいとしい親愛なるドロテア・チェチーリア」と呼掛け、音楽の女神チェチーリア呼ばわりしており、よほどのお気に入りピアニストだったと思われる。

　Op.104、Op.105、Op.107 は非献呈である。

14 ｜ Op.108 ～ Op.111、そして Op.120

　続く 4 作品（Op.108 ～ Op.111）はベルリンのシュレジンガー社から連続的に刊行される。同社は《スコットランド歌曲集》（1822 年 7 月出版）Op.108 について、ベルリンでの自社の立場向上に利用しようとしたか、1821 年 11 月 11 日付消失書簡［BGA 1416］においてプロイセン皇太子に献呈するよう提案した。それに対してベートーヴェンは 1821 年 3 月 7 日付で「プロイセン皇太子への献呈はあなたに任せます、私は別の誰かを考えていましたが、譲ります」［BGA 1428］と返信した。しかし同社はその献呈先をポーランドの貴族ラヅヴィル侯（1774-1833）［後述］に変えた。その事情はわからない。

　同書簡においてそれ続く文句は「しかしソナタに関しては、［中略］以下のタイトル、および献呈にするようお願いします」で、ピアノ・ソナタ第 30 番 Op.109（1821 年 9 月出版）の献呈の辞と作品番号が指示されている。被献呈者のマクシミリアーネ（献呈の辞ではマクシミリアーナ）・ブレンターノ嬢（1802-1861）は有名な詩人クレメンス・ブレンターノ（1778-1842）の兄にあたるフランツ・ブレンターノ（1765-1844）とその妻アントーニエ・ブレンターノ（1780-1869）の娘である。10 歳のとき、ベートーヴェンから 1812 年 6 月 26 日付で「私の小さな女友だちマクセ・ブレンターノのために、そのピアノ演奏を励まして」と添え書きされた単一楽章のピアノ・トリオ WoO 39（1830 年に出版）の自筆譜を献呈されている。これは同家所蔵の完全な「プライヴェート作品」である。本章 1 で扱うべきところ、ここで関連させて言及した。ブレンターノ夫妻との関係については折々に触れてきたが、1812 年のテプリッツ滞在を共有したことについては第II部第 27 章で扱う。

258

第7章 作品の献呈行為について

　ピアノ・ソナタ第31番Op.110（1822年7月以後出版）は結果的に献呈なしであった［後述］。ピアノ・ソナタ第32番Op.111はパリ（1823年4月？出版）とベルリン（1823年5月？出版）で出版のシュレザンジェ（シュレジンガー）版では、前述のようにルドルフ大公への献呈であるが、ロンドン版（1823年4月出版）では被献呈者はアントーニエ（献呈の辞ではアントーニア）・ブレンターノである。ベートーヴェンの当初の予定はこれとは正反対であった。1822年5月1日のシュレジンガー宛書簡［BGA 1462］で次のように言っている。

> 変イ長調ソナタ［Op.110］に関しては、私はある人に献げることを決めており、それは次便であなたに送ります。――第3番はあなたにお任せし、あなたが献呈したい人で結構です。

　ここで「ある人」とはアントーニエ・ブレンターノである。しかしOp.110はその2ヵ月後の7月以降にパリとベルリンでは献呈なしで出版されたので、その意思をシュレジンガーには表明し損なったか、表明し遅れた［書簡は遺っておらず、確認はできない］。
　この時点で「お任せし」であったOp.111については、1822年8月31日付パリの息子シュレザンジェ宛書簡［BGA 1491］でルドルフ大公にと指定した。しかし同人宛に1823年2月18日付［BGA 1572］の追伸で「ソナタハ短調の献呈はアントーニア・ブレンターノです」と前言を翻した。そして同じ頃、おそらく2月に書かれたと思われるリース宛書簡の下書き［BGA 1592］にも「変イ長調とハ短調の2つのソナタ［Op.110とOp.111］の献呈はブレンターノ夫人」とあり、これはロンドンでの出版に向けたものであろうが、メモで終わっていて、ロンドンで両ソナタの出版準備に入っていたクレメンティ、またはその仲介の労を執っていたリースに本当に伝えられたかは分からない。1823年7月に出版されたOp.110のクレメンティ版も献呈なしであった。他方、Op.111に関しては被献呈者の変更を、3月から5月にかけてパリおよびベルリンで相次いで出版されたシュレジンガー社版は反映せず、4月出版のクレメンティ社版は受け入れている。
　さらに、アントーニエ・ブレンターノには、《ディアベッリ変奏曲》Op.120（1823年6月出版）も献げられた。この作品は当初、ルドルフ大公に献げるつもりであったことが会話帖［BKh 3, Heft 25, 107ページ］から伺われる。

259

第I部　体系的考察

おそらく、1819年に大公がベートーヴェンの主題［WoO 200］により40の変奏曲を書いてベートーヴェンに献呈して出版（1819年12月、シュタイナー社）したことに対する、返礼としてこの作品が適当と考えたのであろう。そのことと Op.111 の献呈先をアントーニエ・ブレンターノに変更したことは関係があると見なければならない。しかし大陸での出版譜がその意向に沿わなかったことから、Op.120 の方の献呈を彼女に変えざるを得なかった。

　1823年2月から6月の間にこの2曲の献呈をめぐって上記のようなめまぐるしい展開があった。しかしそれですべてではない。ベートーヴェンは Op.120 のロンドン版をリースの夫人に献呈する意向を持っていた。1823年6月16日にリース宛に「あなたの奥さんへの献呈［引用者補：の辞］を私は書くことができません、名前を知らないので。ですからご自分でやって下さい」［BGA 1703］と書いた。そして校閲筆写譜を送った。そこには「私の愛する友人リースのご夫人に献げる、ヴィーンにて、1823年4月30日」と書かれていて、それは、リースが1824年7月に帰国する際に持ち帰ったと思われ、1930年までケルン在住のリースの子孫が保有していた［現在はベートーヴェン・アルヒーフ、ボドマー・コレクション蔵］。しかしこの出版計画は実現しなかった。

15 ｜ シュタイナー社出版およびショット社出版の諸作品

　この時期に出版された、シュタイナー社において積年の課題となっていた出版物の多くと、ショット社の最初の出版物何点かには、献呈がない。

　そのなかで、序曲（通称「聖名祝日」）Op.115（1825年4月出版）は再びラヅィヴィル侯に献げられた。ベートーヴェンは1823年2月に、《ミサ・ソレムニス》筆写譜の特別頒布［本章22］をプロイセン国王フリードリヒ・ヴィルヘルム3世に勧誘するにあたって、前年7月にシュレジンガー社の主導によって《スコットランド歌曲集》Op.108を献呈したことでパイプのできたラヅィヴィル侯にその仲立ちを頼んだ。その甲斐あって、国王は受諾し、さらに侯自身も予約した［後述］。序曲の献呈はそうした経緯の御礼かもしれない。

　ラヅィヴィル侯はポーランドの貴族だが、1796年にプロイセン公女ルイーゼと結婚し、ルイ・フェルディナンド王子と義兄弟であった。熱心な音楽家で、作曲も能くし、ゲーテの『ファウスト』への舞台音楽（1815年出版）

260

などで知られる。1815年からプロイセン領ポーゼンの総督を務めていた。

Op.115は元来、1814年のヴィーン会議期間中に、以前にスケッチした素材を使用して、オーストリア皇帝フランツ1世の聖名祝日を祝うために書かれ、しかし当日に間に合わずに、翌年の同日に初演された作品だが、出版譜がなぜ同皇帝に献げられなかったのだろうか。推測してみると、1814～15年時点での戦勝国会議中のヴィーンの熱気がその創作に向かわせたのであろうことは想像に難くないが [第Ⅱ部第29章]、出版が10年も遅れたことで、メッテルニヒ体制下のまったく違った空気となったことにより [第Ⅱ部第34章]、ベートーヴェンにあっては皇帝に献げる気が失せたのではないか。出版タイトルに「聖名祝日」という語さえ欠き、したがって今日までそれが正式名称とはならず、ただ「大序曲ハ長調」と上書きされていることも、その脈絡で理解できるかもしれない。作品の性質が公的に広く知られていたにも拘わらず、情勢変化後の出版時に題名さえ隠すのは《エロイカ》の場合と同じだが、この際には現下の情勢に対する抵抗をここに見ることも可能ではないか。

ショット社の出版作品のなかでは、次々節で触れる最後の弦楽四重奏曲群以外で、献呈があるのはOp.123（ルドルフ大公）、Op.124（ガリツィン侯）、Op.125（プロイセン国王）だけである。

16 │《第9》シンフォニーの献呈

最終的にプロイセン国王フリードリヒ・ヴィルヘルム3世（1770-1840）に献げられることになるシンフォニー第9番Op.125の献呈についてはベートーヴェンはさまざまに逡巡した。最初はリースに献呈しようかという考えを抱いたことが1823年5月初め頃の書簡断片 [BGA 1641] から判る。かつての弟子ではあるがロンドンとの交渉の窓口であるリースの存在はそれほど大きくなっていたのである。そもそもシンフォニー第9番はロンドン・フィルハーモニック協会からの、ベートーヴェン自身の招聘を伴う、依頼で書き始められた経緯があり、その点から言えばこの献呈の考えは当然でもあった。しかし自身のロンドン行きは中止となり [第Ⅱ部第32章]、リースもまたまもなくロンドンを去るという情報がヴィーン在住のリースの弟からもたらされて、フィルハーモニック協会との縁が切れてしまうので不適ということになった。この大作の献呈には相応の見返りも期待され、そこで王侯貴族への

261

第 I 部　体系的考察

献呈も検討される。

　その最初の候補はフランス国王であった。1824 年 4 月初めに会話帖［BKh 6, Heft 61, 17 ページ］に「イギリスに送られたら直ちにこのシンフォニーはもういちど上質紙に筆写されて飾り文字での上書きを付けてフランス国王に送られ献呈される」という書き込みが見られる。そのあと会話帖にはさまざまな人物が、ロシア皇帝、バイエルン国王、ザクセン国王、プロイセン国王といった候補者を挙げているが、ロシア皇帝への献呈をベートーヴェンは決めた。この決定に関しては、これまで指摘されたことはないが、ガリツィンに宛てた 1824 年 5 月 26 日付書簡［BGA 1841］でなされている言及と関係があるのではないか［第 II 部第 36 章 1 で詳述］。仮にそうだとすれば、ベートーヴェンはその意思をかなり長い間、保持していたことになろう。すなわち、1 年 8 ヵ月後、1826 年 1 月 26 日のショット社宛書簡［BGA 2110］に次のように書かれているからである。

　　　シンフォニーの献呈に関しては、私はあなたに近日中にお知らせします、それは、皇帝アレクサンドルに献げられることが決まっていましたが、突発的に出来した出来事がこの遅延を引き起こしました。

　皇帝は 1825 年 12 月 1 日に死去したのである。まさに最初と最後のシンフォニーはともに、いったんは決意した献呈相手の死によって、献呈先の変更が余儀なくされた。

　そうして 1826 年 3 月からプロイセン国王への献呈に向けた交渉がヴィーン駐在大使ハッツフェルト侯を通じて始まる。現国王は Op.5 を献げたフリードリヒ・ヴィルヘルム 2 世の息子であり、ベートーヴェンは 1796 年の宮廷訪問時に同い歳の王子とも接触したはずであり、また 1814 年のヴィーン会議の際に再会した。後日談として、国王は 1826 年 11 月 25 日に署名入りの書簡［BGA 2231］をしたため、ベートーヴェンに謝意を表した上で、「ダイヤモンドの指輪」を贈るとしている。12 月 12 日に大使館職員より下賜物が届けられるが、ベートーヴェンはその月の後半に業者に売った。その価値については 160 グルデン（おそらく約定価）とか買取りの最低価格だったとか、周辺の証言があるが、いずれにせよ、即座に売却したことから期待はずれに対するベートーヴェンの怒りが解る。

262

第 7 章　作品の献呈行為について

17 ｜ 最後の弦楽四重奏曲群の献呈

　ガリツィン侯（1794-1866）への献呈も複雑な経緯を辿る。弦楽四重奏曲の委嘱については前述したが、報酬は「貴殿が適当とお考えになるだけお支払いする所存」ということだったので、1823 年 1 月 25 日に「1 曲につき 50 ドゥカーテン」で、最初の作品を 2 月末か 3 月中頃に、と委嘱を受諾した［BGA 1535］。ガリツィンは直ちに 1 作目の支払いを行なったが、作品の完成はずっと遅れた。その間の 1823 年 1 月から 24 年 2 月にかけて《ミサ・ソレムニス》Op.123 の予約特別頒布筆写譜の勧誘が行なわれる［本章 22］。ガリツィン侯も応募した。1823 年 9 月 17 日［BGA 1743（消失）］においてベートーヴェンは弦楽四重奏曲第 1 作のための 50 ドゥカーテンをミサ曲の代金に代えて受け取りたい旨を告げた。侯はそれを承諾し、これに対する補填は侯の1824 年 12 月 5 日の書簡［BGA 1907］で確認されるが、ここから話がややこしくなっていく。

　ミサ曲の予約特別頒布筆写譜は 1823 年 10 月 22 日にヴィーンのロシア大使館を通じてサンクト・ペテルブルクに送られ、侯は 1824 年 4 月 7 日（露暦 3 月 26 日）に同地でそれを使用しての上演を成功させる。これは生前に行なわれた《ミサ・ソレムニス》の唯一の完全上演であった。その事実をいつベートーヴェンが知ったかはわからないが、上演準備が進行しているという噂を聞いて、たいへん喜び、5 月 26 日付［BGA 1841］で侯が取り持ってくれるならばそれをロシア皇妃に献呈可能であると言っている。もちろんルドルフ大公に献げた作品であるが、この件は、日常のパトロネイジの恩に対して豪華手書き楽譜を献呈することと、出版時にタイトルページで献辞を表明することは、両立するという証明である。それは半年専有権付与という形での献呈販売と出版時無償献呈が異なるのと同様である。

　さらに同じ書簡のなかで、序曲 Op.124 および三重唱曲《おののけ、不信心な者ども》Op.116、シンフォニー第 9 番 Op.125、の筆写譜を送付する用意のあることを伝えている。実際に、1825 年 3 月の弦楽四重奏曲第 1 作Op.127 に続けて、7 月中頃に序曲の献呈筆写譜がガリツィン侯に送られた。そして前者が翌 1826 年 3 月にパリおよびマインツでショット社から、後者は 1825 年 12 月にマインツのショット社から出版され、ともに侯への献呈の

263

第1部　体系的考察

辞が記された。なお、序曲の初版は 1825 年 4 月にカール・チェルニーによるピアノ編曲で、次いで 7 月に同じくピアノ 4 手用編曲で出版されたが、その時点では献呈はなかった。付言すれば、これらはベートーヴェン自身の依頼によって成立した他者編曲であり、その点では Op.41 および Op.42 と同列だが、新カタログでは原版に数えられている。というのはこれは、すでに 1824 年 11 月か 12 月にベルリンのトラウトヴァイン社から「まだ印刷されていないスコア譜からピアノ 4 手のためにヘニングによって編曲された」と銘打って海賊版が出ているのに対抗するために、ベートーヴェンがその責任で行なった出版だからである。

　弦楽四重奏曲 2 作目（Op.132）は 1825 年 9 月に、3 作目（Op.130）は 1826 年春に、献呈用筆写譜がガリツィン侯に届けられた。1826 年 1 月 14 日に侯は弦楽四重奏曲 2 作目に対する 50 ドゥカーテンと序曲に対する 25 ドゥカーテン、計 75 ドゥカーテン（約 340 グルデン）を振り込むとしている [BGA 2106]。しかしこれは、第 3 作目に対する 50 ドゥカーテンと併せて、未払いとなり、その総額は 125 ドゥカーテンに達した。これについては第 II 部第 36 章で詳述する。

　ガリツィン侯に献呈された 3 弦楽四重奏曲のうち Op.127 だけが生前出版で、Op.130 の出版は 1827 年 5 月にヴィーンのマティアス・アルタリア社とパリのシュレザンジェ社から同時多発出版であり、Op.132 は 1827 年 8 月にシュレジンガー社がベルリンとパリ（シュレザンジェ社）で出した。なお、Op.127 の献本がショット社からベートーヴェンのもとに送られたのは、出来上がったばかりの Op.125（1826 年 8 月出版）とともに、ようやく 1826 年 9 月のことであった。この 2 つの刷本に対してベートーヴェンは正誤表を作成し、すでに死の床にあった 1827 年 1 月 27 日に発送する。同社は死後の 4 月頃に刊行された自社の『チェチーリア』第 6 巻に「書き間違い・印刷ミスのお知らせ」を掲載した。

　ガリツィン 3 弦楽四重奏曲の最後の作品 Op.130 を 1825 年 12 月に完成させると直ちにベートーヴェンは余勢を駆るかのように次の Op.131 の創作に向かう。それが 1826 年 7 月に完成すると、また直ちに Op.135 の創作が 10 月まで続いた。同時に Op.130 のフィナーレ楽章の改訂を決意し、まずそれによって宙に浮くことになる Op.130 の本来のフィナーレ楽章"大フーガ"[Op.133] のピアノ 4 手編曲版 [Op.134] を 8 月から 9 月初めに片付ける。9 月中頃から 11 月中頃に代替の新しいフィナーレ楽章の作曲が並行した。こ

264

第 7 章　作品の献呈行為について

れらの出版に向けた作業が最後の仕事となったが、いずれも死後の刊行となった。

　Op.133 と Op.134（1827 年 5 月出版）はルドルフ大公に献呈された。Op.131（1827 年 6 月出版）は、「我が友ヨハン・ネポムク・ヴォルフマイアー」に献げるとショット社に死の 1 ヵ月前、1827 年 2 月 22 日付書簡［BGA 2262］で表明したが、3 月 10 日に撤回し、変更を申し出る書簡［BGA 2278］を口述筆記させた。

> ここに変更をするべきと私に決意させざるを得ない出来事が起っています。それは、私がたいへんお世話になっている当地の陸軍中将シュトゥッターハイム男爵に献呈されます。もしかしたらあなたは第一の献呈をすでに彫版したかもしれませんが、これを変更することをぜひともお願いします、その費用は弁済させて下さい。これを空約束とは取らないでいただきたい、それは私にはたいへん重要であり、私は喜んでどんな弁済もいたす用意があります。

　シュトゥッターハイム男爵（1764-1831）とは宮廷軍事顧問官で、1827 年 1 月に甥カールがブロイニングの仲介で入隊したイグラウの"ルートヴィヒ大公師団"の長であり、3 月初めにカールの師団内での昇進を取りはからってくれたのであった。

　ヴォルフマイアーへの献呈は、最後の Op.135（1827 年 9 月出版）によって補填されることになる。献呈の辞としては、出版が死後となったため、「我が友」が「彼の友」に書き直され、この種のタイトルを持つ 6 番目で最後のものである。ヴォルフマイアー（1768-1841）はヴィーンの織物商人で音楽愛好家、ベートーヴェンの讃美者で、1818 年 4 月 9 日にベートーヴェンにレクイエムの作曲を 100 ドゥカーテンで注文している［BGA 1252］。1825 年 9 月の Op.132 の試演に列席し、カール・ホルツがベートーヴェンに報告しているところによれば［BKh 8, Heft 94, 109 ページ］、「彼はアダージョで子どものように泣いた」。献呈は死後シンドラーによって出版社に伝えられる［BGA 2292］。葬儀の際に棺の担い手のひとりであり、1827 年 11 月の遺産競売では、自筆譜をいくつか入手した。

265

第Ⅰ部　体系的考察

18 ｜ 献呈行為に一貫していたもの

　献呈行為の事実関係をひととおり確認し、ベートーヴェンと被献呈者の関係を概略的に洗った。それは生涯において、微妙な変化は見られるものの、基本姿勢としては一貫していたと見ることができる。その一貫性を箇条書きでまとめると次のようになる。

　① 出版譜タイトルページに記載される献呈の辞にある被献呈者は、もはや、出版費用を拠出したパトロンではない。確かに被献呈者のなかには報酬を支払ったケースもあるが、しかしそれは出版譜における献呈の辞に対する対価なのではなく、作曲の報酬（ラズモフスキー、オッパースドルフ、ガリツィン）や専有上演権（ロプコヴィッツ）としてであった。従来、散見されていた誤解は、その区別が付けられなかったところから生まれたと言える。というのは作曲の委嘱は稀にしか起こらず、一方、楽譜出版そのものは献呈のあるなしに拘わらずなされるのであり、それはベートーヴェンの主体的行為であって、そして出版社との協働作業であった。また、出版譜タイトルページにおける献呈と、報酬提供の作曲依頼に応えて送付された筆写譜の献呈が、別物であることは、いわゆるガリツィン四重奏曲が証明する。それについては、理解の前提にその作曲経過の知識が必要となるので、第Ⅱ部第 36 章で詳述する。

　② 献呈の辞を具体的に指示する例は Op.21 の場合のみ示したが、それは基本的にベートーヴェン自身が起草し、その際、被献呈者の肩書きをどのようにするか、それで失礼がないか、慎重に扱われるのが常であった。この点で作品番号の指示とは質が違う。被献呈者を選んだのはベートーヴェン本人であり、作品と献呈相手の関係が吟味される。であるから時としてその選択は逡巡され、変更され、収まりよい相手に落ち着くか、変更の伝達が手遅れとなる場合もあるが、相手に相応しい作品を選ぶ努力の跡が窺われる。友人オリヴァへのピアノ変奏曲 Op.76 などはその典型であり、献呈相手の人柄が献げられた作品によってなんとなく解るような気になるケースもある。《熱情》ソナタを献げられたフランツ・ブルンスヴィク伯爵とはいかなる人物であったのか、などである。女性貴族にはピアノ作品、しかも変奏曲やア

266

第 7 章　作品の献呈行為について

ンサンブル曲が中心で、ピアノ・ソナタの献呈もあるが、しかしこれは女性の独擅場ではない。男性貴族に献げられたピアノ・ソナタを挙げてみると、第 8 番 Op.13《悲愴》がリヒノフスキー侯、第 9 番 Op.22 がブロウネ＝カムス伯、第 12 番 Op.26 が再びリヒノフスキー侯、第 15 番 Op.28 通称《田園》がゾンネンフェルス男、第 21 番 Op.53 通称《ヴァルトシュタイン》がヴァルトシュタイン伯、第 23 番 Op.57 通称《熱情（アパッショナータ）》がブルンスヴィク伯、第 26 番 "Op.81a"《告別、不在、再会》がルドルフ大公、第 27 番 Op.90 がモーリツ・リヒノフスキー伯、第 29 番 Op.106 通称《ハンマークラヴィーア》がルドルフ大公、第 32 番 Op.111 がルドルフ大公、以上 10 曲である。節目に位置する大ソナタが多い。あるいはジェンダー論になってしまうが、雄大で "男性的" 性格を持っているとも言えようか。

　③　ことに重要作品の献呈にはそれなりの意味があったが、それにとどまらず、そもそもベートーヴェンは献呈相手の格と作品の軽重のバランスを考えていた。たとえば「私の最上の作品ではないが」［BGA 49］としているピアノ・コンチェルト第 2 番 Op.19 は官僚のニッケルスベルクに献呈したのに対して、ピアノ・コンチェルト第 4 番 Op.58 はルドルフ大公への献呈の最初の作品としてうってつけと思われ、いったんは決めたグライヒェンシュタイン男には 8 ヵ月後に Op.69 をあてがうなど、選定には傾注の跡が伺える。初期にはリヒノフスキー侯が、やがてロプコヴィッツ侯が、さらにルドルフ大公が、重要作品の献呈を受ける。その間に点在するのは、ときどきの恩義に対する報恩である。

　④　献呈はタイトルページに記されて公的にあからさまになる。それは内外に関係を告知し、あるいは誇示する効果も持つ。したがって内密な関係の相手は避けざるを得なかった。ヨゼフィーネ・ブルンスヴィクへの公式の献呈が、関係の深まる前に姉との共同の「記念帳に書かれ、そしてその両名に献げられた」WoO 74（1805 年 1 月出版）1 点しかないのが典型的である。作品番号も献呈もなしで出版された 3 曲の手書き譜を彼女が所有していることが、それを 1 週間だけ返してくれとベートーヴェンが 1805 年 5 月末に頼んでいる［BGA 221］ことから明らかである。すなわち、ピアノ伴奏歌曲《希望に寄せて》［第 1 作］"Op.32"（作曲 1805 年 2 月～ 3 月、1805 年 9 月出版）、《想い》WoO 136（作曲 1804 年末～ 05 年初、1810 年 3 月出版）、《ヴァルトシュタイン》ソナタ Op.53 の第 2 楽章初稿 "アンダンテ" WoO 57（作曲 1803 年 12 月～ 04 年 1 月、04 年 12 月に最終稿が出版社に送られたため未定稿と

第I部　体系的考察

して一時、宙に浮き、1805年5月に単独で出版）、の3曲である。その2ヵ月前の1805年3月24日にヨゼフィーネは母アンナ・ブルンスヴィクに「やさしいベートーヴェンがすてきな歌曲《希望に寄せて》を私のために書いて、贈ってくださいました」と報告している [LaMara/Brunsvik (1920)]。これらが出版された際にはすべて献呈なしであり、しかも《想い》WoO 136 は関係が破綻した頃に公にされた。テレーゼ・マルファッティに対する《エリーゼのために》が死後もずっと伏せられた献呈であったことも同様であろう。

　⑤　出版譜タイトルページに掲げられた献呈の辞は公的な性格を持つゆえに、恩恵の継続を期待するビジネスの意味合いも持っていた。Op.1 と Op.2 は大恩師に献げ、そしてシンフォニー第1番 Op.21 もケルン選帝侯にというところ、それが適わないと見るや長考の挙げ句にスヴィーテンに変更する変わり身を見せた。それはまさにヴィーンでの音楽家活動が軌道に乗り始めた時期であり、ニッケルスベルク（Op.19）やゾンネンフェルス（Op.28）といった官僚たちにもそれなりに気配りをする。被献呈者の選択は、身辺に存在する恩人や知人に始まって、キャリアを積んでいく上で献呈が有効と思われる人物に的を絞っていたように思われる。その点で Op.30 のロシア皇帝への献呈は特異であり、本章7でいささか立ち入って考察したわけである。

　⑥　その意味で、Op.53（1805年5月出版）の献呈がなぜ、関係が立ち消えて10年近くたったヴァルトシュタイン伯なのかも不可解であった。ボン時代の、そしてヴィーンでの活動の滑り出しを導いてくれた、個人的恩恵を思い出したのか。身近な人々への献呈がひととおり巡ったという客観的条件もあったが、Op.47（1805年4月出版）を「彼の友」クロイツェルに、とした直後のことであり、献呈対象が社会的関係から個人的関係へと変化していくことも見逃せない。社会において一定の地歩を固めたその先に、個人的関係を打ち出す余裕のようなものが感じられる。と同時に、ここが重要な点だが、この時期から献呈行為はますます個人的人間関係の色彩を帯びていくことが、献呈行為全体を精査して私が得た結論である。

19 ｜ 余論1：Op.57 および Op.77 の献呈について空想を膨らませる

　以上を前提として、特殊な問題にあえて空論を試みてみたい。Op.47「彼の友、クロイツェルに」と Op.53「ムッシュー・ヴァルトシュタイン伯に」

268

に続く Op.57（1807 年 2 月出版）の献呈は Op.53 と同じ、ただ「ムッシュー・フランソワ・ブルンスヴィク伯に献ぐ」であるが、3 年半後の Op.77（1810 年 11 月頃出版）の献呈は Op.47 と Op.53、2 つを併せたような「彼の友、ムッシュー・フランソワ・ブルンスヴィク伯に」である。チェリストのブルンスヴィク伯にピアノ・ソナタとして最も"強力な"《熱情》ソナタと激情的なピアノ小品であるのはなぜなのか、は考えてみれば深い謎である。そこから逆に、このフランツ・ブルンスヴィク伯爵（1777-1849/50）という人物の、私たちには見えない人柄とかベートーヴェンとの特別な関係が見て取られるかもしれない、と考察をここで停止するのが学問の範囲であろう。

　しかし、献呈行為がベートーヴェン自身の内面と大きく関係していたという前提でもっと想像力を逞しくすると、ブルンスヴィク伯は妹ヨゼフィーネの替え玉だったのでは?、という仮説もあり得るのではないか。彼女はダイム伯夫人として 1804 年 1 月に 4 児を抱えた寡婦となり、プラハからヴィーンに戻って、ベートーヴェンとの恋を再燃させた。《熱情》ソナタの出版は事情があって［第21章2］、1807 年に入ってからであるが、それがスケッチされたのはまさにこの時期であった。そして 1805 年 1 月に彼女への唯一の公式な献呈作品、4 手ピアノ変奏曲 WoO 74 が姉との共同献呈の形で出版されたとき、わざわざ「1800 年に伯女たちヨゼフィーネ・ダイムとテレーゼ・ブルンスヴィクの記念帳に書かれ」［前出］と、関係が過去のものであったことをいまさらに強調したのはなぜなのか。これらはともに彼女との濃いプライヴェート関係と関連しているのではないのか。"我が不滅の恋人へ"という熱烈なラヴレターには宛名がなく、"エリーゼのために"は実は"テレーゼのために"のカムフラージュであったとすれば、「ブルンスヴィク伯に献ぐ」もまた「ヨゼフィーネに献ぐ」とは書けない、しかし《熱情》ソナタほどの大曲を献呈なしで出版するわけにはいかない、そこで考え抜かれた代役ではないか。根拠は何もないが。

　また 1809 年作曲のト短調ピアノ幻想曲 Op.77 は、激しい感情表現と柔和な諦観の響きが何度も交替して、最後、断ち切るかのように突然、終止する、何とも異様で鬼気迫るものである。それが「彼の友」に献げられる違和感は、ヨゼフィーネの影をそこに認めることで、収まりが付こうかというものである。

　彼女との関係は、ベートーヴェンがハイリゲンシュタットから 1807 年 9 月 20 日に出した書簡［BGA 294］をきっかけにしてその後の数日間に 2 人の

第I部　体系的考察

間で交わされた3通の書簡［日付はいずれも不明］に見られるように、急速な破局に至る。「私はあなたを侮辱したくありません」という書き出しで始まる彼女の絶縁宣言［BGA 296］は草稿の形で残存しているが、それに対するベートーヴェンの返信［BGA 297］は「私たちの意見が対立することはあるでしょうが、ささいな事があなたと私を仲違いさせることはあり得ないはずです。ささいな事によって沈思が生まれることはあるでしょうが。まだ幸い、遅すぎません…」というものであった。

　さらに気になることを挙げると、《熱情》ソナタの2ヵ月後に出版された、それに匹敵するほどに"強力な"作品である《自身の主題による32の変奏曲ハ短調》WoO 80（1807年4月に出版）が献呈者なしであったのは、献呈問題全体を見渡してみるときわめて不自然なことに思える。これは偶発的な出来事の結果なのではなく、献呈の辞があえて伏されたのではないか。これも根拠のない、ただの疑いだが。

　献呈行為が公的性格を持たざるを得ない以上、プライヴェートな関係が濃ければなおのこと、表立った行為はできるはずがない。これだけでヨゼフィーネに対する献呈がなぜ過去の共同献呈1件だけであったかの説明は付く。しかしこの時期に不可思議な献呈と無献呈が連続することとヨゼフィーネを結びつけてみるのは、空想の域であることを前提としても、一考に値するのではないか。被献呈者自身が、白日の下に晒される自らへの献呈をどう受け取るのか、ということにベートーヴェンが気配りしていたことを併せて考えてみると、その感はいっそう免れない。ブライトコップ＆ヘルテル社宛の1809年4月20日付書簡［BGA 380］に次の個所がある。

> 私は何度か気付いたのだが、私が他の人に何かを献呈する場合、そしてその人は、その作品が好きである場合、ちょっと困ったことに、自分のものにしてしまう。これらのトリオを彼は非常に好きになって、だから、もし献辞が誰か別の人だとたぶんまた悲しむことになるのだ。しかしそうなるともうどうしようもない。

　ここで「彼」とはルドルフ大公であり、彼が好きになったトリオとはOp.70としてこれから出版されるピアノ・トリオ2曲であるが、したがってその献呈先をすでに決めたエルデディ伯夫人から大公に変更する、という結果的には実現されなかった指示がこの書簡でなされるのである。ここに見られるように、出版間際まで作品と被献呈者のマッチングにいっそう気を配っ

270

第 7 章　作品の献呈行為について

ていたのがこの時期である。結果として、献呈相手がなかなか決まらない、
変更がある、といった事態が続出するし、それに対して出版社が対応できな
いとか、出版社が待ちきれない、といった事情も絡んだ。

20 ｜ 余論 2：生涯の思い出　アントーニエ・ブレンターノ

　最後の 3 つのピアノ・ソナタ Op.109 〜 111 と Op.120 の献呈をめぐる混
乱も大変気になるところである。ベートーヴェンが Op.109 と 110 をアント
ーニエ・ブレンターノ母娘に献呈するつもりでいたことは確かである。この
2 曲の性格はこの 2 人にきわめてマッチするように私には思える。前述のよ
うに、Op.109 は献呈指示は滞りなかったが、Op.110 は指示のタイミングが
悪く間に合わなかった。Op.110 の献呈について指示をしようかというとき
はそのことで頭がいっぱいで、Op.111 の被献呈者は出版社に任せるなどと
言っていたが、後に、作品の力強い性格からいってルドルフ大公が適当と判
断したと思われる。しかし Op.110 をアントーニエ・ブレンターノに献呈で
きない結果となったので、急遽、Op.111 を彼女に変更しようとし、まだ間
に合うロンドン版は 2 曲ともアントーニエと考えるところまでいったが、
Op.111 も大陸版では受け容れてもらえず、ロンドン版でも Op.110 は献呈な
しとなってしまい、そして Op.111 だけが受け容れられた。しかしロンドン
版だけでの献呈は意味がない。なぜならそれはアントーニエの目に入らない
かもしれない。そこで大陸版ではルドルフ大公にこそ献呈しようと思ってい
た Op.120 をアントーニエ・ブレンターノに変え、ドイツとイギリスの恩あ
る 2 女性に献げるという考えに至った。しかしまたしても、ロンドン版をリ
ース夫人に、は実現されなかった。すべてが思惑通りには行かず、ボタンの
掛け違いばかりとなってしまった。こういった流れではないのか。これは根
拠のない類推ではなく、書簡を時系列で並べて追ってたどり着いた推測であ
る。

　一連のピアノ作品への集中的な取組みがこの分野での最後の創作となるこ
とを悟ったとき、何かをどうしてもアントーニエ・ブレンターノに、公式に
は最初で最後、もう秘めたプライヴェート関係は乗り越えて、どうしても献
げておきたい、という強い思いに駆られる一方、幾重もの逡巡があり、適時
の指示に滞りが生じてしまったのではないか。彼女に対する献呈はこれまで、

271

第I部　体系的考察

出版譜のサイン入り献呈［前述］だけであり、それは誰にも知られていない
ことである。ソロモンの『不滅の恋人アントーニエ・ブレンターノ説』
（1972）［Maynard Solomon, "New Light on Beethoven's Letter to an Unknwn Woman", Musical
Qurterly 58, 572-587 ページ］は論理的に反駁はしがたい成果であると思われるが、
「作品の献呈行為」をめぐる本章の洞察全体と、ピアノ曲最後の諸作品の献
呈をめぐる上記の解釈は、その説とも矛盾しないのではないか。

　ここで献呈の指示が履行されなかった事例、その変更が絡んだ作品、およ
び変更による代替の事例すべてを一覧表にしておこう。

Op.21	ケルン選帝侯（逝去）→ スヴィーテン
Op.35	シュタートラー師 → リヒノフスキー伯
Op.58	グライヒェンシュタイン男 → ルドルフ大公
Op.69	（代替）グライヒェンシュタイン男
Op.70	エルデディ伯夫人 → ルドルフ大公（実現されず）
Op.72	［全曲ピアノ編曲版］シュテファン・フォン・ブロイニング → 献呈なし（指示が遅すぎ）
Op.82	キンスキー侯夫人 → 献呈なし（指示が遅すぎ）
Op.84	ルドルフ大公 → 献呈取りやめ
Op.86	ナポレオン → ヅメスカル →（ベッティーナ・ブレンターノ？）→ キンスキー侯
Op.95	（代替）ヅメスカル
Op.110	アントーニエ・ブレンターノ → 献呈なし（指示が遅すぎ）
Op.111	ルドルフ大公 → アントーニエ・ブレンターノ（実現されず）
Op.111	（イギリス版）アントーニエ・ブレンターノ
Op.120	（代替）アントーニエ・ブレンターノ
Op.120	（イギリス版）ハリエット・リース（実現されず）
Op.125	リース → フランス国王 → ロシア皇帝（逝去）→ プロイセン国王
Op.131	ヴォルフマイアー → シュトゥッターハイム
Op.135	（代替）ヴォルフマイアー

　こうして見ると、献呈なしの出版は結果的にそうなってしまったという要
素もあり、あるいはそれだけ作曲者本人には執着がなかった、急いだ、出版
社主導で事が進んだ、という側面もある。しかし高位の公人への献呈の辞を
明示することが、作者本人にとってのみならず、出版社にとっては売れ行き
にも関係するという意味でも、ビジネス的要素を孕んでいた。そうした隙に、
出版社が勝手に献呈してしまったという《合唱幻想曲》Op.80のような事例
も発生したのだろう。これはドイツ語歌詞によるピアノとオーケストラ、独

272

唱と大合唱という大規模な作品で、全71ページに及ぶそのパート譜出版は
出版社にとってほとんど賭けのようなものであったに違いない。それが最後
まで献呈者が決まらないために、出版社は勇み足をし、ベートーヴェンから
の大目玉となった、と私は見ている。

　最初に本章4で、無献呈の作品が4割以上を占めるとまず指摘したが、作
品と献呈との関係をすべて追っていくと、結果的に無献呈となった作品でも
意図に反してという例が結構あり、またその数値は特殊例を除いた出版作品
全体から見たものである。主要な作品に的を絞っていくと非献呈は例外的と
言ってよいのではないか、という印象を持つ。たとえばシンフォニー第8番
はその最たるものだが、《自身の主題による32の変奏曲ハ短調》WoO 80ほ
どの作品がなぜ無献呈であったかのは、やはり際だった謎に思える。

21 ｜ 余論3：《遙かなる恋人に寄せて》Op.98　真の意味は？

　最近話題になった、献呈にまつわる思いがけない事例を紹介しておく。太
く永続的な関係にあった高位男性貴族の大支援者が献呈を受ける作品として
は、被献呈者は歌手でもあったということを忘れていると、不釣り合いに見
えるのがロプコヴィッツ侯へのピアノ伴奏歌曲集《遙かなる恋人に寄せて》
Op.98（1816年10月出版）の献呈である。この種のジャンルは、前後にあ
るキンスキー侯夫人に献呈された作品集などに典型的なように、女性貴族向
けか、献呈なしのことが多い。ところが、歌手であるからというだけではな
く、これはむしろ特別な献呈であることにほぼ間違いないという解釈が発表
された。

　ロプコヴィッツ侯夫人マリア・カロリーネが1816年1月24日に亡くなり、
ベートーヴェンはその追悼のために、当時、雑誌に詩作を発表していた医学
生のアロイス・ヤイテレス（1794-1858）と急遽、共作したというのである。
この歌曲集は「遙かなる恋人に寄せて An die ferne Geliebte」という総合タ
イトルで印刷されたが、自筆譜には「An die entfernte Geliebte」とある。そ
のこと自体は旧カタログにも記録されているが、しかしその違いについて誰
も考察したことはなかった。ところが出版社の公告では「An die Entfernte」
とあったことが気付かれ、最終段階で何者かによってタイトルが変更された
ことが明らかとなった。

273

第I部　体系的考察

　このタイトルの違いはどこにあるかというと、ドイツ語の「ent」は「な
しにする」とか「除く」「奪う」といった意味の接頭辞で、それが「遠い」
という意味の「fern」の前に付いて動詞となった「entfernen」は「除去す
る」「遠ざける」といった意味となり、その過去分詞「entfernt」は「遠くへ
行ってしまった」という意味で、「遠くへ行ってしまった人へ [An die
Entfernte]」とか「遠くへ行ってしまった愛する人へ [An die entfernte Geliebte]」と
はロプコヴィッツ侯夫人への呼掛けではないか、というのである。これは決
して「遙かに位置する恋人」を思う恋愛歌なのではない、という見立てであ
る。そういえば、タイトルページにはビネット（挿画）に遠くにいる恋人に
歌いかけている女性歌手が掲げられているが、彼女は雲の上にいて、すなわ
ち天国で歌っている姿となっており、これは死者を意味しているのではない
か。歌手としてもよくコンサートに出演していたロプコヴィッツ侯が妻を悼
むという暗喩をこの歌曲集は持っているのではないか、というのである。

　これは 2011 年にボンで行なわれた国際音楽学会議でブリギット・ローデ
スが発表したもので、この会議録は 2015 年に出版され [Appel/Raab 編：Widmung
bei Haydn und Beethoven. Personen -- Strategien -- Praktiken]、その説の概容に則った説明
が新カタログでなされている。のちにブルノで医者として開業することとな
る詩人は、学生中にヴィーンで雑誌に詩作を投稿し、それを目にしたベート
ーヴェンがこの若い学生詩人に、もしかして依頼の意図を説明して詩作させ
たのではないか。何ヵ所かに自ら手を入れたとの指摘もある。最終曲は「さ
あ受け取って下さい、君のために歌ったこの歌を」と始まる。この歌曲集を
受け取ったロプコヴィッツ侯はどう思っただろうか。

　しかしそれは実現しなかった。歌曲集自体は 10 月に出版された。それに
も拘わらず、7 月から 11 月の 5 ヵ月間に立て続けに刊行された Op.92, 95 ～
100 の 7 作品のどれにも相当に印刷ミスがあり、出版後の訂正やりとりがシ
ュタイナー社との間に続き、そのために特別献呈本の作成が遅れた。その手
渡しがなかなか叶わないうちに、12 月 16 日に侯爵自身がボヘミアの領地近
くで逝去したのである。1817 年 1 月 8 日にヴィーンに出てきたロプコヴィ
ッツ侯の宮廷顧問官カール・ペータース宛 [BGA 1058] で献呈本 3 部（うち 1
部は歌手でもあるペータース夫人用）を託し、ロプコヴィッツ侯の息子フェ
ルディナント・ヨーゼフ・ヨハン・ロプコヴィッツ侯（1797–1868）への書
簡 [BGA 1059] を付した。

　当時 9 歳であった新侯が年金支給の継承者となるが、ベートーヴェンは、

1822 年にロプコヴィッツ邸を訪問したとき、侯の 25 歳の誕生日が近いと聞いて、自らの詩による 43 小節のピアノ伴奏付独唱・合唱曲《我らの尊き伯爵、万歳》、通称《ロプコヴィッツ・カンタータ》WoO 106 を書いた。消失した校閲筆写譜には他人の手で「1823 年 4 月 12 日」とあったそうで、従前はそれが信じられてきたが、新カタログでは 1 年、間違いではないかとの説が採られている。これは「プライヴェート作品」である。

22 │ 余論 4：《ミサ・ソレムニス》Op.123
予約特別頒布筆写譜の販売

　献呈ではないが、《ミサ・ソレムニス》Op.123 に関して予約特別頒布筆写譜が販売されたことについて触れておく。販売ではあるが、当該個人用の校閲筆写譜が作者から直に送付され、その対価が支払われる、という形式は、楽譜の献呈とそれに対する謝礼という関係に近い。実はこの形式は古くからあり、たとえばハイドンなども 1781 年 12 月 3 日に弦楽四重奏曲 Op.33 の筆写譜頒布勧誘のための書簡を大量に書いている［拙著『楽譜の文化史』77 ページ］。ベートーヴェンの作業は 1823 年 1 月 23 日に書いた計 8 通［BGA 1525〜1532］に始まり、3 月 1 日にかけて集中し、最後は 1824 年 2 月頃であった。約 30 通の予約勧誘の書簡がヨーロッパの王侯貴族・機関、個人宛に書かれたと思われる。最初の書簡［BGA 1525］はベートーヴェンが 1808 年に宮廷楽長の招聘を受けたカッセル宮廷のヴィーン駐在大使館宛で、その全文は以下であるが、ほとんどの勧誘状は同じ内容である。

　　署名人は、自身がその精神的制作物［Geistesprodukte］の最も成功したものと評価している最新作をカッセルの陛下宮廷にお送り申し上げたいという希望を抱いております。
　　件のものは、合唱および完全なフル・オーケストラの付いた、4 独唱のための大《荘厳ミサ曲》でありまして、これは大オラトリオとしても使うことができます。
　　したがいまして同人は、ヘッセン＝カッセル選帝侯国王殿下のいと高き大使館がこの件に必要なその陛下宮廷の御裁可を寛大にも賜るべくお取りはからい下さいますよう、お願い申し上げる次第であります。
　　しかしながらスコア譜の写本はかなりの経費がかかりますので、作成者は、50 ドゥカーテン金貨の報酬がそれに対して定められても、高すぎるということはないと考えています。

第I部　体系的考察

　　　それはさておき上述の作品はお手元から公開の形で彫版に引き渡されませんよう
　　に。

　文面は外国の元首その他に宛てたものがフランス語、ドイツ地域の王侯宛
はドイツ語で書かれ、シンドラーが筆写しベートーヴェンが署名したものが
宛先地域の国立図書館等にいくつか遺っている。現物が現存しないことも多
く、それでも発信されたとの想定が可能なのは、シンドラーがベートーヴェ
ンの手帳に発送作業を記入しているからである。また会話帖のなかで話題に
上っている宛先もある。
　勧誘状がヴィーン駐在大使館に宛てられた上に、さらに直接、外国の元首
に送られたことで、勧誘が二重になされたケースもある。大使館だけではな
く、目的地に在住する知り合いや大臣を通しての場合もあるし、あるいはそ
れらの人々に後押しを要請する書簡もある。ルドルフ大公は兄にあたるトス
カナ大公、および姉の嫁ぎ先ザクセン王国に要請文を書き［BGA 1699 および
BGA 1700］、両国の勧誘受諾に尽力した。他の要件の書簡に勧誘状を同封した
ことが文面から推測できる場合もあり、イギリス国王はおそらくその例であ
った。《ウェリントンの勝利》の献呈が無視されたことが原因で勧誘状が発
送されなかった、という主張はその見落としによる。
　それらの痕跡をすべてチェックして作成したのが以下の表である。参照書
簡番号は2つまで挙げた。会話帖にのみ挙がっている勧誘先については、実
際の発送はいささか不確実である。
　予約する旨の返信は1823年7月頃から25年中頃にかけて10件、届いた。
送り先とそれぞれの反応を一覧しよう。断る旨の返信を含めて、ベートーヴ
ェン宛の書簡は残存率が低く、反応の年月日を正確に確認できるものはごく
わずかで、また無反応もあったに違いなく、「反応」欄の○×は販売の成否
を示すものである。新カタログにおいて送付写本の現存および消失が確認さ
れている。かつて《ハ長調ミサ曲》を委嘱したが献呈を拒否したエステルハ
ージ侯爵には、一連の勧誘から少し遅くなって、1823年5月29日に発送し
たが、直ちに6月8日付で断りがきた。最後の勧誘は元オーストリア皇女で
ナポレオンの2度目の妻となった、当時パルマ公女マリア・ルイーザであっ
た。ナポレオンへの勧誘の代理であろうか。

第 7 章　作品の献呈行為について

ドイツ地域王侯	反応
ヘッセン選帝侯ヴィルヘルム 2 世（カッセル）［BGA 1525, 1554］	×
バーデン大公ルートヴィヒ 1 世（バーデン）［BGA 1526］	×
バイエルン国王マクシミリアン・ヨーゼフ（ミュンヒェン）［BGA 1527, 1536］	×
メックレンブルク゠シュヴェーリン大公フランツ・フリードリヒ（シュヴェーリン）［BGA 1528, 1551］	×
メックレンブルク゠ノイシュトゥレリッツ大公ゲオルク・フリードリヒ・カール（ノイステレリッツ）［BGA 1528, 1551］	×
プロイセン国王フリードリヒ・ヴィルヘルム 3 世（ベルリン）［BGA 1529, 1552］	○
作成はおそらく 1823 年 5 月以降、到着はおそらく 8 月	
ザクセン国王フリードリヒ・アウグスト（ドレスデン）［BGA 1530］	○
作成は 1823 年 5 月〜 10 月、到着は 11 月 20 日［BGA 1751］	
ザクセン・ヴァイマール大公カール・アウグスト（ヴァイマール）［BGA 1531, 1547］	×
ヴュルテンベルク国王ヴィルヘルム 1 世（シュトゥットガルト）［BGA 1532, 1537］	×
ヘッセン゠ダルムシュタット大公ルートヴィヒ 1 世（ダルムシュタット）［BGA 1550］	○
送付した原本は火災で焼失	
ナッサウ公ヴィルヘルム（ナッサウ）［BGA 1555］	×
ラヅィヴィル侯（ベルリン）［BGA 1558］	○
作成は 1825 年 4/5 月?、到着は 5/6 月?／消失	
エステルハージ侯（アイゼンシュタット）［BGA 1660］	×
フュルステンベルク侯カール・エゴン 2 世（ドナウエッシンゲン）［BGA 1559］	×

外国元首	
ロシア皇帝アレクサンドル 1 世（サンクト・ペテルブルク）［BGA 1620］	○
作成は 1823 年 5 月、到着は 8 〜 11 月頃／消失	
イギリス国王ジョージ 4 世兼ハノーファー公アウグスト・フリードリヒ（ロンドン）［BGA 1579 注 2］	×
フランス国王ルイ 18 世（パリ）［BGA 1599］	○
作成は 1823 年 5 月以降、到着はおそらく 1823 年中	
デンマーク国王フレデリク 6 世（コペンハーゲン）［BGA 1553］	○
作成は 1823 年 5 月以降、到着は 1824 年 5 月またはそれ以降	
スウェーデン国王カール 14 世ヨハン（ストックホルム）［BGA 1585］	×
トスカナ大公フェルディナンド 3 世（フィレンツェ）［BGA 1567, 1576］	○
作成は 1823 年 5 月以降、到着は 1824 年 4 月以前	
両シチリア王国フェルディナント 1 世（ナポリ）［BGA 1623］	×
スペイン国王［BGA 1550 典拠 /BKh 3, 118 ページ］	

外国王侯	
ハンガリー大司教シャンドール・ルドゥナイ（エステルゴム）［BGA 1625］	×

277

第I部　体系的考察

ガリツィン侯（サンクト・ペテルブルク）［BGA 1724］　　　　　　　　　　○
　　　　　　　　　　作成は 1823 年 5 月〜 10 月、到着は 11 月／消失
パルマ公女［元オーストリア皇女・ナポレオン未亡人］（パルマ）［BGA 1779］　×

民間個人

ヨハン・ヴォルフガング・ゲーテ（ヴァイマール）［BGA 1562］　　　　　×
カール・フリードリヒ・ツェルター（ベルリン・ジングアカデミー）［BGA 1563］　×

音楽団体

フランクフルト・チェチーリア協会［BGA 1569a］　　　　　　　　　　　○
　　　　　　　　　　作成は 1823 年 5 月以降、到着はおそらく 12 月、遅くとも 1824 年初
サンクト・ペテルブルク音楽愛好家協会［BGA 1667］　　　　　　　　　×
ライプツィヒ・ゲヴァントハウス［BGA 1550 典拠 /BKh 2, 348 ページ］　　×

第 II 部

歴 史 的 考 察

第8章

ボン時代　Ⅰ

ケルン大司教選帝侯ボン宮廷

ケルンとボンの関係／権力トライアングル

1. ケルン大司教座の変遷
　　　ヴィーンの風が流れ込むまで
2. 選帝侯宮廷楽団の変遷
3. 宮廷楽長ルッケージの時代
4. ベートーヴェンの務める代理職務

第II部　歴史的考察

　大きな政治的事件は人々の暮らしに絶大なる影響を及ぼすだけではなく、その世界観まで変える。21世紀は、19世紀が「長い19世紀」と捉えられることがあるように、将来「長い21世紀」と呼ばれるかもしれない。「冷戦構造」が1989年から91年にかけて突如、崩壊し、「ポスト冷戦時代」はそれまでとは非常に異なった社会環境となって、20世紀的風景は一変し、「新世紀」的現象がその頃を起点に次々と立ち現れて、世界の見方が形成され直したからである。新たな国の独立も相次ぎ、「世界地図」はそれ以前とそれ以後ではかなり違うものとなったが、しかしその基盤は第2次大戦後の国割りであった。大戦終結前はその後と大きく異なる力関係が世界を支配していたし、その権力支配構造は第1次大戦の結末が生み出したものであった。第1次大戦はヨーロッパにおいて帝国支配体制の崩壊をもたらし、「長い19世紀」は激変とともに終了した。

　このように遡っていくと、フランス革命、ナポレオン戦争と続いた時代もまた価値観、世界観の大きな変更を、同時代に生きる人々に迫ったに違いない、ということが理解できる。その後の幾重もの大変革を経るうちに人生に対する意識や価値観そのものも変わり果ててしまった21世紀の人々が、ベートーヴェンの生きた環境にまなざしを向けるとき、まず自らの世界観を意識の上で棚上げし、当該の時代感覚を頭のなかで再構築する努力をしなければならない。本書は、でき得る限りそうした意識の異化に努めて、ベートーヴェンの生きている淵に降りてみた上で見えてくるものを綴ろうとしている。

　しかし、そのようにしてベートーヴェンの生きた時代に目を向けてみると、その時代をなお拘束していたそれ以前の時代感覚もまた意識しなければならない。ことにベートーヴェンの「ボン時代」はまさしくフランス革命前の世界だからである。まずケルン大司教選帝侯のボンにある宮廷の成り立ちについてその歴史を概観する。

　セイヤー伝記の縮小版日本語訳で紹介されている宮廷文書［大築訳10〜24ページなど］は重ねて提示はせず、その反対に、セイヤー原書［TDR I］には記されているが英語版［日本語訳版］では取り上げられなかった事実は努めて取り込み、さらに現時点で把握しうる新たな知見を織り込んで、新たな視角を提

282

第 8 章 ボン時代 I ケルン大司教選帝侯ボン宮廷

示したい。この姿勢はボン関連 3 章に共通する。

1 | ケルン大司教座の変遷 ヴィーンの風が流れ込むまで

　ケルン司教座の歴史は 313 年のミラノ勅令にまで遡るが、795 年に大司教座に昇格してからでも現在まで 1200 年以上の歴史を持つ。ケルン大司教は 953 年にロートリンゲン公を兼ねることとなり、ここに、世俗の支配者でもある大司教、という 1801 年まで続く大司教諸侯制が誕生した。ベートーヴェンは約 850 年続いたこの支配体制終焉の時期に少年時代を送って、いわばその最後の栄華と崩壊の過程を生き、価値観の激変と自らの折り合いを付けていくという課題に立ち向かうこととなる。ちなみに、世俗の権力を失ったケルン大司教は宗教制度としては 1824 年に復活した。

　1257 年にケルン大司教は、神聖ローマ帝国皇帝の前提条件であるドイツ王を選出するための、選挙権を有する 6 選帝侯（マインツ、トリアー、ケルンの 3 教会諸侯と、ライン宮中伯、ザクセン公、ブランデンブルク辺境伯の 3 世俗諸侯）のひとつとなって（1289 年にボヘミア王が加わって 7 選帝侯、さらに 17 世紀末までにバイエルン公とハノーファー公が加わって 9 選帝侯となる）、ヨーロッパ全体に大きな政治的影響力を及ぼすと同時に、世俗の権力を強めていく。

　一方、ケルン市は中世においてライン河畔の交易都市として発展し、商業活動を活発化させる。現在のケルン市はドイツ第 4 の都市と言われるが、後進の諸都市に次第に追い越されていくまで、盛期中世においてはドイツ最大の都市であった。商業市民の力が強くなることにより、世俗的支配をめぐって都市としてのケルンと大司教選帝侯の間には始終、軋轢が生じ、13 世紀には何度も流血の争いに発展するほどであった。最終的に都市側が勝利し、ケルンは 1288 年に皇帝直轄の帝国自由都市となった。その結末に至るまでの過程において、大司教は常時の居場所を市外に求めざるを得なくなり、1257 年に居城をボンに移した。ケルン市内の滞留は 1 回につき 3 日と制限され、宗教行事のたびにボンから通うという、支配者であって支配者ではない、変則的な形を採ることによって権力は維持された。

　こうした微妙な立場から、また地理的にフランスに近いことから、ケルン大司教選帝侯は権力バランスに配慮せざるを得ず、しばしばフランス王の利

第II部　歴史的考察

を図るなどによって、皇帝との間に、あるいはまた教皇との間に緊張関係を
生じさせた。17世紀終盤にはケルンにルイ14世軍が駐留していたし、1701
年に始まったスペイン継承戦争ではバイエルン公国とともにフランス側に加
担したため、バイエルン公国王とその実弟であったケルン大司教はともども
選帝侯権を剥奪された。1714年にラシュタット条約によって和平が結ばれ
たとき、選帝侯の地位は回復したが、その余波として、スペイン・ハプスブ
ルクからオーストリア・ハプスブルクに割譲されたネーデルランド軍が
1715年12月10日まで駐留を続けた。

　ケルン大司教選帝侯の権力はこのようにローマ教皇と神聖ローマ帝国皇帝
（オーストリア・ハプスブルク）とパリ・フランス王の3権力のバランスの
なかで維持されていた。ケルン・ボン一帯がナポレオン戦争の際に真っ先に
占領されてフランス領になったのは、領民目線で言えば、繰り返されてきた
事件のひとつに過ぎなかったといえる。大司教の選任は最終的にはローマ教
皇庁が決定するものの、大司教座参事会での選出が前提であり、そこに時々
の力関係が働く。1723年の交代時にはバイエルン王家はなお後継者を送り
込むことができたが、そのクレメンス・アウグスト・フォン・バイエルン
（1700-1761）は1583年以来5代続いた同家からの最後の大司教となった。

　1761年に選ばれたのは、帝国直轄として最小の領邦である現オーバーア
ルゴイ（ドイツ南端、アルプスの麓）のケーニヒスエック゠ローテンフェル
ス伯爵家のマクシミリアン・フリードリヒ（1708-1784）であった。同家は、
彼自身を含めて4代にわたって1世紀余り、この大司教座で首席司祭（大聖
堂参事会長）の職を受け継いできた家柄で、このとき、いわば内部昇格の形
をとることで大司教選帝侯の職をニュートラルな存在にする、という妥協の
産物が成立したといえよう。この選出に、大司教職を3権力のトライアング
ルからまず外すという力が働いていたことは結果が示している。神聖ローマ
皇帝としてはとにかくバイエルン王家をこの地位から排除することに主眼が
あり、そして時間をかけて次の手に出る。

　すなわち、1780年に、皇帝の末弟である、女帝マリア・テレジアの11男、
マクシミリアン・フランツ（1756-1801）を大司教補佐に送り込んだのであ
る。これによって次期大司教の座をその支配下に収める布石を打ち、その結
果、ケルン市、そして宮廷生活が営まれるボンに、ヴィーンの風が急速に流
れ込むこととなる。しかしそれまでについてもう少し、宮廷楽団の変遷を中
心に追ってみよう。

284

2 | 選帝侯宮廷楽団の変遷

　1733 年に、この物語の主人公と同名の祖父（1712-1773）をボンの選帝侯宮廷楽師に採用したのは、バイエルン王家出身最後の選帝侯クレメンス・アウグストであった。わずか 23 歳のときに始まったその治世は、大司教選帝侯制が崩壊するまで 57 代続いたなかで、2 番目に長く 38 年に及び、その間に宮廷楽団はかつてない規模と栄華の時期を迎えた。

　バイエルン王家の 3 男として彼は、家督は継ぐことができない定めから、早くに聖職への準備を始め、1717 〜 19 年にローマで神学の修練を積みながら、ローマ貴族たちの文化にも触れた。1724 年 5 月 15 日に新選帝侯はボンへの入市式を行うが、その 5 日前に宮廷音楽監督としてカポーニを任命し、その後ほどなくして宮廷楽長ジョセッフォ・トレヴィサーニを雇用した。イタリア出身者たちを宮廷に取り込むことは、先代（ヨーゼフ・クレメント）のフランス傾斜を是正する施策のひとつであった［TDR I, 27-28 ページ］。彼の治世においてボンでイタリア・オペラが盛んであり、また機会あるごとにイタリア語カンタータが宮廷の重要な音楽イヴェントの際に上演されたことは不思議ではない。トレヴィサーニが 1732 年に死去するとジローラモ・ドンニーニが後任となり、同人が 1752 年に死去すると翌年に、1727 年から楽師を務めていたヨーゼフ［ジュゼッペ］・ツドーニが昇格［TDR I, 30 ページ］、というように、イタリア出身と思われる人々が宮廷楽団の要職を占めた。彼らの名を冠した楽譜は宮廷の内外を問わず 1 点も現存しないのだが、もしかしたら彼らは作曲をしなかったのではないか。この時期の廷内の楽譜資料はほとんど失われたか、いずれにしても研究されていないので、実際のところは何も解らない。

　邸外に持ち出された台本によって存在が知られているのは、1740 年に選帝侯の誕生日祝賀のイタリア語カンタータを書いたチェロ奏者兼宮廷私室音楽監督のヨーゼフ［ジョゼフ］・クレメンス［クレマン］・ダッラバーコ（1710-1805）らわずかな楽師たちの作品である。この作品自体は現在、ボンの音楽資料の一部が移管されたイタリア、モデナのエステンゼ図書館に所蔵されている。またジュゼッペ・ゾンカ（1715-1772）のオラトリオ《アベルの死》（メタスタージオ詩）も同様に台本のみが遺っており、そこには配役が示さ

第II部　歴史的考察

れ、ベートーヴェンの祖父がアダモ役で出演したことも判る［以上、TDR I, 40
ページ］。ゾンカはミュンヒェンのバイエルン王家宮廷楽団所属のバス歌手で、
同作品は 1754 年 3 月 10 日に同地で初演された。ボンでの上演期日は不明だ
が、上演作品が邸外から調達された一端がここにも見て取れる。

　楽長はイタリア出身者たちによって受け継がれていたが、楽師たちの顔ぶ
れを見るとライン河流域のさまざまな地域からここに集まってきていた感が
ある。ダッラバーコも、またフランドル（現ベルギー）のメヘレン出身のベ
ートーヴェン祖父も、そのひとりであった。そしてその息子ヨハン・ヴァ
ン・ベートーヴェン（1739/40-1792）が 1756 年 3 月 25 日にテノール歌手と
して宮廷楽団に採用される。

　1760 年末にツドーニが世を去ったとき、後任に選ばれたのはブルゴーニ
ュ（現フランス）出身の若いヴァイオリン楽師ジョセフ・トゥーシェムラン
（1727-1801）であった。しかしその直後、1761 年 2 月 6 日にクレメンス・
アウグストが死去すると、新選帝侯となったマクシミリアン・フリードリヒ
は先代までの浪費政策を転換する大改革に挑んだ。たとえばトゥーシェムラ
ンはかなりの減俸を提示されたため辞職し、レーゲンスブルクのトゥルン・
ウント・タクシス伯爵宮廷に転出した。同地では彼はたくさんの作品を書い
て作曲家としても音楽史に名を遺したが、ボン時代の作品はほとんど知られ
ていない。

　1761 年 7 月 16 日に後継楽長に就任したのがルートヴィヒ・ヴァン・ベー
トーヴェンであった。作曲をしないバス歌手の楽長というのは一般的にはき
わめて珍しいとされるが、しかしこれはボン宮廷においては異例の人事では
なかったことがその歴史を紐解くと理解できる。

　ベートーヴェンの楽長在任中（1761-73）の最終期における宮廷楽団の陣
容が死去（1773 年 12 月 24 日）の直前に印刷された宮廷年中行事表に明ら
かである。楽長歌手以下、男性歌手 4 名と女性歌手 5 名で歌手陣は計 10 名、
オルガン奏者 2 名（老齢の 1 名とその補佐）のほか、バスーン奏者 2 名、ヴ
ァイオリン奏者 7 名、バス・ヴィオル奏者 2 名、コントラバス奏者 1 名、ヴ
ィオラ奏者 2 名、計 14 名のオーケストラ陣であった。宮廷文書において、
チェロが「バス・ヴィオル」、ファゴットが「バスーン」と表現されている
ところに、かつてのフランス傾斜時代の慣習が残っている。この時期のヨー
ロッパ各地の宮廷楽団の平均的陣容からすると、オーボエ奏者とホルン奏者
が不在で、流行のシンフォニー演奏には馴染んでいなかった様子が窺える。

286

第 8 章　ボン時代 I　ケルン大司教選帝侯ボン宮廷

　この陣容は 4 声または 3 声から成るスコアを演奏するのに典型的なもので、ファゴットはバス・パート増強の楽器としてヴィヴァルディの時代から弦楽器とともに使用されていた。4 声部を超えないオペラや教会音楽の伴奏、コンチェルトの演奏などを担う、ひと時代前の編成である。そのほかに、宮廷馬事局所属のラッパ手 4 名（うち 1 名は宮廷楽団でヴァイオリンも担当）と太鼓手 1 名が居た。

　宮廷資料から音楽演奏の実質を探ることは不可能だが、当時のボンのジャーナリズムにその跡を辿ることはできる。しかし、領地内または街中の宮殿と離宮を移動するだけの領邦貴族と違って、出身王家との関連によって、また各地司教の選任事情により、いくつかの司教座等を兼務している大司教諸侯は、時節ごとに各地を回って任務を果たさなければならなかったので、一地域のジャーナリズムで拾える音楽行事に継続性は乏しい。ケルン大司教は何代か前からミュンスター司教とパダボーン司教を兼務するようになっており、またブリュールにあるアウグストゥス城も支配下に収めていて、年間を通して始終、移動生活を送っていたからである。ボンでの宮廷行事として、セイヤーが『ボン報知［Bönnische Anzeige］』紙などから拾った記事によると、たとえば 1764 年には以下の上演が確認される。

上演日	作曲者		作品名	初演日・場所	
1 月 3 日	ガルッピ	Dg 3	田舎の哲学者	1754 年 10 月 26 日	ヴェネツィア
3 月 23 日	ピッチンニ	Dg 3	善い娘	1760 年 2 月 6 日	ローマ
5 月 13 日	ガルッピ	Dg 3	結婚	1755 年 9 月 14 日	ボローニャ
5 月 20 日	ガルッピ		田舎の哲学者（再演）		
9 月 21 日	ラティッラ	Dm 3	玉座にいる女羊飼	1751 年昇天祭	ヴェネツィア
12 月 16 日	ガルッピ	Dg 3	胸騒ぎ	1752 年 12 月 26 日	ヴェネツィア

　「Dg 3」と略したのは 3 幕のドランマ・ジョコーゾで、これは当時最も流行していたコミック・オペラのジャンルであり、1748 年以降、人気作家カルロ・ゴルドーニの台本によって確立されたものである。「Dm 3」としたのは 3 幕のドランマ・ペル・ムジカで、シーリアス・オペラの 18 世紀における一般的名称である。

　ここに見て取れるのはオペラ趣味の一貫性であり、ことにヴィヴァルディ

287

第II部　歴史的考察

を継いでヴェネツィア・オペラの中心的存在であったバルダッサーレ・ガル
ッピ（1706-1785）の諸作品、また"ラ・チェッキーナ"という愛称でヨーロ
ッパじゅうで親しまれたニコロ・ピッチンニ（1727-1800）の人気作品もあ
って、これらはいずれも娯楽性が強い。一方、復活祭後40日目のキリスト
昇天祭に初演されたシーリアス・オペラの上演は大司教のもとでの面目が保
たれている。いずれも初演後4年から10年以上が経過した上演であった。
当時として世俗の大宮廷においては、自前のオペラ生産に突き進むと同時に、
今日"オペラ・サーキット"と呼ばれる、ヴェネツィア等のオペラ先進地域で
初演された演目を自邸でできるだけ早く後追い上演するのを競い合う傾向が
見られるが、ボンのこの実態は、それとは非常に異なった、地味なあり方で
あった。緊縮政策はこうしたところにも反映していたと見ることができる。

3 ｜ 宮廷楽長ルッケージの時代

　ベートーヴェンの後任はアンドレア・ルッケージ（1741-1801）であった。
1765年以来ヴェネツィアでオペラ作曲家として活躍していた彼は、1771年
から巡業オペラ団の長としてボンに駐在していたが、1774年5月26日付
指令書によって年俸1000グルデンの待遇で楽長に就任し、1794年に宮廷楽
団が解散するまでその地位に居た。再びイタリア出身の楽長である。創作か
ら上演まですべて自前のオペラ生産は無理であっても、台本と楽譜を輸入し
て上演はお抱えの宮廷楽団（オペラ団）で、という上に見た上演形態よりい
っそう効率的なのが、この時期に広まり始めた巡業オペラ団の季節的雇用で
あった。この2つの形態はどちらか一方というのではなく、すでにある宮廷
楽団（オペラ団）との共存が現実であり、演目の多様化や上演日程の増加な
ど、自分たちだけではこなせない部分を巡業オペラ団に補ってもらう一方、
彼らのなかには定住を目指す、定職を得ようとする人々がいた。ルッケージ
はそれを成功させたひとりである。
　しかし着任直後から1778年まで劇場が閉鎖されることになり、ルッケー
ジはしばらく教会音楽に専念する。第一線で活躍するイタリア・オペラの専
門家を楽長に据えた途端の方針転換は奇異な感じがするが、彼は教会音楽の
分野でもイタリア時代に豊かな経験があった。この時期に北部・中部ドイツ
各地の宮廷ではイタリア語オペラの上演に宮廷財政を注ぎ込むことに対する

第8章 ボン時代 I ケルン大司教選帝侯ボン宮廷

見直しの気運が生まれていた。1750年代からドイツ語圏各地の下町劇場や移動劇団によって、メロドラマ（「音楽劇」の意）、ジングシュピール（「歌芝居」の意）、コーミッシェ・オーパー（「喜劇オペラ」の意）、モノドラマ（「1人劇」の意）、ドゥオドラマ（「2人劇」の意）、などと謳われたドイツ語音楽劇が、流行し始めていた。しかしそのような試みが宮廷にも採り入れられて大きな発展を遂げるのは1770年代に入ってからである。たとえばハノーファー宮廷では1770年1月18日にアントン・シュヴァイツァー（1735-1787）の"歌付き序劇"《至福の園》が上演されている。ゴータ宮廷では1775年に楽長ゲオルク・ベンダ（1722-1795）の手による3作（《ナクソスのアリアドネ》、《村の年市》、《メデア》）の上演が確認できる。この新しいジャンルは、概して1幕で上演時間が短く、ドイツ語なので庶民も理解することができ、その上、セリフと歌唱が入り交じっているために物語の筋を追うのが容易で、あらゆる点で宮廷貴族趣味のイタリア・オペラとは対極にあった。ライン河沿いでもマンハイム選帝侯は1775年に既存施設をドイツ語劇専用の劇場に作り替えることを命じ、そうして1777年1月6日に"国民劇場"が開場した。

　このような気運を盛り上げたのが移動劇団で、とくに名高いのがハンブルク発祥のザイラー劇団である。セリフ演劇を中心とする同劇団の公演は一部に短い音楽劇を含み、ボンでは1778年11月26日が初興行であった。これ以後ボンでの劇場活動は大司教選帝侯がミュンスター滞在から帰還する11月末から12月初めに開始されるのが通例となり、その一端としてときおり短い音楽劇が上演されるようになる。このジャンルは起源の一部がイギリスのバラッド［民衆歌］・オペラやフランスのアンテルメデ［幕間劇］の翻案であったが、ボンでの当初のレパートリーには、伝統的に結びつきの強いフランスからの流入物が結構あった。1779/80年のシーズン以後は、ザイラー劇団から枝分かれしたグロスマン・ヘルムート劇団が興行を続け、音楽劇のときは宮廷楽団が共演した。

　この移動劇団の音楽監督を1776年から務めていたのがクリスティアン・ゴットロープ・ネーフェ（1748-1798）で、1779年にボンにやって来た。そして少年ベートーヴェンを教えるようになり、初期に最も影響を与えた師となった。彼は1782年に宮廷オルガン奏者にも任命され、教会音楽の演奏に加わる一方、音楽劇ではチェンバロを担当し、やがてそれらの職務をベートーヴェンに手伝わせるようになる。移動劇団が毎年こなしていたレパートリ

289

第II部　歴史的考察

ーは、いずれの作品がボンで上演されたかは確定できないとしても、各年の
『演劇年鑑』に掲載されており、それは TDR I に記載され、日本語訳でも
紹介されているので、作品名を列挙することはここでは省略する。

4 │ ベートーヴェンの務める代理職務

　ルッケージは家庭事情のため故国に戻るという理由で 12 〜 15 ヵ月の休暇
を願い出ており、命令によりいつでも戻ることを条件に 1783 年 4 月 26 日付
でそれが許可された［TDR I, 62 ページ］。それによって、楽長が不在の間はそ
の職務の多くをネーフェが代行し、ネーフェをベートーヴェンが補佐すると
いう体制が 1 年強の間、続くことになる。後年、フロイデンベルクの質問に
応えて、若い頃オルガンをよく弾いていたと述懐した［第36章11］のはまさ
にこの時期のことであろう。しかし無給であったために、1784 年 2 月 15 日
にベートーヴェンは大司教選帝侯に有給の請願をした。その文書そのものは
現存しないが、請願処理の担当部署から侯に正式任用を具申した文書が遺っ
ていて、そこには「宮廷オルガン［引用者補：職］を彼は、オルガン奏者ネー
フェのしばしば出来する不在の折りに、ときにはコメディーの練習に、とき
にはその他で、とにかくよくこなし、これからもそうした場合にはこなすで
あろう」「宮廷オルガン［引用者補：職］の助手［引用者補：の地位］を、選帝侯閣
下によって彼に添えられるささやかな手当とともに、授けられるに値する」
［TDR I, 165 ページ］とあって、職務代理を実質的に務めていることが公文書に
よって確認される。劇音楽の練習の際に「宮廷オルガン」とは、楽器のこと
ではなく、職責のことであろうし、扱う楽器としては、当然にチェンバロで
あろう。ルッケージが帰任した期日は正確には跡づけられないが、1784 年 5
月 2 日にヴェネツィアで《アデミーラ》を上演しているので、5 月末か 6 月
初めあたりではないか。

　その間の 4 月 15 日にマクシミリアン・フリードリヒが死去した。宮廷は
喪に服することとなり、劇団は 4 週間分の手当を得て契約が打ち切られた。
ベートーヴェンに対する手当支給を具申する文書にはまだその額が定められ
ておらず、手続きの途中で宙に浮いてしまったのであろう。正式の任用は宮
廷第 2 オルガン奏者として新選帝侯マクシミリアン・フランツにより 6 月
24 日付でなされ、最初の俸給は年俸 150 グルデンであった。

第 8 章　ボン時代 I　ケルン大司教選帝侯ボン宮廷

　新選帝侯の着任早々の 6 月 25 日付で宮廷楽団の給与表が残存している
［TDR I, 197-198 ページ］。400 グルデンの楽長ルッケージ以下、ソプラノ歌手 3
名（200 〜 400 グルデン）、アルト歌手 3 名（全員 300 グルデン）、テノール
歌手 3 名（ベートーヴェン父 300 グルデン、ほか 400 グルデンと 75 グルデ
ン）、バス歌手 1 名（300 グルデン）、以上歌手は計 10 名、オルガン奏者は
ネーフェとベートーヴェン（200 と 150 グルデン）で、ヴァイオリン奏者 8
名（リース父ほか 6 名 150 〜 400 グルデンと 30 グルデン 1 名）、ヴィオラ奏
者 2 名（全員 150 グルデン）、チェロ奏者 1 名（300 グルデン）、コントラバ
ス奏者 2 名（350 〜 400）、フルート奏者 1 名（300 グルデン）、クラリネッ
ト奏者 2 名（全員 200 グルデン）、ホルン奏者（ジムロックほか 1 名、とも
に 300 グルデン）、ファゴット奏者 3 名（150 〜 300 グルデン）、以上オーケ
ストラは鍵盤楽器を除いて総勢 21 名であった。楽器名としてオーボエでは
なくクラリネットが挙がっていることが注目される。拙著『オーケストラの
社会史』（1990 年刊）で明らかにしたように、ライン河地域ではクラリネッ
トの進出が早く、1780 年代にはその配置は定着していた。しかしオーボエ
が編成されずにクラリネットがというのではなく、オーボエは、給与表でク
ラリネット担当と表記された者たちが吹いていた。他の地域でクラリネット
が進出していくとき給与表でのオーボエ奏者が担当したのと、反対である。
また給与が 2 桁台の者は見習いであったと考えてよい。
　新選帝侯の就任後 3 年ほど、ボンの劇場は停滞した。1784/85 年は、当時
ケルン、アーヒェン、デュッセルドルフで順繰りに公演していたベーム一座
が、カーニヴァル期間中に雇われた。上演作品としてはっきりと変わったの
は、グルックの《アルチェステ》と《オルフェオ》、サリエリの《アルミー
ダ》を含む 4 作など、ヴィーンのレパートリーが目につくようになったこと
である。

291

第9章

ボン時代 II

最初期（1782〜86年）の創作

年齢問題／"第1回ヴィーン旅行"の全面的見直し／
ライヒャとの交友／宮廷オペラ団上演への参加

1. 最初の作品出版　ネーフェの指導と年齢問題
2. それに続く作曲の形跡　1786年まで
3. "第1回ヴィーン旅行"の日程・旅程
4. 旅行を支えた人々
5. ベートーヴェンは初めてのヴィーンで、
　　そしてミュンヒェン、レーゲンスブルク、
　　アウクスブルクで何をしていたのか
6. 5ヵ月近くに及ぶ"ヴィーン・バイエルン旅行"
　　《十字架上の最後の七言》体験
7. アウクスブルクのシュタイン工房
　　年齢2歳違い最初の証言か
8. ヴィーンからの新しい空気　ヴィーンへの憧れ
9. ヴァルトシュタイン伯　ヴェーゲラーの記憶
10. 竹馬の友ライヒャ
11. ベートーヴェンが上演に参加したオペラ
12. ベートーヴェンはなぜヴィーンへ行ったのか
　　ライヒャとの対比において

第II部　歴史的考察

　ベートーヴェンの最初期の創作のなかには当時、直ちに出版されたものが何点かある。この時期の出版はもちろん、後のように、創作活動によって生計を立てる職業作曲家としての営為ではなく、継続性はない。周囲の主導によって実現したものであって、どこまでが彼の意思であるかさえ疑わしい。そのことは、作曲者の年齢を刻印することで年端のいかない子供であることが強調され、なかにはアマチュアと謳われているものもあることから、明らかである。その際に彼の年齢は1歳若く表示されているが、ヴィーン時代になると2歳差となる。この問題については後の章でも検討し、解明を試みる。

　出版はされなかった作品にもそれぞれ、この時期にベートーヴェンがネーフェの指導下で取り組んだ跡が遺されている。

　成長とともに、幼少年の作品という点で世間の目を惹き付ける要素が失せると出版はいったん完全に途絶えるし、そもそも作曲を続けること自体にまだ必然性はなかった。そして突如、ヴィーンに旅立つ。その旅行は母危篤の報により約2週間で突然、終了したとされる。その言い伝えにはいくつも矛盾点があり、また旅行目的も謎であったが、新資料に基づいて以下に大胆な推論を試みる。

　ボンでは1789年1月から定期的なオペラ公演が始まる。宮廷楽師としてベートーヴェンはそれに参加することで一躍、世界が拡がる。

　初めてヴィーンを訪れたときから5年後、今度は目的を明確にして、彼は改めてヴィーンへ向かう。彼はなぜヴィーンに目を向けたのか、竹馬の友であるライヒャがパリを選んだのに。彼らの選択の違いは何から来るのか。

　以上が「歴史的考察」としてベートーヴェン自身に関わる最初のテーマである。

1 ｜ 最初の作品出版　ネーフェの指導と年齢問題

　ネーフェの指導の下に、現存する最初の作品が生まれる。そして師の勧めで、おそらく1782年に、ライン河の上流、マンハイムのゲッツ社から出版

第 9 章　ボン時代 II　最初期（1782〜86 年）の創作

されたのが《ドレスラーの行進曲によるクラヴサンのための [9] 変奏曲》
WoO 63 である。ネーフェはその前年に同社から自身の《クラヴサンのため
のコンチェルト》を出版しており、出版社に弟子の作品を売り込んで、出版
雑務も引き受けたと思われる。いずれのタイトルページも当時、器楽曲出版
の際に慣例であったフランス語で書かれており、「クラヴサン」とはピアノ
ではなくチェンバロと解されるが、それはこの時期の鍵盤音楽印刷楽譜に一
般的な表示である。ベートーヴェンの出版譜にはさらに「10 歳の若きアマ
チュア、ルイ・ヴァン・ベートーヴェンによる」と記されている。そしてク
ラーマー編『音楽雑誌』の 1783 年 3 月 30 日号にネーフェは「選帝侯ケルン
のボン宮廷楽団およびその他同地音楽家に関する報告」と題する文章を寄稿
し、ベートーヴェンを「11 歳のたいへん嘱望される才能」とした上で、「ネ
ーフェ氏が彼に通奏低音の指導を行なった。現在、同人は彼に作曲の訓練を
施し、同人の奨励により彼は、行進曲に基づいてクラヴィーアのために彼に
よる 9 の変奏曲をマンハイムで彫版させたところである。この若き才能は、
旅することが可能な援助を受けるに値する。彼は、このまま進歩していけば、
第 2 のヴォルフガング・アマデウス・モーツァルトになることは確かであろ
う」[Cramer/Magazin 第 I 巻, 394 ページ以下] と書いた。ここで、旅とモーツァルト
という 2 つのキーワードが結びついている。

　ベートーヴェンは 1770 年もあと半月で暮れるという 12 月の、ほぼ確実に
16 日に生れ、17 日に洗礼を受けた。したがって年齢を示すときには実質的
に 1771 年生れと言ってよく、1783 年のほとんどにおいて彼は 12 歳であっ
た。ベートーヴェンはボン時代には 1 歳、そしてヴィーン時代には 2 歳若く
数えていたとされ [Solomon/Birth Year (1970)]、新カタログにおいても繰り返し
このソロモンの文献が挙がっている。時期による年齢の数え方の差は何に起
因するのか、その理由については言及されていないが、父親を中心とする周
囲が何歳としていたかということと、単身生活を送るようになったベートー
ヴェン自身がどう自覚していたかは異なる、ということである。人間は本来、
自分の年齢を知らない。それを認識するのは教育されてのことであり、ベー
トーヴェンの自覚はいつの間にか教わったものとはずれていったのであろう。

　そのずれについてはいまさて置くとして [この続きは第 25 章 2]、1783 年 3 月
の時点で 11 歳とされていることを起点に考えると、出版時は 10 歳（実年齢
は 11 歳）、そしてこの記事はそれからまだ間もないと読み取れるから、出版
年は 1782 年で、しかも 12 月 16 日以前の、そう遅くない時期の刊行と推定

295

第II部　歴史的考察

し得る。ネーフェが指導しその勧めで出版されたと書かれており、時期的に
辻褄が合うので、これは額面通りに受け止めてよいであろう。タイトルペー
ジにはさらに「ヴォルフ＝メッテルニヒ伯爵夫人アッセブルク男爵女に献げ
られた」とある。この被献呈者は、従来［セイヤー以来、旧カタログまで］、フェリ
ーチェ・フォン・ヴォルフ＝メッテルニヒ（1790年死去）とされてきたが、
その名前は娘（1767頃 -1797）のもので、新カタログにおいて母のアントーニ
エ（1740-1790）に訂正された。娘はネーフェの弟子で、彼はこの母娘に
それぞれ作品を献げており、同家とは関係が深かった。したがってベートー
ヴェンによる献呈もネーフェが取り持ったと考えられ、このことはこの作品
それ自体がネーフェの管轄下で生まれた可能性をさらに補強する。選ばれた
主題は多感様式を示し、そこにもネーフェの影を見て取ることができるかも
しれない。ただし、「ドレスラーの行進曲」そのものは今日まで同定されて
おらず、新カタログでの表記は「ドレスラー（?）」となっている。のちの
「作品1」［後述］の予約者リストに「メッテルニヒ伯夫人」が挙がっていて、
この最初の出版に際して同家は（ネーフェの仲介によってか?）楽譜の購入
という形で援助をした。

　1783年秋（出版公告は10月14日）に、3つのソナタ WoO 47 が、こんど
はライン河のさらに上流、シュパイアーのボスラー社から出版された。これ
はケルン大司教選帝侯マクシミリアン・フリードリヒに献呈されたので《選
帝侯ソナタ》と通称されているが、タイトルページはドイツ語で書かれ、か
なり長文の献呈の辞［BGA 1］が付されている。冒頭に「4歳のとき以来、音
楽は私が若くして取り組む第1のものとなり始めました」とあり、「［中略］
私はもうすでに11の年齢に達し、以来、私に、しばしば私のミューズが奉
献の時刻になると囁きました、試みよ、なんじの魂によりハーモニー［音楽］
を書き下ろしてみよ。11歳［引用者補：の私］が――と私は考えました――そ
していかにして私に作者面をさせるのか、そしてそれに対して芸術の殿方た
ちが何をおっしゃるのか、ほとんど私はおびえました。しかし私のミューズ
がそれを欲しました――私は服従し、そして書きました」と前段落が終わる。
後段落は「そして私はさて閣下! 私が若くして作り上げた最初の成果を閣下
の玉座段に恐れ多くも置かせていただけますでしょうか、そして閣下がそれ
に対してお励ましの拍手により穏やかな父のまなざしを送っていただけます
でしょうか」と始まって、侯への賛美が続き、「このお励ましの確信に満ち
て私はこの若くして試みたものをもって閣下に恐れ多くもお近づきさせてい

296

ただく所存であります。どうかこれを無邪気な畏敬の純粋なるお献げ物として受け取られ、寵愛をもってご覧くださりますよう」と締めくくられている。慇懃だが、丁寧すぎて、訳出に戸惑うほど持って回った文章で、少年らしさがなく、とても本人のものとは思えない。書簡交換全集はこれをネーフェの筆と見ている［BGA 1, 注 1］。

　26 ページにも及ぶこの大部な作品集の出版経費は《ドレスラー変奏曲》（7 ページ）のそれを遙かに凌いだことは明らかで、もしかしたら選帝侯からの援助はあったかもしれない、あるいはそれを期待してこの文面という感じはする。そこには「若くして」のように同じ語句の繰り返しが目立ち、「11 歳」は 2 度も強調されている。そしてまたクラーマー編『音楽雑誌』の1783 年 10 月 14 日号に 11 歳であることを含めて公告されており［Cramer/Magazin 第 I 巻, 1371 ページ］、他者による年齢の管理は一貫している。そして献呈文も、真の筆者はともかくとして、その枠内による者であったことを示している。この印刷楽譜の自家用本［大英帝国図書館蔵］に自筆の鉛筆書きで「これらのソナタとドレスラー変奏曲は私の最初の作品」と書かれており［新カタログ］、その作曲は《ドレスラー変奏曲》に続いて 1782 年から 83 年にかけてやはりネーフェの指導下になされたと考えることができる。

　ネーフェが用いた教材のなかにヨハン・ゼバスティアン・バッハの《平均律クラヴィーア曲集》が含まれていたことは、前述した彼のクラーマー編『音楽雑誌』1783 年 3 月 30 日号への寄稿記事（寄稿日は 3 月 2 日）から明らかで、その事実は音楽事典の項目レヴェルでも必ず引用されているので大変有名である。教材にはほかにも、1773 年にライプツィヒで出版されエマヌエル・バッハに献げられたネーフェ自身の作品集《12 のクラヴィーア・ソナタ》や、同じく 1774 年に出版されヨハン・フリードリヒ・アグリーコラに献げられた《6 つのソナタ、および結婚記念式のロマンツェからの主題とよく知られたアリオーソによる変奏曲》があったことは確実であろう。自分の自信作を範例に使用しない教師はまずいないからである。そして彼が敬愛するエマヌエル・バッハのたくさんの印刷クラヴィーア・ソナタ曲集も、指導の際に使われたに違いない。この時期の鍵盤音楽印刷楽譜の対象楽器は、タイトルページでは「クラヴィーア」と一般名詞が使われているが、北ドイツの鍵盤音楽伝統を考えたとき、クラヴィコードも含めた広い範囲を想定しなければならない。

　最初の 2 つの作品集と前後してボスラー社は《詞華集［Blumenlese］　クラヴ

第Ⅱ部　歴史的考察

ィーア愛好家のための》と銘打った週刊の楽譜集を刊行しており、1783 年
10 月か 11 月に出たその第 18 集の 69 〜 72 ページに 2 つのベートーヴェン
作品が含まれた。クラヴィーア伴奏歌曲《乙女を描く》WoO 107 とクラヴ
ィーアのための《ロンド／アレグレット》WoO 48 である。そして 1784 年 2
月刊行の《新詞華集　クラヴィーア愛好家のための》第 1 集の第 5 週配本に
クラヴィーアのための《ロンド　アレグレット》WoO 49 が、9 月刊行の
《新詞華集　クラヴィーア愛好家のための》第 2 集の第 37 週配本にクラヴィ
ーア伴奏歌曲《みどり児に寄せて》WoO 108 が掲載された。その後は 1791
年 8 月にマインツのショット社から《リギニのアリエッタ〈愛よ来れ〉に
よる 24 の変奏曲　クラヴサンのための》まで、作品の出版はない。

　この時期（1784 年 2 月以前）に書かれた作品として、オルガンのための 2
声フーガ WoO 31 が手書き譜で残存する。

2 ｜ それに続く作曲の形跡　1786 年まで

　ネーフェのもとでのベートーヴェンの作曲修練は鍵盤楽器独奏曲から一歩
進んで、鍵盤楽器の合奏曲を試みることへと発展した。「12 歳で」と記され
た筆写譜が残存しており、上記に確認した年齢算定法に従えば、1783 年 12
月 16 日以降 1784 年 12 月 15 日まで、すなわちほぼ 1784 年に書かれたと考
えてよい作品である。クラヴィーア・コンチェルト 変ホ長調 WoO 4 で、遺
っているのは、管弦楽の間奏部分が楽器編成の指示付きのリダクション［簡
略］稿で書き込まれた、独奏者用パート譜である。管楽器としてはフルート
2、ホルン 2 が指示されており、その特徴を踏まえると［オーボエ 2 ではなくフル
ート 2 という点で］、エマヌエル・バッハ系統の路線上にある。この楽譜の筆記
者はジムロックの写譜工房で仕事をしていた 5 人のうちのひとりであると思
われる［新全集 III/5 校訂報告書］。1775 年にボン宮廷楽団にホルン奏者として採
用されたジムロックは楽譜印刷に乗り出す前に副業で写譜工房を営んでいた。
筆写年代は 1784 年と判定されている［Johnson/Fischhof Bd.I, 237 ページ］。

　重要なのは、そのタイトルページにベートーヴェン自身がフランス語で
「クラヴサンまたはフォルテピアノのためのコンチェルト　12 歳のルイ・ヴ
ァン・ベートーヴェンにより作曲された」と書き記していることである。彼
自身による補足・訂正等の書き込みもあり、筆跡鑑定によってもその記入は

第9章　ボン時代 II　最初期（1782～86年）の創作

この時期のものとされる。この"校閲筆写譜"をベートーヴェンは生涯、保管し、そして遺産競売でアルタリア社が獲得した。作品はかなりの規模を持った3楽章構成、アレグロ楽章が263小節、ラルゲット楽章が84小節、ロンド楽章が281小節で、ベートーヴェン最初の管弦楽曲である。残念ながらスコア譜は現存しないが、第2クラヴィーアの伴奏でコンサート上演された場合、オーケストラ・パート譜の作成にまでは至らなかった可能性はある。第8章4で見た同時期のボンの楽団ではフルート奏者は1人しかおらず、クラリネット奏者のひとりが第2フルートを吹くことはあり得ないことではないとしても、同楽団の基準編成とは相容れない。

　これと関連するのがボスラー編の週刊誌『音楽通信』の1791年7月13日号にケルン選帝侯宮廷楽団の人員を紹介する記事で、そのなかに「クラヴィーア・コンチェルトをベートーヴェンが演奏し、ネーフェが伴奏する、宮廷で、劇場で、コンサートで」という記述が見られる［TDR I, 262ページ］。この作品についてセイヤー原書はかなり詳しく議論しているが［TDR I, 169ページ］、英語版ではその部分が全面的に割愛され、したがって日本語訳にも登場しない。英語版は抄訳で、原書にある作品論の部分が全面的にカットされている。議論が主観的になりがちな部分を省略したことは、記述全体を客観的に印象づける役割を果たし、抄訳版として評価もされるのだが、取り上げられなかった部分に興味深い言及が含まれていることもときにある。セイヤー原書は、このコンチェルトが選帝侯政府の交代時である1784年に書かれたことに着目して、ベートーヴェンが新選帝侯に自らを披瀝するために書き、自演した可能性に言及している［同上］。

　次いで1785年に3つのクラヴィーア四重奏曲（変ホ長調、ニ長調、ハ長調）WoO 36が書かれた。この作品は自筆スコア譜で伝承されており、それもまた遺産のなかに発見された。自筆タイトルはフランス語で「クラヴサン［引用者注：文字通りにはチェンバロ］、ヴァイオリン、ヴィオラ、バスのための3つの四重奏曲　1785」と記入され、右下に「13［引用者注：14を上書き訂正］歳のルイ・ヴァン・ベートーヴェンによって作曲された」とある。年齢を書き間違えたのは微妙なところだが、訂正後の13歳と1785年の関係は従前のすべてのケースと合致している。これも53枚の大部なものであるばかりか、1783年の3つの独奏ソナタから長足の進歩を示し、ピアノ独奏曲から、より大きな編成の楽曲への果敢な挑戦の跡を遺している。ここにモーツァルトの影が明らかなことは以前から指摘されてきたが、それ以上に注目されるの

299

第II部　歴史的考察

は、ピアノ・トリオ編成にヴィオラを加えた四重奏曲は、モーツァルトにあっても 1785 年後半以後に 2 曲［KV 478 と KV 493］しかなく、ハイドンに何曲かあるクラヴィーア四重奏曲はヴァイオリン 2 を編成しており、つまりベートーヴェンはこの時点で（将来的にも）きわめて珍しい編成のために書いたことである。これ以上の検討は脇道に逸れすぎるので本書では控える。

　1786 年に書かれた 2 作品はさらに一般的ではない楽器編成であり、明らかに特定の家族と関係があって、もしかしたらその依頼に応えて書かれた、すなわち生涯で最初の委嘱作品かもしれない。関係すると目されるのはケルンとミュンスターで選帝侯政府の枢密顧問官であったヴェスターホルト＝ギゼンベルク男爵家で、2 作品ともクラヴィーア［娘マリア・アンナ・ヴィルヘルミーネ (1774-1852)］、フルート［息子のひとり、名不詳］、ファゴット［父フリードリヒ・ルドルフ・アントン］を編成している。ひとつはその 3 楽器のためのトリオ WoO 37 であり、もうひとつはそれらを独奏楽器としたコンチェルト［新カタログで新番号 WoO 207/ 従前は Hess 13］である。ネーフェがこの一家のことをシュパツィアー編の週刊誌『ベルリン音楽新聞』の 1793 年 10 月 19 日号で紹介しており、ネーフェを通じてベートーヴェンが知り合った可能性が大きく、娘のひとりは彼の初期の弟子であった。

　トリオの方は自筆譜で残存し、15 枚のスコア譜で、30 ページ目の最後に自筆で「チェンバロ、フルート、ファゴットのための協奏トリオ」とイタリア語で書かれていて、その下に抹消線が引かれてはいるが「ケルン選帝侯のオルガニスト、ルドヴィコ・ヴァン・ベートーヴェンによって作曲された」「41 [!] 歳」とある。14 歳の書き間違いであることは明らかであるから、一貫した年齢計算によると 1786 年作と推定されるのである。コンチェルトの方は、「カフカ雑録」［第 I 部第 1 章参照］の 74 枚目裏から 80 枚目裏にかけて、53 小節のホ短調中間楽章と 4 小節のト長調終楽章冒頭のみ、という痕跡しか遺っていない。主要部分（楽章）が消失した、または未完の、作品で、ゆえに旧カタログでは作品整理番号（WoO）が与えられず、したがって登録されなかったために、存在が埋もれることとなった。新カタログには登録の仕方として「未完作品 [Unv]」という選択肢もあるが、このコンチェルトは完成（ただし部分消失の）作品の扱いとされたのである。これは 2 番目のオーケストラ作品で、部分的とはいえ初めてスコア譜が現存する。

　以上の 4 作品の原典資料はいずれも遺産競売されたのであるから、ベートーヴェンがボンからヴィーンに移住するときに持ち運ばれながら、そのまま

300

第9章　ボン時代 II　最初期（1782〜86年）の創作

保管されるだけであったということが想定される。1786年にはこのほか、12年後の1798年に最終形に到達するピアノ・コンチェルト第2番がスケッチされたが、その初稿が完成するのは1790年である。これを別にすれば、1786〜89年は作曲活動が停止していたように見受けられる。すなわち、1782年から1786年にかけて最初の作曲の試みをした時期は以上の成果を生んで終了し、新たな飛躍のための修練期がその後に続いた。

3 ｜ "第1回ヴィーン旅行"の日程・旅程

　1787年にベートーヴェンがヴィーンに赴き、モーツァルトに会ったことは、モーツァルト伝のなかにも出てくる話で、よく知られているが、その行動に出たきっかけは、また目的は、何だったのだろうか。ヴィーン滞在は、母親が危篤との知らせにより結果的にごく短期間で終わったとされ、そうだとすれば、出かけるときはある程度の長期に渡る滞在が目されていたと考えるのが自然であろう。もし予定通りの滞在ができたとしたら、どんな結果が待っていたのだろうか。歴史に「もし」はない、のではなく、「もし」を想定することは現実の本質を考えさせる。しかしそれにしてもこの一件は検証が難しい。あまりにも資料が少ないからである。2度目のときのように周到な用意があったわけではなさそうだし、経済的にも見通しが怪しく、ヴィーンでの展望を自身、どう見据えていたのか、不可解なことが余りに多い。行動そのものは衝動的にすら映るが、それにしては駆られた動機もまたとくには見つからない。そもそもそれはいつのことであったか、セイヤー伝記でも正確な日付は定まっていなかった。

　モーツァルト伝でベートーヴェンとの邂逅を詳しく論じたヤーンはその出来事を初版（1856-59）では「1786年冬」としていたが、第3版（1889-91）になるとおそらくセイヤー初版（1866）に影響されたか、「1787年春」に変えた。その後、1927年にパンツァービーターが『ミュンヒェン新聞［Münchner Zeitung］』にベートーヴェンの往来記事を発見して、往路と復路でのミュンヒェン通過時点が確定されたのである［Panzerbieter, Beethovens erste Reise nach Wien im Jahre 1787, Zeitschrift für Musikwissenschaft, X（1927/28), 153-161ページ］。それはクレービールの英語版（1921）には間に合わず、フォーブズの英語版（1967）で初めて採り入れられた。それによると往きは4月1日で帰りは4

301

第II部　歴史的考察

月25日であり、そこから旅程を計算すると、ボンを発ったのは3月20日頃、ヴィーン到着は4月7日頃、ヴィーンを去ったのは20日頃、ボン帰着は5月初め、と想定されて、つい最近まで定説として揺るぎなかった。それどころか、ヴィーン滞在の余りの短さからか、音楽学的に最も権威あるMGG音楽事典第2版［MGG 2］の1999年に出版された巻の項目「ベートーヴェン」では、「モーツァルトのところでのレッスン・演奏［?］」と記され、その真実性は疑わしいという印象を与えかねない措置が執られている。

　いずれにしてもこの旅程は、母マリア・マグダレーナの死が7月17日なので、時間的に危篤の報と矛盾はしない。しかし、たとえば、選帝侯が1785年に一度、ヴィーンに戻ったときは、ボンを発ったのが9月28日、ヴィーン着は10月5日［TDR I, 179ページ］であったから、高貴な身分だと1週間の行程を、ベートーヴェンは18日［3月20日頃～4月7日頃］も掛かったことになり、差がありすぎではあるが。後述するように、ベートーヴェン自身も5年後には1週間強でヴィーンに着いたと考えられるので、その2倍以上と見るのは妥当であろうか。ただし、これは往復でのミュンヒェンの立ち寄りの期日を基準にしているので、旅行日数の見直しによって影響されるのはヴィーンでの滞在日数で、それでも2週間に満たないとされているものがそれより何日か多いと修正されるくらいでしかない。

　それ以上に私が以前から引っかかっていたのは、旅行中にアウクスブルクで金を借りたエッティンゲン＝ヴァラーシュタイン侯宮廷顧問官で弁護士のシャーデン男爵（1752-1813）に宛てて、ボン帰還後の1787年9月15日付で借金返済の延滞を願い出ていて［BGA 3］、そのなかで、ベートーヴェン本人が「故郷に近づくほどに私は、母が良好な健康状態にないから旅をできるだけ急ぐようにとの手紙をいっそう多く父から受け取り」と述べていることであった。ヴィーンに居たときに容体悪化の知らせがあったとしても、"すぐ帰れ"となるほどの報を受け取ったのはボンに近づくにつれてということであれば、それが2週間程度の滞在でヴィーンを引き払った理由にはならず、ほんの短い滞在は予定通りだったのではないか。母の容体が悪いことは出発前から判っていたことであり、にもかかわらず出掛けたのには格別な理由があったはずで、その緊急の短い滞在は何のためだったのか、ただモーツァルトに1～2回のレッスンを受けるためだけだったのだろうか。また「手紙をいっそう多く」は催促は1度だけではないことを示唆しており、しかもそれを旅先で受け取るということは、出発前に主だった宿泊先と日程が明示され

302

第9章 ボン時代 II 最初期（1782〜86年）の創作

た詳細な旅程表を父に渡すでもしない限り、現代においてでさえ簡単ではない、等々といった疑問であった。

モーツァルトとの出会いについて最初に文字にしたのはリースで、『覚書』(1838)のなかで「モーツァルトからレッスン［複数］を受けたが、ベートーヴェンが嘆いているところによれば、同人は彼のために弾くことはなかった」［86ページ］と書いた。ヤーンが詳しく紹介するのは、彼がチェルニーに手紙で問い合わせた結果である。いずれも、本人たちには知り得ない事柄で、ベートーヴェンから聞いた話だとしても二次証言である。シンドラーも1860年の伝記のなかで「その滞在で2人の人物、ヨーゼフ皇帝とモーツァルトだけが終生の記憶に深く刻み込まれた」［Schindler/Beethoven1860, I, 14ページ］と記し、この2人以外との接触はあったとしても言及するほどのことではない、と後世に強く印象づけた。後に検証するように［第34章3］、シンドラーは会話帖を改竄・破棄したばかりではなく、その行為に見られるように、彼の記述はできるだけ真実を突き止めようとする姿勢とは真逆のものであって、今日の研究水準としてはその言説に左右されないというのが共通認識である。

会話帖では、1823年6月のおそらく22日に甥カールが「あなたはいつヴィーンに来たのですか？」とまず書いて、「［引用者補：17］90年、33年［引用者補：前］ですかね。まったく別のヴィーンですね。大変ですね。それはまったく別の姿ですね。あなたはまずスヴィーテンのところに行く」と続けて、「あなたはモーツァルトを知っていますか？あなたはどこで彼に会ったのですか？」［BKh III, Heft 34, 333ページ］と聞いている。ここでは、カールの一方的な年代設定か、ベートーヴェンの記憶違いが混線したか、1790年が挙がっているが、話としては1787年のヴィーン滞在に及んだと解される。スヴィーテンの名が出てくるのは、92年の第2回のときと混同したかもしれないし、87年にも実際にヴィーン音楽界への導入として同人との邂逅はあったかもしれない。もちろんベートーヴェンが何と答えたかは分らないので裏付けられるわけではないが、一次資料における傍証とは言えよう。

ところが、2006年にレーゲンスブルクのディーター・ハーバールが地元紙の探索を通じて驚くべき事実を発見した［Haberl：Beethovens erste Reise nach Wien--Datierung seiner Schülerreise zu W. A .Mozart. in：Neues Musikwissenschaftliches Jahrbuch, 2006, 215〜255ページ／新カタログ巻末文献表になし］。この詳細な論文は完璧な証拠の提示によって従来の通説を完全に覆しただけではなく、従来のいくつもの疑念に対して整合性をもって明確な回答を与え、その上で、ベートーヴェン

303

第Ⅱ部　歴史的考察

の当時の人間関係を精査して、さもありなんとする大胆な仮説を提示し、それを論証できるいっそうの研究を促している。重要な結論と仮説を要約すると以下のようなことになる。一番の核心は、パンツァービーターの発見した新聞記事、ミュンヒェン滞在は 2 度とも復路でのことであり、ベートーヴェンのボン出立は 1786 年暮れ、ヴィーン滞在は 1787 年 1 月 12 ～ 14 日から最大限で 3 月 28 日まで約 2 ヵ月半、ということを反駁の余地なく確定したことである。

　その第 1 のキーポイントは、ハーバールが『レーゲンスブルク日誌 [Regensburg Diarium]』という週刊新聞に記載された記事を発見したことであった。その新聞は「今週の照会・公告の告知」という副題と、「結婚、誕生、逝去、および水陸による通行者の到着・出立、ならびに…といった当地での出来事、さらには…」という表題ページ全体に及ぶ内容紹介から明らかなように、ここでの問題としては、旅行者がどこから（あるいはどの方面から、あるいはどういう交通手段で）街に入ったかを記しており、宿泊ホテル名も付されていることがある。そこで明確になったのは、1787 年 1 月 5 日「午前 10 時、ニュルンベルクからの定期乗合馬車により [Per ordinari Postwagen]、ボンのオルガニスト、ベートーヴェン」が「シュタイネルネ橋へ」入って [引用者注：すなわちレーゲンスブルク着]、「シュピーゲル館に宿泊」した（1 月 9 日付『レーゲンスブルク日誌』）ということである。ここで決定的なのは、北西の「ニュルンベルクから」とは方向としてボンから来たことを示唆し、ボンから約 500 キロの旅程は当時の定期乗合馬車時刻表 [Reise Atlas von Bajern] では 4 日半であり、途中での食事や宿泊を考えると 4 泊以上はしなければならないから、ベートーヴェンはクリスマス 3 日間の音楽行事が終わるのを待って遅くとも 1786 年 12 月 30 日か 31 日にボンを発ったであろう、と結論されることである。さらにその先については、レーゲンスブルクに到着した日は顕現節（1 月 6 日）の前夜、金曜日であり、"ヴィーン・コース"定期乗合馬車は毎週火曜日 12 時発の運行なので、次便は 9 日であった。他の交通手段（民営馬車や高貴な人の自家用馬車にヒッチハイクなど。ちなみに河川交通は冬季休業）を使わない限りレーゲンスブルクに 4 泊したと考えるべきである [後述]。したがって、常識的に定期便利用とすると、当時の時刻表では 6 日の行程で、長い休憩なしで行けば、最も早くて 1 月 14 日にヴィーンに着く。それより早く出発するか高速の民営馬車を使えた場合には到着は 12 日となる。

304

第9章　ボン時代 II　最初期（1782〜86年）の創作

　第2のキーポイントは、パンツァービーターが拠り所にした『ミュンヒェン新聞』の"来訪者欄 [Fremdenzettel]"は旅行者の滞在を宿泊先とともに記載したもので、どこから何に乗ってきたとか、どこから市内に入った、といった旅の方向については何の情報も示されていないことであった。これはいったい何を意味するのだろうか。つまり、最初のミュンヒェン立ち寄りについて、ボンから来たことを示す証拠はないので、自然に考えれば1月以来滞在していたヴィーンからの帰途のときであり、しかもその3週間後に再びミュンヒェンにやって来たということにならざるを得ない。ヴィーンからミュンヒェンまでは定期乗合馬車による場合5日間のコースなので、4月1日到着ならば、遅くとも3月28日にヴィーンを発ったと考えられる。

　2度目のミュンヒェン滞在の前日、4月24日の行動はハーバールにより『レーゲンスブルク日誌』5月1日付で確認された。すなわち「聖ペテロ門から」出るという欄に「午前11時、ミュンヒェンの乗合馬車により [Per Münchner Postwagen]」とあって [引用者注：すなわちレーゲンスブルク発ミュンヒェンへ] そこにベートーヴェンの名がある。すると翌25日の午後か夕方にミュンヒェン到着で間違いないであろう。パンツァービーターはヴィーンから来たと考えたが、このたびはレーゲンスブルクからであった。

　この間、4月1日から24日までの間のベートーヴェンの動静はつかめない。同紙を完全に保存する図書館はないとのことで [Haberl, 228 ページ]、2度目のレーゲンスブルク滞在がいつからなのかはいまのところ不明である。またミュンヒェンから直接レーゲンスブルクに行ったのか、たとえばヴァラーシュタインを回って、ということもあり得ないことではない。レーゲンスブルクからミュンヒェンに戻ったのは、不測の事態が起きて（大事な忘れ物をしたとか）戻ったということではなく、アウクスブルクに行くためであったと解することができる。すると、これはいつかの時点で旅程計画のなかに入ったということになろう。

　さらに、アウクスブルクでヨハン・アンドレアス・シュタイン（1728-1792）のピアノフォルテ工房を訪問したのは、セイヤー伝記では行きか帰りのどちらかとされていたが、『書簡交換全集』においてすでに『アウクスブルク官報 [Augsburgisches Intelligenz-Blatt]』4月28日号に「4月26日にヴィーンから音楽家ベートーヴェン氏」とあることが指摘された [BGA 3 注3]。こうした肩書きは本人の申告に基づいたものと考えられるが、ベートーヴェンがそう名乗ったとすれば、これは彼がヴィーンに居たことの証明である。すな

305

第Ⅱ部　歴史的考察

わちアウクスブルク滞在もまた復路においてであり、さらにこの日付により2度目のミュンヒェン滞在は1泊であったと結論づけられる。

　以上をまとめると、ベートーヴェンの第1回ヴィーン旅行は次のような経路と日程で行なわれたと想定される。ボンからおそらくコブレンツまでライン河沿いに南下し、そこから東へフランクフルトまで、さらに南東にニュルンベルクを経由してレーゲンスブルクへ、そこからドナウ河沿いにヴィーンまでという当時の通常ルートであり、かつ最短のコースで、今日アウトバーンでもフランクフルトからヴィーンへはこの道のりが最短である。復路は上で確認したとおりである。のちに検討するヴァラーシュタインがどの位置関係にあるかも併せて示す。

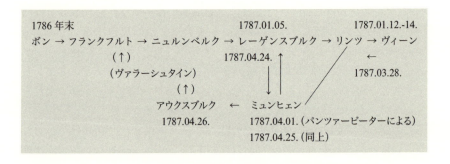

　アウクスブルクからボンへの帰路と日程に関しては、推察を可能とするような資料はいまのところ発見されていない。
　16歳になったばかりの少年がこうしたひとり旅を行なった背景として、世の中全体に旅行ブームというべき社会現象が起こっていたことが挙げられる。ノルトの『人生の愉悦と幸福——ドイツ啓蒙主義と文化の消費』(2013、法政大学出版会)によれば、スプリング導入前の乗り心地の悪さ、窮屈な車内、当てにならない運行時間、停車場での待ち時間の多いことといった苦情溢れる定期乗合馬車交通が18世紀後半から著しく改善され、路線の整備や快適な車体の導入によって定期運行路線が続々と開発された。主要な路線は毎週の定期運行が確立され、最重要区間、たとえばパリ－フランクフルト－ドレスデン線などは毎日の運行となっていた。1722年段階では時速4.4〜7.5キロ程度であったが、最初の特急馬車が導入された1821年、デュッセルドルフ－ケルン－コブレンツ間の舗装道路では時速12〜13キロが達成さ

れたということである。その他、馬の交換時間は 5 分、食事時間は 30 分との取り決めもできたそうである。ベートーヴェンの旅行時期はこうした日進月歩の発展の途上にあったと言える。郵便馬車の停泊場の近辺には宿泊所の整備も進み、1800 年頃のドイツでホテル数は約 8 万軒に達していたという。さらに、年間数十万もの人々がヨーロッパ街道を日常的に旅するようになることで、時刻表だけではなく、旅行者の著わした紀行文の流行がさらに旅情を掻き立てる。その種のものとしてはゲーテの『イタリア紀行』が最も有名である。その執筆はずっと後年の 1813 〜 16 年であるが、旅自体は 1786 年 9 月から 88 年 5 月までで、ベートーヴェンの旅行とまったく同時代のことである。「旅することと、そして [その途上で] 志を同じくする人びとと交流することは、貴族、市民にかかわらず、すべての教養旅行者にとって、自己の存在する 縁 となった」（ノルト、上掲書 52 ページ）のである。

4 | 旅行を支えた人々

　以上の考察から、ベートーヴェンは 1786 年末から 1787 年 5 月初めまで 4 ヵ月以上にわたってボンを不在にし、ヴィーンには 1787 年 1 月中旬から 3 月末まで約 2 ヵ月半、滞在したことがほぼ完全に証明された。従来の 2 週間程度の滞在とは大違いであり、「母危篤の知らせにより」急遽、故郷へ戻った、というのではまったくない。なぜなら、帰路にミュンヒェン、レーゲンスブルクで 3 週間以上も過ごしていたからである。これによって「故郷に近づくほどに旅をできるだけ急ぐようにとの手紙を」という言説は納得できるものとなった。

　それはともかくとして、ハーバールが突き止めたのは旅程だけではなかった。さらに 2 点がきわめて重要である。ひとつは、パンツァービーターが紹介した 4 月 4 日付『ミュンヒェン新聞』の記事には、その数行あとに、イグナーツ・ヴィルマン（1739-1815）の名があった。彼は 1767 年からボン宮廷楽団楽師（フルート、ヴァイオリン、チェロ奏者）を務めており、次男マクシミリアン（1767-1813）はマクシミリアン・フリードリヒ・ルートヴィヒといい、ベートーヴェンの祖父が洗礼父で、ルートヴィヒの名をもらった。そもそも両家は職場だけではなく、近所同士であり、懇意な関係にあった。ヴィルマンは 74 年にヴィーンに転出し、77 年には音楽家共済協会 [後述] の

第II部　歴史的考察

会員となった。定職としては 84 年にパルフィ伯に雇われたことが知られるが、彼の名はボンで生まれた 3 人の神童、チェロ奏者のマクシミリアン、ピアノ奏者のヴァルブルガ（1769-1835）、ソプラノ歌手のマグダレーナ（1771-1801）の父としていっそう有名で、1784 年 3 月 16 日のこの 3 人（それぞれ 16 歳、14 歳、12 歳）のヴィーン初登場は 3 月 20 日付ヴィーン新聞が報道している。ヴィルマンはその後トランシルヴァニアにあるパルフィ伯の領地エルデードに移ったが、まもなく引退して、1786 年 4 月にヴィーンに戻っていた。

　ヴァルブルガはモーツァルトの弟子で、パルフィ伯の娘も同様で、1784 年 1 月 9 日のパルフィ伯邸コンサートにはモーツァルトも出演したことが知られている。要するに、ベートーヴェン家のつながりにおいて、モーツァルトとの最良の接点を有していたのがヴィルマンであった。MGG 音楽事典第 1 版［MGG 1］の 1968 年に出版された巻においてヴィルマンの項目を執筆したピサロヴィツ（1901-1979）はこうした一家の経歴に着目し、「ベートーヴェンがモーツァルトのところへ行った修業旅行の提案者のように思われる」という仮説をすでに立てていたが、ベートーヴェン研究のなかには採り入れられてこなかった。

　さらにこの『ミュンヒェン新聞』の記事によると、パンツァービーターは見逃したのだが、ベートーヴェンが泊まったホテルと同じ通りにある別のホテルにヴィルマンは「3 同伴者」とともに宿泊している。このことから、ベートーヴェンとヴィルマン一家はヴィーンからミュンヒェンまで同道したのではないか。ハーバールはそれにとどまらず、そもそもベートーヴェンはヴィーンのヴィルマンのところに行ったのではないか、という仮説を提示している。それを少し拡大して解釈すると、ヴィルマンが招いたか、ヴィルマンがヴィーンに引退したという報を 1786 年後半に聞きつけてベートーヴェンの方から掛け合ったか、彼はヴィーンに行く決意をし、ヴィルマンのところでやっかいになり、そして 5 人で一緒に旅立ってミュンヒェンへ来たが、同じ宿が取れずに同じ通りの 2 つのホテルに分宿することとなったのではないか、とここまではそのように想像することもできる。

　ベートーヴェンはその後おそらくマグダレーナのために《初恋（プリモ・アモーレ）》WoO 92 を書くし［第 10 章 4］、さらに 1795 年にヴィーン宮廷劇場専属歌手となった彼女に求婚して断られたことが知られており［兄マクシミリアンの娘にセイヤーが 1860 年にインタヴューし、父親から何度も聞かされた話しとして証言／

308

第 9 章　ボン時代 II　最初期（1782 ～ 86 年）の創作

TDR II, 132 ページ］、彼女は"不滅の恋人"候補のひとりとされた時期もある。その後のことなので関係はないが、姉ヴァルブルガの結婚相手は《オリーブ山のキリスト》の台本作者フーバーであった。こうしたさまざまなネットワークのなかにベートーヴェンが位置づけられるとすれば、ハーバールが立てた諸々の仮説は第 1 回ヴィーン旅行の目的について輪郭を与え、ひいてはこの時期のベートーヴェンに従来とは大きく異なった像を抱かせる。これについては後に詳しく検討する。

　いまひとつ重要なことは、ベートーヴェンがこの晩、弁護士シャーデン夫妻と同宿となったという事実である。『ミュンヒェン新聞』はカウフィンガー小路のホテル〈黒鷺館 [Zum Schwarzen Adler]〉の宿泊客として「ケルン近郊ボンの楽師ベートーヴェン氏、レーゲンスブルクの楽師デュレッリ氏、ヴァラーシュタインからシャーデン氏とその妻、お付きの者 1 名」と報じている。これ以前にシャーデンとの接触は跡づけられないのでたまたま同宿となったのかもしれないが、これをきっかけにシャーデン夫妻との関係が発展したのであろう。ベートーヴェンは、従来想定されていたような、旅の最後に手持ちがなくなって知り合った篤志家から借金をしただけではない。シャーデン夫人（1763-1834）は、エッティンゲン゠ヴァラーシュタイン宮廷楽師でピアニストとして高名なイグナーツ・フォン・ベーケ（1733-1803）および同宮廷楽師アントン・ロセッティ［本名：アントン・レスラー］（1750 頃 -1792）の弟子で、すぐれたピアニストであるばかりか、歌唱にもすぐれ作曲もした。前記シャーデン宛書簡 [BGA 3] には「アウクスブルクを発って以来」というくだりがあるので、シャーデンと別れたのは同地であり、借金をしたのはその直前と解される。ということは、1 日にミュンヒェンで出会って以後、レーゲンスブルクに行ってミュンヒェンに戻り、そしてアウクスブルクに赴いたときに、2 度目も偶然の出会いではないとすれば、1 日に再会の約束をしたことが考えられよう。

　ハーバールは、はっきりと主張するわけではないが、シャーデンを通じてエッティンゲン゠ヴァラーシュタインの、そしてデュレッリ［アントン・ドレッリか？］を通じてレーゲンスブルクの、宮廷とのコンタクトを採った可能性もほのめかしている。しかし少なくともヴァラーシュタイン宮廷はアウクスブルクから北西のフランクフルト方向に位置するので、ミュンヒェン－レーゲンスブルク界隈に過ごした 3 週間における行き先としては除外されるのではないか。また同書簡は「あなたが私のことをどうお考えになっているか、私

309

第II部 歴史的考察

は簡単に察しが付きます、あなたは私のことを好意的にはお考えにならない
のに十分な理由がおあり、ということに私は反駁できません」と書き始めら
れていて、つまり借財をまだ返済していないという関係が前面に出ており、
過日はたいへんお世話になったといった御礼の言葉がまったく見当たらない。
ただし、これは9月15日に書かれた書簡なので、ボン帰還後すぐに御礼の
言葉を書いた書簡は消失したという可能性もあるが。レーゲンスブルクから、
ボンとは逆方向にミュンヒェンに戻って1泊し、すぐにアウクスブルクに向
かったということは、同地に行くことが目的であったと解すべきで、そして
シュタインのピアノ工房を訪れ［後述］、シャーデンと会って金を借り、そし
て別れた、という構図である。ヴァラーシュタインはアウクスブルクからボ
ン方向に位置するので同宮廷を訪れたとすればシャーデンと別れた後ひとり
で、とはあり得るかもしれない。シャーデンはヴァラーシュタイン宮廷で顧
問官を任じられていたと同時に、1786年からアウクスブルクの顧問弁護士
も兼務していた。ゲルバーの『音楽家事典』新版（1812-14）において
「1788年頃、夫人ナネットとヴァラーシュタインに住む」とあるので、それ
まではアウクスブルク在住であったように思われるのだが、彼は1786年12
月以来、アウクスブルクの〈白い子羊館〉を定宿にしていたことが『アウク
スブルク官報』の追跡から判明した。

5 │ ベートーヴェンは初めてのヴィーンで、そしてミュンヒェン、
レーゲンスブルク、アウクスブルクで何をしていたのか

　さてこれ以降は依拠する資料のまったくない、可能性の領域である。ハー
バールが立てた類推を参照しながら、彼の考えが及ばなかった点も検討し、
また彼の明らかな思い違いを訂正して、以下、推理する。
　往路のレーゲンスブルクでは、前述のように、1月5日（金）から9日
（火）までの間、顕現節と日曜日を挟んで、ボンからのカトリック・オルガ
ニストにとっては見逃せない濃密な教会行事が展開されたであろう。
　ヴィーンに着いたとき、モーツァルトは何日か前の1月8日にコンスタン
ツェとともにプラハに旅立っていた。前年12月初めにプラハで上演した
《フィガロの結婚》が好評であったことで、その再演（1月17日、23日）を
主目的に再び訪れ、その他コンサートなどをこなし、2月8日にプラハを発

310

って、その約4日後にヴィーンに戻った。したがってそれ以降3月下旬までの約1ヵ月半がベートーヴェンと接触可能な期間であった。従来の2週間とは3倍の開きがある。3月7日にケルンテン門劇場でヴァルブルガ・ヴィルマンがモーツァルトのピアノ・コンチェルト ハ長調［KV 503］（第25番）を弾いた。同郷の知り合いの演奏を、この期間中ヴィルマン宅に寄宿していたとすればなおさら、ベートーヴェンが見逃すはずはないであろう。14日にはケルンテン門劇場でオーボエ奏者フリードリヒ・ラムのコンサートがあり、モーツァルトのシンフォニーが演奏され、アロイジア・ランゲ（コンスタンツェの姉）がモーツァルトのアリアを歌った。21日にも同じくケルンテン門劇場でバス歌手ルートヴィヒ・カール・フィッシャーのコンサートがあり、モーツァルトのシンフォニーと、その日のために書かれたオーケストラ伴奏バス・アリア《アルカンドロよ、わしはそれを告白する》［KV 512］が上演された。モーツァルト資料集［Deutsch：Mozart. Die Dokumente seines Lebens（1961）］でチェックできる関係記録は以上である。

　そのほかにめぼしいものとしては、退去前のぎりぎりのところだが、3月26日にアウアースペルク宮殿でハイドン自らが《十字架上の最後の七言》［Hob.XX/1A］を指揮した。スペインのカディス大聖堂から委嘱されたこの作品は1787年2月11日以前に完成されてカディスに送られ、同地で演奏されたと思われるが、その日程は不明である。この作品は聖金曜日のための音楽であり、作曲依頼はそのためであったので、1787年のその日、4月6日以前にカディスでまだ演奏されていなかった可能性もある。ヴィーンでは3月26日以前の上演は跡づけられないので、これが少なくともヴィーンにおける初演であったと思われるが、もしかしたらハイドンが聖金曜日を待たずに上演したのは、依頼主によって自分の手の届かないところで初演される前に、自らの手で先んじて音にすることを敢えて挙行したのかもしれない。

　ミュンヒェンで何をしていたのか。この後の行動に関しては、4月24日にレーゲンスブルクを退出したという情報しかないので、4月1日以後のいつかの時点でレーゲンスブルクに移動したということが結論づけられるだけである。ミュンヒェン入りした日は復活祭前の最後の日曜日"枝の祝日"であった。聖週間が始まり数々の宗教行事とそれと連動した音楽演奏が展開された。そしてことに9日、復活祭はオペラ再開の日であり、ミュンヒェンでオペラ観劇の可能性もある。レーゲンスブルクに行きまたミュンヒェンに戻ってくるという帰郷の方向と矛盾する行動は、論理的にはそれぞれの地にその

第II部　歴史的考察

時間経過のなかで立ち寄る必然性が生じたことを暗示している。たとえばレーゲンスブルク行きがヴィーン出発前から決まっていれば、往路と同様の行程で直接、同地に向かった筈だからである。すると、レーゲンスブルク行きはミュンヒェンに到着してから初めて発生した用件と考えるべきであろう。そして戻ってきて1泊だけでそこを通り過ぎアウクスブルクへ行ったのは、アウクスブルク訪問が当初からの予定であったと考えれば整合するのではないか。ミュンヒェンで起こった新しい事態で我々が把握しているのはシャーデン夫妻およびレーゲンスブルク宮廷テノール歌手ドゥレッリ（ドレリ?）と出会ったことだけなので、その範囲でしかアイディアはないが、トゥルン・ウント・タクシス侯は1786年夏にイタリア・オペラ団のレーゲンスブルクからの撤退を決定し（この事態は1780年代のドイツ地域に共通する問題であった）、ドゥレッリは新しい働き口を求めての旅の最中であった。実際、1788年にミュンヒェンのバイエルン選帝侯宮廷にアントン・ドレリという名のイタリア人テノールが宮廷歌手として任務に就いている[Lipowsky: Baierisches Musik-Lexikon, 70 ページ]。したがって、彼がベートーヴェンを侯爵の元に連れて行ったという関係ではなく、紹介はしたかもしれないが、ベートーヴェンはひとりでレーゲンスブルクに赴き、トゥルン・ウント・タクシス宮廷の門を叩いた可能性はある。

　比較的早くにレーゲンスブルクに行った場合、そしてそこで聖週間の後半以降の日程を過ごしたとすると、同地では4月7日に《十字架上の最後の七言》の上演があると2度にわたって『レーゲンスブルク日誌』（3月27日付および4月3日付）[Haberl: 上掲書, 101 および 109 ページ]で報道されている。この情報をドゥレッリから得て、ヴィーンを早く出たために聴きそびれたか、もういちど聴きたいと思ったか、ベートーヴェンはレーゲンスブルクへ向かったという線もある。ちなみにこの聖金曜日音楽はボンでもヴィーンでの初演（?）の早くも4日後、3月30日にヨーゼフ・ライヒャの指揮で上演された。その件は書簡を通じてベートーヴェンの耳にも入り得た。こうした事実を積み上げると、ハイドンの《十字架上の最後の七言》は発表と同時に全ヨーロッパ的に評判となったことが判るが、そうだとすればなおさら、ベートーヴェンが何としてでもそれを聴きたいと強い動機を持ったことは考えられる。自分の不在中にボンで上演されてしまうのだから。

　アウクスブルクにどうしても行かなければならなかった理由は、シャーデンとの約束というよりも、シュタインの工房を訪れるためである[後述]。し

312

第9章 ボン時代 II 最初期（1782〜86年）の創作

かし目的が工房訪問だけであるならば、ミュンヒェンからわずか60キロほどの同地へは1回目の滞在時に足を伸ばした方が効率的で、ボン方向にレーゲンスブルクまで行った後にまた戻るというのは、時間もお金も浪費することになる。と考えると、ある特定の期日にシュタインの工房ないしアウクスブルクに行く必要があったのではないか。ハーバールはこの時期の『アウクスブルク官報』（週刊）に音楽関係者の記事が目立って多いことに着目した。4月30日号と5月7日号に以下の面々の移動が載っている。

> ドゥルラッハの宮廷劇場監督アペ氏
> トゥルン・ウント・タクシス侯宮廷政府統領ヴェルデン・フォン・ラウプハイム男爵
> 　随員とともにレーゲンスブルクより来たる
> カウフボイエルンの音楽監督ヒューバー氏ならびに夫人および御一行
> フッガー伯女夫人
> レーゲンスブルクのヴァイスゲルバー氏および3名の名歌手
> レーゲンスブルクから［ソロ・オーボイスト］バレストリーニ氏
> ミュンヒェンの楽師フェルアンデニ氏
> アンスバッハの音楽監督イェーガー氏および息子氏
> ヴァラーシュタインから宮廷内閣顧問官クラーマー氏
> プァルツ選帝侯宮廷およびシュヴァーベン圏帝国・王国大臣レールバッハ男爵閣下
> フッガー・フォン・ディーテンハイム伯爵ならびに伯爵夫人および執事

　こうした輝かしい集まりには必ずや音楽が付き物であり、ベートーヴェンがシュタイン製ピアノで何かを聴かせたのではないか、具体的プログラムなど証拠資料の探索がアウクスブルクで期待される、というのがハーバールの主張である。その模様はすでに1931年の『新ベートーヴェン年鑑』第4号において、医学博士カール・ブルジー（1791-1870）の旅行記における1816年6月24日の記入、ナネッテ・シュトライヒャーから聞いた話として、「12歳［!］のベートーヴェンがオルガンで1回コンサートを行ない、彼女の父の楽器でなんどもすばらしく即興演奏した」と紹介されている［Otto Clemem：Andreas Streicher in Wien, in：Neues Beethoven-Jahrbuch, 4 (1930), 107-117 ページ］。
　ハーバールはそのほか、ヴィルマン一行が3月末にヴィーンを発ちミュンヒェンに1泊した後、そこでベートーヴェンと別れて妻らが待つボンへ帰還した、と参照文献［MGG 1］を挙げて記しているが、そこにそのような記述はなく、彼が次に確認されるのは5月15日付でパルフィ伯宛にマインツか

313

第II部　歴史的考察

ら書簡を書いたときである。何かの勘違いであろう。

6 ｜ 5ヵ月近くに及ぶ"ヴィーン・バイエルン旅行" 《十字架上の最後の七言》体験

　さて、ハーバールによって提示された新しい知見を基にどのような推論が成り立つか、そしてそれはこれまでのベートーヴェン像にどのような変更を迫るのか、検討を加えよう。

　まず、母の容体思わしくなしの報は明らかにヴィーンで受け取ったのではない。なぜならその後の迷走するかのようなベートーヴェンの移動は、父の要請は黙殺した、という説明が成り立たないほどのものであるからである。すなわちヴィーン退出は予定行動であった。約2ヵ月半のヴィーン滞在は1786年後半から計画されたもので、クリスマス期間に催される一連の音楽行事が終了するのを待って彼は実行に踏み切ったのである。従来の3月末出発だと、母の重篤度合いの把握は難しいとしてもそう長くはないかもしれない（結果的に余すところ3ヵ月半であった）なかで敢えて旅立つとは、彼にしてみれば思い切った決断をしたのではないか、しかも2週間で連れ戻されることは想定外であったろうから、容体は急変したのだろうか、とさまざまな不合理な点がまとわりついていた。しかし半年以上も前の出発であれば、母がまだそうは悪くならないうちにと思ったのだろうという常識的な線に落ち着く。

　ヴィーンでの行動はこれまでと同様にまったく分らない。上に挙げた諸々はすべて可能性の領域で、しかしそれらは、ヴィーンでベートーヴェンは宿にこもりっきりだったとでも考えない限り、あり得た話であろう。純学問的には、文書的証拠はないのだからモーツァルトとの出会いは [?] が付されて然るべきではある。MGG 音楽事典の矜持とも言えようか。しかし近年は音楽学も「あなたの今回の発表は論証性に乏しく学会発表に相応しくない」というおぞましい批判はまかり通らなくなってきた。証拠立てだけして済む時代は過ぎ去り、つまり類推のアクチュアリティ、それを通しての全体像の提示がむしろ求められている。そういう観点からさらに言えば、従来、第1回ヴィーン旅行はモーツァルトとの出会いが焦点であって、もちろんそれには資料が乏しすぎて他に発想を持ちようがないという正当な理由もあったが、

314

第 9 章　ボン時代 II　最初期（1782 ～ 86 年）の創作

ここにも、大作曲家同士の交流、その影響関係の追跡、という大作曲家中心主義によって覆われていた過去の姿がある、といっても過言ではない。新たな眺望を持ち得た現時点から展望すると、モーツァルトのレッスンを受けたかどうかが問題なのではない、というごく自然な結論に達する。そして「第1回ヴィーン旅行」は、マンハイム・パリ旅行ならぬ、"ヴィーン・バイエルン旅行"と言い変えた方がよいかもしれないということになる。

　もちろんバイエルンにおけるベートーヴェンの行動もまた同様に論証はしがたい段階になおあるが、ことに聖週間と復活祭をこの地域に過ごし、その多様な音楽活動から受けた多大な刺激は新たな想定として浮かび上がってきた。なかでも《十字架上の最後の七言》体験は、従来であってもボンでの上演に居合わせたはずで、いずれにしても体験はしていたことになるが、その議論はこれまで一向になされていなかった。この作品の影響は後述する《ヨーゼフ2世の逝去を悼む葬送カンタータ》WoO 87 に及んでいるのではないかという観点も、それが純管弦楽作品であるためにカンタータと結びつけがたかった。しかし考えてみれば、《十字架上の最後の七言》と《ヨーゼフ2世の逝去を悼む葬送カンタータ》の冒頭は同じように低音域から高音域へ長音符のオクターブ跳躍で開始されるし、続いて 16 分音符の刻みが出現するのも同じである。また前者の第2曲と後者の第3曲アリアの始まりもともに3/4 拍子で 8 分音符の単音刻みである、等々、類似点は多い。そもそも曲全体の枠構造が、短調で荘重に始まって、長調の穏やかな何曲かが続いて、最後にまた迫力のある短調が再来（ベートーヴェンの場合は冒頭部分が再現）して終わる、というプランを持っている。聖金曜日の音楽と皇帝の追悼音楽という演奏目的の共通性もある。

　またアウクスブルクでのコンサート活動が蓋然性の高いレヴェルにあるとすれば、その他の土地でも類似の活動があったのではないか。そこからある程度の収入も得られたのではないか。そうだとすると、何か切迫した衝動に駆られたというよりは、この 5 ヵ月近くに及ぶ大旅行は敢えて挑んだ武者修行のような性格を持っていたのではないか。この時期に作曲の営みが明らかに少ないのはこのことと関係があって、次の大飛躍への充電の期間と自ら位置づけて、見聞も拡げ、ボンの外を一回りしてくるという意図を持っていたのではないか。

　こう想定すると、選帝侯からの研鑽指示というより、そして財政的援助によったというより、自らの責任で敢行したという可能性がより強く浮上する。

315

第II部　歴史的考察

アウクスブルクで上述のシャーデンと別れる前に 3 カロリン［バイエルン地方の貨幣単位で約 30 グルデン］を借りた。この事実は、1787 年 9 月 15 日付の同人宛書簡［BGA 3］によって判明する。この書簡の用件は最後の数行にある、返済について「しばらくの猶予を」ということなのだが、それを持ち出すためにその何倍かの前置きがあり、そのなかに「彼女は肺結核で、ついに約 7 週間前［1787 年 7 月 17 日］に死にました」と説明されている。30 グルデンはあと何日か分の旅費、またはその足りない分に相当する程度の額である。最後の数日分の旅費が心配、ということは、自腹のぎりぎりのところでこの旅行が実行されたことを示唆しているのではないか。これは旅行が選帝侯の援助なしで行なわれた根拠となり得るのではと、実は私は以前から考えていたのだが、その寸前に大コンサートがあったとするとそこそこの稼ぎがあった筈で、わずかな借金をする理由がなくなる。しかしそれ以前にバイエルン地方を 3 週間に渡って立ち回るには相当の経費がかかり、謝礼は前受けしていたと考えれば、それはレーゲンスブルクを周遊する旅行で使い切ってしまい、ボンまでの旅費を無心したということなのか。

　1787 年 9 月 15 日付のシャーデン宛書簡［BGA 3］はそもそもベートーヴェンが書いた現存する最初のものであるが、その文面を細かく検討すると、嘘偽りないとすればだが、旅をできるだけ急いだのはアウクスブルク以降のことのように思える。冒頭からできるだけ直訳すると、「私があなたに告白しなければならないのは、私がアウクスブルクを去って以来、私の喜び、そしてそれとともに私の健康も、途絶え始め、私が私の故郷に近づくほどに、いっそう多くの手紙を私は私の父から受け取りました、できるだけ急いで旅するように、私の母が良好な健康状態ではないからと、そこで私は急ぎました、私ができる限り、私自身も具合が悪くなったものですから、私の病気の母にもういちど会うことができるようにという願いが、私にあらゆる障害を乗り越えさせ、大いなるさまざまな辛苦を克服する助けとなったのです」。ここまできてようやくこの長文はピリオドとなる。事実、アウクスブルクまでの行程は決して急いで旅したとは言えないものであることはすでに確認済みである。したがって、ヴィーン退去と母親の健康状態はまったく関係がないことも、繰り返すまでもない。

　アウクスブルクからボンまで最短距離はフランクフルト経由であり、ハーバールは 1764 年版乗合馬車時刻表［Heger：Post-Tabellen oder Verzeichnuß deren Post-Strassen］に基づいて、フランクフルトまで 68 ポスト時間、すなわち約 250 キ

ロ（1ポスト時間は約3703m）、それ以降ボンまでが42ポスト時間、すなわち約150キロ強、昼夜ぶっとおしで行けば5日の行程、としている。適宜、休憩、食事、宿泊を計算すれば最低でも1週間は掛かる。しかしこれだと父からの手紙を受け取る余裕さえない。そもそも彼は、ヴィーン以後のどこで手紙を落掌する機会があったのであろうか。こういう議論はハーバールもしていない。2度のミュンヒェン滞在は同じホテル（黒鷲館）であり、そこを宛先に指定した可能性はある。たとえば18世紀に、数十キロごとの馬の交換場所宛に旅人へのアトランダムな連絡が可能などという体制があったとすれば話は別だが、私の専門外で調べようがなく分らない。そうではないとして、父が急ぐよう連絡できたのは宛先が分っていたからで、アウクスブルク以降にそれが可能であったとすれば、それ以後の滞在先が予め確定されていて父に連絡先を知らせたということになる。しかも「いっそう多くの手紙」だから1通ではない。

　これまで俎上に上ったヴァラーシュタインはボン宮廷楽団でベートーヴェンの上司であるヨーゼフ・ライヒャが2年前まで務めていた宮廷で、旅の最初から帰路に立ち寄ることが計画されていた可能性さえある。そうであれば同地にいつ頃着くとの連絡を父にすることはなんでもない。そしてさらにそのほかにどこかだとすると、帰路は1週間などというスパンではなく、最低半月、あるいはもっと長い期間で、ボン帰着は早くても5月後半ということになる。この仮説を否定するには、ベートーヴェンがシャーデンに返済延滞を申し入れる口実に虚偽の言い訳を並べたてただけで、アウクスブルクからボンの間は実はどこにも立ち寄らなかった、という以外にないのではなかろうか。

　これまで休暇願を含めて旅行に関する一切の公的書類は発見されていない。しかし現実には、その後も勤務を続けることができたのであるから、かなり長期の欠勤は認められたのであろう。そして第2オルガニストの職務は第1オルガニスト、すなわちネーフェによって代行されたとすれば、この旅行にはネーフェの後押しがあったと考えてよいであろう。そしてヴィーンに居るヴィルマンが何らかの形で支えた、とは最低でも言えそうである。とすると、アウクスブルク以降の行程にはヴィルマン一家も同行した可能性も出てくる。前述のように、彼の所在が5月にマインツで確認されるのは、ベートーヴェンと別れた直後か、とも想像し得る。

第II部　歴史的考察

7│アウクスブルクのシュタイン工房　年齢2歳違い最初の証言か

　ナネッテ・シュトライヒャーは、アウクスブルクでのベートーヴェンの行状についてブルジーに語っただけではなく、その後ベートーヴェン本人ともこのことを話題にした。37年後の1824年9月初めにシュトライヒャー夫妻がヴィーンにベートーヴェンを訪ねたとき、夫人ナネッテ（1769-1833）〔シュタインの娘〕が話すことを甥カールが会話帖に書き留めており、「あなたが14歳のときに彼女の父の楽器を、そしていま彼女の息子〔ヨハン・バプティスト・シュトライヒャー〕の楽器をご覧になるのを嬉しく思います」〔BKh VI, Heft 74, 321ページ〕とある。ブルジーが挙げた「12歳」は「14歳」と修正されているが、前者は二次証言、後者は本人の言質である。1771年12月生れと認識していたらしいというこれまでの確認から言えば、この歳は1786年12月以前ということになる。しかしベートーヴェンがシュタインの楽器を見たことをナネッテが目撃するのはアウクスブルクの工房においてでしかあり得ず、しかも、彼女の記憶違いでないことを前提にすると、彼女が「14歳」と認識したのはベートーヴェンが1787年4月にそう申告したからであって、むしろそれは当時18歳の彼女に強く刻印されたことを物語る。ベートーヴェンの年齢問題は、他者と共有されていた1歳違いが、ある時点で2歳違いに転換し、以後それが本人の認識となったと考えることができるが、それはヴィーンへの最初の旅立ちの機会をきっかけに本人によって開始された、ないし少なくともナネッテの証言は2歳違いの最初の証言、ということになる。ちなみに、ベートーヴェンの年齢問題を詳しく分析した前述のソロモンはこの証言を取り上げておらず、会話帖を紐解くまでには至らなかったのだろう。

8│ヴィーンからの新しい空気　ヴィーンへの憧れ

　ボンにヴィーンから皇帝の末弟が選帝侯として赴任してきたことにより、たくさんの従者がヴィーンから送り込まれ、彼ら全体の身の回り品、趣味、生活習慣、といったものがボンに新しい気風としてもたらされた、と容易に想像される。ピアノフォルテが初めてボンに持ち込まれたのもこのときであ

ったことは児島新によって指摘されたが［『ベートーヴェン研究』4 ページ］、それ以来、ボンではシュタインの楽器が臣下貴族の間で次々と購入された。ネーフェが 1787 年 4 月 8 日付でボンから投稿した記事がクラーマー編『音楽雑誌』に掲載されており［Cramer./Magazin 第 II 巻, 1385 ページ］、そこには「音楽愛好熱が住民の間で非常に高まっている。クラヴィーアがとくに好まれ、当地ではいくつものアウクスブルクのシュタイン製ハンマークラヴィーアと、その他これと同列の楽器がある」と書かれている。ここに、ベートーヴェンがアウクスブルク通過の際にはシュタイン社を訪れる意思を持つに至った由縁があり、そこで社長の娘に「14 歳」を印象づけ、彼女は自分より 4 歳下ということを記憶に止めていたのであろう。

　ヴィーンから送り込まれた新しい空気はさまざまあるが、楽器がそのひとつとすれば、楽譜もまた、しかも大量に、もたらされたことは確実である。「第 2 のモーツァルトになるだろう」というときに想定されているのは、神童としてヨーロッパじゅうを回ったその名声であり、作曲家として大成した実像ではない。新たにもたらされたのは、ヴィーンにおいて活躍している現在進行形のモーツァルトの成果物であり、ハイドンの流通している楽譜であり、等々、ヴィーン音楽の現況がつぶさに伝わるものであった。そしてヴィーンとのパイプは頻繁な人物往来によって以後も絶えることなく保たれていく。これが、ベートーヴェンに、病気の母の容体が悪くならないうちにヴィーンに行って帰ってこようと決意させるような刺激となったのではないか。

　フランツ・ゲルハルト・ヴェーゲラー（1765-1848）もまた医学の勉強のため、1787 年 9 月から 89 年 10 月までヴィーンに滞在した、と自分で言っている［『覚書』序文 XII ページ］。また後のことだが、ブロイニング家の次男で、ベートーヴェンの生涯の友となり、法学を修めるシュテファン（1774-1827）も 1795 年 12 月末にヴィーンに移住する。要するに、ボンの青年たちが、専門を問わず、ヴィーン志向となるのは新選帝侯がもたらしたボンのヴィーン化の結果とも言える。しかしベートーヴェンの周辺で最初にヴィーンの土を踏んだのが彼本人であったことは、彼の強い意志が、そしてモーツァルトに会いに行きたいという強い憧れが、何らかの形で生成されていったのだろうと言わざるを得ない。この時点でハイドンではなかったのは、アイゼンシュタットで暮らす同人への接近は事実上不可能であったからにほかならない。

　帰途に篤志家から旅費を借りざるを得なかったことは、出発時に手持ち金が一定程度の長期滞在をそもそも許さないほどに不十分であったのではない

かと推察させる。すなわち、選帝侯からの出資の可能性はこれによって否定されるのではないか。ベートーヴェン研究では従来は一般に「侯によって派遣されたと思われる」といった推定表現が多いが、その根拠として唯一あるとすれば、ボスラー社発行『音楽通信［Musikalische Korrespondenz］』の1791年11月23日号にカール・ルートヴィヒ・ユンカー（キルヒベルクの司祭）が長文の寄稿をしていて、そこに書かれている「彼の選帝侯が彼にさせた旅行」という一句である。その論説を発見したセイヤーも「非常に極端な表現が少し過剰に用いられている」と警戒しているように、全編が誇張気味で、ベートーヴェンのクラヴィーア演奏が巧みであることについて語るなかで、「彼が告白したのですが、その旅行において［引用者注：ヴィーンにおいてか？］きわめて有名なすぐれたクラヴィーア奏者たちに、期待して当然と思われるものを彼は見出さなかった」と述べている［TDR I, 272ページ］［大築訳111-112ページ］。ヴィーン滞在に関係がありそうなのはこの1文だけで、宮仕えの身として選帝侯から旅行の許可を得る必要はあったから、「申請して認められた」旅行は「させた」旅行であり得る。そもそもこれは二次情報であって、それだけから侯の財政負担まで飛躍できるだろうか。二次証言であっても何人もがそのことに言及している第2回のときとは大きな違いがある。

　ある程度の期間にわたって滞在しようとすれば、随時、コンサートなどを開いて滞在費を調達しなければならず、手持ち金がいずれ底を着くことは目に見えていた。第2回のとき、ヴィーンからハイドンが選帝侯に給費の増額を進言するが、それに対する侯の返書に「第1回のヴィーン旅行のときと同様にただ借財をもたらすだけになるのを怖れている」とある［後述］ことは、第1回の実態をほのめかしていて、つまり最初のヴィーン行きはたいした援助のないまま、借金をしつつやり繰りした自費で行なわれた、またはそれに近いものであったと想像させる。そこまでして、しかもすでに病いにあった母が悪くならないうちに、とにかくヴィーンへ、という内発的な強い動機が「14歳」であることを自覚する、実年齢16歳の青年にあった、ということなのだろう。

9 ｜ ヴァルトシュタイン伯　ヴェーゲラーの記憶

　2代前のケルン大司教選帝侯（クレメンス・アウグスト）はメルゲントハ

第 9 章　ボン時代 II　最初期（1782〜86 年）の創作

イムに本拠があるドイツ騎士団長を兼務していたが、その死後、この役職を継いだのはカール・フォン・ロートリンゲン（ローレーヌ）公であった。当代の選帝侯マクシミリアン・フランツの父（マリア・テレジアの婿、皇帝フランツ・シュテファン）方の伯父にあたる彼は 1769 年にまだ 13 歳のこの甥を団長補佐に任命し、その継承権を確立した。以後オーストリア帝国が崩壊する（1918 年）までハプスブルク家がこの職を代々受け継いでいくことになる。この職務における選帝侯の顧問役に任命されてボンにやって来たのがフェルディナント・フォン・ヴァルトシュタイン伯（1762-1823）であった。彼は 1788 年 2 月 1 日以降にボンに着任し、やがて一等枢密顧問官・ドイツ騎士団騎士修道会管区長に昇進する。

　ヴェーゲラーは『覚書』のなかで、第 2 オルガニストへの任用（1784 年 6 月 24 日）も含めて、ヴァルトシュタイン伯の以前からの強い影響力を強調し、ヴィーンに送ったのも彼の成果だとしている［Wegeler/Ries, 13-14 ページ］。ヴィーン行きについて、年代付けがなされていないので［文脈では明らかに 1787 年の第 1 回のこと］、シンドラーが問い合わせたらしく、1839 年 5 月 13 日にヴェーゲラーが回答し、それがセイヤー第 1 巻の注で紹介されている［TDR I, 212 ページ、注 1］。それによると、資金も彼によって手配されたとヴェーゲラーが答えたが、セイヤーはヴァルトシュタインがボンにまだ来ていないことを証明して、その可能性を完全に否定した。それでも彼はヴァルトシュタインのボン赴任を 1787 年 5 月 4 日以後 6 月 17 日以前［TDR I, 233-234 ページ］と見積もったが、1933 年にヘールによってヴァルトシュタイン伯の来歴が部分的であってもかなり明らかにされ［Heer：Der Graf v. Waldstein und sein Verhältnis zu Beethoven, Veröffentlichungen des Beethoven-Haues Bonn, 9］、それにより、彼がボンに赴任したのは 1788 年 1 月 29 日以降、2 月 1 日の間であるとされた。それはセイヤー伝記ではフォーブズ英語版（1967）に反映され、日本でも知られているので、詳細はここでは省略する。要するに、ヴァルトシュタイン伯の強い影響力は第 2 回ヴィーン行きのもので［後述］、第 1 回についてはあり得ない。

　ヴェーゲラーはヴァルトシュタインの役割を強調する反転として、ネーフェについては「ルートヴィヒの教育にほとんど影響を持たなかった。しかも同人は、彼の最初の作曲の試みに対するネーフェの辛い批評を嘆いていた」［上掲書 11 ページ］とねじ曲げに近い言説を書き遺している。プロテスタントであったばかりか、イルミナート［1776 年に設立されたドイツの啓蒙主義的秘密結社］会員でもあったネーフェが、人間愛や正義に突き進んでいく啓蒙主義の諸理念

321

第II部　歴史的考察

などの点で間違いなくベートーヴェンに影響を与えた［Becker：Neefe und Bonner Illuminaten（1969）］のをよく思わなかったことから来ているのではないか。なお、ヴェーゲラーは、彼より実年齢でも 5 歳若いベートーヴェンの最初のヴィーン行きが彼より 9 ヵ月も先立ち、当時彼はボンでその事実を知っていたにも拘わらず、それについては何も記述していない。

　ヴェーゲラーがベートーヴェンの出立を 1786 年末と書いてさえくれていれば、という思いはひとしおである。ヴェーゲラー／リースの『覚書』が、ボン時代はヴェーゲラー、ヴィーン時代はリースと、互いが知る時期について分担執筆されたので、担当部分については目撃者として事実関係の記述を信頼したいところであるが、精査してみると、記述内容の著しい偏りと、書かれた事実関係に対する記憶の混濁が疑われる。後者の要因のひとつは間違いなく、ベートーヴェンの年齢問題から来るもので、ヴェーゲラーはたとえば「1782 年に 12 歳の、だがすでに著者であった若者と知り合った」［序文 v ページ］としている。確かに 1782 年には最初の出版物の著者であったという点では正しいが、実年齢は 11、通用年齢は 10 であって、後から記憶を整えるときに関係者にとってもややこしい問題であったろう。そもそも 1837/38 年に半世紀も前の 1782 ～ 87 年の出来事を思い出すのだから。

10 ｜ 竹馬の友ライヒャ

　エッティンゲン゠ヴァラーシュタイン侯宮廷で 1774 年からチェロ楽師を務めていたヨーゼフ・ライヒャ（1752-1795）がボン宮廷楽団に移籍したのは 1785 年 4 月のことであった。新選帝侯は彼のことを彼がヴィーンで活躍していた時期（1770-73）から知っており、着任 1 年後のこの人事は侯の意向であった可能性もある。そしてチェロ奏者ながら彼を楽師長［コンツェルトマイスター］に任命した。実子のいない彼には、1771 年にわずか生後 10 ヵ月で父を失った、甥のアントンが付いてきた。

　アントン・ライヒャ（1770-1836）はプラハでパン職人をしていた 12 歳年上の兄の遺児で、母の再婚相手に馴染めず、幼少期を祖父の許で暮らしたが、そこも 1780/81 年頃に去り、叔父を頼ってエッティンゲンに身を寄せていたのである。叔父は彼を養子にし、フランス語とドイツ語の教育を受けさせ、ヴァイオリン、フルート（彼の主楽器）、鍵盤楽器を学ばせ、ボンに移ると、

322

第9章　ボン時代 II　最初期（1782〜86年）の創作

楽団で楽器を担当させるようになった。彼はやがて、叔父の意向に反して、作曲も試みるようになり、1787年には最初のシンフォニーを完成させている［自伝でそのように言及］。1770年生れだからベートーヴェンと同年ということになるが、誕生は2月26日なのでほぼ1歳違い、否、自称年齢ではベートーヴェンの2歳年上の兄貴分、といった感じであったかもしれない。いずれにしても、新選帝侯は、着任早々の財政改革が一段落した1788年初頭から宮廷劇団の復活を目指して、ヨーゼフ・ライヒャを音楽監督に任命して31名からなる楽団を再編成させた。その陣容は、ヴァイオリン8名、ヴィオラ2名（ベートーヴェンを含む）、チェロ3名、コントラバス2名、クラリネット2名、ファゴット2名、ホルン2名、コントラ・ファゴット1名、フルート2名（アントン・ライヒャを含む）、オーボエ2名、太鼓1名、トランペット4名である。各奏者名は省略する［TDR I, 239ページに全員の名前が挙がっている］。

　アントン・ライヒャには1824年頃に口述筆記させたチェコ語の自伝があり、おそらくそこからの引用と思われるが、セイヤー伝記に「私たちは14年間ともに過ごした、オレステスとピュラーデス［引用者注：ギリシア神話に出てくる、兄弟ではないが兄弟のような関係の2人］のように結ばれて。そして我々の若い頃はつねに一緒だった。8年の別離の後、私たちはヴィーンで再会し、そして私たちは取り組んできたすべてのことについて伝え合った」［TDR I, 247ページ］［大築訳102ページ］と記されている。ここにも記憶のずれがあり、「ともに過ごした」のは半分の7年半（1785年4月〜1792年10月）であり、14年間とは、彼自身がボンを去る1794年までのことである。「8年の別離」もそれを起点にしてのことであり、彼らが再会するのは1802年であるから、実際の別離期間は10年に近いものであった。彼の記憶違いにはその後も惑わされることになる［第19章4］。

　ところで、ベートーヴェンにとってこの少年期の記憶はきわめて重く刻印されていたのではないだろうか。すなわち、甥が叔父／伯父によって実子のようにして育てられる、という関係性である。あるいはそれは、ベートーヴェン個人のものではなくて、若年死亡率が現在とは比較にならない当時として、また養護施設等の社会制度も今日のようではなかったろうから、社会的な規範のようなものであったかもしれない。

　音楽家としてのベートーヴェン像にとってあまりにも周縁的なテーマは本書としてはできるだけ避けたいのだが、将来の創作活動と切り離せない関係

323

第II部　歴史的考察

にある甥問題との関連で、いまひとつ取り上げなければならないのは、弟の遺児に対する責任の自覚もまたこの時期の環境から生成されたのではないか、という件である。母亡き後、父の生活はいっそう乱れて、その結果、ベートーヴェンの申請に基づいて、1789 年 11 月 20 日に選帝侯官房から出された指令書（デクレ）にあるように、父ヨハンは宮廷歌手を引退して（「選帝侯領内の村に隠退する故をもって」）彼がいわば"家長"と認定され、父の年金 200 ターラーのうち半額、「および穀物 3 杯分を弟たちの生活のために支給」されることとなった。この経過は彼に一家の長たる自覚、弟たちの面倒が自分の務めという意識を、早くに植え付けたに違いない。

11 ｜ ベートーヴェンが上演に参加したオペラ

　マクシミリアン・フランツが再生させる宮廷劇団とは、ボンですでに前選帝侯時代の末期、1778 年 11 月に開始されたドイツ語オペラを継承しつつ、長兄ヨーゼフ 2 世が 1778 年に首都ヴィーンで始めた本格的なドイツ語劇場（ナツィオナールテアター）運動と連動したもので、ボンをライン河畔でのドイツ語オペラ上演の本拠地にするという狙いを持っていた。着任後 3 年間は緊縮財政策によって演劇活動は著しく縮小され、ときおり巡業劇団が公演するのみであったが、財政再建を果たした新選帝侯はようやく自らの手によるドイツ語オペラ劇場の開場に取りかかった。ラインラント一帯を巡っていたクロス一座が 1788 年夏に解散したことを契機に、その有力なメンバーたちが宮廷劇団に雇用された。ここでドイツ語オペラに経験豊かなネーフェが再び鍵盤奏者兼舞台監督として表舞台に登場する。秋になると選帝侯はドイツ騎士団長としてメルゲントハイムに過ごすが、1789 年 1 月末にボンに帰還する前に新装宮廷劇団はその初日を迎えた。選帝侯はそれ以外にもミュンスターに司教として滞在し、マインツおよびトゥリアーの各選帝侯のもとにも出掛け、またちょくちょくヴィーンへも往復して、ボンを不在にする期間が多かったが、それにもかかわらず国民劇場が展開されていたのは、オペラ上演が君主とその一族・家臣のための宮廷内行事ではなく、広い市民観客を巻き込んだ文化活動となっていたからであり、だからドイツ語オペラなのであった。

　H. A. D. ライヒャルト編『劇場年鑑 Theater-Kalender』に掲載された匿名のボン出演者［ネーフェの可能性あり］からの報告に基づき、セイヤーが各シー

第9章　ボン時代 II　最初期（1782 〜 86 年）の創作

ズンの日程と演目を紹介している［TDR I, 251 ページ以下］。ベートーヴェンがオ
ーケストラの一員として上演に参加した作品群である。

第 1 シーズン　1789 年 1 月 3 日〜 5 月 23 日（約 4 ヵ月半）

上演されたオペラ 13 作　すべてドイツ語	
ゲオルク・ベンダ	2 作《ロメオとユーリエ》*［初演 1776.09.15 ゴータ］
	《ナクソス島のアリアドネ》*［初演 1775.01.27. ゴータ］
モーツァルト	1 作《ハーレムからの奪還（後宮からの逃走）》*
	［初演 1782.07.16. ヴィーン］
シュスター	1 作《錬金術師》*［初演 1778.03. ドレスデン］
ドゥゼード	2 作（原作フランス語）《ジュリー》*［初演 1772.09.28. パリ］
	《3 人の小作人》*［初演 1777.05.24. パリ］
グレトリー	2 作（原作フランス語）
	《やきもちやきの情夫》*［初演 1778.11.20. ヴェルサイユ］
	《ペテン》*［初演 1775.02.01. パリ］
ダライラック	1 作（原作フランス語）《ニーナ》［初演 1786.05.15. パリ］
パイジエッロ	1 作（原作イタリア語）
	《フラスカーティの乙女》［初演 1774 秋 ヴェネツィア］
マルティン・イ・ソレル	1 作（原作イタリア語）
	《ディアナの木》［初演 1787.10.01. ヴィーン］
サリエリ	1 作（原作イタリア語）
	《トゥロフォーニオの洞窟》［初演 1785.10.12. ヴィーン］
チマローザ	1 作（原作イタリア語）《宴》［初演 1782 謝肉祭 ヴェネツィア］

参考：［フランクフルトでドイツ語初演 1784］

第 2 シーズン　1789 年 10 月 13 日〜 1790 年 2 月 23 日（約 4 ヵ月半）
　　　　　　　1790 年 2 月 24 日　ヨーゼフ 2 世逝去の報がボンに届き、公
　　　　　　　演中絶

上演されたオペラ 13 作　すべてドイツ語	
フランツ・ベンダ	2 作《ロメオとユーリエ》［再演］《アリアドネ》［再演］
ウムラウフ	1 作《美しい女靴職人》［初演 1779.06.22. ヴィーン］
ディッタースドルフ	1 作《医者と薬剤師》［初演 1786.07.11. ヴィーン］

325

第Ⅱ部　歴史的考察

シュスター	1作	《錬金術師》[再演]
ダライラック	1作	（原作フランス語）《ニーナ》[再演]
グルック	1作	（原作フランス語）《メッカの巡礼》*
		［原題《予期せぬ出会い》初演 1764.01.07. ヴィーン］
サッキーニ	1作	（原作イタリア語）《愛の島》［初演 1766 謝肉祭 ローマ］
モーツァルト	2作	（原作イタリア語）
		《ドン・ジョヴァンニ》［初演 1786.05.01. プラハ］
		参考：［ヴィーン初演 1788.05.07.］
		《フィガロの結婚》［初演 1787.10.29. ヴィーン］
パイジエッロ	3作	（原作イタリア語）《セヴィリアの理髪師》
		［初演 1782.09.26. サンクト・ペテルブルク］
		参考：［ヴィーン初演 1785.08.13.］
		《ヴェネツィア王テオドーロ》［初演 1784.08.23. ヴィーン］

《偽りの女庭師》[この作品は Das listige Bauernmädchen（La finta giardiniera）となっている。ドイツ語名は字義通りには「ずるがしこい農夫の娘」であるが、イタリア語名は 1775 年 1 月 13 日にミュンヒェン宮廷で初演されたモーツァルトのオペラ・ブッファと同名である。しかしそのようなタイトルの作品はパイジエッロの作品リストには存在しない。このタイトルを持った作者不詳の台本を最初に取り上げたのはアンフォッシで、それは 1774 年謝肉祭にローマで初演されたドランマ・ジョコーゾであった。現在までこの 2 人以外によるこの台本への付曲は確認されておらず、『演劇年鑑』における作曲者名誤記の可能性もあろうか。パイジエッロには似た題名の作品として La finta amente（偽りの情婦）という 1780 年に初演されたオペラ・ブッファがあるが、どう考えてもそれが「農夫の娘」というドイツ語訳にはならないだろう。またアンフォッシ作品が 1782 年にフランクフルトで上演されたときは Die edle Gärtnerin（高貴な女庭師）であり、モーツァルト作品のドイツ語名は Die Gärtnerin aus Liebe（愛ゆえに女庭師［引用者補：になった娘]）であった。]

第 3 シーズン　1790 年 10 月 13 日〜1791 年 3 月 8 日（約 5 ヵ月）

上演されたオペラ 10 作　すべてドイツ語

ウムラウフ	1作	《美しい女靴職人》[再演]
作曲者不詳		《報われない仕事はない》
シュスター	1作	《錬金術師》[再演]
	2作	（原作イタリア語）
		《文句博士》［原題《反抗心》初演 1785.?.?. ドレスデン］
		《たくらみに貪欲な人々》［初演 1787.?.?. ドレスデン］
ダライラック	2作	（原作フランス語）《野蛮人》

第9章　ボン時代 II　最初期（1782～86年）の創作

> ［原題《アゼミア》初演 1786.10.17. フォンテンブロー］
>
> 《ニーナ》［再演］
>
> パイジエッロ　　　　　　2作（原作イタリア語）《ヴェネツィア王テオドーロ》［再演］
>
> 　　　　　　　　　　　　《セヴィリアの理髪師》［再演］
>
> マルティン・イ・ソレル　1作（原作イタリア語）《リッラ、または美と徳》
>
> 　　　　　　　　　　　　［原題《稀なる出来事、または美と徳》初演 1786.11.17. ヴィーン］

第4シーズン　1791年12月28日～1792年2月20日

> 上演されたオペラ 11 作　すべてドイツ語
>
> ---
>
> ディッタースドルフ　　　2作《医者と薬剤師》［再演］
>
> 　　　　　　　　　　　　《赤頭巾ちゃん》［初演 1788.??.?? ヴィーン］
>
> モーツァルト　　　　　　1作《後宮からの誘拐》［再演］
>
> シューバウアー　　　　　1作《村の代議員》［初演 1783.05.08. ミュンヒェン］
>
> ダントワーヌ　　　　　　1作《終わりよければすべてよし》
>
> モンシニー　　　　　　　1作（原作フランス語）《フェリックス》*
>
> 　　　　　　　　　　　　［初演 1777.11. フォンテンブロー］
>
> ダライラック　　　　　　1作（原作フランス語）《2人の小さなサヴォワ人》
>
> 　　　　　　　　　　　　［初演 1789.01.14. パリ］
>
> グリエルミ　　　　　　　1作（原作イタリア語）《ロベルトとカリステ》*［1777 ベルリン］
>
> 　　　　　　　　　　　　［原題《貞淑なる妻》初演 1767 謝肉祭 ヴェネツィア］
>
> サルティ　　　　　　　　1作（原作イタリア語）《澱みではよく釣れる》
>
> 　　　　　　　　　　　　［原題《2人が争えば3人目が喜ぶ（漁夫の利）》初演
>
> 　　　　　　　　　　　　1782.09.14. ミラノ］　参考：［ヴィーンでドイツ語初演 1783.05.28.］
>
> マルティン・イ・ソレル　1作（原作イタリア語）《リッラ、または美と徳》［再演］
>
> パイジエッロ　　　　　　1作（原作イタリア語）《セヴィリアの理髪師》［再演］

　1792年10月に始まった第5シーズンでベートーヴェンが上演に参加した可能性があるのは以下の2作だけである。

> サリエリ　　　　　　　　1作（原作イタリア語）《オルムスの王アクスール》
>
> 　　　　　　　　　　　　［初演 1788.01.08. ヴィーン］
>
> ラ・ボルド　　　　　　　1作（原作フランス語）《水車小屋の娘》
>
> 　　　　　　　　　　　　［初演 1760.10.13. パリ］

327

第Ⅱ部　歴史的考察

　全体を眺めて見ると、宮廷楽団が上演していたオペラのレパートリーの性格が、そしてまたベートーヴェンが音楽的に血肉化していった音楽の範囲が理解できる。それは周辺で評判の作品とヴィーンからの新しい作品に2分される。

　その第1は過去にボン宮廷で上演されたことのあるもの、すなわち上演のためのさまざまなソース（オーケストラ・パート譜や衣装）が揃っていて、つまりレパートリーとなっていたもの［上記一覧で＊を付した］、それにプラスして、確認はできないがその可能性の強いものである。たとえば1781年1月31日に上演されたとされる題名不詳のパイジエッロ作品［フォーブズ英語版31ページ］は第1シーズンに再演された《フラスカーティの乙女》の可能性が高い。すると、第1シーズンで上演された13作のうち新作は3作のみとなる。選帝侯不在中に始まる再開準備はとりあえず、1760〜70年代に各地で初演され、巡業オペラ団によってボンにもたらされて、アルヒーフに保管されていた資料を活用して取り組まれた、と想定することができる。そのなかで、たとえばニコラ・ドゥゼード［Dezède（1740から45の間-1792）］は、音楽史においてほとんど忘れられてしまった存在だが、1770〜90年代にパリで人気のあったオペラ・コミック作家で、マンハイム楽派と共通する音楽様式を示し、とくにボンで上演された2作はフランスに近いライン河畔地域でも人気があった。モーツァルトもおそらく1778年にパリで、同人作《ジュリー》から主題("リゾンは森で眠っていた")を採ったクラヴィーア変奏曲［KV 264］を書いている。例外は《終わりよければすべてよし》の作曲者ダントワーヌで、「ケルン選帝侯付将官」と付記されており、ケルン/ボンだけで知られたアマチュア作曲家であったようである。ケルン大司教選帝侯がフランスの影響下にあったクレメンス・アウグストの時代（1689-1723）に雇われた同姓の歌手が確認できるので、その子孫かと思われる。前述のように、作曲者と作品名の同定はそれほど容易ではなく、《報われない仕事はない》の作曲者は確認できない。

　第2は新たに輸入されたレパートリーで、それらは、1786〜89年にパリ／フォンテンブローで初演されたダライラックの3作を除けば、ほぼヴィーンからもたらされたと考えることができる。それは、すなわちマクシミリアン・フランツの着任前年の1783年から88年にかけてヴィーンの舞台に登場した作品群で、サリエリ、パイジエッロ、ディッタースドルフ、モーツァルト各2作、マルティン・イ・ソレル、サルティ各1作である。これらは新

328

選帝侯によってもたらされたヴィーン文化との新しいつながりを象徴するものと言える。

　新しい息吹はオペラの分野だけではなく、おそらく器楽曲のレパートリーにも変化をもたらしたと考えるのが自然であろう。楽譜文庫が失われたいま、それを検証することはできないが、当時の『演劇年鑑』に遺るオペラ・レパートリーの変容はそうした想定を必然的なものにする。そしてもうひとつ、パリからの風がまったく吹き止んだわけではないこともまた見逃せない。

　教会音楽の分野に関しても印刷された当時の文献がないので、ベートーヴェンが共演していたレパートリーのおおよそをつかむことはできない。教会音楽の性格上、オペラのように多地域から流行作品が進入してくるという構図ではなく、また宮廷楽団内にはこの時点でルッケージとヨーゼフ・ライヒャ以外にはさしたる作曲家はいないので、新規の作品の供給は少なく、基本的にはレパートリーの伝統のなかで繰り返しの上演が行なわれたのであろう。

12 ｜ベートーヴェンはなぜヴィーンへ行ったのか ライヒャとの対比において

　アントン・ライヒャのその後について言及するのは、一見、この章のテーマから逸脱するように思われるかもしれないが、そこから翻ってベートーヴェンの当時について考えてみたい。

　ライヒャはベートーヴェンがそのうちボンに帰ってくると思っていたに違いないが、それより先にフランス軍がボンに侵入する危険が迫り、その何週間か前に彼は叔父の指示で 1794 年末にハンブルクに逃げた。予想を超えた何かが起これば、同地からはさらにイギリスへと逃れることができるという伏線もあったかもしれない。実際、1795 年 7 月にハイドンは戦禍を避けるために、ドーバー海峡を往路のカレ経由ではなく、ハンブルクから大陸に入った。そしてライヒャはハイドンと再会した［最初の邂逅については次章］。それでも彼はその後、ヴィーンではなくパリへ旅立ったのだが、ハンブルクに到着して間もなくフランスからの亡命者たちと親しくなったことでその道が開けたのである。彼は、ナポレオンのエジプト遠征後に落ち着きを取り戻し始めたパリに、1799 年 9 月 22 日から住み着くようになる。

　こうした彼の、ボン青年たちのヴィーン志向とは一線を画した展開は、彼

第II部　歴史的考察

が叔父によってフランス語の徹底した教育を受けたことと無縁ではないだろう。当時、音楽職を宮廷で立てようとする者にとって、楽器の修練だけではなく、宮廷語たるフランス語の習得は将来の出世（たとえば宮廷顧問官）のためには必須のものであり、宮廷を転々とした叔父の実体験がそのような教育を甥に付けさせることにつながったのであろう。その取り組みの濃淡は違うかもしれないが、ベートーヴェンもそのような現実のなかを生きており、フランス語の基本的素養は、とりわけ昔からフランスとの結びつきの強いケルン／ボン地域では欠かせないものであった。前にも見たように、出版楽譜の献呈の辞はベートーヴェン自身がフランス語で一字一句を指示したものであり、セイヤーの言うような、「フランス語を彼はのちにはなんとかこなせたが」［TDR I, 132 ページ］［大築訳 60 ページ］ということではないと考えられる。

　ベートーヴェンとライヒャの交友は後者がヴィーンにやってきて 1802 年に再燃するが、それについては第 19 章での記述となる。ライヒャはヴィーンでの未来を模索してそのまま 1808 年秋まで 6 年近くも滞在する。しかしヴィーンがフランス軍との戦いの準備を始めるに及んで、パリに戻ることを決意した。

　ボンで同じ環境の下に育ったライヒャの軌跡と対比させてみると、ベートーヴェンをヴィーンに結びつけた要因が見えてくる。権力トライアングルのなかで神聖ローマ帝国、すなわちヴィーンがケルン大司教選帝侯の座を 18 世紀の最後にようやく獲得したことの意味はきわめて大きいが、しかしそれはライヒャにとっても同じであった。一方はより広い視野を持った叔父が後見していて、他方に関して言えば、ボンの世界だけで生きてきた親の視界は狭く、せいぜい年齢を若くごまかして世に売り出す程度の魂胆しかない上に、家庭環境としても早くから自分の力で打って出なければならない事情があった。それに加えて、本人たちの吸収力の差がまずあり、作品を立て続けに出版するまでに精進した土壌があり、そこにヴィーンからの風が急に吹き込んだことによって、とにかくヴィーンを直に体験したいという強い思いが湧き起こったのではないか。不可解で、思いつきのような、見通しを欠いてやみくもにも見える旅は、次なる一歩の準備をさせることとなる。しかし歴史的にラインラントとの関係がより深いパリを訪れることがベートーヴェンの視界から消えたわけではなかった。

330

第10章

ボン時代 Ⅲ

ボン時代後期の諸作品

とくにヨーゼフ2世葬送カンタータ・レオポルト2世戴冠カンタータ・
騎士バレエについて／
ハイドンのボン来訪／ヴィーンへの旅立ち

1. 青年作曲家の活動成果
2. 青年の身辺
3. 2つの皇帝カンタータ
4. その他のオーケストラ作品
5. ハイドンのボン滞在
6. 「モーツァルトの精神をハイドンの手から」再考

第II部　歴史的考察

　1787年から89年にかけての約3年間は、一見すると、ベートーヴェンの作曲活動は停滞していたように見える。少なくとも完成作品としては、1803年に《2つのプレリュード12の長調すべてによる、ピアノまたはオルガンのため》Op.39として出版される作品があるのみで、その筆写譜には自筆で「1789. Von Ludwig van Beethoven」という書き込みがある。この作品は、それぞれの主題に基づいた2曲がともに、ハ長調から5度ずつ上にシャープ系の調をめぐり、嬰ハ長調に至って変ニ長調に転換して、今度は4度ずつ下にフラット系の調をめぐってハ長調に戻ってくるというものである。第1曲は次の調が確立されるまで半音階進行を駆使して複雑な転調過程を作り出しており、嬰ハ長調から変ニ長調に移る際にもいったんト長調に向かうなど単なる異名同音転換ではなく、ときに凄みを感じさせる。それに比べると第2曲はその骨格のようなものであり、過程をより複雑化し全体的に拡張したものが第1曲ということになる。ネーフェが出した課題に応えたのか、自身の創案か分らないが、創意に富んでいる。

　この作品以外には、のちに「カフカ雑録」と「フィッシュホーフ雑録」に分割されて保存されることになる、1786年頃から使用が始まったスケッチ帖に、いくつかの非完成作品の痕跡が遺されているだけである。1782～86年、すなわち11～15歳の少年期に見られた、活発とも言える作曲活動とは対照的で、第8章で扱った最初期の創作は年代的にも孤立した作品群である。

　今日に遺るスケッチ帖に楽想を書き留める習慣が生まれたのはこの時期であるが、それはネーフェの指導から自立し始めたことをほのめかしているのではないか。作品を完成に至らしめ、師に指導を仰ぐというのではなく、より高い次元での創作を目指して、もっと言えばクラヴィーア四重奏曲を超えようとさまざまな試行を繰り返す場として、スケッチ帖は機能した。結果は急がない、あるいは与えられた課題に応えるというのではない、自身の内面を書き付ける場とも言える。この時期は"アマチュア少年"から"プロを目指す青年"への転換ための雌伏期と位置づけられようか。

　《シンフォニア》とタイトル書きされたハ短調のピアノ譜スケッチ111小節Unv 1はその最たるものである。これは、旧カタログでは登録されてお

332

らず、ヘスの『全集では出版されなかった作品のカタログ』(1957) におい
て Hess 298 という番号が与えられ、1791 〜 93 年の記入と推定されていた。
1970 年にカーマンは筆跡と用紙からその年代を 1788/89 年と狭く採ったが
[Kerman/Kafka Bd.1, 291 ページ]、1980 年にジョンソンは 1786 〜 90 年といささか
広げた [Johnson/Fischhof Bd.1, 221 ページ以下、および 242-246 ページ]。ピアノ・コンチ
ェルト第 2 番 [Op.19] の初稿は遅くとも 1790 年にボンで初演され、もしかし
たら 1788 年か、さらには 1787 年に書かれた可能性も指摘されているが [校
訂報告書]、その楽譜自体は残存せず、その頃のものとしては「フィッシュホ
ーフ雑録」に 9 小節の書き付けがあるだけである。いずれにしてもそうした
大曲に挑もうとする気概は痕跡として遺っている。

　このような目立った変化は、前章で詳しく検討したように、第 1 回のヴィ
ーン行きから帰着して始まったといまや考えるべきであろう。他方、宮廷で
の劇音楽上演も停滞期にあり、したがってオーケストラに出演する機会は少
なく、公的な活動はオルガニストとしての教会音楽参加が主たるものであっ
たのではないか。

　そうした時期にあって、1788 年 1 月末にヴァルトシュタイン伯がドイツ
騎士団加入のためボンに到着したことはベートーヴェンに多くの刺激を与え
ることになる。また、前述した 1789 年初頭に始まる本格的なオペラ公演へ
の共演は日々、新たな体験そのものであった。さらに 1790 年末と 92 年 7 月
のおそらく 2 度にわたるハイドンのボン訪問はベートーヴェンに自分の未来
が完全に、そして決定的に、ヴィーンにあることを自覚させた。

　しかし 1792 年 11 月初めの出発は、一度ヴィーンに行ったことのある者に
とって、もはやボンに残るという選択をする余地がないほどに切迫したもの
であった。すでに 4 月 20 日にオーストリアとプロイセンはいわゆる第 1 次
対仏同盟を締結し、フランスはオーストリアに宣戦布告。8 月から 9 月にか
けてプロイセン軍がフランス領内に攻め入り戦争状態になったが、10 月に
入るとフランス軍が反転攻勢に出て、逆にライン一帯に侵入して 22 日には
マインツに陣地を確保した。ケルン選帝侯は今回もまた初めのうちはフラン
スとオーストリアの間で中立の立場を保持していたが、ついに 24 日と 25 日
には宮廷文書類および金庫が梱包されてライン河を下る準備が調えられ、選
帝侯自身も 10 月 31 日に最初の逃避地クレーヴェ [ライン河下流、現在はオランダ
との国境近く] にたどり着いた [TDR I, 289 ページ]。ライン河一帯の各都市は上層
階級から見捨てられた。しかしこのときはプロイセン軍がコブレンツで勝利

第II部　歴史的考察

してライン河上流の侵略の危険性はいったん去ったので、侯は数週間後にボンに戻った。

ベートーヴェンの出立はこうした大騒動の最中であったが、もしかしたらこの風雲急を告げる動きは、シーズン開始早々のオペラ公演への参加義務から彼を解放するという選帝侯裁可が降りたことに、有為に作用したかもしれない。

1 │ 青年作曲家の活動成果

1790年に入るときわめて旺盛な創作活動が確認される。創作の開始はボンにおいてだが完成はヴィーンに持ち越されたもの（過渡期の作品）、あるいはこの段階ではスケッチに留まっていたが後年に取り上げられて作品またはその一部となったもの、は除外して概観する。

ひとつの系列はネーフェ指導下に書いていたクラヴィーア独奏曲・変奏曲・伴奏歌曲の継続で、出来上がった作品の多くはボンを出発する1792年10月までに書かれたということしか確認できず、それらを年代順に並べることは難しい。例外は1791年8月にマインツのショット社から出版された、リギニのアリエッタ〈恋人よ来たれ〉による変奏曲 WoO 65 で、この時期（ヴィーンに旅立つ前）に出版されたのはこの作品だけである。もはやタイトルページに年齢の記載はない。

同年同月にボン宮廷楽団が選帝侯に同行してメルゲントハイムに赴く途中、マインツ選帝侯の離宮アシャッフェンブルクに立ち寄ったときに、ベートーヴェンは同地の楽長シュテルケルとピアノの競演をしたことが、同道したホルン奏者ジムロックの回想によって知られているが［Kopitz/Cadenbach, 第2巻, 906ページ］、そのときに彼はこの作品を最新作として披露した。24の変奏からなる、この時期としては最大の規模を持ち、技巧的にもかなりの難曲であり、そこには彼の当時の演奏活動が垣間見られる。その他の同系列作品、ディッタースドルフのオペラ《赤頭巾ちゃん》から〈昔々おじいさんが〉による変奏曲 WoO 66、ピアノ4手のためのヴァルトシュタイン伯の主題による変奏曲 WoO 67、クラヴィーアまたはハープのためのスイスの歌によるやさしい変奏曲 WoO 64 はヴィーン移住後にボンのジムロック社から、それぞれ1793年、94年、98年頃に出版された。

334

第 10 章　ボン時代 Ⅲ　ボン時代後期の諸作品

　第 2 の系列はネーフェからの自立の兆しを見せる大曲への取り組み、ヴァ
イオリン・コンチェルト ハ長調 WoO 5 とオーボエ・コンチェルト ヘ長調
[新カタログにおける新番号 WoO 206/ 従来は Hess 12] である。前者は自筆スコア譜で
第 1 楽章の 259 小節まで、提示部と展開部に相当する部分しか遺っていない
が、そこまではすべてのパートが書き記され、裏ページで終わっているので、
後続部分が失われた、すなわち少なくともその楽章は完成していた可能性が
高い。したがって「未完作品 [Unv]」ではない。後者は消失した。ベートー
ヴェン作品で完全消失は珍しい。ハイドンがケルン選帝侯にベートーヴェン
の学習進歩状況を示すために送付した作品 [第 12 章 3 参照] のなかにオーボ
エ・コンチェルトが挙げられ [BGA 13]、また 1840 年代にアントン・ディア
ベッリによって一枚の紙に書かれた各楽章のピアノ譜によるインチピットが
遺っていて、そこに「L. v. ベートーヴェン　オーボエとオーケストラのた
めのコンチェルト（遺作）」とあることから、その頃まで全曲のスコアが残
存していた可能性がある。ベートーヴェン作品としての信憑性は第 2 楽章の
スケッチが「カフカ雑録」に見られるので疑いがない。選帝侯の返信に「す
でに当地ボンで作曲され上演された」[BGA 14] とあるので [第 12 章 3]、ボン
宮廷楽団のコンサートに載ったのであろう。

　第 3 の系列は室内楽編成の楽曲で、ひとつの楽章の試作で終わったか、未
完の形で遺されているものも多い。また、特殊な編成の楽曲はその前提に委
嘱とか奏者の想定が考えられる。完成・完結したものとしては 6 曲を数える。
2 楽章構成のフルート二重奏曲 WoO 26 は自筆譜に「友人デーゲンハルトの
ために　L. v. ベートーヴェン　1792」とあり、他人（デーゲンハルト ?）の
手で「8 月 23 日　夜 12 時」と書き込まれている。ベートーヴェンの親友で
あるヨハン・マルティン・デーゲンハルト（1768-1800）はボンの法律家で、
記念帳 [後述] にも 10 月 30 日に長い叙情的な書き込みを寄せている。この
作品が「迫る別離の記念品」[TDR I, 311 ページ] の可能性があるとすれば、す
でに 8 月下旬にはヴィーンへの旅立ち計画が調いつつあったということであ
ろうか。彼がフルートの愛好者であったかどうか確認はされていないが、こ
の作品は間接的にそれを示唆しているといえよう。

　1808 年初めにジムロック社から作品番号なしで出版された、ヴァイオリ
ンとピアノのためのロンド WoO 41 は 1792 年夏にエレオノーレ・フォン・
ブロイニングに送ったもののひとつで、「あなたが私に遺して下さったすて
きな思い出に対するささやかな返礼のために」[BGA 4] とあって、ピアノ曲

第II部　歴史的考察

〈昔々おじいさんが〉による変奏曲 WoO 66 とともに送付し、「書き写させたら私に送り返して欲しい」[同] と頼んだ。

　存在していたとされる自筆スコア譜に基づき死後出版された 3 楽章からなるクラヴィーア・トリオ 変ホ長調 WoO 38 は、遺産競売の際にアントン・グレッファーによって作成された目録『ベートーヴェンの自筆譜・自筆ノート』において「1791 年作曲、もともとは 3 トリオ Op.1 ためのものであったが、弱すぎるとしてベートーヴェンによって除外された」とのコメントが付されていた。作品の信憑性については当時、ディアベッリ、チェルニー、リース、ヴェーゲラーといった関係者が確証した。

　ディッタースドルフのオペラ《赤頭巾ちゃん》からアリア〈さあ彼女とはお別れだ〉によるピアノ・トリオのための変奏曲 [Op.44] のおそらく初稿もこの時期のものである。上記の、ピアノのための変奏曲 WoO 66 と同じオペラから主題が採られているが、ディッタースドルフのこのオペラは 1791 年末から 92 年 2 月の間にベートーヴェンが上演に参加した。最終稿は、Op.39 と同じく、1803 年に《エロイカ》作曲中の経済的苦境のなかでライプツィヒのホフマイスター & キューネル社に売られた。

　死後（1830 年）に空白作品番号"Op.103"があてがわれて出版された管楽八重奏曲がこの時期に書かれたと推定されるのは、選帝侯がハイドンから送られた 5 曲 [第 12 章 3] に対し、すでにボンで作曲され上演されたとしたもののなかに「8 声のパルティー」があり、それがこの作品のタイトル"パルティア"と一致するからである。これはオーボエ、クラリネット、ホルン、ファゴット各 2 本から編成される管楽八重奏のための作品だが、この種の楽曲の需要は、18 世紀終盤に軍楽に最低必要な野外楽団が一般によく見られ、とくにヴァイオリン楽団までは維持できない小貴族も楽団を持つようになる、という状況と関係がある。しかしナポレオン戦争後はその構図も崩壊したので、この種のジャンルは一時的にここ数十年の流行であった。

　前出の『音楽通信 Musikalische Korrespondenz』1791 年 11 月 23 日号のユンカー筆の記事に、メルゲントハイムで選帝侯の滞在中にこの編成の楽曲が毎日演奏されていたとあり [TDR I, 268 ページ、英語版にはこの部分の引用はなく、したがって日本語訳にもない]、遠征には少人数の楽団を連れて行くという使い方もあったようで、ベートーヴェンはそれに応えたと思われる。ハイドンのもとで改訂稿を作成したことはほぼ疑いなく、残存自筆譜は 1793 年と年代付けられる。したがってその初稿がボン時代末期の成立ということでここに挙げた。

336

第 10 章　ボン時代 III　ボン時代後期の諸作品

付言すると、同じ編成によるロンド楽章 [WoO 25] の自筆譜が残存しており、その年代も 1793 年と見なされる。そこから推論するに、改訂の際にフィナーレのプレスト楽章をロンド楽章に差し替えようとして新たに作曲され、別稿として伝承されたということではないか。これも死後、1830 年に単独で〈ロンディーノ〉として出版された。

新カタログで新たに加えられた、オーボエとファゴットに 3 ホルンという珍しい編成の管楽五重奏曲 [新カタログにおける新番号 WoO 208/ 従来は Hess 19] がある。第 2 楽章は完全に、第 1 楽章と第 3 楽章メヌエットは未完の形で、遺っていて、第 4 楽章はあったかどうかわからない。これも、ハイドンのケルン選帝侯宛書簡 [BGA 13] で言及されているひとつと見られ、そうだとすれば、送付された、少なくとも第 1 〜 3 楽章の完成稿が失われたと考えられる。旧カタログには登録されていなかったので、存在が隠れていた。

ちなみに、ハイドンがケルン選帝侯に送った 5 曲 [384 ページ] のベートーヴェン作品のあと 2 曲は確定が難しく、「フォルテピアノのための変奏曲」は〈昔々おじいさんが〉による変奏曲 WoO 66 の可能性があるが、「フーガ」に該当する作品は遺っていない。

2 ｜ 青年の身辺

第 4 の系列の作品群について言及する前に、関連する予備知識として、1789 年以降のベートーヴェンの身辺についていくつか触れておかなければならない。

ヴァルトシュタイン伯は、後世において、ピアノ・ソナタの中心的作品がその名を冠した通称タイトルとなっているために、同様の他の 2 人（ラズモフスキー伯、ガリツィン侯）とともにベートーヴェンの"三大パトロン"のごとく勘違いされているかもしれない。わけてもピアノ作品に付された通称ゆえに（他の 2 人は弦楽四重奏曲セット）、とりわけ有名であろう。他の 2 人、ラズモフスキー伯に関しては、当該作品の献呈のずっと以前からの後援者で他の作品の献呈もいろいろ受けているので折々に触れることになる。また生涯の最後に登場するガリツィン侯に関しては、その名に値しない行状が隠されてきたことについて本書の終りの方で詳述する [第 36 章]。

それに対して、ヴァルトシュタイン伯の後援は太く短く、前述のように両

337

第II部　歴史的考察

者の交流はボンにおいてのみのことであり、そして作品献呈は 1 曲だけで、しかも昔日の謝恩という体裁であった［第 I 部第 7 章 10］。彼は自身、音楽家でもあり、ピアノを能くし、作曲もした。また 1787 年 1/2 月にはプラハを訪れたモーツァルトと伯母の嫁ぎ先トゥーン伯爵邸で邂逅し、その絶大なる讃美者でもあった。ボン着任後すぐ、2 月 16 日にボンの「読書とレクレーションの協会［Lese- und Erholungs-gesellschaft］」（通称：読書協会）に迎え入れられ、その後 1794 年には同協会会長となった。選帝侯はヴィーンからやってきた伯を重用し、伯はやがて彼の親密な腹心となった。彼は 6 月 17 日に騎士団騎士に、また後に選帝侯一等枢密顧問官およびボンのドイツ騎士団幹部会メンバーとなる。ベートーヴェンとは選帝侯顧問官故ブロイニング伯（1777 年 1 月 15 日に起こった選帝侯宮廷の大火により犠牲となる）邸で知り合ったと思われ、その才能をすぐさま高く評価するようになったに違いない。

　1777 年に前選帝侯によって調えられたボンの公教育制度下にあって、ギムナジウムの予備校でティロチニウムと呼ばれるラテン語学校にベートーヴェンが入学したのはいつだったか、この間の事情は学友の回想録に基づくので、正確にはわからない。1778 年秋とする文献もあるが、1781 年夏にその課程を終えたので、在学期間は 7 歳くらいから 10 歳までということになる。その間にフランス語とイタリア語の基礎も身に付けた。幼年期は共通の基礎学校（小学校）、その後は知的職業に就くためのギムナジウムか職人の道に進む実業学校か、という進学の選択は今日のドイツの公教育に引き継がれている。音楽家の道を歩むのが当然という家系であるからベートーヴェンの受けた学校教育はそれで終わった。その後すぐに前章で見た作品出版等が続くのはまさにその歩みを踏み出させた父親の意向であろう。

　選帝侯マクシミリアン・フランツは 1785 年 8 月 9 日の指令書でボンのホッホシューレを皇帝認可の大学に昇格させる決定を行ない、それに基づき 1786 年 11 月 20 日に現在のボン大学の前身が開学した［TDR I, 179-180 ページ］。ボン大学の公式ホームページによると創立は 1818 年 10 月 18 日にプロイセン国王フリードリヒ・ヴィルヘルム 3 世によるということになっているが、それはナポレオン戦争終結後の再出発を起点にしている。翌年の選帝侯年中行事表に神学 4 名、民事・教会法 6 名、医学 4 名、哲学 4 名、言語学 7 名の教授一覧があるので、そうした各学科が形成されていたと思われる。1789 年 5 月 14 日にベートーヴェンはアントン・ライヒャらとともにボン大学（前身）哲学科の聴講生として登録されており［TDR I, 246］、隣国から流れ

338

てくる新しい空気に向学心を喚起されていたのかもしれない。

　フランスでは同年初頭より国王と特権身分（聖職者・貴族）と第三身分（市民）との三つ巴の対立が激化していた。大学では同年に赴任してきたばかりの文学と美学の教授オイロギウス・シュナイダー（1756-1794）の講義も聴いた。パリでは 6 月 17 日に第三身分議会が国民の代表であることを表明し、さらに 7 月 9 日には憲法制定国民議会と改称されて、フランス革命の焦点である 7 月 14 日のバスティーユ事件の勃発へと突き進む。刻々と変化する事態と、それに相応してフランス革命の理想に強く共感するシュナイダー教授の講義はベートーヴェンに大きな刺激となったと思われる。彼はすでに「自由、平等、兄弟愛」という理念を支持するようになり［Jost Hermand：Beethoven. Werke und Wirkung, Köln 2003, 103 ページ以下］、またバスティーユの崩壊に手向けた詩が含まれているシュナイダーの詩集を予約注文している［Walter Grab：Radikale Lebensläufe, Berlin 1980, 43 ページ以下］。シュナイダーは大学で熱血漢のごとく振る舞い、たちまち当局と衝突した［Jost Hermand：上掲書 49 ページ］。同人はその後 1791 年にドイツからの亡命者たちが多く住むシュトラスブールに移って、そこでジャコバン党員として革命裁判所で検察官の職を引き受け、最後は 1793 年 4 月 1 日にパリでギロチンに懸けられた。

3 ｜ 2 つの皇帝カンタータ

　直線にして南西にわずか 400 キロほどの都市に起こった激しい事態の変化と、新しい時代思潮の洗礼は、ベートーヴェンの世界観に決定的な刺激となった。そうしたなかにあって 1790 年に入ると、2 月 24 日に、ヴィーンの皇帝ヨーゼフ 2 世が 20 日に死去したという知らせがボンに届いた。選帝侯の長兄にあたる皇帝の死はボンの宮廷および廷臣貴族たちにとっても一大事であったばかりではなく、数々の啓蒙的改革の実践で新思潮をリードしていたヨーゼフ 2 世は反体制の人々にも共感を呼び起こしていたので、そうした人々が集っている読書協会でも反響を呼んだ。彼らはただちに 28 日の集いで自分たちの手による追悼式の開催を決定した。期日はヨーゼフの聖名祝日であるのみならず誕生日でもある 3 月 19 日と定められ、シュナイダーが追悼演説を行ない、「その前か後に奏楽があれば厳かな効果があるだろう、当地の若い詩人が本日テクストを提出した、問題は我らの協会のメンバーか外

第II部　歴史的考察

部の音楽家でもよいが、すぐれた音楽家が作曲の労を執ってくれることだ」
と議事録に書かれている［TDR I, 296 ページ］。

　作曲の依頼は、おそらく協会の有力メンバーであるヴァルトシュタイン伯
を通じて、ベートーヴェンのところに来た。作詞者はシュナイダー教授講義
の聴講仲間であり、ボン宮廷の財務局職員の子息で神学志望のゼヴェリン・
アントン・アヴェルドンク（1768-1817）であった。しかし 3 月 17 日には
「提案されたカンタータは諸般の事情から上演され得ない」［同上］こととな
る。パート譜の作成や練習といった上演準備期間を除けば、2 週間足らずの
時間しかないなかでの依頼であって、そもそもとても無理な計画であった。
あるいは、関係者としては追悼演説を引き立てる数分〜 10 分程度の楽曲と
軽く考えていたのではないか。これを、戴冠式に間に合わなかった《ミサ・
ソレムニス》に似て、約束の期日までに仕事を仕上げられないのはいかにも
ベートーヴェンらしいと見るのはいささか皮相的であろう。

　一方、ベートーヴェンは自身が共感するシュナイダー教授とその周辺とと
もにコラボレーションすることに意気を感じ、全力投球したに違いない。氏
名不詳の差出人による選帝侯執事クレメンス・アウグスト・フォン・シャル
男爵宛 1790 年 6 月 16 日付書簡に「ベートホーフがヨーゼフ 2 世の死に寄せ
るソナタ［「音楽」といった意］——テクストはアヴェルドンク——を完全に仕
上げまして、それは当地の完全な、あるいはそれと同じような、オーケスト
ラによってのみ上演が可能です」［TDR I, 296 ページ］とあるので、その頃に完
成したと思われる。まさに《ミサ・ソレムニス》に似て、儀式の呪縛から超
越した、上演に約 40 分を要する畢生の大作が出来上がった。

　《ヨーゼフ 2 世の逝去を悼む葬送カンタータ》WoO 87 の成立事情は以上
のようなものだが、上演機会を完全に失ったこの作品が生前はおろか、死後
数十年にわたって消息不明となったのは致し方ないことであった。しかし
1888 年に旧全集の一環として出版された後もベートーヴェン受容において 1
世紀以上にわたって無視されてきた理由を考えてみると、この作品のコンテ
クストが完全に読み違えられたことに最大の要因があるように思われる。ま
ず、リベラリスト・イメージのベートーヴェンと、間もなく崩壊する神聖ロー
マ帝国の皇帝という旧体制のシンボルのような存在との、結びつきに対す
る違和感は大きい。注文による上演機会 1 回だけという典型的な機会音楽と、
自発的創意を音楽化する、芸術上主上主義の先例のようなベートーヴェンとの、
矛盾もまた整理しがたい。あるいは、ボン時代は何をとっても未熟・稚拙・

340

第 10 章　ボン時代 Ⅲ　ボン時代後期の諸作品

ひたすら学習期という、より普遍的な固定観念もある。こういった先入見がこの作品への接近を自己規制させてきたのではないか。上演中止の「諸般の事情」とは作曲が追悼式に間に合わなかったからとふつう見られているが、追悼式に自ら出席する大司教選帝侯が教会の規則に則った奏楽のない葬儀を望んだ可能性もある、との指摘が新カタログでなされている。上記引用「諸般の事情から上演され得ない」に続いて、「要するにあらゆるその他の騒音もできるだけ避けられたし」とあるからである。

　この作品の持つ凄みは、それを十二分に引き出す録音がなかったせいもあるが、歴史のなかで霞んでいたことは事実であろう。今日でも名盤は少なく、ティーレマンの熱演なしにはベートーヴェンのメッセージはなかなか届かなかったと言えるかもしれない。

　7 楽章からなる全体の構成と歌詞の大意は以下である。

［合唱と 4 独唱］	死よ！ 荒涼たる夜を貫き呻け....
	偉大なるヨーゼフが逝去したのだ
［劇的レチタティーヴ（バス）］	1 匹の巨大怪物、その名は狂信
［アリア（バス）］	そこでヨーゼフ現れ　暴れ狂う怪物を引き裂いた
［合唱付アリア（ソプラノ）］	人々は光に向かって昇り　地球は幸運に恵まれて
	太陽の周囲を回り
［伴奏付きレチタティーヴ（ソプラノ）］	彼は眠る、かの世界の憂慮から解放されて
［アリア（ソプラノ）］	ここで静かなる平和のうちにまどろんでいる
	偉大なる忍耐の人
	人々の幸せを願うが故の苦痛を
	最後の日まで背負い続けた人
［合唱と 4 独唱］	死よ！ 荒涼たる夜を貫き呻け....
	偉大なるヨーゼフが逝去したのだ

　「狂信」［＝カトリック教会］を荒れ狂う怪物に仕立てて、それを引き裂き人々を啓蒙したと、生涯の功績を称える。シュナイダーの手がかなり入ったとされる［校訂報告書］テクストは、王朝主義者の描くような旧体制のシンボルとしてではなく、まったくその正反対の、リベラリストの理念が染み込んだものである。そして付された音楽はベートーヴェンのこの時期の器楽曲からは想像も付かないほどの迫力を持ち、また完成度も高い。その落差の説明を付

341

けるのはなかなか難しいほどである。ネーフェのもとでの学習にはこうした劇的声楽曲の作曲は組み入れられていなかったとすれば、演奏経験から独習したと考えるほかない。しかし特別な教育を受けずに自然に習得するというのはその時代までの作曲家全般に当てはまることで、聴取と演奏の体験から滞積されていったものが与えられた機会に一気に吹き出したのであろう。もちろん洗練されてはいないが、それは教育を受けた器楽曲作曲についても言えることで、むしろ歌詞によって直截的に音楽形成が導かれたような感がある。第4曲の合唱つきソプラノ・アリア〈そこで人々は光に向かった Da stiegen die Menschen ans Licht〉が《フィデリオ》第2幕フィナーレの一部〈おお神よ、なんという瞬間 O Gott! welch ein Augenblick!〉に転用されたほか、オラトリオ《オリーブ山のキリスト》全体がこの作品の発展型であるかのようであり、ベートーヴェンの創作のひとつの重要な系列がこのとき始まったと言える。

　ベートーヴェンは引き続いて、同じくアヴェルドンクの詞により《レオポルト2世の即位を祝うカンタータ》WoO 88 を書いた。作曲は9月から10月にかけてであろうとされるが、新皇帝の選出が9月30日、フランクフルトでの皇帝戴冠式が10月9日だからである。それ以外の手がかりは一切なく、上演準備の形跡もない。形跡がないということは非存在の証明にはならないが、作曲依頼も選帝侯周辺から、もしくは選帝侯自身からであるに違いないと思われているだけである。アヴェルドンクの詩作が先行したことは事実であるので、読書協会ないしシュナイダー周辺で記念式典の計画があったがジャーナリズムでの式次第の発表以前に中止となったか。あるいは、ヨーゼフ2世の喪の期間が半年あるが後継者はレオポルト2世と決まっていたので最初から2つの詞がペアで用意されていた可能性もある。1作目も上演中止が決まってなお作曲は続行されたわけだから、2作目もそれに続けて現実とは関係なく作曲が進行したかもしれない。もしそうだとすると機会音楽というよりは、以下に触れる3つのオーケストラ・アリアと同様に、ベートーヴェンが自らの課題として、提示されたテキストに力試し的に音楽を付けたということさえ考えられる。

　レオポルト2世は兄ヨーゼフ2世の啓蒙的改革をすべて元に戻したなどと言われ、完全啓蒙化された後世からは反啓蒙主義者の烙印を押されている。その皇帝就任を祝う音楽をベートーヴェンが書いたのは彼の意に反することであろうし、したがって前作に比してインパクトの弱いものとなったのは故

あることであり、何か引き受けざるを得ない事情があったに違いない、と、もし考えるとすれば本末転倒であろう。レオポルト2世の1年半という短い治世の1790年後半から92年初頭までは王朝にとってフランス革命直後の最も困難な時期であり、ルイ16世の処刑（1793年1月21日）までにはまだ時間があったにせよ、体制維持のために、保守的空気が支配せざるを得ない状況であった。しかし「ヨーゼフと同様に彼もまた偉大である」というテクストから明らかなように、レオポルトは就任前の時点で兄帝の路線継承者として期待されており、治世の総括としての評価がまだ始まる前なのである。

　詞自体が、様式的特徴の一致とともに、前作と一連であり、前作は啓蒙賛美・次作は体制賛美という割り切りは後世のものである。インパクトがいまひとつという率直な感想は、当時のベートーヴェンに対する一般的認識からして前作があまりに衝撃的であるからであって、それは死と向き合うテクストから引き出されたものとも言える。祝賀のテクストはそうした劇的表現を要求せず、むしろ喜びと期待に包まれた平穏なもので、コロラトゥーラが駆使され、トランペット／ティンパニ入りの祝賀の色調に溢れている。特筆されるのは10分以上に及ぶ第2曲のソプラノ・アリアであり、チェロとフルートのオブリガートが付いた輝きは、ヴィーン会議時に初演されたカンタータ《栄光の時》Op.136とも共通している（後者ではチェロとヴァイオリン）。また最後の合唱は前作よりいっそう手が込んでおり、ポリフォニーも仕組まれている。

　5楽章からなる全体の構成と歌詞の大意は以下である。

［合唱付レチタティーヴ（ソプラノ）］	彼が死んだとき、死は苦痛を民衆に告げた … 天は再び赤くなり 歓喜と恩寵がオリンポスの丘から降りてきた レオポルト　君主にして父
［アリア（ソプラノ）］	流れよ！ 喜びの涙よ！ ゲルマーニアよ！ 聞かなかったのか、天使の挨拶を
［レチタティーヴ（バス）］	歓喜せよ　大地の民衆よ！ 彼の顔つきにはドイツの憩いと幸運が
［レチタティーヴと三重唱］	私の心は無上の喜びに震える ヨーゼフももはや涙しない ヨーゼフと同様に彼もまた偉大である

第II部　歴史的考察

［合唱］　　　　　　　　万歳！　　跪けよ百万の民よ！
　　　　　　　　　　　　この人こそ平安を生み出す人！　　偉大なり！

　いずれかのカンタータが、前述したボン宮廷楽団のメルゲントハイム遠征
の際に、楽師たちによって練習に取り組まれた、という証言がある。ヴェー
ゲラーが『覚書』のなかで書いている話（したがって二次情報）で［15-16ペー
ジ］、原文を忠実に訳してみよう。

> ハイドンが初めてロンドンから帰るとき、彼には選帝侯のオーケストラによってボ
> ン近郊の保養地ゴーテスベルクで朝食が振る舞われた。この機会に彼にベートーヴ
> ェンがあるカンタータ［引用者注：単数］を提示したが、それはハイドンの格別な注
> 意を引き、その作者は引き続きの勉学を激励された。その後［傍点は引用者］、このカ
> ンタータはメルゲントハイムで上演されることとなったが、いくつもの個所が管楽
> 器にとって、何人かの音楽家がこのようなものを演奏できないと宣言するほど難し
> く、上演はとりやめとなった。

　この言説は、ハイドンに見せたカンタータが弟子入りのきっかけとなった
というコンテクストと、そしてそのカンタータが演奏不可能のものだったと
いうコンテクスト、両方を同時に語るもので、そこにそもそも無理があり、
記憶の混濁が明らかである。2つの異なる内容が「その後」という単語で結
ばれ、それによって前後関係が明確になっている。抜き書きしたこの部分は
ひとつの独立した段落であり、その前後の段落にはいずれの話題とも関係の
ない事柄が書かれていて、本来ならば仕切り線［第12章7参照］が引かれて然
るべきところであるが、『覚書』前半のヴェーゲラー担当部分にはよくこう
したことが見受けられる。
　ところで前段部分の話から言えば、その結果ベートーヴェンは1792年11
月にヴィーンに転出したわけだから、その決定的シーンはハイドンがロンド
ンから帰還する際にボンに立ち寄った1792年7月のことになる。しかしベ
ートーヴェンはヴィーン行きの直前の同年秋にはメルゲントハイムに赴いて
おらず、宮廷楽団が同地に向け出発したのは1年前の1791年8月であり、
練習のシーンは9月で、セイヤーも、第3版の校訂者のリーマンも、さらに
は英語版のフォーブズも、この矛盾に気付かず、然るべきコメントを加えて
いない。2つの話のどちらが主題であるかも、そのためにもう一方が持ち出
されのかも分からないほどに、重点は均等である。問題はここで2つのカン

344

第 10 章　ボン時代 III　ボン時代後期の諸作品

タータのうちの 1 曲だけに焦点が当たっているということである。それは 1
曲でないと後段部分の話が成立しないからである。だからといって、ハイド
ンにその 1 曲しか見せなかったのはなぜか。

　演奏不可能なものだったという話については、おそらく問い合わせに応え
てであろうが、ジムロックも後日、シンドラーに宛ててこのシーンの説明を
したようで、セイヤーがそれを次のように紹介している［TDR I, 274 ページ］。

> メルゲントハイムで私が思い出すのは、彼がそこでカンタータ［引用者注：単数］を
> 書いたことで、それを私たちはなんども練習しましたが、宮廷では［引用者補：その
> 上演は］行なわれませんでした。私たちは存在する難しい個所についてみんなで異議
> を唱えました、すると彼はこう主張しました、みんな自分のパートを正しく演奏で
> きるはずです、私たちはこれができると証明しようではありませんか、すべての音
> 型がまったくふつうではなく、そこに困難があるとはいえ。メルゲントハイムで指
> 揮を採っていたリース父も自分の考えを真剣に説明し、そうしてこれは宮廷ではや
> られないこととなり、そして私たちはそれに 2 度と出会うことはありませんでした。

　この冒頭は事実とはっきりと違うので、全体の信用性も疑いの目で見られ
てしまいがちだが、しかしその具体的な細部は演奏者自身の記憶であり、む
しろそういう点でこそ重要なのではないか。これははっきりと特定の作品に
ついて述べているわけで、「みんなで難しいと異議を唱えるような個所」が
どちらにあるか、2 つのカンタータを比較してみる。レオポルト・カンター
タの方はソロ・フルートに名人芸的個所がいくつかあるが、それは 1 人の問
題であり、むしろそれをこなせる奏者を前提に書かれたと見るべきではない
か。セイヤー伝記では、第 1 巻はこれらの作品が再発見される前の 1866 年
に出版されているので、おそらくリーマンのコメントとして「問題となるの
はヨーゼフ・カンタータだけであろう」とある。

　そこで私は専門家に意見を求めてみることにした。NHK 交響楽団の首席
オーボエ奏者で指揮者活動（しかもベートーヴェン、ハイドン、モーツァル
トの学究的スペシャリストとして）も旺盛に行なっておられる茂木大輔さん
である。彼は何日も細部にわたってスコアを検討し、そしてコメントを寄せ
てくださったのだが、それは意外なものであった。すなわち、演奏が簡単で
はないということは両カンタータにも言える、しかしたとえばモーツァルト
の《フィガロの結婚》（彼らは前シーズンに上演済み）の方がはるかに難しい
し、ベートーヴェン作品でも 10 年後の《プロメテウスの創造物》と比べて

345

第II部　歴史的考察

演奏不能という言葉は当てはまらないのではないか、むしろ楽器の限界をよく知っていることを窺わせるスコアであり、演奏者との調整も前提となっているような書き口で、難しさは個々のパートというよりアンサンブルにあると認めるとしても、それは両作品、甲乙つけがたい、演奏拒否には別の理由が隠されている気がする、というものであった。無難に言えば、理由はともかく、どちらかのカンタータの唯一の上演も練習の試みどまりで本番は中止となり、以来これらはひとまず歴史から消えた。

　こうなると残るのは、本当はどうであったのかの蓋然性についてすら一定の推論を出しかねる、という実感である。私たち自身の日常的体験が示しているように、目撃あるいは見聞きした事柄は、どこまでが真実でそれ以上は自分の感想や想像を含むものであるといった分析的吟味を経て語られるのではなく、人々の関心を引くようにおもしろおかしく脚色されがちである。それを絶対的な歴史的証言と受け止め、そこに真実を見ようとする後世の受け取りようが問われるのではないか。これ以上の検討の前提として、ハイドンに見せたのはいつか、確認する必要がある[後述]。

　メルゲントハイムでの練習そのものは史実だとすると、そのためにパート譜が作成されたはずだが、その行方については何の情報もない。筆写スコアの伝承は、旧カタログが記すところによれば（新カタログにはこの情報は一切ない）、突然、1813年4月にヴィーンの楽譜蒐集家、デュ・ベヌ・ドゥ・マルシャン男爵の遺産競売カタログにセットになって立ち現れる。ということはいつの時点かにヴィーンに運ばれたことを意味するのだろうか。校訂報告書は、ボン宮廷の閉鎖に伴って選帝侯マクシミリアン・フランツの文庫がヴィーンに移管されたときにそのなかにあって、それらの大部分が最終的にモデナに移される [Brandenburg, Die kurfürstliche Musikbibliothek in Bonn und ihre Bestände im 18. Jahrhundert, in: Beethoven-Jahrbuch Jg.1971/72, 42 ページ以下／新カタログ文献表になし] 前に、そこから流出した可能性を指摘している。それを買い取ったのはヨハン・ネポムク・フンメルだと思われるが、その死（1837年10月17日）後、行方不明となる。1884年にライプツィヒの古書籍商リスト＆フランケのところに現れ、ヴィーンの音楽愛好家アルミン・フリードマンが買取り、ヴィーン大学の音楽学教授で音楽批評家としても名高いハンスリックに見せた。そして彼が1884年5月13日付『新自由新聞 Neue Freie Presse』で再発見を報告して、これら2作品はようやく約1世紀ぶりに日の目を見ることとなった。

4 | その他のオーケストラ作品

　第4系列の次の作品は、そのなかで当時唯一演奏された、《騎士バレエのための音楽》WoO 1 である。これは 1791 年 3 月 6 日にボンの舞踏会場でヴァルトシュタイン伯が貴族たちとともに自作として上演した作品である。1792 年の宮廷年中行事表（カレンダー）は前年のこの行事をそのままヴァルトシュタインの作品として掲載している。それに対してヴェーゲラーは『覚書』のなかではっきりとベートーヴェンの作品だと言っており、実際に自筆譜も遺っている（もちろんこれだけだと他人の作品を筆写した可能性が消えないが）。8 曲の管弦楽曲から成るが、第 2 曲の〈ドイツの歌〉は主題がずっと後年のピアノ・ソナタ第 25 番 Op.79 の第 3 楽章で再使用されている。作曲する伯爵であるドイツ騎士団騎士ヴァルトシュタインは、アーヘンからやって来た舞踏手ハービヒの協力を得て、カーニヴァルが始まる前夜の日曜日に、中世のミンネ・リートに題材を採った騎士たちのバレエを企画し、自らの名前で発表する音楽をベートーヴェンに書かせたと思われる。新カタログは伝承を重んじて「ヴァルトシュタイン伯爵フェルディナント・エルンストによるオーケストラのための、騎士バレエのための音楽」とタイトル書きしている。こうした経緯から、作曲は上演日のそれほど前ではないと考えられ、2 カンタータに続いて 1790/91 年の冬になされたと見なし得る。

　1791 年から 92 年にかけて、次のような 3 つのオーケストラ伴奏アリアが書かれる。

作曲時期	タイトル	作品整理番号	声域	言語／詩	出版
1791/92	シェーナとアリア《初恋》	WoO 92	ソプラノ	独 ハレム	1888（旧全集）
1791/92	アリア《口吻の試練》	WoO 89	バス	独 シュミット	1888（旧全集）
1792 夏／秋	アリア《娘たちと仲良く》	WoO 90	バス	独 ゲーテ	1888（旧全集）

《初恋（プリモ・アモーレ）》WoO 92 はイタリア語の歌詞を持って伝承されており、永らくサリエリのもとでの練習課題と考えられて、それ自体がいつのことだかはっきり判らず 1795-1800 年の間のいつか［旧カタログ］とされ、

第II部　歴史的考察

その時期に相応する WoO 番号が付された。そしてサリエリに就いたのが
1801-02 年と限定されるとこの作品の推定成立期も移動した。自筆譜に書か
れているイタリア語歌詞は他人の手によるものだが、それに関してはたいし
て気に留められないできた。ところが 1970 年にタイソンが、「カフカ雑録」
の 75 枚目裏から 76 枚目表にかけて書き付けられたスケッチに付されている
歌詞がドイツ語であることに気付き［Tyson/Kafka］、ベートーヴェンはこの作
品を本来はドイツ語に曲付けしたことが明らかとなった。それがなぜイタリ
ア語に変更されたのかについては議論が脇道に逸れてしまうのでここでは詮
索しない。これはボン宮廷楽団のオペラ歌手、前述のマグダレーナ・ヴィル
マン（ソプラノ）を、そして同じ頃の 2 曲のドイツ語バス・アリアは同じく
ヨーゼフ・ルックス（バス）を想定して書かれたのではないかと推測される。

　《初恋》は、1786 年に刊行された『ハンブルク・ミューズ年鑑』に掲載さ
れたゲルハルト・アントン・フォン・ハレム（1752-1819）の詩（イギリス原
詩の翻訳）に付曲した、シェーナ［情景］とアリアからなる 350 小節の大規模
な作品である。《口吻の試練》は、ゲッティンゲンの『ミューズ年鑑 1776』
に掲載されたクラーマー・エーバーハルト・カール・シュミット（1746-
1824）の 5 詩節の詩に付曲した 156 小節のアリアである。《娘たちと仲良く》
は、1776 年にベルリンで刊行されたゲーテ（1749-1832）のジングシュピー
ル［歌唱付き芝居］系台本『ヴィラ・ベッラのクラウディーネ』（後にシューベ
ルトが完全付曲）から、「村の宿屋」の場面にある歌に付曲した 247 小節の
アリアである。ここ十数年間にドイツ各地で出版された文芸出版物に題材を
求めたことが共通している。いずれも上演の痕跡はないが、上演を前提とせ
ずに試作されたと言い切ることもできない。後年、ベートーヴェンはこれら
の出版を目論んだが、実らなかった。

　その他、この時期にはカンタータと思しき楽曲 Unv 19 と《エレミアの哀
歌》Unv 20 のスケッチが複数の歌唱部とピアノ譜の形で遺っている。後者
は聖週間用の音楽で、ベートーヴェンがオルガンを担当していた宮廷礼拝堂
での奏楽のために書き始められたと考えられる。というのは譜面には、所属
する 2 人のテノール歌手の名が記されているからである。

5 ｜ ハイドンのボン滞在

　ハイドンはヴィーンとロンドンを2度往復したが、ハイドンにとっては生涯に初めて行なう大旅行であったので、この機会に各地で名だたる音楽家たちと邂逅することも楽しみにしていたと思われ、毎回できるだけ異なった行路を採ろうとしたらしい。しかし結果的にボンには1790年末の往路と1792年7月の復路で2回滞在することとなったと思われる［文書資料によって完全に証明されているわけではない。以下参照］。

　ボンでのハイドンの行動について整理すると、最初は1790年12月25日に、ボン出身の興行師で彼をロンドンに招聘するためにヴィーンまで迎えに来たザロモンとともに、同地に到着した。ディース著『ハイドン　伝記に関する報告』(1810年出版) に、「彼がここ［ボン］に入ったのは土曜日であり、翌日は休養に充てることにしていた」［武川寛海訳93ページ］と記されている。同書に従って翌26日、日曜日の進行を紹介すると、元ボン宮廷楽団員のザロモンは彼を宮廷礼拝堂に連れて行ったが、まもなく聞こえてきたのはハイドンのミサ曲であった［これはザロモンが旧同僚たちに頼んで仕組んだのではないかと想像される］。それが終わって誘われるがままに付いていくと選帝侯が現れ、彼と握手をした後、選帝侯は楽師たちにハイドンを紹介した。そして彼を食事に誘ったのであるが、彼らは少なからず当惑してそれを丁重に断った。というのはその朝、宿を出るときに彼らは2人分のささやかな食事を予約しておいたからである。選帝侯はやむを得ざることとしてそれを聞き届けた。しかし2人が宿に戻ると、予期しない事態に驚愕することとなった。選帝侯の差し金で12人分の大宴会が用意されており、今し方の宮廷楽師たちも招かれていたのである。

　ディースのこの著は、彼が1805年から08年にかけて30回に渡ってハイドンを訪問し、その回ごとにインタヴュー記事としてまとめたもので、ハイドンの記憶の誤りは別として、一次資料に近い信憑性を有している。この話は1805年11月29日の「第12回目の訪問」の最後に出てくる。「第13回目の訪問」の書き出しは、「ハイドンはそれから先の旅行については、ロンドンに着くまで、書き記すようなものは何も思い出さなかった」とあるので、大宴会にベートーヴェンも招かれたのか、ベートーヴェンとの間に何かあっ

第II部　歴史的考察

たのかといったことは、ここからは何も分らない。ハイドンを主人公にした
物語だからである。
　2度目についてはこのような直接的な資料はないが、2001年にボンで開か
れた「ヨーゼフ・ハイドンとボン」と題された展示会のためにボッジュ／ビー
バ／フックスによって作成された展示会カタログ［Bodsh / Biba / Fuchs : Joseph
Haydn und Bonn］によると、ハイドンは当初、オランダからベルリンに向かい、
ドレスデン、プラハを通るルートを予定していたところ、その年の3月1日
に死去したレオポルト2世の後任皇帝の選挙がフランクフルトで7月5日に、
続いて新皇帝の戴冠式が14日に挙行されることとなって、それらに参加す
るアントン・エステルハージ侯がその際に帰途の旅程中のハイドンと会うこ
とを希望したらしく、行程をラインラント回りに変更したらしい。侯は6月
25日にフランクフルト入りをしたが、6月6日にロンドンでの最後のコンサ
ートを終えていたハイドンは、もしかしたらエステルハージ宮廷サイドとそ
の後の日程を調整するために、お別れパーティなどの日程をこなしながら、
6月27日にまだ、あるいはもしかしたら7月2日になってもなお、ロンド
ンに滞在していた可能性がある、ということである。
　この滞在の際にベートーヴェンがハイドンにカンタータ1曲を見せ、それ
がハイドンの格別な注意を引いて、それがきっかけとなってヴィーンに行っ
て弟子入りすることになった、という話は前述したが、それはヴェーゲラー
が『覚書』のなかで伝えるだけである。ホーボーケン［Hoboken : Discrepancies in
Haydn Biographies（1962）］は、朝食話をヴェーゲラーのフィクションであり、
1790年末に起こったことと取り違えたとし、ハイドンは7月17日にマイン
ツの対岸ビーブリヒで出版者ベルンハルト・ショットと会ったと主張した。
それ以来、ベートーヴェンとの邂逅、とくにカンタータを見せたのがいつだ
ったかが確定しがたくなった。しかし当時の新聞記事から、ハイドンが7月
13日にはフランクフルトに居たことは確実であることが判明し、するとマ
イン河をビーブリヒまで逆方向に下ったのが不可解となる。なおかつハイド
ンはこのときにジムロックと会ってシンフォニー集刊行の打ち合わせをする
などボンに立ち寄る他の用事もあったらしく、またボンをあえて避けてフラ
ンクフルトに行くことも不自然なので、ベートーヴェンとは2度会った可能
性は高いであろう。そしてハイドンは7月24日にヴィーンに帰着した。
　さて、どちらの機会にカンタータを見せたのか推理してみると、1790年
末は両カンタータが完成して程ない時期であり、かつ、ハイドンのミサ曲の

350

第 10 章　ボン時代 Ⅲ　ボン時代後期の諸作品

上演に宮廷第 2 オルガン奏者のベートーヴェンが加わらないはずがないとすれば、その演奏準備からハイドンの到着日を正確に把握できたわけだから、見せる譜面も前もって調えることができたであろう。ただ、先を急ぐ旅であったから時間的猶予はそうなかったかもしれない。1792 年の場合にはフランクフルトでのエステルハージ侯との会見日程などが優先されたにせよ、場合によっては時間調整も必要で、不意に逗留に余裕ができたかもしれない。"引き続きの勉学の激励"を、結果的にそうなった「ヴィーンに行っての弟子入りを勧めた」と解釈することも可能で［ふつうそう見られている］、ベートーヴェンがそれから直ちに旅立ちの準備を始めたとすると、それは、8 月にはすでに計画が固まりつつあったという前述の見立てと符合する。ハイドンが選帝侯に奨学金の交付を勧めたとも観測されているが、このとき選帝侯がボンには居なかったことは確実で、なぜなら新皇帝選出の主役のひとりである彼も何週間かフランクフルトに滞在していたからである。しかし 2 人がフランクフルトでベートーヴェンのヴィーン留学について突っ込んだ話し合いをした可能性も大いにあるだろう。いずれにしても、1792 年 7 月にハイドンにカンタータを見せたことが弟子入りのきっかけとなり、すぐさま旅立ちの準備に着手、そして 11 月の出立となった、と見てよいのではないか。

　さて、ヴェーゲラーが書いているカンタータ 1 曲はどちらであったか推理しようとすると、これを一方に決める根拠はどこにも求められないということになる。上で両作品の在りようを検討したが、それを前提とすると、むしろ 1 曲しか見せなかったということにどれほどの根拠があるのだろうか、という疑問にぶつかる。ヴェーゲラーにとっては、どちらであるかは問題ではなく何しろ 1 曲が演奏不可能なものだったということと、ハイドンがそれに強い関心を寄せて激励したということが、重要だったのである。さらに言えば、この 2 つの話を並べる意図があったのだが、上記の私の類推が正しいとすれば、2 つの事件の起こった順番を間違えたことになり、すなわち、メルゲントハイムでの事件は 1791 年 9 月、ハイドンにカンタータを見せたのは1792 年 7 月、を反対の順番に成立したと記述した結果、いま遂に、話そのものの信憑性が疑われることとなった。私がこの推理にたどり着いたのは、茂木さんの診断をきっかけとしたところが大きい。

351

第II部　歴史的考察

6│「モーツァルトの精神をハイドンの手から」再考

　旅立ちの準備に話題を移そう。前述したベートーヴェンの壮行記念帳
［Stammbuch］（寄せ書きアルバム）［ヴィーン国立図書館蔵］には彼の周辺の人々が
1792 年 10 月 24 日から 11 月 1 日にかけてさまざまに詩句を書き込んでいる。
ベートーヴェンはそれを生涯、大事に保管していた。そのなかに見られる
10 月 29 日付のヴァルトシュタイン伯の記入はすこぶる有名で、さまざまな
ベートーヴェン文献でも紹介されているばかりか、現在はウェッブでも公開
されているが［https://commons.wikimedia.org/wiki/File:WALDST1.jpg］、ここでその内容
を当時の目線に沿って分析してみたい。

> 親愛なるベートーヴェン！
> あなたはいまヴィーンへ旅立とうとしている、長きにわたって叶わなかった望みを
> 実現するために。モーツァルトの守り神はその守り子の死をいまだ悼み、涙してい
> る。汲めども尽きないハイドンのところに彼は避難の場を見出したが、仕事の場を
> ではなかった。同人を通して彼はもう一度、誰かとひとつになりたいと望んでいる。
> たゆまぬ精進によって受けたまえ、モーツァルトの精神をハイドンの手から。
> 　　　　1792 年 10 月 29 日　あなたの真の友　ヴァルトシュタイン

　「ベートーヴェンがモーツァルトの精神をハイドンの手から」と、ヴィー
ン古典派三大巨匠（というより"ヴィーン古典派"とはこの 3 人のこと）に、
もしかしたら史上初めて言及した言説がここに見られる。今日のみならず、
後世においてこれを読むと、ベートーヴェンはこれからであるのでさて措い
ても、音楽的過去がすでにハイドンとモーツァルトに凝縮されているかのよ
うであり、同時代の人々にもそう見えていたのか、という錯覚を起こさせる。
1824 年に第 9 シンフォニーの初演をぜひヴィーンでと呼掛ける 30 人の芸術
愛好の士の要望書［第 35 章 2 で詳述］に「三羽烏」としてこの 3 人への言及が
あるが、それは理解できるとしても、早くも 1792 年にすでにハイドンとモー
ツァルトの 2 人は群を抜いた存在と見られていた、という錯覚である。そ
の上で、ロックウッドは「ハイドンに対しては不当に評価が低い。"汲めど
も尽くせぬ"とはいうものの、彼自身の真の偉大さによってではなく、モー
ツァルトの精神を伝えるための媒体として認められているだけである」［日本

352

語訳は 2010 年春秋社刊］とコメントしている。

　こうした先入観をゼロにしてヴァルトシュタインが何を言ったか解りやすく砕いてみると、まず「モーツァルトの守り神」とは"モーツァルトを守護していた神"、すなわち"音楽の神"ということであり、一般的にはミューズと言ってもよい。モーツァルトは早世してしまったのでもはやそこはミューズの居場所ではなくなった、それでハイドンの許に移った、しかるにそれは一時のことであり、これからベートーヴェンのところで本当の仕事をするのだ、「モーツァルトの精神を」とは"モーツァルトに宿っていた音楽の神を"であり、その神はいま「ハイドンの手（中）」に一時避難しているが、ベートーヴェンはそれを「たゆまぬ精進によって受け」るように、ということであろう。つまり音楽創造を司るミューズの住み移りについて語っているのであり、それを自分のところに呼び込むよう精進せよ、と述べているのではないか。

　モーツァルトの名前を出したのは、モーツァルトと親しかった彼としては当然のことであり、それが、たとえばなぜ、ベートーヴェンがすでに 2 度にわたって変奏曲主題に使用したディッタースドルフ［オペラ作曲家としての当時の名声はモーツァルトのそれを凌いでいた］ではなかったのかと言えば、当時の音楽愛好貴族にとって自ら演奏して楽しむことのできる器楽曲の分野での知名度とその実態が決定的で、その点ではモーツァルトがヴィーン周辺では他を凌いでいたことは明らかである。ミューズがなぜいまハイドンのところに一時避難しているかと言えば、これからベートーヴェンはハイドンの許で精進することになるので、そこにミューズが居なくてはならないのであって、そこでミューズを自分の許に引き寄せなければならないよ、と語るのはヴァルトシュタインとして当然の論理であったろう。要するにここでは、"三大巨匠"という観点がすでにあると短絡するのではなく、ヴァルトシュタインの個人的人間関係と、これからハイドンのところに向かうベートーヴェンの事情を組み合わせたもの、と見るのが正解ではないか。

　ヴァルトシュタインはベートーヴェンの最初期の支援者のひとりであった。「ヴィーンへの送り出しは彼がきっかけになったか、少なくともその支えが決定的」と新カタログは該当個所［289 ページ］で総括している。その前提として、前述したように［第Ⅰ部第 7 章 10］、選帝侯は「ヴァルトシュタイン伯に、ヴィーンに向けてベートーヴェン氏の面倒を見るよう委託」したという裏付けがある。おそらく彼はヴィーンの貴族たち宛の紹介状を書いてやった。ことにヴィーンで最初の逗留先であり、かつ 1806 年まで最大の後援者であっ

353

第Ⅱ部　歴史的考察

たカール・フォン・リヒノフスキー侯は、夫人の母親であるマリア・ヴィルヘルミーネ・トゥーン゠ホーエンシュタイン伯爵夫人と、ヴァルトシュタインの叔母アンナ・エリザベート・トゥーン伯爵夫人（プラハ在住）が姉妹、という関係であった。そしてヴィーンのトゥーン゠ホーエンシュタイン伯邸もまたモーツァルト、ハイドン、グルック等ヴィーンの重要な音楽家たちが出入りし、のちにベートーヴェン作品の初演会場のひとつとなり、同家はベートーヴェンの「作品1」を売り出すときに、リヒノフスキー侯家とともに大量の部数を買い取った［第12章4参照］。ベートーヴェンがヴィーンの上流社会にただちに問題なく入り込めたことは、ボンで成立したヴァルトシュタイン伯のコネクションあってのことと説明できるのではないか。

　ベートーヴェンはネーフェに対して感謝の書状をしたためた［BGA 6］。原文は消失したが、ネーフェが『ベルリン音楽新聞 Berlinische Musikalische Zeitung』1793年10月26日号で「ボンからの音楽報告」と題するなかで引き合いに出しているので、書かれた時期としてはそれ以前のいつかとしか言いようがないが［2003年出版のロックウッドによる伝記でも1793年頃とされているだけだが、ヴィーンへの旅立ち以前か以後かは大きな問題である］、内容から言って、おそらく壮行記念帳が友人たちの間で回覧されたと同じ、10月末頃ではないだろうか。「昨年11月に、第2オルガン奏者であり文句なく現在では第一級のクラヴィーア奏者であるルートヴィヒ・ヴァン・ベートーヴェンは我らの選帝侯（ケルンの）による給費でヴィーンへハイドンのところに、その指導下に作曲術をより完全なものとするために、行った」とし、ベートーヴェンの言葉として、「私の神から賜った技能の発展にあなたが幾度となく授けられた助言に、私は感謝しています。私がいつの日か大成したならば、それにはあなたも一役買っており」、との紹介が続いているからである。